स्वास्थ्य क्रांति

अगले ट्रिलियन डॉलर उद्योग में अपनी क़िस्मत कैसे चमकाएँ

पॉल ज़ेन पिल्ज़र

अनुवाद : नेहा तिवारी

MANJUL

मंजुल पब्लिशिंग हाउस

MANJUL

मंजुल पब्लिशिंग हाउस

कॉरपोरेट एवं संपादकीय कार्यालय

• द्वितीय तल, उषा प्रीत कॉम्प्लेक्स, 42 मालवीय नगर, भोपाल-462003

विक्रय एवं विपणन कार्यालय

• सी-16, सेक्टर 3, नोएडा, उत्तर प्रदेश - 201301, इंडिया

वेबसाइट : www.manjulindia.com

वितरण केन्द्र

अहमदाबाद, बेंगलुरू, कोच्चि, कोलकाता, चेन्नई,
हैदराबाद, मुम्बई, नई दिल्ली, पुणे

पॉल ज़ेन पिल्ज़र द्वारा लिखित मूल अंग्रेजी पुस्तक
द वेलनेस रेवोल्यूशन - हॉउ टु मेक अ फ़ॉरच्यून इन द नेक्स्ट
ट्रिलियन डॉलर इन्डस्ट्री का हिन्दी अनुवाद
The Wellness Revolution-How to make a Fortune in the Next Trillion Dollar Industry by *Paul* Zane Pilzer– Hindi Edition

यह हिन्दी संस्करण 2009 में पहली बार प्रकाशित
17वीं आवृत्ति 2026

ISBN 978-81-8322-151-1

हिन्दी अनुवाद : नेहा तिवारी

मुद्रण व जिल्दसाज़ी : रेप्रो इंडिया लिमिटेड

"पॉल ज़ेन पिल्ज़र ने बार-बार यह सिद्ध किया है कि उनकी अँगुलियाँ हमारी अर्थव्यवस्था की नब्ज़ पहचानती हैं, और *द वेलनेस रेवोल्यूशन* इससे अलग नहीं है। हमारे भावी स्वास्थ्य देखभाल उद्योग में पिल्ज़र की अंतर्दृष्टि क्रांतिकारी है और आपको अगले स्तर पर पहुँचने के लिए सशक्त करती है।"

–**एन्थनी रॉबिन्स**, *अवेकन द जायंट विदिन* और *अनलिमिटेड पॉवर* के लेखक

"*द वेलनेस रेवोल्यूशन* में, पॉल ज़ेन पिल्ज़र ने भावी कल के सबसे सफल उद्यमियों के सर्वाधिक महत्वपूर्ण रहस्य का ख़ुलासा किया है : उनके सपनों का निवेश कहाँ करें। क़दम-दर-क़दम, पिल्ज़र उद्यमियों को बताते हैं कि यह कैसे पता करें कि वे भावी महाउद्योग – स्वास्थ्य – में कहाँ फ़िट होते हैं।"

–**रैन्डी फ़ील्ड्स**,
मिसेज़ फ़ील्ड्स कुकीज़ के सहसंस्थापक

"किसी मशीन की तरह, हमारा शरीर भी तभी श्रेष्ठ काम करता है जब उसे उसके अभिकल्पित सिद्धांतों पर चलाया जाए। ख्यात अर्थशास्त्री पॉल ज़ेन पिल्ज़र बताते हैं कि कैसे स्वास्थ्य क्रांति को आगे बढ़ाया जाए और उससे फ़ायदा उठाया जाए।"

–**माइकल जे. बेहे**, जीवविज्ञान के प्रोफ़ेसर, लीहाई यूनिवर्सिटी;
डार्विन्स ब्लैक बॉक्स के लेखक

"पॉल ज़ेन पिल्ज़र ने *प्रिवेन्शन* मैग्ज़ीन के संस्थापक जे.आई. रोडेल और अमेरिका के कार्बनिक उद्योग को यह दिखाकर महान श्रद्धांजलि अर्पित की है कि कैसे व्यक्तिगत और पर्यावरण संबंधी स्वास्थ्य की रोडेल की परंपरा आज की दुनिया में सशक्त वित्तीय निवेश का ज़रिया है। यदि आप अगली, बड़ी ठोस संभावना की खोज में हैं, तो भविष्य की लहर यानी *द वेलनेस रेवोल्यूशन* को थाम लीजिए।"

–**आर्डथ रोडेल**, रोडेल, इंक. के चेयरमैन,
प्रिवेन्शन और *मेन्स हेल्थ* के प्रकाशक

विषय सूची

भूमिका :

अगला बड़ा परिवर्तन

बीसवीं शताब्दी में मोटरगाड़ियों, हवाई यात्राओं, पर्सनल कंप्यूटर और परिवार नियोजन जैसी चीज़ों ने हमारे जीवन में क्रांति ला दी। इन मामलों में, प्रारंभिक खोजों ने शुरुआती दौर में जोखिम उठाने वाले उद्यमियों और निवेशकों के जीवन में नए साम्राज्य तथा अभूतपूर्व निजी संपत्तियों का रास्ता खोल दिया। इक्कीसवीं सदी का अगला बड़ा परिवर्तन अभी शुरू ही हुआ है, और यह अगले दस सालों में हमारी ज़िंदगी में क्रांति ला देने और अपार दौलत बनाने की नई संभावनाओं का ऐसा ही वादा करता है।

यह अगला बड़ा परिवर्तन है *स्वास्थ्य क्रांति*।

यह पुस्तक किसी सनक या चलन के बारे में नहीं है। यह तो भोजन करने, व्यायाम करने, सोने, काम करने, बचत करने, बूढ़ा होने और हमारी ज़िंदगी के लगभग हर पहलू में नवीनता तथा अनंत ज़रूरत भरने के बारे में है।

स्वस्थ रहने की इच्छा हमारे फ़ैसलों पर पहले ही हावी हो चुकी है, जिनमें सुबह इस्तेमाल होने वाले टूथपेस्ट तथा शैम्पू से लेकर

दिन भर में खाए जाने वाले खाद्य पदार्थ और रात का बिस्तर तथा सौंदर्य प्रसाधन भी शामिल हैं। हम अपने उत्पादों से अधिक सुरक्षा की माँग करते हैं, हम इनसे अधिक बचाव भी चाहते हैं। हालाँकि हम इस जन जागरूकता की बढ़ती ज़रूरत के सिर्फ़ शुरुआती दौर में हैं - क्योंकि अधिकांश लोग अब भी यह नहीं जानते कि उनकी साधारण पसंद किस तरह उनके स्वास्थ्य पर असर डाल रही है। कितने ही स्वास्थ्य उत्पाद और सेवाएँ बाज़ार में अब भी सुलभ नहीं हैं।

इस पुस्तक में उभरते स्वास्थ्य उद्योग से वित्तीय और निजी तौर पर लाभान्वित होने संबंधी सभी ज़रूरी जानकारियों के बारे में विस्तार से बताया गया है।

मैं आपको दिखाऊँगा कि आप किस तरह इस विशाल अवसर पर अपना दावा पेश करें - किस तरह इस नव पूर्ण-जीवन उद्योग में जगह बनाएँ, जिससे आप ख़ुद को न सिर्फ़ बेहद अमीर, बल्कि अविश्वसनीय तौर पर सुखी भी बना सकें।

अगला बड़ा परिवर्तन

जब हेनरी फ़ोर्ड ने पहली बार ऐसी मोटरगाड़ी का बड़ी संख्या में उत्पादन शुरू किया, जो आम आदमी की पहुँच में थी, तो कई लोगों ने इस विचार की यह कहकर खिल्ली उड़ाई कि इन्हें कौन ख़रीदेगा। उस वक़्त मोटरगाड़ियाँ चलाने लायक़ बहुत कम पक्की सड़कें थीं, गैसोलिन स्टेशन का अस्तित्व ही नहीं था और अधिकांश लोग अपने कार्यस्थल से पैदल दूरी पर ही रहते थे। लेकिन उत्पाद के प्रचुर उत्पादन के साथ-साथ यह ज़रूरत बढ़ती गई। लोग उपनगरीय इलाक़ों में जाकर रहने लगे और उन्हें कारों की ज़रूरत पड़ने लगी। उसी दौरान साथ-साथ गैसोलिन स्टेशन भी खुलने लगे। जल्द ही दफ़्तर जाने या दैनिक ज़रूरतों की ख़रीदारी के लिए कार ज़रूरत बन गई।

क्या होता, अगर तब आपको यह बताया जाता कि हेनरी फ़ोर्ड का मॉडल 'टी' सिर्फ़ एक नया उत्पाद नहीं, बल्कि वैश्विक

अर्थव्यवस्था के पूर्णतया दस खरब डॉलर (trillion dollar) के नए क्षेत्र का उदय है? क्या होता, अगर तब आपको यह बताया जाता कि अगले 100 सालों में 50 करोड़ कारें सड़कों पर होंगी, जो गैसोलिन स्टेशन, सड़क निर्माण, टायर बदलने, उपनगरीय इलाक़ों में गृह निर्माण और फ़ास्ट-फ़ूड रेस्तराँ के दस खरब डॉलर के सहायक उद्योग को जन्म देगा?

क्या आपने इस विचार को स्वीकार किया होता? यह देखते हुए कि उन दिनों न सड़कें थीं, न गैसोलिन स्टेशन थे। लोग सुविधाजनक नज़दीकी जगहों पर हफ़्ते के छह दिन, कम तनख़्वाह पर काम करते थे। उनके पास हर रविवार को गाँव तक सैर का भी वक़्त नहीं हुआ करता था। इस विचार को स्वीकारने के लिए आपको भी दूरदर्शिता दिखाते हुए हफ़्ते में पाँच-दिन, 40 घंटे काम और स्वैच्छिक आय बढ़ाने के बारे में सोचना पड़ता।

लेकिन मान लीजिए, आप अपनी दोषदर्शिता से उबर आते और हेनरी फ़ोर्ड तथा अन्य के नए स्वचलित शक्ति वाले वाहनों को खरबों डॉलर के उद्योग की शुरुआत के रूप में देखते। ऐसे में आप एक जोखिम उठाने वाले उद्यमी या निवेशक के रूप में अपना दाँव कहाँ लगाते? यह गैसोलिन या डीज़ल कारों पर होता या इलेक्ट्रिक गाड़ियों पर? आपका दाँव सड़क निर्माण पर होता या टायर जैसे बदले जा सकने वाले अन्य पुर्ज़ों पर, या फिर रिहायशी इलाक़ों के विकास पर? और इसी तरह यह महत्वपूर्ण फ़ैसला लेते हुए अगर एक बार इनमें से कोई एक क्षेत्र चुन लेते, तो ख़ासतौर पर आप क्या दावा पेश करते?

हाल ही की बात है, 1981 में नवनिर्मित पर्सनल कंप्यूटर आई.बी.एम. पीसी के आने से आश्चर्यजनक रूप से विशाल उद्योग का जन्म हुआ, जिसमें एप्पल एवं रेडियोशैक के प्रतिस्पर्धी मॉडल भी मौजूद हैं। संभवतः अधिकांश लोग यह अनुमान नहीं लगा पाए कि ये सिर्फ़ नए उत्पाद नहीं, बल्कि विश्व अर्थव्यवस्था के एक और खरबों डॉलर के क्षेत्र का आग़ाज़ था। यह तेज़ी से बढ़ता एक ऐसा क्षेत्र था, कि 1991 तक दस साल के कम समय में ही पर्सनल कंप्यूटर की बिक्री ने अमेरिका में मोटरकार की बिक्री को पछाड़ दिया।

जो बदलाव पहले सौ साल या उससे अधिक समय में होते

थे, हमारी आधुनिक अर्थव्यवस्था में वे अब दस साल या उससे भी कम समय में होने लगे हैं। क्या आप बिल गेट्स (माइक्रोसॉफ़्ट, सॉफ़्टवेअर), माइकल डेल (डेल कंप्यूटर, हार्डवेअर), जेफ़ बेज़ोस (अमेज़ॉन, वितरण) और अनगिनत अन्य की तरह पर्सनल कंप्यूटर को दस खरब डॉलर उद्योग की संभावना के तौर पर देखकर इसके किसी हिस्से पर अपना दाँव भी लगा पाते?

स्वचलित गाड़ियाँ और निजी कंप्यूटर अपने समय के दो विपरीत ध्रुव थे। आख़िर, घोड़ों और बग्घी के दौर में लोगों के लिए ऐसी गाड़ियों को स्वीकारना मुश्किल था जो ख़ुद की शक्ति से चलें! इसी तरह कमरे के आकार के बड़े कंप्यूटर के दिनों में कौन यह कल्पना आसानी से कर सकता था कि कोई कंप्यूटर "व्यक्तिगत" भी हो सकता है।

ऐतिहासिक रूप से, ख़ास-ख़ास नए उत्पाद नई-नई वैज्ञानिक खोजों की बदौलत उपलब्ध हुए। इन नई खोजों से ही उत्पाद आसानी से लोगों तक पहुँच सके।

लोगों को मोटरगाड़ियों और पर्सनल कंप्यूटरों की इनकी उपलब्धता से पहले ज़रूरत नहीं थी। यह ठीक उसी तरह है जिस तरह हमें आज एक ग्रह से दूसरे ग्रह जाने की ज़रूरत नहीं है। एक बार उपलब्ध होने के बाद ये सिर्फ़ नए उत्पाद से बढ़कर रोज़मर्रा के काम और जीवन की पूर्ण आवश्यकता बन गए।

इन दो नए और बहुत से अन्य उत्पादों में ऐसा क्या ख़ास था जिससे इन्हें रातोरात सफलता मिल गई? क्या ऐसा कोई प्रमाण था जिससे यह पूर्वाभास हो कि ये हमारी ज़िंदगी के हर पहलू पर छा जाने वाले हैं? उन लक्षणों को जानकर संभवत: आप दूसरे फ़ायदेमंद उद्योगों के बारे में अनुमान लगा सकेंगे।

दरअसल, उभरते व्यापक उद्योगों के पाँच अलग-अलग लक्षण हैं, जिनके बारे में मैं आपको कुछ देर में बताऊँगा। लेकिन पहले मैं स्वास्थ्य और उसकी अवश्यंभावी उन्नति के कारणों की समझ की जटिल विचारधारा के बारे में बताना चाहता हूँ।

खरबों डॉलर के स्वास्थ्य उद्योग की परिभाषा

हम अभी अगले खरबों डॉलर के उद्योग की बहुत शुरुआती अवस्था में हैं – एक ऐसा उद्योग जो हमारे जीवन के लगभग हर पहलू को प्रभावित करेगा और दस साल के भीतर 10 खरब डॉलर की बिक्री के आँकड़े को छू लेगा, लेकिन यह आज उतना ही अपरिचित है जितना 1908 में ऑटोमोबाइल उद्योग था या 1981 में कंप्यूटर उद्योग था।

ऑटोमोबाइल उद्योग रसायन विज्ञान, धातु–शोधन विज्ञान और यंत्र विज्ञान की नई वैज्ञानिक खोजों की उपज था। पर्सनल कंप्यूटर उद्योग भौतिकी एवं द्विआधारी गणित की वैज्ञानिक उन्नति का नतीजा था।

यह अगला खरबों डॉलर का उद्योग जीव–विज्ञान और कोशिकीय जीव–रसायन विज्ञान में नई वैज्ञानिक खोजों से उन्नति कर रहा है।

स्वास्थ्य उद्योग फ़िलहाल जीवन के सर्वाधिक गूढ़ विषयों में से एक से जूझ रहा है। यह है मानव अस्तित्व – उम्र और जीवशक्ति – के कुछ शेष रहस्यों को सुलझाना, जिन पर तकनीक को अभी भी अपना मुक़ाम बनाना बाक़ी है।

स्वास्थ्य उद्योग को परिभाषित करने और उसकी संभावनाओं को पहचानने के लिए हमें सबसे पहले इसे संबंधित समान तकनीक (15 खरब अमेरिकी डॉलर का स्वास्थ्य सेवा उद्योग) पर आधारित उद्योग से अलग करना होगा।

अमेरिकी अर्थव्यवस्था का लगभग सातवाँ हिस्सा यानी क़रीब 15 खरब डॉलर ''स्वास्थ्य सेवा'' उद्योग को समर्पित है। *दरअसल स्वास्थ्य सेवा* एक ग़लत नाम है, क्योंकि वास्तव में अर्थव्यवस्था का यह सातवाँ हिस्सा *बीमारी व्यवसाय* को समर्पित है। शब्दकोष में इसका अर्थ है, ''बुरा स्वास्थ्य, बीमारी, कोई अनियमितता, कमज़ोरी या ख़राब हालत या कोई ख़ास बीमारी।''[1]

बीमारी का व्यवसाय *प्रतिकारक* है। इसके विशाल स्वरूप के

बावजूद लोग इसके ग्राहक सिर्फ़ तभी बनते हैं जब वे बीमार होते हैं या किसी ख़ास स्थिति के शिकार होते हैं। कोई भी वास्तव में इसका ग्राहक नहीं बनना चाहता।

अगले दस सालों में, अमेरिकी अर्थव्यवस्था दस खरब डॉलर के एक और अतिरिक्त व्यवसाय को समर्पित होगी। यह व्यवसाय है *स्वास्थ्य* उद्योग, जिसका नाम अभी लोगों के लिए अनजान है। शब्दकोष में इसका अर्थ है – "अच्छे स्वास्थ्य में होने की गुणवत्ता या अवस्था *विशेषतः सक्रियात्मकता के दृष्टिकोण से* (महत्व जोड़ा गया है)।"[2]

स्वास्थ्य व्यवसाय *प्रोएक्टिव* है। लोग *स्वेच्छा से* इसके ग्राहक बन जाते हैं – बेहतर महसूस करने के लिए, बढ़ती उम्र का असर कम करने के लिए और बीमारी उद्योग के ग्राहक बनने से बचने के लिए। सब लोग स्वास्थ्य की इस पूर्व चेतनावस्था का ग्राहक बनना चाहते हैं।

इस बिंदु से आगे मैं निम्न परिभाषाओं का इस्तेमाल करूँगा :

बीमारी उद्योग : लोगों को मौजूदा बीमारियों – सामान्य सर्दी-ज़ुकाम से लेकर कैंसरयुक्त ट्यूमर तक प्रतिक्रियात्मक उत्पाद एवं सेवाएँ उपलब्ध कराना। ये उत्पाद और सेवाएँ या तो बीमारियों के लक्षणों का इलाज करते हैं या बीमारी को ख़त्म कर देते हैं।

स्वास्थ्य उद्योग : स्वस्थ लोगों (जिन्हें किसी क़िस्म की बीमारी नहीं है) को उपलब्ध कराए गए उत्पाद और सेवाएँ ताकि वे ज़्यादा बेहतर महसूस करें व बेहतर दिखें, उन पर बढ़ती उम्र का असर धीमा या किसी भी बीमारी को शुरुआती दौर में ही ख़त्म किया जा सके।

इस पुस्तक को कैसे पढ़ें

इस पूरी पुस्तक में मैंने उन महत्वपूर्ण बिंदुओं को विशेष तवज्जो दी है, जिनकी आवश्यकता आपको अपने परिवार, सहयोगियों, मुवक्किलों, ग्राहकों, निवेशकों और साझेदारों को इस नए उद्योग के बारे में वर्णन करने के लिए होगी।

मैंने उन बिंदुओं को भी विशेष महत्व दिया है जो नए उद्यमिता, निवेश करने, वितरण करने या आपके मौजूदा व्यवसाय को बदलने में आपकी मदद करेंगे।

पहले अध्याय में, मैंने अगले दस सालों के लिए स्वास्थ्य उद्योग पर अपना दृष्टिकोण बताया है। जब मैंने इस पुस्तक के लिए शोध शुरू किया, तो मैंने स्वास्थ्य उद्योग की मौजूदा चीज़ों के बारे में सोचा - फ़िटनेस क्लब, विटामिन और इसी तरह की चीज़ें - जो पहले ही अमेरिका में कुछ खरब डॉलर का व्यवसाय कर रहे हैं। मुझे यह जानकर बहुत आश्चर्य हुआ कि इसकी बिक्री पहले ही 200 अरब डॉलर पहुँच चुकी है - इसमें 70 अरब डॉलर की विटामिन बिक्री और 24 अरब डॉलर के फ़िटनेस क्लब शामिल हैं - और अभी सिर्फ़ कुछ लोग ही स्वास्थ्य के बारे में जानते हैं। कल्पना कीजिए तब क्या होगा, जब ज़्यादा लोग यह जानने लगेंगे कि स्वास्थ्य उनके जीवन की गुणवत्ता और दीर्घायुता बढ़ा सकता है!

दूसरे अध्याय में मैंने समझाया है कि यह स्वास्थ्य के तारतम्य में किस तरह काम करती है। मैंने यह भी समझाया है कि माँग में नियमित वृद्धि कैसे हो सकती है। मैं दिखाऊँगा कि आज की 200 अरब डॉलर की माँग किस तरह आइसबर्ग की नोंक की तरह है और ये नए उत्पाद तथा सेवाएँ हमारी अर्थव्यवस्था में 10 खरब डॉलर के नए क्षेत्र की शुरुआत का प्रतिनिधित्व करते हैं (कृषि उद्योग या दवा उद्योग के विभिन्न उत्पादों से बिल्कुल उलट)।

तीसरे अध्याय में आप सीखेंगे कि किस तरह हमारा वर्तमान कृषि व्यवसाय और खाद्य उद्योग मोटे और भारी-भरकम उपभोक्ताओं

को लगातार खपत बढ़ाने की ख़ातिर लक्ष्य बनाता है, जिसके कारण अमेरिका में स्वास्थ्य का संकट पैदा हो गया है। इस देश की 61 प्रतिशत आबादी मोटापे का शिकार हो चुकी है और 27 प्रतिशत लोग चिकित्सकीय रूप से मोटापे का शिकार हैं। यह संख्या 1980 से दोगुनी हो चुकी है और पिछले चार सालों में 10 प्रतिशत बढ़ चुकी है। अन्य विकसित देश, ख़ासतौर पर यूरोपीय समुदाय भी बहुत पीछे नहीं हैं। फिर, चौथे अध्याय में आप सीखेंगे कि इस वजह ने किस तरह हमारे समय के सबसे बड़े व्यावसायिक अवसरों में से एक के रास्ते खोल दिए हैं। इसमें शामिल है उपभोक्ता को शिक्षित करना, उन्हें स्वास्थ्यजनक भोज्य, ज़रूरी विटामिन और अतिरिक्त पूरक पदार्थ उपलब्ध कराना जो हमारे आधुनिक भोजन में नहीं होते हैं।

अतीत में, सेहत और बीमारी उद्योग का एक बहुत बड़ा हिस्सा स्वास्थ्य के साथ जुड़ा था। पिछली शताब्दी की शुरुआत में, टीकों और एंटीबायोटिक्स की तकनीकी प्रगति की बदौलत कई बीमारियों (छोटी माता, टाइफ़ाइड, टीबी, पोलियो) के बचाव विकसित कर लिए गए हैं, जो मानवता की इस युग पर लगाम है।

यह अतीत की बात है।

अमेरिका के कुल युवाओं के सातवें हिस्से में से अधिकांश युवा स्वास्थ्य सेवा उद्योग में काम कर रहे हैं और ये बीमारियों को रोकने के बजाय उनके लक्षणों का इलाज करने में लगे हैं। दरअसल, ऐसा इसलिए क्योंकि मेडिकल कंपनियों के लिए ऐसे उत्पादों पर शोध करना और उन्हें विकसित करना अधिक फ़ायदे का सौदा होता है जिनसे जीवनभर के उपभोक्ता बनें।

ऐसा इसलिए भी है क्योंकि अधिकतर चिकित्सकीय उपचारों दरअसल, ऐसा - बीमा कंपनियाँ और अंततः कर्मचारी के लिए थर्ड पार्टी पैसा दे रही है। अब ज़्यादा कंपनियां अपने कर्मचारियों के स्वास्थ्य पर दीर्घकालीन दाँव नहीं लगा रही हैं। अगर आप स्वास्थ्य सेवा क्षेत्र के इस सातवें हिस्से में हैं, तो पाँचवाँ अध्याय स्वास्थ्य उद्योग में कुछ चिकित्सकीय पेशेवरों के लिए उभरती उद्यमी संभावनाओं की

पड़ताल करेगा। स्वास्थ्य उत्पाद और सेवाओं पर लोगों द्वारा स्वेच्छा से अपना पैसा ख़र्च करना, सलाहकारों की मर्ज़ी से दु:खी ग्राहकों पर किसी थर्ड पार्टी के मार्फ़त ख़र्च करने से बेहतर होगा।

छठे अध्याय में आप सीखेंगे कि हमारा नियोक्ता आधारित स्वास्थ्य सेवा बीमा तंत्र ढहने की कगार पर क्यों है और आप अपनी तथा अपने परिवार की सुरक्षा के लिए क्या कर सकते हैं। पिछले दशकों में लगातार बढ़ती अर्थव्यवस्था के बावजूद, अमेरिका में निजी दिवालियापन की अर्जी देने वालों के मामले दोगुने हो गए हैं। इनकी संख्या सन् 1990 में 7,50,000 थी, जो 1999 में बढ़कर लगभग 15 लाख पर पहुँच गई। इसका बहुत बड़ा कारण परिवार में चिकित्सकीय दुर्गति होना पाया गया। फिर सातवें अध्याय में आप सीखेंगे कि किस तरह वर्तमान बीमारी आधारित तंत्र से बाहर निकलकर (अर्थात् आज ही स्वास्थ्य बीमा लेना) आप एक साल में हज़ारों डॉलर बचा सकते हैं और आपको दीर्घकालीन स्वास्थ्य तथा जीवंतता के लिए स्वास्थ्य उत्पाद और सेवाओं पर ख़र्च करने की ज़रूरत है।

परिवार के लिए बीमारी से स्वास्थ्य बीमा में बदलने का उद्यमी अवसर उतना ही बड़ा है, जितना संपूर्ण स्वास्थ्य व्यवसाय को बदलना।

इनमें से कुछ विकास आज उकसाने वाले दिख सकते हैं, लेकिन ये आने वाले नए स्वास्थ्य उत्पादों और सेवाओं की तुलना में फीके पड़ जाएँगे। 1908 के मोटरगाड़ी उद्योग या 1981 के पर्सनल कंप्यूटर की तरह ही, बेहतरीन नए उत्पाद और सेवाएँ तो अभी भी प्रयोगशालाओं में हैं और ये अगले कुछ सालों में बाज़ार में आ जाएँगे। इन दिनों मुँह में पाए जाने वाले थोड़े से अंश से किसी व्यक्ति के डीएनए का परीक्षण संभव है और यह पता लगाया जा सकता है कि उसके भीतर किसी ख़ास बीमारी के पनपने की आशंका तो नहीं। इस जानकारी का इस्तेमाल कर एक स्वास्थ्य उद्यमी ख़ास क़िस्म के व्यायाम, विटामिन, भोजन और अतिरिक्त पूरक पदार्थ आधारित थैरेपी का लक्ष्य बना सकता है। इस तरह वह उपभोक्ता के जीवन की

गुणवत्ता और उम्र दोनों में इज़ाफ़ा कर सकता है।

यह त्वरित संभावना भी आने वाली संभावना के सामने क्षीण पड़ जाएगी - क्योंकि हम अब बुढ़ापे के ज़िम्मेदार जेनेटिक कोड को तोड़ने के बिल्कुल क़रीब हैं। एक बार इसमें सफलता मिलने के बाद स्वास्थ्य उद्योग इससे संबंधित उत्पाद और सेवाओं के वितरण में सबसे आगे होगा।

नई तकनीक पर आधारित किसी भी उद्योग में नियमित रूप से दौलत वे बना रहे हैं, जो उत्पाद और सेवाएँ वितरित करते हैं, न कि वे जो इन्हें बनाते हैं। ऐसा आंशिक रूप से इसलिए होता है, क्योंकि तेज़ी से विकसित होती किसी भी तकनीक के क्षेत्र में आज की सीडी-रोम डिस्क आने वाले कल की आठ ट्रैक टेप है और सिर्फ़ वितरक ही पूरी धृष्टता से किसी ख़ास तकनीक को छोड़ तुरंत नए और अधिक दक्ष उत्पाद को अपनाने में सक्षम होते हैं। लेकिन ऐसा अक्सर निम्न कारण से होता है, जैसा कि आप अध्याय 8 में सीखेंगे :

आज अधिकतर खुदरा उत्पादों की 70 से 80 प्रतिशत लागत उसके वितरण में बढ़ती है - जिससे स्पष्ट होता है कि 1970 से 1999 के बीच दुनिया की सबसे ज़्यादा व्यक्तिगत दौलत उन लोगों ने क्यों बनाई, जिन्होंने चीज़ों को बनाने के बजाय उनके वितरण पर ध्यान केन्द्रित किया।

अध्याय 8 में आप यह भी सीखेंगे कि हाल ही में वितरण में संभावनाओं की प्रकृति बदली है। यह अब उत्पादों के भौतिक वितरण से बदलकर उनके बौद्धिक रूप से जानकारियों के वितरण में तब्दील हो गई है। सन् 1991 में सैम वॉल्टन (वॉल-मार्ट) लोगों को वही चीज़ें वितरित कर, जो कि वे पहले से जानते थे कि उन्हें चाहिए, दुनिया के सबसे अमीर आदमी बन गए, हालाँकि वर्ष 1999 आते-आते जेफ़ बेज़ोस (एमेज़ोन) ग्राहकों को ऐसे उत्पादों के बारे में सिखाकर *टाइम* मैग्ज़ीन के मैन-ऑफ़-द-ईयर चुने गए, जिनके

बारे में ग्राहक जानते तक नहीं थे कि ये चीज़े अस्तित्व में भी हैं। यह बात कहीं भी इतनी सही नहीं है जितनी कि उभरते हुए स्वास्थ्य उद्योग में - एक ऐसा उद्योग, जिसमें उत्पादों तथा सेवाओं की अधिकांश लागत उनके वितरण पर निर्भर करती है और जिसमें भावी उपभोक्ताओं की बड़ी तादाद को तब तक यह भी मालूम नहीं होता कि उत्पाद अस्तित्व में है भी।

मान लीजिए मैं आपको सन् 1845 में ही कैलिफ़ोर्निया में सन् 1849 में होने वाली स्वर्ण होड़ (gold rush) के बारे में बताता। इस बात से कोई फ़र्क़ नहीं पड़ता कि आप अमीर बनने के लिए कितने प्रेरित होते और इस बात से भी नहीं कि कैलिफ़ोर्निया जाने के लिए आप कितनी कड़ी मेहनत करते, लेकिन आप एक धेला भी नहीं कमा सकते थे, जब तक आपको यह पता नहीं होता कि वहाँ पहुँचने के बाद आपको भाग्य कहाँ आज़माना है। सच तो यह है कि सोने की खोज में अपनी ज़िंदगी लगा देने वाले बहुत कम तथाकथित खदान मालिक अमीर बन पाए। कैलिफ़ोर्निया की स्वर्ण होड़ में दौलत बनाने वाले वे लोग थे जिन्होंने पहले से आज़माए अपने हुनरों और संबंधों का इस्तेमाल स्वर्ण उद्योग में उत्पाद व सेवाएँ मुहैया कराने में किया। हेनरी वेल्स (1805-184) और जॉर्ज फ़ार्गो (1818-1881) जैसे लोग, जिन्होंने खदान मालिकों के लिए बैंकिंग और तेज़ यातायात सेवाओं के लिए वेल्स फ़ार्गो कंपनी बनाई।

हम अपने जीवन में अब तक जो करते आए हैं, उसी आधार पर हमारी आनुवंशिक क़ाबिलियतें, कार्य दक्षता और निजी संबंध तय होते हैं। अध्याय 9 में आप यह सीखेंगे कि इस 10 खरब डॉलर के स्वास्थ्य उद्योग में किस जगह आपको अपना दावा करना चाहिए।

सेवाएँ मुहैया कराने से लेकर उत्पाद वितरण और स्वास्थ्य कंपनियों में निवेश तक ढेर सारी संभावनाएँ हैं, लेकिन हममें से प्रत्येक के लिए श्रेष्ठ वह है जो हमारे पास पहले से मौजूद पूँजी का सर्वश्रेष्ठ उपयोग करे।

विस्तृत उद्योगों की पाँच विभिन्न विशेषताएँ

सफलतम निवेशक और उद्यमी जानते हैं कि गुज़रते झोंके और दीर्घकालिक रुझान में भेद कैसे किया जाए - विस्तृत उद्योगों की पाँच विभिन्न विशेषताएँ होती हैं, जिनके बारे में मैं आपको बताने का वादा कर चुका हूँ। आइए, इन विशेषताओं पर एक नज़र डालें, और उभरते स्वास्थ्य उद्योग के मद्देनज़र प्रत्येक का विश्लेषण करें।

अधिकांश लोग हेनरी फ़ोर्ड को 1908 में उनके मॉडल टी के साथ उभरे ऑटोमोबाइल उद्योग के खोजकर्ता के रूप में जानते हैं। हालाँकि कारें दशकों से मौजूद थीं, लेकिन रईसों के मन बहलाव के खिलौनों के रूप में।[3] फ़ोर्ड की वास्तविक "खोज" थी नई तकनीकों का इस्तेमाल करते हुए एक ऐसी कार बनाना, उनके शब्दों में ही, "जो इतनी कम क़ीमत में मिले कि उसे अच्छी तनख़्वाह न पाने वाला व्यक्ति भी ख़रीद सके।"[4]

ठीक ऐसी ही कहानी रेडियो, टीवी, रेस्तराँ, जेट हवाईजहाज़ की यात्राओं, वी.सी.आर, फ़ैक्स मशीन, पर्सनल कंप्यूटर, ई-मेल जैसी उन सभी खोजों के बारे में भी कही जा सकती है जो सर्वव्यापी हो गईं और जिन्होंने हमारे जीने का तरीक़ा बदल दिया।

ये सभी उत्पाद, जैसे कि ऑटोमोबाइल, शुरुआत में अमीरों के लिए बनने शुरू हुए। फिर, आम जनता के भीतर पहुँच वाली क़ीमत पर निर्माण की जा सकने वाली आधुनिक तकनीक विकसित होते ही वे सर्वव्यापी हो गईं। ये इतनी लोकप्रिय क्यों हो गईं? इन उत्पादों या सेवाओं में अतिरिक्त रूप से ऐसा क्या जोड़ा गया, जिसका तब तक अमीर ही सबसे पहले लुत्फ़ लेते रहे।

इन सभी उत्पादों और सेवाओं में ख़ास से आम तक का सफ़र तय करते वक़्त पाँच अलग-अलग विशेषताएँ थीं।

अनुभवी उद्यमी और निवेशक आम जनता के लिए नया व्यवसाय शुरू करने से पहले इन सभी में पाँच विभिन्न विशेषताओं का आकलन करते हैं - (1) सामर्थ्य, (2) पैर, (3) निरंतर खपत, (4) सार्वभौमिक माँग और (5) शीघ्र खपत।

---

1. ***सामर्थ्य*** **:** सन् 1976 में जब वी.सी.आर. पहली बार बाज़ार में आया, तो हर परिवार को एक वी.सी.आर. की चाहत थी, लेकिन बहुत कम ही 1,500 डॉलर की क़ीमत में इसे ख़रीद सकते थे। आधुनिक तकनीक ने इसकी क़ीमत घटाकर 100 डॉलर से भी कम कर दी। इसके बाद सन् 1990 तक कई वी.सी.आर. बेचे गए। उस वक़्त अमेरिका के 110 मिलियन घरों में 121 मिलियन वी.सी.आर. थे। कुछ मामलों, ख़ासकर मोटरकार या एकल परिवार के घरों के लिए, तेज़ी से आधुनिक होती तकनीक भी क़ीमतों को लोगों की पहुँच के भीतर नहीं कर सकी। लेकिन फिर एक नया उद्योग - कंज़्यूमर फ़ाइनेंस - उपभोक्ता को क़र्ज़ देने के लिए उभरा, जिसने क़ीमतों को आसान मासिक क़िस्तों में बदल दिया।

2. ***पैर*** **:** कोई भी प्रचार किसी उत्पाद या सेवा को तब तक सर्वव्यापी नहीं बना सकता, जब तक कि उसके पैर न हों। यह ऐसी क़ाबिलियत है, जिससे उत्पाद एक बार आम आदमी द्वारा अपनाए जाने के बाद बग़ैर प्रचार के शेल्फ़ से लोगों तक पहुँचता है। कार, टी.वी. और पर्सनल कंप्यूटर ऐसे ही उत्पाद हैं, जिन्हें दूसरों को आनंद उठाते देख लोग तुरंत पाना चाहते हैं। प्रचार क़ब्रिस्तान ऐसे उत्पादों से भरा पड़ा है, जिनकी बिक्री प्रचार रुकते ही बंद हो गई।

3. ***निरंतर खपत*** **:** आज किसी नए उत्पाद के बारे में ग्राहक को लुभाने के लिए प्रचार और विज्ञापन पर 100 डॉलर से ज़्यादा ख़र्च बैठता है। और यह सिर्फ़ यह देखने के लिए होता है कि उसे यह उत्पाद पसंद है या नहीं। अगर वह उसे पसंद कर लेता है, तो सफलता पाने के लिए उत्पाद व्यापार का हिस्सा बन जाता है, ताकि वह इसे लगातार ख़रीदता रहे। टेलीविज़न और रेडियो के लगातार इस्तेमाल से विज्ञापन बिक्री बढ़ी, जिससे अधिक प्रदर्शन हुआ, जिससे ज़्यादा टेलीविज़न और रेडियो बढ़े। एक उपभोक्ता हर पाँच साल में एक बार 100 डॉलर का एक वी.सी.आर. ख़रीदता है, तो हर वी.सी.आर. सालाना सैकड़ों डॉलर की कमाई करता है

और रिकॉर्डेड टेप्स का किराया आता है। जब लोग एक नया पर्सनल कंप्यूटर लेते हैं, वे फिर तुरंत ही एक प्रिंटर चाहते हैं, एक बेहतर मॉनिटर, तेज़ इंटरनेट कनेक्शन और बस यह बढ़ता जाता है। सर्वव्यापी उत्पादों को सफल होते रहने के लिए हमेशा निरंतर उपयोग होते रहना पड़ता है।

4. ***सार्वभौमिक माँग :*** हमारे जीवन जीने का अंदाज़ बदलने वाला आम आदमी का व्यापार बनने, ख़ासकर आज के ऊँचे तबके के पढ़े-लिखे उपभोक्ता के लिए उत्पाद या सेवा ऐसी होना चाहिए जिसके बारे में पता चलते ही हर कोई उसे ख़रीदना चाहे। दरअसल, आज हर कोई एक कार, एक रेडियो या एक पर्सनल कंप्यूटर चाहता है, लेकिन हर कोई कयाक, साइकिल या एक आलीशान क्रूज़ नहीं चाहता। बहरहाल, सार्वभौमिक माँग का यह मतलब नहीं होता कि कोई चीज़ सार्वभौमिक उत्पाद हो गई – हर उपभोक्ता की ज़रूरतें अलग होती हैं, जो उसी उत्पाद श्रेणी में पूरी होनी चाहिए। हेनरी फ़ोर्ड ने शुरुआत में एकमात्र सार्वभौमिक मॉडल बनाकर मॉडल टी मोटरकार को लोगों की पहुँच में बनाया। वे अक्सर शेखी बघारते थे कि वे आपको एक कार बेचेंगे "जिसका रंग आपकी पसंद का होगा, हालाँकि यह लंबे समय तक काली रहेगी।" हालाँकि 1920 में फ़ोर्ड जनरल मोटर्स से मात खा गए, जब जीएम ने उच्च गुणवत्ता वाली कार विभिन्न रंगों में बाज़ार में लाना शुरू कर दी और मॉडल टी के बदलाव पसंद मालिकों को लगातार हर साल नए मॉडल्स उपलब्ध कराकर माँग को बरकरार रखने के लिए उकसाते रहे।

5. ***शीघ्र खपत :*** आज के समय में सर्वव्यापी बनना चाह रहे नए उत्पादों और सेवाओं के लिए यह सबसे बड़ी चुनौती है कि व्यस्त उपभोक्ताओं के पास इतना वक़्त होना चाहिए कि वे उनका आनंद ले सकें। लोकप्रिय होते आज के ये सर्वव्यापी उत्पाद मनोरंजक होने के साथ दरअसल, उपभोक्ता का समय भी बचाते हैं। मोटरकार या जेट विमान उन्हें तेज़ी से मंज़िल तक पहुँचा देते हैं, वी.सी.आर. पर वे कम वक़्त में फ़िल्म

देख सकते हैं, बजाय कि थिएटर आने के, (या वे परिवार को भी ज़्यादा वक़्त देते हुए डिनर के साथ पसंदीदा कार्यक्रम घर पर ही देख सकते हैं) और पर्सनल कंप्यूटर चिट्ठियों को टाइपराइटर की तुलना में कम समय में तैयार कर देता है।

स्वास्थ्य वह व्यापक उद्योग है, जो कभी लुप्त नहीं होगा

कुछ समय पहले तक बहुत से स्वास्थ्य उत्पाद व सेवाएँ सिर्फ़ अमीरों के लिए ही उपलब्ध थे। इस तरह के उत्पादों और सेवाओं के बारे में पहली बार मुझे तब मालूम हुआ, जब हम कैलिफ़ोर्निया के पेसिफ़िक पेलिसेड्स में अपना पारिवारिक बीच हाउस बना रहे थे। वहाँ मैंने ग़ौर किया कि मेरे धनाढ्य और नामचीन पड़ोसी किस तरह अपने भोजन और स्वास्थ्य के प्रति संजीदा थे। स्वास्थ्य उपभोक्ता बनने के बाद मैंने पाया कि उच्चवर्गीय दायरे से बाहर बहुत से उत्पाद और सेवाएँ मिलना मुश्किल हो जाता था। इनमें रेस्तराँ में स्वस्थ भोजन उपलब्ध कराने से लेकर होटल में जिम की सुविधा तक शामिल थे।

आज स्थितियाँ बदलना शुरू हो गई हैं। हर दिन ज़्यादा से ज़्यादा रेस्तराँ स्वस्थ भोजन परोसते हैं, नई व्यायाम सुविधाएँ खुल रही हैं और ज़्यादा विटामिन्स तथा विभिन्न अतिरिक्त पूरक पदार्थ मुख्य धारा के विज्ञापनों में जगह बना रहे हैं। लेकिन क्या स्थितियाँ इतनी बदल चुकी हैं कि स्वास्थ्य उद्योग उच्च वर्ग से आम वर्ग की तरफ़ छलाँग लगाने के लिए तैयार है? इस सवाल के जवाब के लिए आइए हम सर्वव्यापी उत्पादों की पाँच विशेषताओं पर नज़दीकी नज़र डालें और यह देखें कि स्वास्थ्य उद्योग इनमें से प्रत्येक से किस तरह जुड़ा है।

पहला, क्या स्वास्थ्य उत्पाद और सेवाएँ पहुँच के भीतर हैं? अब तक स्वस्थ व तरोताज़ा भोजन का एकमात्र तरीक़ा यह था कि वह आपके हाथों से बना हो। रेस्तराँ या तो महँगा, गरिष्ठ भोजन परोसते थे या डिब्बाबंद प्रसंस्करित भोजन। आज, पौष्टिक भोजन न सिर्फ़ पौष्टिक-भोजन वाले रेस्तराँओं में उपलब्ध है, बल्कि अधिकांश रेस्तराँओं ने सस्ती दरों के स्वास्थ्य विकल्प भी अपने मेन्यू में जोड़े

हैं। जैसा कि आगे हम विस्तार से पड़ताल करेंगे कि दूसरे स्वास्थ्य क्षेत्रों में भी इसी तरह से क़ीमतों में गिरावट आई है : पर्सनल ट्रेनर अब एक घंटे में सिर्फ़ एक हस्ती के लिए काम करने के बजाय दर्जनों के लिए काम करते हैं। साथ ही गुणवत्तापूर्ण विटामिन्स और अतिरिक्त पूरक पदार्थ अब बाज़ार में तैयार उपलब्ध हैं, इन्हें आपको उगाने या मिश्रण करने की ज़रूरत नहीं होती। इसके अलावा जब स्वास्थ्य को जेब की पहुँच में लाने की बात आती है और बीमारी पर ख़र्च करने के लिए बचत का ज़रिया नहीं हो (जैसा कि हमने अध्याय 7 में चर्चा की है) तो नई स्वास्थ्य बीमा योजनाएँ तेज़ी से उभर रही हैं, जिनसे स्वास्थ्य पर ख़र्च होने वाला पैसा अदा किया जा सकता है।

दूसरा, क्या स्वास्थ्य उद्योग के भी उत्पाद बिना लगातार प्रचार "शेल्फ़ से ख़ुद बाहर आ सकेंगे"? हर वक़्त जब सफल स्वास्थ्य उपभोक्ता अपनी उम्र बताता है, कुछ शारीरिक व्यायाम करता है या वज़न घटाता है, तो उसके मित्र और सहयोगी पूछना शुरू कर देते हैं कि वह युवा दिखने या ताक़तवर बनने या फिर सुडौल बनने के लिए क्या कर रहा है। निश्चित तौर पर उसका जवाब, सवाल पूछने वाले को भी वही चीज़ें ख़रीदने पर मजबूर कर देता है।

स्वास्थ्य उद्योग के उत्पादों और सेवाओं के पैर संभवतः किसी अन्य उत्पाद या सेवा के मुक़ाबले सबसे अधिक मज़बूत हैं, क्योंकि किसी व्यक्ति का स्वास्थ्य अनुभव पता चलते ही लोग तुरंत आकर्षित होते हैं और ठीक वैसे ही परिणाम पाने के लिए उत्सुक रहते हैं।

तीसरा, क्या स्वास्थ्य उद्योग के उत्पाद और सेवाओं की खपत लगातार बनी रहेगी? अपनी भिन्न प्रकृति के कारण विटामिन, व्यायाम, भोज्य पदार्थ और अन्य स्वास्थ्य उत्पाद तथा सेवाएँ संभवतः हमारी अर्थव्यवस्था में सर्वाधिक लगातार इस्तेमाल होने वाले उत्पाद तथा सेवाएँ हैं। जब स्वास्थ्य उपभोक्ताओं को लगता है कि उन्हें किसी चीज़ से फ़ायदा पहुँच रहा है, वे उस उत्पाद या सेवा के कट्टर प्रशंसक बन जाते हैं। इस तरह वे अन्य स्वास्थ्य चीज़ों को आज़माने के लिए तैयार रहते हैं। मसलन, जब लोग व्यायाम से वज़न घटाना

शुरू करते हैं, तो अक्सर संतुलित अतिरिक्त पूरक पदार्थ और अन्य बेहतर स्वास्थ्यवर्धक भोजन तलाशने लगते हैं।

चौथा, स्वास्थ्य उत्पादों और सेवाओं में सर्वव्यापी आकर्षण होता है? हर इंसान, चाहे वह कितना भी स्वस्थ और तंदुरुस्त हो, अधिक स्वस्थ और तंदुरुस्त बनना चाहता है। इसकी एक वजह यह भी है कि हमारे अच्छा और तंदुरुस्त महसूस करने की कोई सीमा नहीं है। लेकिन अधिकांशतः ऐसा इसलिए होता है क्योंकि स्वास्थ्य उद्योग के पास ही इंसान की बढ़ती उम्र की सार्वभौमिक समस्या का हल है। यह अपने उपभोक्ता को आँख बंद करके बढ़ती उम्र से ढलती काया को स्वीकार नहीं करने देता।

स्वास्थ्य उद्योग की अल्प और दीर्घकालीन संभावनाओं को आँकने की आख़िरी और संभवतः सबसे महत्वपूर्ण विशेषता यह है कि क्या उपभोक्ता के पास अधिकांश स्वास्थ्य उत्पादों और सेवाओं का उपभोग करने का पर्याप्त वक़्त है? इस सवाल का जवाब हमारी पूरी अर्थव्यवस्था और स्वास्थ्य उद्योग का भविष्य तय करेगा।

जैसा कि दूसरे अध्याय में विस्तार से बताया गया है, हमारी आधुनिक अर्थव्यवस्था की वृद्धि उपभोक्ताओं द्वारा अपनी अतिरिक्त आमदनी ऐशो-आराम के साधन पर किए जाने वाले ख़र्च पर निर्भर करती है जो जल्दी ही उनकी ज़रूरत बन जाते हैं। ये उत्पाद या सेवाएँ अक्सर ऐसी चीज़ें होती हैं, जो उनकी पैदाइश के समय अस्तित्व में नहीं होतीं। हालाँकि इन नए उत्पादों और सेवाओं की नज़दीकी पड़ताल विरोधाभास पैदा करती है जिससे भविष्य में इस प्रगति पर रोक लग सकती है।

हर्ले डेविडसन मोटरसाइकिलों से लेकर बगीचों के ट्रैक्टरों तक अधिकांश नए विलासितापूर्ण उत्पादों में बहुत बड़ी ख़ामी यह है कि इनका आनंद लेने के लिए वक़्त चाहिए। यह आधुनिक जीवन का एक बहुत बड़ा विरोधाभास है। हर साल, उपभोक्ताओं के पास ख़र्च करने के लिए पैसा बढ़ता दिखाई दे रहा है, लेकिन उसका आनंद लेने के लिए उनके पास वक़्त कम से कम बच रहा है। "फ़ुरसती अमीर" और "मेहनतकश ग़रीब" वाली पुरानी धारणाओं से ठीक उलट आज समाज के हर वर्ग में अतिरिक्त कमाई, फ़ुरसत

के समय के विरोधानुपात में है। कुछ साल पहले तक जब आप लोगों से पूछते थे कि उन्होंने फ़लाँ नया उत्पाद क्यों नहीं ख़रीदा, तो अमूमन नपा-तुला सा जवाब मिलता था कि वह उनकी पहुँच से बाहर है। आज, आपको अधिकांश लोग यह कहते हुए मिलेंगे कि उनके पास पिछले हफ़्ते या महीने पहले ख़रीदे उत्पाद का इस्तेमाल करने के लिए वक़्त नहीं है।

इसके अलावा, आज उपभोक्ता में शारीरिक उत्पाद के बनिस्बत मनोरंजन और सेवाओं की माँग ज़्यादा तेज़ी से बढ़ रही है। ये समय लेने वाली ख़रीदी मसाज से लेकर लक्ज़री क्रूज़ और ओपेरा की टिकट तक की अपनी सीमा है। यह एक दिन के 24 घंटे से लेकर साल के 365 दिन तक कुछ भी हो सकती है। कुछ उपभोक्ता बताते हैं कि उनके पास समय की कमी की मुख्य वजह ज़्यादा काम नहीं, अन्य फ़ालतू गतिविधियाँ हैं।

हमारी आधुनिक अर्थव्यवस्था उपभोक्ताओं की इन ग़ैर-आर्थिक सीमाओं में पिसकर रह जाएगी - यदि हमारी तकनीक ऐसे उत्पादों और सेवाओं का निर्माण नहीं कर सकी, जिनका आनंद उठाने के लिए बहुत ज़्यादा समय की ज़रूरत न पड़े।

स्वास्थ्य उत्पाद और सेवाएँ संभवतः उपभोक्ता के सिर्फ़ एक वर्ग का प्रतिनिधित्व करती हैं जिसका आनंद लेने के लिए वक़्त नहीं लगता। ख़र्च किए गए पैसे से व्यक्ति दफ़्तर में, घर पर और इनके बीच के हर पल में तंदुरुस्त महसूस करता है, ख़ुश रहता है, युवा दिखता है या स्वस्थ महसूस करता है, जिससे उसे पुरस्कार मिलते हैं।

यह स्पष्ट है कि मोटरगाड़ियों और पर्सनल कंप्यूटर की तरह ही स्वास्थ्य चेतना भी हमारे जीवन को बदलने के बारे में है। इससे पहले कि मैं यह समझाऊँ कि कैसे आप यानी एक उद्यमी अतुलनीय प्रगति क्षमता वाले इस विस्तृत और अनंत उद्योग से लाभ उठा सकते हैं, आइए पहले देखते हैं कि यह उद्योग कैसे शुरू हुआ और कितना विस्तार करेगा।

अध्याय-1

हमें क्रांति की ज़रूरत क्यों है

सबसे पहले, आइए परिभाषा पर नज़र डालते हैं :

रेव-ओ-ल्यू-शन[1]

1 अ : कोई अचानक, व्यापक या संपूर्ण परिवर्तन।

ब : राजनीतिक ढाँचे में आधारभूत परिवर्तन।

स : गतिविधि या आंदोलन, जो सामाजिक-आर्थिक स्थिति को प्रभावित करने के लिए तैयार की जाए।

द : किसी चीज़ के प्रति नज़रिए और सोच के तरीक़े में आधारभूत बदलाव : पैरेडाइम में बदलाव <कोपर्निकन क्रांति>

ई : इस्तेमाल या पसंद में संपूर्ण बदलाव, विशेष रूप से तकनीक में <कंप्यूटर क्रांति> <विदेशी कार क्रांति>

सत्रहवीं शताब्दी के अँग्रेज़ लेखक जॉन मिल्टन क्रांति को निष्ठुर शासक से ख़ुद की रक्षा करने के समाज केअधिकार के रूप में देखते थे - एक ऐसी नई वर्ग व्यवस्था बनाने के रूप में, जिससे प्रजा की ज़रूरतें प्रतिबिंबित हों। मिल्टन के लिए क्रांति मुकम्मल आज़ादी पाने का ज़रिया थी।[2]

अठारहवीं शताब्दी के जर्मन दार्शनिक इमानुअल कांट क्रांति को मानवता की उन्नति के लिए एक बल के रूप में मानते थे। वे इसे समाज के लिए उच्च नैतिक आधार को महसूस करने का "प्राकृतिक" क़दम मानते थे।[3]

उन्नीसवीं शताब्दी के जर्मन दार्शनिक जी.डब्ल्यू.एफ़. हेगेल क्रांतियों को मानव के भाग्य की पूर्णता और क्रांतिकारियों को सुधारों को प्रेरित करने तथा लागू करने की आवश्यकता के रूप में देखते थे।[4]

ये अंतर्दृष्टियाँ स्वास्थ्य क्रांति पर सटीक बैठती हैं।

उद्यमी और क्रांतिकारी दरअसल भिन्न हालातों में जन्मे एक ही क़िस्म के लोग हैं। दोनों ही यथापूर्व हालात में बदलाव की ज़रूरत समझते हैं, दोनों ही जोखिम लेने के इच्छुक रहते हैं, और इस बदलाव के फलस्वरूप मिले पुरस्कार की फ़सल काटते हैं।

उभरता स्वास्थ्य उद्योग बहुत कुछ बीमारी और खाद्य उद्योग की निर्दयता की प्रतिक्रिया है क्योंकि हर इंसान को स्वास्थ्य की आज़ादी की तमन्ना होती है। स्वास्थ्य हमारी क़िस्मत और मानवता की प्रगति की ओर अगला प्राकृतिक क़दम है। अपनी ताक़त और स्वास्थ्य की उम्र बढ़ाकर आप इन चीज़ों को हासिल कर सकते हैं, जिन्हें हासिल करना चाहते हैं।

स्वास्थ्य के क्षेत्र में क्रांतिकारी लीडर वे उद्यमी हैं, जो इसे पोषण देते हैं और इसकी रचना करते हैं, आविष्कारक वे हैं, जो स्वास्थ्य सेवाओं तथा उत्पादों को प्रेरित करते हैं और प्रेक्टिशनर तथा डिस्ट्रीब्यूटर वे हैं जो स्वास्थ्य संदेश पूरे समाज में फैलाते हैं। आप अपनी पसंद की भूमिका चुन लीजिए कि आप इस नए उद्योग में किस तरह के लीडर बनना चाहेंगे।

क्रांतियाँ और उद्यमी यात्राएँ अक्सर एक ज्योतिपुंज से शुरू होती हैं – व्यक्ति द्वारा की गई ऐसी चमचमाती खोज, जो उसे एक प्रश्नावली पर ला खड़ा करती है। प्रत्येक व्यक्ति के लिए, यह प्रेरणा अलग क़िस्म की होती है। आपके लिए, यह इस पुस्तक से सीखा हुआ सबक़ भी हो

सकती है या किसी बीमारी का अनुभव - आपका ख़ुद का या किसी प्रियजन का - जिससे बचाव किया जा सकता था। मुझे यह ज्योतिपुंज 1996 में मेरे एक भाषण के दौरान मिला।

स्वास्थ्य मेरे लिए मिशन कैसे बना

50 के दशक में जब मैं बड़ा हो रहा था, तब आर्थिक मामलों ने हमारी 95 फ़ीसदी ज़िंदगी पर क़ब्ज़ा जमा रखा था। मेरे पिता अलसुबह 5:30 बजे घर से काम पर निकल जाते थे और रात को डिनर के बाद उस समय लौटते, जब मेरी माँ मुझे और मेरे भाई को सुलाने की तैयारी कर रही होती थीं। हफ़्ते के छह दिन उनकी यही दिनचर्या रहती। हमारे सभी पड़ोसी और रिश्तेदारों का जीवन भी ऐसा ही था, सिवाय कुछ उन बदनसीबों के, जिन्हें काम से निकाल दिया गया होता। हालाँकि सभी अधिकांशतः आर्थिक मुद्दों पर ही बातें करते (किस तरह पैसा कमाया जाए, कहाँ काम ढूँढ़ा जाए, आदि), लेकिन कोई भी इस समस्या का हल ढूँढ़ता नहीं दिखता कि आर्थिक सफलता कैसे पाई जाए। इसीलिए मैं अर्थशास्त्री बना। वे सभी हल खोजने के लिए - जिनसे उस समय का मेरा समाज सबसे ज़्यादा जूझ रहा था।[5]

पच्चीस साल बाद, मिडवेस्ट में एक भाषण देने के दौरान मुझे एहसास हुआ कि मैं ग़लत पेशे में था।

वह शनिवार का दिन था और सन् 1996 के सितंबर की 7 तारीख़। मैं इंडियानापोलिस के आरसीए डोम में अपनी नई पुस्तक *गॉड वॉन्टस यू टु बी रिच* पर 45,000 लोगों के सामने मुख्य वक्ता के रूप में भाषण देने के लिए स्टेज पर जाने की तैयारी कर रहा था। मेरी फ़ीस एक बंद लिफ़ाफ़े में मुझे उसी दौरान दी गई थी। 45 मिनट के भाषण के लिए दी गई यह राशि मेरे पूरे साल की तनख़्वाह से भी ज़्यादा थी जो मुझे व्हॉर्टन से स्नातक होने के बाद सिटी बैंक में काम करने पर मिलती थी।

मेरा सीना गर्व से फूल जाना चाहिए था, लेकिन मुझे लज्जित महसूस हो रहा था। जब मैंने स्टेडियम में श्रोताओं को देखा और भाषण शुरू किया, तो मुझे ऐसा लगा मानो मैं उनका चीरहरण कर रहा हूँ।

अधिकतर अमेरिका की ही तरह, आधे श्रोता अस्वस्थ और मोटे

थे। उनके खानपान और जीवनशैली के सीधे परिणाम उनके थके हुए चेहरों और मुटाती कमर से स्पष्ट झलक रहे थे। अर्थशास्त्र उनके जीवन की गुणवत्ता सुधार सकता है, ऐसा मैं उन्हें कुछ भी नहीं बताने जा रहा था, जब तक कि वे सबसे पहले अपने शरीर की देखभाल करना नहीं सीख लेते।

मेरे भीतर एक तीव्र इच्छा उभरी कि मैं भाषण समेटकर श्रोताओं को बताऊँ कि अच्छा स्वास्थ्य किसी भी समृद्धि से ज़्यादा महत्वपूर्ण है, लेकिन मैं डर गया। मैं अपने मेज़बानों को नाराज़ नहीं करना चाहता था। और सच कहूँ तो, तब मैं ख़ुद भी नहीं जानता था कि लोगों को अपनी सेहत संयमित करने के लिए क्या करना चाहिए।

अगली सुबह घर लौटते समय उड़ान के दौरान मैं इन्हीं सवालों से जूझता रहा : क्यों बुद्धिमान लोग अपना समय और पैसा अपना जीवन बेहतर बनाने के लिए हर क्षेत्र में तो लगाते हैं, *सिवाय* उस क्षेत्र के जहाँ सुधार की गुंजाइश सबसे ज़्यादा है? और, इससे भी ज़्यादा ज़रूरी यह कि अस्वस्थ और ज़्यादा वज़न वाले इंसान को अपने जीवन को नियंत्रित करने के लिए क्या करना चाहिए?

हमें क्रांति की ज़रूरत क्यों है : महती इच्छाओं से विभाजित दो देश[6]

मैं उस रविवार सुबह दस बजे लॉस एंजिलिस पहुँच गया और पैसिफ़िक पैलिसेड्स की तरफ़ उस कॉन्ट्रेक्टर से मिलने भागा जो हमारे फ़ैमिली बीच हाउस को नया रूप दे रहा था। जब हम बाहर खड़े होकर निर्माण कार्य पर चर्चा कर रहे थे, पड़ोसी जॉगिंग या साइक्लिंग करते हुए बीच की तरफ़ आ-जा रहे थे। मैं यह देखकर दंग रह गया था कि वहाँ के लोग कितने स्वस्थ और तंदुरुस्त दिखाई दे रहे थे। इंडियानापोलिस के उन लोगों कितने की तुलना में जिन्हें देखकर मैं लौटा था, मेरे ये पड़ोसी किसी दूसरे ग्रह के रहने वाले लग रहे थे।

उस सप्ताह, मैंने शोध शुरू किया, जिससे इस पुस्तक को आकार मिला। मुझमें इस बात को लेकर बहुत उत्सुकता थी कि एक अर्थशास्त्री को स्वास्थ्य और वज़न के बारे में लिखने की क्या ज़रूरत है।

मैंने जल्द ही यह पता लगा लिया कि ज़्यादातर लोगों के अस्वस्थ और मोटे होने का बड़ा कारण जीव विज्ञान से कहीं अधिक अर्थशास्त्र से जुड़ा है।

आश्चर्यजनक रूप से, शक्तिशाली आर्थिक ताक़तें लोगों को अपने स्वास्थ्य पर नियंत्रण पाने से रोक रही हैं और दरअसल उन्हें वज़न बढ़ाने के लिए *प्रोत्साहित* कर रही हैं – ये ताक़तें इतनी शक्तिशाली हैं कि क्रांति से कम कोई भी चीज़ इन्हें नहीं रोक सकती है।

कई लोगों के लिए उनके स्वास्थ्य पर नियंत्रण करना तब तक संभव नहीं हो सकता है, जब तक कि वे दस खरब डॉलर के भोजन और 15 खरब डॉलर के चिकित्सा उद्योग को नहीं समझ लेते। ग़ौर करने लायक़ बात यह है कि ये दोनों उद्योग की हमारी राष्ट्रीय अर्थव्यवस्था में एक चौथाई हिस्सेदारी है।

मैंने पाया है कि मोटापे और कमज़ोर सेहत का असर व्यक्ति के बाहरी स्वरूप से बहुत अलग होता है। हमारी नई सदी में नस्ल और लिंग भेद का स्थान व्यक्ति के वज़न और बाहरी स्वरूप पर आधारित भेद ने ले लिया है। जबकि अतीत में कमज़ोर शरीर को ग़रीबी और मोटापे को धन संपन्नता से जोड़ा जाता था। आज स्थिति एकदम उलट है। अधिकतर लोग जो मोटे हैं वे आर्थिक सीढ़ी के निचले पायदानों पर बैठे हैं। *धनी मोटा आदमी* दो विरोधाभासी अलंकार बन चुके हैं और *ग़रीब* और *मोटा* पर्यायवाची बन गए हैं।

आश्चर्यजनक रूप से, इस तथ्य के बावजूद कि हम अमेरिकी मानव इतिहास की सर्वाधिक आर्थिक संपन्नता का आनंद ले रहे हैं, अमेरिका की 61 प्रतिशत आबादी अधिक वज़न वाली है, और चौंका देने वाले 27 प्रतिशत चिकित्सकीय रूप से घोषित अति मोटे हैं। ये दोनों ही आँकड़े सिर्फ़ पाँच साल (1994-99) में दस प्रतिशत तक बढ़ चुके हैं, और मोटापा 1970 के बाद से लगभग दोगुना हो चुका है।[7]

जिस तरह उन्नीसवीं शताब्दी में नाम और जन्म से सामाजिक और आर्थिक अवसर तय होते थे, यही काम आज वज़न और देहयष्टि

से होता है। यदि कोई व्यक्ति मोटा है - सिर्फ़ 15 पौंड ज़्यादा नहीं, बल्कि चिकित्सकीय रूप से मोटा घोषित है - तो नौकरी, रिश्ता ढूँढ़ना मुश्किल हो जाता है या रोज़मर्रा की ज़रूरतें पूरी करने की दौड़ में सबसे ऊपर बने रहने में भी वह पिछड़ जाता है।

यही नहीं, सामान्य वज़न वाले ज़्यादातर लोग भी अस्वस्थ होते हैं, हालाँकि अक्सर उन्हें इस बारे में पता नहीं होता। आधुनिक दवाएँ बढ़ती उम्र से दुःखी लोगों को सिरदर्द, पेट की गड़बड़, बदन दर्द, थकान, आर्थराइटिस जैसी हज़ारों अन्य बीमारियों के बारे में अनपेक्षित लक्षणों के ज़रिए बताती हैं। हालाँकि अधिक वज़न और मोटापा, बुरे खान-पान का सीधा नतीजा होते हैं।

अर्थशास्त्र ने किस तरह अति मोटापा और कुपोषण क़ायम रखा है

इन हालात के लिए अर्थशास्त्र बड़े पैमाने पर दोषी है। खरबों डॉलर का सशक्त खाद्य उद्योग हम पर बुरे से बुरा संभव भोजन ज़्यादा से ज़्यादा मात्रा में खाने के लिए बड़े नपे-तुले ढंग से संदेशों की बमबारी करता है।

स्वास्थ्य क्रांति का नेतृत्व करने या उसका हिस्सा बनने की इच्छा रखने वाले उद्यमियों के लिए पहले यह समझना बहुत महत्वपूर्ण है कि आज खाद्य उद्योग किस तरह से काम कर रहा है।

जनरल फ़ूड और प्रॉक्टर एंड गैम्बल जैसी डिब्बाबंद भोजन बनाने वाली कंपनियों ने ग्राहक की मानसिकता और आँकड़ों के अध्ययन के लिए कुछ सर्वश्रेष्ठ और कुशाग्र बुद्धिमानों को काम पर रखा हुआ है। यह तय करने के लिए कि हमें किस तरह का भोजन बेचा जाए, वे निश्चित रूप से बाज़ार के अलिखित क़ानूनों में से एक का पालन करते हैं। यह नियम है : किसी मौजूदा ग्राहक को ज़्यादा उत्पाद बेचना जितना आसान होता है, वही उत्पाद किसी नए ग्राहक को बेचना उतना ही मुश्किल होता है। दूसरे शब्दों में, किसी नियमित ग्राहक को हर महीने आलू चिप्स के चार अतिरिक्त पैकेट खाने के लिए आसानी से प्रभावित

किया जा सकता है बनिस्बत उस नए ग्राहक को उन लुभावने आलू चिप्स का सिर्फ़ एक पैकेट ख़रीदने के लिए राज़ी करने के, जिसने वह आलू चिप्स कभी चखी न हो।

अधिकांश तैयार खाद्य उत्पाद जैसे होस्टेस ट्विन्कीज़, ओरिओ कूकीज़, और मैकडोनल्ड्स के हैप्पी मील[8] बिज़नेस की भाषा में कहा जाए तो "आलू चिप्स की बिक्री के समीकरण" का पालन करते हैं। इस क़ानून के मुताबिक़, कुल उत्पाद का 90 प्रतिशत से अधिक उनके 10 प्रतिशत से भी कम ग्राहकों में बेच दिया जाता है। तैयार भोजन के मामले में, यह 10 प्रतिशत तक ऐसे लोगों को रिझाता है, जिनका वज़न 200 पौंड से अधिक और आमदनी 25,000 डॉलर सालाना से कम होती है। अधिक वज़न वालों को लक्ष्य करना ख़ासतौर पर लाभदायक होता है, क्योंकि ये बदक़िस्मत साधारण वज़न वाले व्यक्ति के मुक़ाबले हर बार दोगुनी मात्रा में खाद्य उपभोग करते हैं।

हर कंपनी अपने इस 10 प्रतिशत का अध्ययन उसी प्रकार करती है, जिसे कि *बाज़ार का लक्ष्य* (target market) कहते हैं, जिस तरह प्रयोगशाला में चूहों पर किया जाता है। उपभोक्ता सर्वेक्षण में उनकी पसंद, नापसंद, उम्मीदें, सपने, नायक और ख़्वाहिशें सब पता चल जाता। अति-उपभोग करने वाले उपभोक्ताओं को *फ़ोकस ग्रुप्स* में भाग लेने के लिए बुलाया जाता है, जहाँ उनसे नए उत्पादों के नमूनों को परखने, विज्ञापन देखने और अपने विचार प्रकट करने के लिए कहा जाता है।

टारगेट मार्केट पर असर करने वाले हर मानसिक बिंदु पर दबाव बनाने के लिए किसी भी तरह के ख़र्च में कोताही नहीं बरती जाती। यदि किसी बाज़ार के लोग कोई ख़ास अभिनेता या गायक को पसंद करते हैं, तो वह हस्ती जल्द ही रेडियो या टीवी पर उस उत्पाद की तारीफ़ करती दिखाई देने लगती है। यदि कोई ख़ास बनावट, एहसास या जीवनशैली उस बाज़ार के लोगों को प्रभावित करती है, तो कई स्टाइलिस्ट या डिज़ाइनर उसे और बढ़ावा देने के लिए स्टूडियो में जुट जाते हैं। जिस तरह शिकारी के दायरे में पहुँचकर निशाने पर आए हिरण के पास बचने का कोई मौक़ा नहीं रह जाता, उसी तरह टारगेट के पास कोई अवसर नहीं बचता।

कभी-कभार, इस प्रक्रिया की क्रूरता 2 लाख डॉलर प्रतिवर्ष के बाज़ार का उत्तरदायित्व सँभालने वाले मार्केटिंग एक्ज़ीक्यूटिव के ज़मीर पर बोझ भी महसूस होती है। कुछ एक्ज़ीक्यूटिव वाक़ई अपने फ़ोकस ग्रुप्स में मौजूद रहने से इंकार कर देते हैं। व्यक्तिगत तौर पर अपने भावी शिकार का सामना करने के बजाय वे अपने दफ़्तर की सुरक्षा में बैठकर दस्तावेज़ों का पुनरावलोकन करना बेहतर समझते हैं। ऐसे एक्ज़ीक्यूटिव के घरों में होने वाली चर्चाओं की कल्पना कीजिए। "आज मैं 200 पौंड की ऐसी दस महिलाओं से मिला, जिनमें मुश्किल से इस समूह में भाग लेने की ऊर्जा बची थी," संभवतः वे डिनर टेबल पर अपने परिवार को ऐसा बताते हों - "अगर मेरी टीम अप्रैल तक इन लोगों को इतनी आलू चिप्स खिला पाई कि ये 210 पौंड के हो जाएँ, तो हम अपनी पहली तिमाही का बिक्री लक्ष्य पूरा कर लेंगे और मुझे हम सबकी बारबाडोस में छुट्टी मनाने लायक़ बोनस मिल जाएगा।"

संभव है यह एक्ज़ीक्यूटिव ऐसी बातों के दौरान भी पौष्टिक भोजन कर रहा हो।

जंक-फ़ूड संस्कृति की सबसे बड़ी विडंबना संभवतः यही है कि इसके अधिकांश उत्साही प्रवर्तक ख़ुद ही इन उत्पादों से दूर रहते हैं। यही नहीं, आज बहुत से लोग ग़ुस्से को क़ाबू करने से लेकर अवसाद और कैंसर तक भावनात्मक तथा चिकित्सकीय चुनौतियों का सामना कर रहे हैं, जो इन्हीं जंक-फ़ूड कंपनियों के उत्पादों जैसे फ्रोज़न पिज़्ज़ा और लो-फ़ैट कूकीज़ का नतीजा है।

ये फ़ूड कंपनियाँ तब और बुरा करती हैं जब ये अपने उत्पाद के लिए कम-आय वाले, अस्वस्थ और मोटे लोगों को लक्ष्य बनाती हैं। एक बार जब ऐसा व्यक्ति उत्पाद ख़रीदता है और इनका उपभोक्ता बन जाता है, तब कंपनी के केमिस्ट यह सुनिश्चित करते हैं कि वह इस उत्पाद को सिर्फ़ स्वस्थ या सीमित मात्रा में खाकर कभी संतुष्ट न हों।

मान लीजिए, मैं आपको एक सेब, एक केला या मुट्ठीभर शतावर (asparagus) या कोई भी खाद्य पदार्थ उसके प्राकृतिक स्वरूप में दूँ। दो या तीन सेब या केले खाने के बाद आपका शरीर अलग तरह के भोजन की चाह करने लगेगा, क्योंकि इस भोजन से आपकी स्वाद ग्रंथियों को मिलने वाला आनंद हर कौर के साथ कम होता जाता है। लेकिन यदि

मैं आपको एक चॉकलेट दूँ या मैकडोनल्ड्स के फ्रेंच फ्राई, या एक कोला, या कोई भी तैयार खाद्य पदार्थ, तो आप ये चीज़ें लगभग हमेशा ज़्यादा से ज़्यादा खाने के लिए लालायित रहेंगे, क्योंकि इन पदार्थों में रासायनिक स्वाद यह सोचकर ही मिलाए जाते हैं कि इन्हें कोई भी "सिर्फ़ एक खाकर नहीं रह सकता।" इस रासायनिक परिवर्तन के कारण बड़ी मात्रा में चीज़ों का उपभोग बढ़ता है, मोटापे को बढ़ावा मिलता है और स्वाद ग्रंथियों की विभिन्न खाद्य पदार्थ खाने की प्रकृति ख़त्म होती है।[9]

मानव शरीर को रोज़ाना 13 ज़रूरी विटामिनों[10] की आवश्यकता होती है जिनमें से अधिकांश को हमारा शरीर ख़ुद नहीं बना सकता। ये विटामिन कुछ खनिजों के साथ शरीर में प्रतिदिन होने वाली लाखों रासायनिक क्रियाओं के लिए आवश्यक होते हैं। दिनभर अलग-अलग प्रकार के ताज़े फल और सब्ज़ियों से हमें हर वह तत्व मिल जाते हैं, जिनकी हमें ज़रूरत होती है। और हमारा शरीर प्राकृतिक रूप से इस तरह बनाया गया है कि यह हमारी ज़रूरत के मुताबिक़ विभिन्न प्रकार के भोजन खोजने के लिए तैयार रहता है। लेकिन, ज़्यादातर अमेरिकियों को उनके द्वारा खाए जा रहे तैयार और फ़ास्ट फ़ूड के रासायनिक परिवर्तन के कारण न्यूनतम मात्रा में भी इन विटामिनों तथा खनिजों की आपूर्ति नहीं हो पा रही है।[11]

कुछ समय बाद, ये कमियाँ स्वभाव बदलने, कमज़ोरी, जोड़ों के दर्द, कमज़ोर दृष्टि, बहरेपन जैसी अन्य हज़ारों बीमारियों के रूप में सामने आने लगती हैं जिनके लिए चिकित्सा विज्ञान सलाह देता है कि हमें बढ़ती उम्र के इन लक्षणों को स्वीकार करना चाहिए। लंबे समय बाद इन कमियों के कारण कैंसर और हृदय रोग जैसी बड़ी बीमारियाँ होने लगती हैं।

बीसवीं सदी में, अमेरिका की तंबाकू कंपनियों ने खपत बढ़ाने के लिए अपने उत्पादों में रासायनिक परिवर्तन कर दिया और प्रसंस्करित तंबाकू के ख़ास ब्राण्ड निकालकर बच्चों को आदी बनाकर जीवनभर के लिए ग्राहक तैयार कर लिए। ताज़ा क़ानून में बिग टोबेको को अपनी सिगरेट प्रचारक गतिविधियों पर लगाम कसने के लिए दबाव डाला गया, लेकिन उन्होंने अपनी विशेषज्ञता को व्यर्थ नहीं जाने दिया - वे

सभी तैयार खाने के मुख्य ब्राण्ड ख़रीदने लगे जिनके लोग आदी हों। 2001 में दुनिया की सबसे बड़ी तंबाकू कंपनी फ़िलिप मोरिस ने बच्चों में सर्वाधिक लोकप्रिय भोजन के कुछ ब्राण्ड ख़रीद लिए, जिनमें ओरिओ कूकीज़, रिट्ज़ क्रेकर्स और लाइफ़ सेवर्स कैंडीज़ शामिल थे।[12] इसने ऑस्कर मेयर बैकॅन से पोस्ट सीरिल्स और फिलाडेल्फिया क्रीम चीज़ बनाने वाली फ़िलिप मोरिस को नेस्ले इंक.[13] के बाद दुनिया की दूसरी सबसे बड़ी फ़ूड कंपनी बना दिया।

अर्थशास्त्र किस तरह बीमारियों को स्थायी बनाता है

जब मेरा शोध मुझे चिकित्सा उद्योग की ओर ले गया, तो मेरा सामना उन विशाल बहुराष्ट्रीय कंपनियों से हुआ, जिनकी घृणित गतिविधियों ने भोजन कंपनियों को तुलनात्मक रूप से पछाड़ दिया था। मेरे सामने यह तुरंत स्पष्ट हो गया कि क्यों किसी अर्थशास्त्री को स्वस्थ जीवनशैली के लिए भोजन लेने के साथ बेहतर चिकित्सकीय देखभाल पर पुस्तक लिखना चाहिए।

स्वास्थ्य क्रांति का नेतृत्व करने या उसका हिस्सा बनने के इच्छुक उद्यमियों के लिए यह जानना बहुत ज़रूरी है कि आज का चिकित्सा (यानी बीमारी) उद्योग किस तरह काम करता है।

जब मरीज़ डॉक्टर के पास जाते हैं, तो उन्हें यह भरोसा होता है कि वे अपनी बीमारी विशेष के लिए सबसे उपयुक्त उपलब्ध दवा या इलाज पर्चे में लिखवा रहे हैं। दरअसल, ऐसा नहीं है।

जिस तरह भोजन कंपनियों के लिए अति मोटे लोग लक्ष्य बाज़ार हैं, उसी तरह डॉक्टर, मेडिकल और दवा कंपनियों के लक्ष्य बाज़ार हैं। रोगियों को वही दवा या इलाज दिया जाता है, जो कि आपूर्तिकर्ता के लिए, स्वास्थ्य बीमा कंपनी के लिए और कई मामलों में उस ख़ास डॉक्टर के लिए सबसे अधिक फ़ायदेमंद होता है। यह उपलब्ध सर्वश्रेष्ठ इलाज हो भी सकता है और नहीं भी। अमेरिका में एक ही बीमारी के

लिए डॉक्टर पूरी तरह अलग-अलग इलाज लिखते हैं, लेकिन यह इस बात पर निर्भर करता है कि उनके क्षेत्र के बाज़ार में किस दवा कंपनी का दबदबा है।

चिकित्सा तकनीक और दवाओं में आज इस तेज़ी से बदलाव हो रहा है कि अक्सर चिकित्सा विद्यालय में जो कुछ डॉक्टर सीखते हैं, वह उनके स्नातक होने तक पुराना हो चुका होता है। प्रैक्टिस के दौरान डॉक्टर नई दवाओं व इलाजों के बारे में ख़ास तरह के सेल्समैन से सीखते हैं, जिसे चिकित्सा उद्योग में *डीटेल पर्सन* कहा जाता है। डीटेल पर्सन वास्तव में एक सभ्य संबोधन है जो "एक बेहद आकर्षक, उच्च वेतन पाने वाले विपरीत लिंग वाले व्यक्ति के लिए इस्तेमाल किया जाता है।" डीटेल पर्सन डॉक्टर और उनके स्टाफ़ को दिलेरी से मुफ़्त नमूने बाँटते हैं तथा उनकी कंपनी के उत्पाद लिखने के अनुपात में इनाम भी देते हैं। डॉक्टर और उनका परिवार महँगे डिनर, क्रूज़ और रिज़ॉर्ट में कर-मुक्त प्रवास पाता है, जहाँ वह करदाता के ख़र्च पर उत्पादों के बारे में ज़्यादा "सीखता" है।

हालाँकि दुनियाभर की वैधानिक दवा कंपनियाँ दवाओं की ऊँची क़ीमतों को सही बताते हुए महँगे शोध और विकास का तर्क देती हैं, जबकि वास्तव में दवा कंपनियाँ शोध तथा उत्पादन से अधिक ख़र्च उस दवा के प्रचार पर करती हैं। यही नहीं, नई दवाओं के शोध और विकास के लिए अच्छी-ख़ासी आर्थिक मदद तो संघीय सरकार दे देती है, जो यूनिवर्सिटीज़, मेडिकल स्कूल और नेशनल इंस्टीट्यूट ऑफ़ हेल्थ को ग़ैरलाभकारी संगठनों के ज़रिए मिलती है।

जब स्वास्थ्य उपभोक्ता नुस्ख़े पर लिखी दवाओं की भारी क़ीमत अदा कर रहा होता है, उस वक़्त वह बाज़ार के उस प्रचार की भी क़ीमत चुका रहा होता है, जिसके तहत डॉक्टर को भी सफलतापूर्वक राज़ी किया गया है कि वह नुस्ख़ा लिखते वक़्त पर्ची के कोने में "DAW"-*dispense as written* को चिह्नित करे। इसका अर्थ है कि लिखित महँगे दामों वाले नामी ब्राण्ड की दवा ही बेची जाएँ, जबकि नुस्ख़े पर लिखी कुल दवाओं की क़ीमत से 90 प्रतिशत कम दर पर उसी संघटन की जेनेरिक सस्ती दवाएँ उपलब्ध होती हैं। दवा कंपनियों का मुनाफ़ा अक्सर उन पुराने ब्राण्ड की दवाओं की बिक्री से निकलता है जो सालों

पहले मरीज़ के पहली बार बीमार होने पर लिखी गई थी और मरीज़ उसे लगातार लेता रहता है। ऐसे में दवा कंपनियाँ मरीज़ों और डॉक्टरों को नए बेहतर उत्पाद की जानकारी से रोकती हैं कि कहीं दोबारा नुस्ख़ा लिखने में वे अपना ग्राहक न खो दें और प्रतिस्पर्धी ब्राण्ड की दवा न बिकने लगे। उसी गुण वाली जेनेरिक दवाएँ कई बार नाम वाले उत्पाद से अधिक सुरक्षित और बेहतर होती हैं क्योंकि उनका नुस्ख़ा हाल ही में लिखा गया होता है और वे बेहतर फ़ॉमूले से बनी होती हैं।

उपभोक्ताओं को दवा उस नुस्ख़े के बारे में समझाने में प्रचुर व्यापार संभावनाएँ हैं, जिसे वे पहले से ले रहे हैं : किस तरह वैकल्पिक दवाएँ ली जाएँ जो अधिक असरकारक, कम महँगी और कम दुष्प्रभाव वाली या तीनों ही हों।

हाल के कुछ सालों में, फ़ूड कंपनियों की तरह दवा कंपनियों ने भी विज्ञापन फ़र्मों को काम सौंपकर उपभोक्ताओं के लिए सीधे छवि-आधारित विज्ञापन बनवाने शुरू कर दिए हैं। इन विज्ञापनों में डॉक्टर की लिखी गई सलाह पर उत्पाद ख़रीदने पर ज़ोर दिया जाता है। इसमें यह संदेश होता है कि मरीज़ *सीधे* उसी उत्पाद की माँग करे और DAW नुस्ख़े के लिए "अपने डॉक्टर से पूछे"। यदि डॉक्टर वह नुस्ख़ा लिखने से मना कर देता है, तो पहले ऐसी दवा ख़रीद चुका मरीज़ उस डॉक्टर के पास चला जाता है, जो संबंधित नुस्ख़ा लिख देता हो।

अफ़सोस यह है कि अधिकांश डॉक्टर विशाल बहुराष्ट्रीय कंपनियों के उत्पादों और सेवाओं के "तकनीक विक्रेता" बन चुके हैं। ये ऐसी कंपनियाँ होती हैं, जो हमेशा मुनाफ़े और मरीज़ के बीच मुनाफ़े को ही चुनती हैं।

इन हरकतों ने अमेरिका में दवाओं की क़ीमतें इतनी ज़्यादा बढ़ा दी हैं कि मरीज़ सालभर में लिखे गए 22 प्रतिशत नुस्ख़े वहन नहीं कर सकता। और लाखों लोगों को मजबूर होना पड़ता है कि वे भोजन या दवाई में से किसी एक को चुनें। मेडीकेयर आमतौर पर डॉक्टरों के दौरे का ख़र्च देते हैं, लेकिन नुस्ख़ों का नहीं।[14]

आज विकसित देशों के यह और ऐसे सैकड़ों उदाहरण हैं, जो

चिकित्सा सेवा की दो मुख्य समस्याओं के लक्षण हैं – दोनों ही लगभग पूरी तरह से आर्थिक हैं न कि वैज्ञानिक।

---

1. चिकित्सकीय आपूर्तिकर्ताओं के लिए ऐसे उत्पाद बनाना ज़्यादा फ़ायदे का सौदा है, जिन्हें उपभोक्ता ज़िंदगीभर इस्तेमाल करें, बजाय कि ऐसे उत्पाद बनाना जो वे सिर्फ़ एक बार इस्तेमाल करें। निश्चित रूप से, *इसका अर्थ है ऐसे उत्पाद पर शोध और विकास राशि ख़र्च करना जो बीमारियों के लक्षणों का इलाज करे न कि बीमारियों की वजह या उसे ख़त्म करने का।*

2. ज़्यादातर चिकित्सा उपचारों का ख़र्च वहन करने वाली थर्ड पार्टियाँ – बीमा कंपनियाँ और, अंततः नियोक्ता – अपने कर्मचारियों के स्वास्थ्य पर दीर्घावधि बीमा नहीं करते। व्यक्तिगत तौर पर लोग अपने चिकित्सा ख़र्चों की थोड़ी या सीधी ज़िम्मेदारी नहीं उठाते, और बीमारियों को रोकने वाले लगभग सभी ख़र्च (जैसे- व्यायाम, विटामिन, पौष्टिक अतिरिक्त पूरक पदार्थ) अदायगी के लिए रोक दिए जाते हैं।

जैसा कि मैं अध्याय 6 में बताऊँगा, अमेरिकी स्वास्थ्य बीमा तंत्र वास्तव में एक छलावापूर्ण और ग़ैरभरोसेमंद प्रणाली है, जो इस प्रकार बनाई गई है कि यह सबसे कम वहन कर सकने वाले लोगों से अधिक पैसा निकलवाती है।

कोई हल नज़र नहीं आता

मैंने अपने शोध को जितना आगे बढ़ाया, मैं उतना ही परेशान होता गया कि हमारी आबादी के बड़े हिस्से पर हावी अति मोटापे के प्लेग और बुरे स्वास्थ्य का कोई हल नहीं है।

हालाँकि इस 10 खरब डॉलर के खाद्य उद्योग (जो अधिकांश

समस्याओं की जड़ है) और 15 खरब डॉलर के चिकित्सा उद्योग (जो सिर्फ़ लक्षणों का इलाज करता है ताकि लक्ष्य उपभोक्ता काम पर लौट जाए और उपभोग करे) के बीच स्पष्ट रूप से कोई षड्यंत्र नहीं था, लेकिन इसका आर्थिक असर समान था मानो दोनों उद्योग अमेरिकी उपभोक्ता के ख़िलाफ़ बड़ा क्रूरतापूर्वक षड्यंत्र रच रहे हों।

सूक्ष्म आर्थिक स्तर पर जब भी उपभोक्ता अपने स्वास्थ्य नियंत्रण की कुछ सही जानकारी एकत्र करते हैं, खाद्य एवं चिकित्सा उद्योग अपने आर्थिक लाभों के चलते उनके ख़िलाफ़ इन जानकारियों में हेर-फेर कर देते हैं।

उदाहरण के लिए, 1990 से पहले, उपभोक्ताओं से कहा जाता था कि बहुत अधिक कैलोरी के सेवन से अति मोटापा होता है। जब जनता इस बारे में जागृत हो गई कि उनके भोजन में अधिक वसा अति मोटापे की मुख्य वजह है, तो खाद्य उद्योग ने कम और वसामुक्त भोजन का प्रलोभन देना यह प्रचार करते हुए शुरू कर दिया कि अब उपभोक्ता बिना वज़न बढ़े जितनी मर्ज़ी चाहे इसे खा सकता है। खाद्य उद्योग तो इतना आगे निकल गया कि उसने ऐसे उत्पादों की पुनः पैकिंग की, जिनमें कभी वसा *थी ही नहीं,* जैसे शकर लगी कैंडी और प्रिट्ज़ेल। खाद्य उद्योगों ने सुझाया कि उसने इन उत्पादों की नई, स्वास्थ्यवर्धक, वसामुक्त क़िस्म तैयार की है।

उन उत्पादों का व्यापक प्रचार भी उपभोक्ताओं को यह नहीं बता पाया कि इन कम वसा या वसारहित उत्पादों में प्रचुर मात्रा में शकर और कार्बोहाइड्रेट है, जो शरीर में पहुँचने के बाद वसा में तब्दील हो जाता है। प्रचार में यह भी उल्लेख नहीं था कि इन उत्पादों में ऐसे नशीले रसायन भी मौजूद हैं, जो लंबे समय में "मोटा" करने से भी अधिक नुक़सानदायक साबित होते हैं। 90 के पूरे दशक के दौरान, अति मोटापा, साथ ही कम वसा या वसारहित भोजन की बिक्री बढ़ती रही।

विराट आर्थिक स्तर पर देखें, तो लगता है कि बचने का कोई चारा नहीं था।

जब भी संघीय, प्रदेश और स्थानीय सरकार के नियंत्रण की कोशिशों की बात आती है, तो खाद्य और चिकित्सा कंपनियाँ अपने स्वयं के सुनहरे नियम का पालन करती हैं : जिसके पास सोना है वही नियम बनाता है।

खाद्य उद्योग के गुटबाज़ों ने स्कूली बच्चों के लिए आवश्यक लंच और दूध का कार्यक्रम बनाया, जो बच्चों को तैयार भोजन का आदी बना देता है। दवा कंपनियाँ सरकार प्रायोजित कार्यक्रम बनाने में मदद करती हैं, जो लाखों बच्चों को उनके बुरे भोजन से हुए दुष्प्रभाव से लड़ने वाली ख़तरनाक दवाइयाँ देते हैं। कुछ मामलों में, जब अतिसंवेदनशील बच्चों को नियंत्रित करने के लिए रिटेलिन दी जाती है और अभिभावक इन दवाइयों का विरोध करते हैं, तो उन्हें धमकाया जाता है कि बच्चे उनसे दूर कर जाएँगे।[15]

अमेरिकी खाद्य एवं दवा प्रशासन, मूल रूप से उपभोक्ताओं को हानिकारक उत्पादों से बचाने के लिए बनाया गया था, लेकिन आज यह अक्सर कंपनियों का बचाव करता है, जिन्हें उसे प्रतियोगिता से बाहर रखना था। साथ ही यह दवा कंपनियों को सरकार द्वारा दिए गए पेटेंट की आर्थिक सीमा भी बढ़ा देता है।

पारंपरिक रूप से समाचार माध्यम ही प्रचार और रेटिंग की अपनी स्वरुचि के आधार पर ऐसी पाशविक हरकतों को समाज के सामने उजागर करने में सबसे आगे है। लेकिन इस मामले में मीडिया भी अक्सर प्रभावहीन रह जाता है। उपभोक्ताओं की ही तरह, मीडिया के सदस्य भी ग़लत जानकारियों के शिकार होकर समस्या से पूरी तरह अनभिज्ञ रहते हैं। इससे भी बड़ी बात, मीडिया की आय का एक बड़ा स्रोत - विशेषतः नेटवर्क टेलीविज़न की विज्ञापन आय - खाद्य एवं दवा कंपनियों से ही आता है।

मसलन, गाय का दूध पीने से होने वाले हानिकारक असर के बारे में बड़ी संख्या में चिकित्सा समुदाय बरसों से जानता है, लेकिन कभी धोखे से भी मीडिया ने इसे जगह नहीं दी, जो अमेरिकी डेयरी संघ के विज्ञापनों से हर साल अपनी क़िस्मत चमका रहा है। नामचीन हस्तियों के आडंबर को देखिए जो ख़ुद तो सोया-दूध उत्पाद पीते हैं,

लेकिन विज्ञापन में दूध पीकर बनी मूँछ दिखाने के लिए पैसे बनाते हैं।

इन्हीं हस्तियों के स्कैंडल उन उत्पादों के असर से भी गहरे होते हैं, जिनका वे ख़ुद कभी उपभोग नहीं करते। दरअसल, बड़े अभिनेता, गायक और मॉडल अपने स्वरूप की बदौलत हर साल लाखों डॉलर बनाते हैं। इनमें से ज़्यादातर का झुकाव शाकाहारी भोजन की ओर होता है जबकि तैयार खाना या लती फ़ास्ट फ़ूड इनकी थाली से नदारद होते हैं। इन सामाजिक रोल मॉडलों की तंदुरुस्ती और ख़ूबसूरती पर इनके मैनेजर की भी कड़ी निगाह होती है कि कहीं उनके विशिष्ट खान-पान का पता प्रेस को न लगने पाए। ऐसा इसलिए, क्योंकि कहीं ऐसा न हो कि इस उद्योग के टेलीविज़न निर्माता उनका बायकाट न कर दें, जहाँ सर्वाधिक राजस्व तैयार भोजन एवं फ़ास्ट फ़ूड रेस्तराँओं के विज्ञापनों से प्राप्त होता है।

इस तथ्य के बावजूद कि ज़्यादातर युवा उनकी पेशेवर क़ाबिलियत के क़ायल होते हैं, हस्तियाँ आज यह समझ चुकी हैं कि उन्हें विवादों में नहीं फँसना चाहिए, जिससे उनके करियर पर बुरा असर पड़े। जैसा कि एक हॉलीवुड मैनेजर ने मुझसे एक बार कहा था - कोई भी "पौष्टिक भोजन वाली जेन फ़ोन्डा नहीं बनना चाहता।" यह बात उस प्रतिभाशाली अभिनेत्री की थी जिसका 1970 में उसकी विवादास्पद वामपंथी विचारधारा के कारण कुछ रंगमंच दर्शकों ने बहिष्कार कर दिया था।*

मुक्त औद्योगिक तंत्र में, जब लोगों को मुनाफ़ाखोजी कंपनियों से कुछ ऐसा नहीं मिल पाता, जो वे चाहते हैं, तो वे तुरंत सरकार ("अंतिम आरामगाह उपलब्ध कराने वाला") से मदद के लिए रुख़ करते हैं। इस चीज़ ने 1970 में ठीक असर दिखाया, जब उपभोक्ताओं ने सरकार से

---

*इसका एक अपवाद *क्लूलेस* (1995), *बैटमैन एंड रॉबिन* (1997), और 13 अन्य बड़ी फ़िल्मों की प्रतिभाशाली अभिनेत्री एलीसिया सिल्वरस्टोन (जन्म 1976) हैं। हालाँकि और भी कई शाकाहारी प्रसिद्ध कलाकार (ब्रैड पिट, किम बैसिंजर, रिचर्ड गेरे, ऐलेक बाल्डविन, ड्रयू बैरीमोर, पॉल न्यूमैन, लिव टेलर, विलियम शैटनर, डेविड डचोव्नी, डैरिल हन्नाह, डस्टिन हॉफ़मैन) हैं, लेकिन सिल्वरस्टोन, ने अपना करियर दाँव पर लगाकर लगातार अपनी प्रतिष्ठा का इस्तेमाल अपने युवा प्रशंसकों के बीच डेयरी एवं तैयार खाद्य उत्पाद लॉबी के ख़िलाफ़ तथा पौष्टिक भोजन के प्रोत्साहन के लिए किया।

वातावरण को नष्ट करने वाले व्यापार बंद करवाने की माँग की।

लेकिन इस मामले में सरकार भी बेबस दिखाई देती है। मीडिया की तरह ही हमारे चयनित नेता भी उपभोक्ता हैं, जो उसी ग़लत जानकारी के शिकार हैं और इसलिए स्वास्थ्य मसलों से अनजान हैं। यदि आप जानना चाहते हैं कि हमारे ज़्यादातर नेता भोजन और स्वास्थ्य के बारे में क्या सोचते हैं तो उनकी कमर और ख़ुराक पर नज़र डालें! दरअसल, ये नेता खाद्य और दवा कंपनियों के प्रभावी रूप से नियंत्रण में होते हैं। यह नियंत्रण इतना बढ़ गया है कि हमारी सरकार समाधान का हिस्सा बनने की बजाय ख़ुद समस्या का एक बड़ा हिस्सा बन गई है।

मुझे यह अविश्वसनीय लगता है कि भले ही हमने शीतयुद्ध जीता हो और हमारी लोकतांत्रिक योग्यताएँ अब तक के इतिहास में सबसे अधिक संपन्न हैं, लेकिन हमें यह भी स्वीकार करना होगा कि हमारी आधी आबादी एक ऐसी जीवनशैली की ग़ुलामी में जकड़ गई है, जिसने उन लोगों की रोज़मर्रा की ज़िंदगी, सपनों और ख़ुशियों को किसी राजतांत्रिक सरकार या तानाशाह की तरह सीमित कर दिया है।

हज़ारों कंपनियाँ जिनमें 10 खरब डॉलर का अमेरिकी खाद्य उद्योग और 15 खरब डॉलर का अमेरिकी चिकित्सा उद्योग शामिल है, अर्थशास्त्र के सर्वमान्य नियमों से शासित होते हैं; जो उन्हें किसी सामंजस्य में काम करने पर मजबूर कर देते हैं मानो वे एक विशाल जघन्य षड्यंत्र का हिस्सा हो।

1996 और 2000 के बीच जब मैं अपने अधिकतम शोधकार्य में व्यस्त था, तब अमेरिका की अधिक वज़न और अति मोटापे वालों की आबादी 10 प्रतिशत और बढ़ गई। इनमें 27 प्रतिशत अति वज़न और 61 प्रतिशत अति मोटापे वाले थे। इस दौरान चिकित्सा ख़र्च 10 खरब से 15 खरब डॉलर तक बढ़ गया। मेरे लिए इन आँकड़ों को इंसान के कष्ट के रूप में सोचना बेहद मायूसी भरा था – 77 मिलियन लोग चिकित्सकीय रूप से अति मोटे, 184 मिलियन लोग अधिक वज़न वाले एवं अस्वस्थ थे, क्योंकि उनके पास उन संदर्भों, जानकारियों और प्रेरणा की कमी थी जिससे वे अपनी सबसे क़ीमती पूँजी उनके स्वास्थ्य

की रक्षा कर सकें।

यह सिर्फ़ कुछ समय का सवाल नज़र आता है जब अमेरिका में वास्तव में हर व्यक्ति अधिक वज़न वाला होगा और आधी से ज़्यादा आबादी अति मोटी और अस्वस्थ होगी। मैंने बची हुई 39 प्रतिशत अमेरिकी आबादी पर एक नज़दीकी नज़र डालने का फ़ैसला किया, ताकि यह पता लग सके कि हमारे पास कितना वक़्त बचा था।

जब मैंने हमारी 39 प्रतिशत आबादी की जाँच करना शुरू किया, जो अधिक भार वाली नहीं थी, तो मैं क्रांति के उन बीजों से जा टकराया जो बस होने ही वाली थी।

आर्थिक समस्या का आर्थिक हल

जब मैंने 39 प्रतिशत उस आबादी को क़रीब से देखा जो अधिक भार वाली नहीं थी, तो मैंने लाखों अमेरिकियों के उस समूह को पाया, जो स्वास्थ्यवर्धक तरीक़े से खा रहा था तथा जी रहा था और जैसा कि इतिहास में पहले कभी नहीं हुआ। यह स्वास्थ्य आधारित समूह उन लोगों का था, जो समाज को झकझोरने का माद्दा रखते थे और उन हस्तियों का था जो वैसा ही जीवन जीती थीं जैसी वे दिखती हैं। इस समूह ने गुपचुप तरीक़े से एक क्रांतिकारी रुख़ अपना लिया था – भोजन, व्यायाम, विटामिन, पौष्टिक आवश्यक पूरक पदार्थ, चिकित्सकीय देखभाल और सबसे महत्वपूर्ण ख़ुद उम्र बढ़ने की प्रक्रिया के प्रति।

प्राचीन यूनान में शारीरिक सौष्ठव, सेहत और सुंदरता भी उतनी ही महत्वपूर्ण होती थी जितनी सृजनात्मकता, बुद्धि, उद्यमिता या नैतिक चरित्र। सच है, बाहरी ख़ूबसूरती को ही भीतरी ख़ूबसूरती का प्रतिबिंब माना जाता है। बहुत स्पष्ट कारणों से, आज जो लोग *उत्कृष्टता* के प्रति समर्पित हैं, वे "पेशेवर रूप से ख़ूबसूरत हैं," ऐसे लोग आर्थिक रूप से अपने स्वास्थ्य और देहयष्टि बरक़रार रखने पर ही निर्भर हैं। फ़िल्म सितारे, टॉक शो मेज़बानों, मनोरंजन पेशेवरों और बहुत से अग्रणी बिज़नेस एक्ज़ीक्यूटिव्ज़ ने एक गोपनीय दुनिया में रहना शुरू कर दिया है जहाँ जीवन के भौतिक सूत्रों (भोजन, व्यायाम, विटामिन, पौष्टिक आवश्यक

पूरक पदार्थ चिकित्सकीय सेवा और उम्र का बढ़ना) को ज़्यादातर इंसानों से इतर एक भिन्न सुधारवादी नज़रिए से देखा जाता है।

स्वास्थ्य की विशिष्ट हस्तियों के लिए प्रत्यक्ष दर्द या इंकार चाहे वह निजी प्रशिक्षक के साथ आयोजित सत्र में हो या शानदार रेस्तराँओं के मेन्यू पढ़ने के समय में, यह एक सकारात्मक, लगभग धार्मिक सा अनुभव होता है।

ये लोग इस बात पर ध्यान केंद्रित करेंगे कि वे घंटों बाद कैसा महसूस करेंगे *क्योंकि* उन्होंने कठिन व्यायाम किया है, या वे उस बात पर ध्यान केंद्रित करेंगे कि वे उस शाम कितना शक्तिशाली अनुभव करेंगे *क्योंकि* उन्होंने लंच या डिनर नहीं किया है। अतः दूसरों को संभवतः जो दर्दनाक लगता है, वह उनके लिए तुरंत प्रभाव के साथ अद्‌भुत अनुभव होता है।

पहले मैंने सोचा कि आपकी सेहत पर भोजन के असर के बारे में प्रगतिशील सोच का यह क्रांतिकारी तरीक़ा सिर्फ़ हॉलीवुड या पश्चिमी लॉस एंजिलिस की घटना है। लेकिन आगे के शोध ने तुरंत यह प्रदर्शित कर दिया कि यह पूरी पृथ्वी पर क्रांतियों के साथ होने वाला विश्वस्तरीय आंदोलन है।

वजह सीधी है। हर कोई, चाहे जितना स्वस्थ और तंदुरुस्त हो, अधिक स्वस्थ और तंदुरुस्त बनना चाहता है। हर व्यक्ति अधिक ख़ूबसूरत दिखना और महसूस करना चाहता है। हालाँकि, हाल तक, बहुत कम ऐसे लोग थे, जो उत्तम स्वास्थ्य सेवाएँ और उत्पाद पाने के लिए कुछ करते थे। अभी तक, बहुत कम स्वास्थ्य उत्पाद और सेवाएँ उपलब्ध थीं, जो सिर्फ़ अमीरों की ही पहुँच में थीं। अब जबकि वे सर्वसुलभ हैं और सबकी पहुँच में हैं, इसलिए उद्यमी बड़ी तेज़ी से उत्साहित जनता को स्वास्थ्य उत्पाद और सेवाएँ मुहैया करवा रहे हैं। ऐसा करके वे एक आर्थिक समस्या का आर्थिक हल निकाल रहे हैं।

जब मैं बड़ा हो रहा था, तब भोजन के दौरान होने वाली चर्चाएँ

निजी आर्थिक मसलों पर केंद्रित होती थीं। आज, भोजन के दौरान होने वाली चर्चाएँ ज़्यादा से ज़्यादा स्वास्थ्य मसलों पर केंद्रित होती हैं - क्या भोजन करें, कौन सा आवश्यक पूरक पदार्थ लें, किस तरह के व्यायाम करें, बीमार होने से कैसे बचें तथा बढ़ती उम्र के असर को किस तरह रोकें। यह तो स्वास्थ्य की एक नई विशाल लहर की शुरुआत भर है।

पहले 200 बिलियन डॉलर

जब मैंने शोध शुरू किया, जिससे इस पुस्तक की बुनियाद पड़ी, मेरे दिमाग़ में दो मुख्य लक्ष्य थे : (1) खाद्य और दवा उद्योगों के घृणित कारनामों का ख़ुलासा करना और (2) लोगों को स्वस्थ रहने और अच्छी चिकित्सकीय सेवाएँ लेने के लिए सही चयन करना सिखाना। पैसा बनाने के लिए लोगों को नई व्यापारिक संभावना समझाना मेरा लक्ष्य नहीं था।

अति मोटापे और बीमारियों की तरफ़ मेरा शोध जितना बढ़ता गया, मैं मौजूदा दशा के प्रति उतना ही अधिक अशांत होता गया। मैं जितना अधिक अशांत होता गया, उतना ही अधिक मुझे महसूस हुआ कि सेहत, भोजन और दवाओं की आदतों के प्रति हमारी सोच को बदलने के लिए क्रांति से कम कुछ नहीं होना चाहिए। मैं देख सकता था कि यह क्रांति अकस्मात हो सकती है, लेकिन मेरे प्राथमिक शोध का सबसे चकित करने वाला हिस्सा यह था कि क्रांति तो पहले ही शुरू हो चुकी थी।

उदीयमान स्वास्थ्य उद्योग आज अपने में इनमें से कुछ कारोबार समेटे है :

विटामिन
पौष्टिक आवश्यक पूरक पदार्थ
कॉस्मेटिक प्लास्टिक सर्जरी
ऐच्छिक नेत्र सर्जरी (LASIK™ रैडियल कैराटोटोमी)
कॉस्मेटिक त्वचा चिकित्सा

जेनेटिक इंजीनियरिंग (लिंग चयन और फ़र्टिलिटी बढ़वाना)
कॉस्मेटिक एवं पुनर्निर्माण दंत चिकित्सा (कैप, दंत रोपण)
रोधक दवाइयाँ
चिकित्सा बचत खाते
भारी कर (छूट वाले) स्वास्थ्य बीमा
फ़िटनेस क्लब (प्रशिक्षकों सहित)
फ़िटनेस और एथलेटिक उपकरण
ऐच्छिक दवाएँ : वियाग्रा (नपुंसकता के लिए), रोगेन (बालों की वृद्धि के लिए)
पौष्टिक खाद्य उत्पाद
पौष्टिक भोजन रेस्तराँ
वज़न घटाने वाले उत्पाद

हालाँकि इनमें से अधिकांश बिज़नेस दो या तीन दशक पहले तक आर्थिक रूप से अस्तित्व में नहीं थे। अब सन् 2000 तक ये लगभग 200 बिलियन की सालाना बिक्री तक पहुँच चुके हैं, जो अमेरिका में मोटरगाड़ियाँ ख़रीदने पर ख़र्च की जाने वाली राशि का आधा है।[16]

जब मैंने देखा कि स्वास्थ्य ने पहले ही बिक्री की इन ऊँचाइयों को छू लिया है, तो मैं समझ गया कि स्वास्थ्य उद्योग सिर्फ़ धनाढ्यों और "पेशेवर ख़ूबसूरत" लोगों की दुनिया से आगे छलाँग लगा चुका है। मैंने हमारे समाज के उस हिस्से पर ध्यान केंद्रित करना शुरू किया, जो 200 बिलियन डॉलर का अधिकांश हिस्सा ख़र्च कर रहा था तथा जिसमें भविष्य की खपत के लिए ज़बर्दस्त माँग थी।

यह स्पष्ट हो गया है कि अगले दस सालों में स्वास्थ्य की बिक्री का आँकड़ा 10 खरब डॉलर या इससे अधिक तक पहुँच जाएगा और स्वास्थ्य ही वह उद्योग होगा, जिसमें नई सदी की महानतम

क़िस्मत रची जाएगा। यह ऐसी क़िस्मत होगी, जो 90 के दशक के इंटरनेट करोड़पतियों की चमक को भी फीका कर देगी।

ख़ैर, अगले अध्याय में यह परीक्षण करने से पहले कि ऐसा क्यों है और स्वास्थ्य उद्योग किस ओर जा रहा है, यह समझना ज़रूरी है कि स्वास्थ्य उद्योग कहाँ है और हमारे खाद्य तथा चिकित्सा उद्योग में स्वास्थ्य उद्योग का विचार इतनी देर से क्यों आया। स्वास्थ्य उद्योग वास्तव में तब शुरू हुआ जब 1970 के दशक के उत्तरार्ध में उद्यमियों को उनके उत्पाद और सेवाओं के लाभ समझाने की क़ानूनी अनुमति मिली।

हमारा स्वास्थ्य उद्योग आज बहुत बड़े हिस्से में अस्तित्व में है। इसके लिए हमें 70 के दशक के महान स्वास्थ्य क्रांतिकारी को धन्यवाद देना चाहिए, जिन्होंने ऐतिहासिक लड़ाई जीती : ये हैं *प्रिवेन्शन* मैगज़ीन और रोडेल प्रेस *(मेन्स हेल्थ, रनर्स वर्ल्ड)* के संस्थापक स्वर्गीय जे.आई. रोडेल।

रोडेल ने किस तरह स्वास्थ्य क्रांति के लिए राह बनाई

1954 में उद्यमी और लेखक जे.आई. रोडेल के पास खोने के लिए बहुत कुछ था। उनकी कंपनी रोडेल प्रेस से निकलने वाली पत्रिका *प्रिवेन्शन* ने उड़ान भरना ही शुरू की थी। *प्रिवेन्शन* पाठकों को बीमारी के लक्षणों का उपचार करने के बजाय उससे बचने के उपाय बताने के लिए समर्पित थी।

रोडेल ने निष्कर्ष निकाला कि ज़्यादा मात्रा में लाल मांस और डेयरी उत्पाद खाने से हृदय रोग का ख़तरा नाटकीय रूप से बढ़ जाता है और शारीरिक श्रम से वास्तव में हृदय रोग का ख़तरा घट जाता है। यह उस समय की बात है जब अमेरिकी सरकार अपने लोगों को ज़्यादा से ज़्यादा लाल मांस और डेयरी उत्पाद खाने के लिए प्रोत्साहित कर रही थी, वह भी दिन में तीन बार। डॉक्टर हृदय रोगियों को शारीरिक मेहनत कम करने या पूरी तरह बंद करने के लिए कह रहे थे। कोई आश्चर्य नहीं कि अमेरिका में हृदय रोग मौत का एक मुख्य कारण बन रहा था!

रोडेल ने नई खोजों के बारे में दो पुस्तकों में लिखा : *हाऊ टु ईट .फ़ॉर अ हेल्दी हार्ट* और *दिस पेस इज़ नॉट किलिंग अस*। वे आश्वस्त थे कि यह जानकारी लाखों लोगों का जीवन बचाएगी। लेकिन 50 के दशक के अन्य लेखकों की तरह वे सीनेटर जोसेफ़ मैक्कार्थी की ग़ैर-अमेरिकी गतिविधि समिति की स्वीकार्य सूची में नहीं थे। इसलिए प्रकाशक ने जोसेफ़ की नई पुस्तकों को छापने से इंकार कर दिया।

इस परिस्थिति ने रोडेल को अपनी पुस्तकें ख़ुद प्रकाशित करने और अपने रोडेल प्रकाशन की अन्य पुस्तकों के साथ बुक स्टोरों से बेचने पर मजबूर कर दिया। लेकिन कई पुस्तक विक्रेताओं ने उनकी नई पुस्तकें वितरित करने से इंकार कर दिया। इस बात से निर्भीक और निश्चिंत कि लोगों को इस जानकारी की जल्द से जल्द ज़रूरत है, रोडेल ने राष्ट्रीय प्रकाशनों में पूरे पन्ने के विज्ञापन छपवाए और अपनी पुस्तकों को ख़ास क़ीमत पर मेल के ज़रिए ऑर्डर करने का प्रस्ताव रखा।

संघीय व्यापार कमीशन (एफ़.टी.सी.) ने रोडेल को यह कहते हुए विज्ञापन रोकने और पुस्तकें बेचना बंद करने के लिए कहा कि उसमें दी गई चिकित्सकीय सलाह प्रमाणिक नहीं है। एफ़.टी.सी. दूसरे प्रकाशकों के ख़िलाफ़ भी यही क़दम उठाने में सफल रहा जो ग़ैर प्रचलित चिकित्सीय सलाह प्रकाशित कर रहे थे।[17]

रोडेल नाराज़ हो गए! उन्होंने महसूस किया कि एफ़.टी.सी. का क़दम प्रेस की आज़ादी वाले पहले संशोधन की स्पष्ट अवमानना है।

एफ़.टी.सी. ने 1955 में सुनवाई तय की और रोडेल को ऐसे प्रमाण पेश करने का आदेश दिया जिनसे साबित होता है कि उनकी पुस्तक में दी गई सलाह मानकर लोगों में हृदय रोग का ख़तरा कम हो गया हो। रोडेल ने यह कहते हुए पेश होने से इंकार कर दिया कि पहला संशोधन उन्हें आज़ादी देता है कि वे मनचाही जानकारी उसके प्रभाव की परवाह किए बिना छाप सकते हैं।[18]

इन सुनवाइयों में, अमेरिका के सर्वाधिक प्रतिष्ठित पेशेवर चिकित्सकों ने यह प्रमाणित किया कि (1) हृदय रोग का ज़्यादा मात्रा में लाल मांस तथा डेयरी उत्पाद खाने से कोई संबंध नहीं है और (2) रोडेल की हृदय रोग से बचने के लिए शारीरिक श्रम बढ़ाने की सलाह

घातक नहीं तो नुक़सानदेह हो सकती है। एफ़.टी.सी. ने रोडेल को आदेश दिया कि वे प्रत्यक्ष या अप्रत्यक्ष रूप से अपने प्रकाशनों से पाठकों को स्वास्थ्य सुधारने के दावे "बंद कर दें और बाज़ आएँ।"[19]

रोडेल ने ख़ासतौर पर इस आधार पर पुनरावेदन दिया कि पहले संशोधन के मुताबिक़ एफ़.टी.सी. जानकारी आधारित उत्पाद को नियम से नहीं बाँध सकता। संघीय सरकार के साथ उसकी क़ानूनी लड़ाई लगभग दो दशकों तक खिंच गई। उनकी पूरी संपत्ति दाँव पर लग गई। सालों बाद जब एफ़.टी.सी. को यह डर लगने लगा कि वह संवैधानिक आधार पर मामला हार जाएगा, तो वह रोडेल से समझौता करने की कोशिश करने लगा। लेकिन आर्थिक तंगी के बावजूद रोडेल ने तब तक पीछे हटने से इंकार कर दिया, जब तक कि एफ़.टी.सी. मान नहीं जाता कि पहला संशोधन उन्हें पुस्तकें और मुद्रित सामग्री चलाने की अनुमति देता है।

मामले के बाद के सालों में, रोडेल के वकीलों ने उन्हीं प्रतिष्ठित चिकित्सा विशेषज्ञों की नई गवाही पेश की, जिन्हें सरकार ने बीस साल पहले शुरुआती सुनवाई में प्रयुक्त किया था। एक-एक करके ये "विशेषज्ञ" मूल गवाही से यह कहते हुए पलट गए कि "वे उस समय यह नहीं जानते थे," और स्वीकार करने लगे कि रोडेल के कई प्रारंभिक दावे अब स्थापित चिकित्सीय तथ्य बन चुके हैं। रोडेल को महसूस हुआ कि हमारे संस्थापक पिताओं के दिमाग़ से निकले प्रेस को आज़ादी वाले अधिकार का इससे बेहतर उदाहरण नहीं हो सकता।

फिर, 1971 में, राष्ट्रीय टेलीविज़न पर संघीय सरकार के साथ अपनी क़ानूनी समस्याओं का ज़िक्र करते हुए जे.आई. रोडेल गिरकर मर गए। जब तक उन्होंने साँस लेना बंद नहीं किया और नीले नहीं पड़ गए, द *डिक कावेट शो* देख रहा हर दर्शक सोच रहा था कि रोडेल एफ़.टी.सी. के साथ हुई परेशानियों को साबित करने के लिए हृदयाघात का बहाना बना रहे हैं।

मामला कभी सुप्रीम कोर्ट तक नहीं पहुँच पाया।

स्वास्थ्य अगुआ जे.आई. रोडेल के गुज़र जाने के बाद जल्दी ही

अमेरिकी सरकार ने अपना पाला बदला और कहने लगी कि एफ़.टी.सी. को जानकारी आधारित उत्पादों के दावों के प्रभाव साबित करने वाले विज्ञापनदाताओं की कोई आवश्यकता नहीं है। इस नीति बदलाव ने स्वास्थ्य जानकारी, विटामिन, पौष्टिक आवश्यक पूरक पदार्थों, तंदुरुस्ती और वैकल्पिक दवा उद्योग को उनके मौजूदा स्तर से फलने-फूलने की अनुमति दी। बस यहीं से स्वास्थ्य क्रांति की नींव पड़ी।

आज *प्रिवेन्शन* पत्रिका के एक करोड़ बीस लाख पाठक हैं और रोडेल प्रेस दुनिया की सबसे बड़ी स्वास्थ्य आधारित प्रकाशक है, जो हर साल 100 नए स्वास्थ्य टाइटल छापती है और कुल 2 करोड़ प्रतियाँ प्रतिवर्ष बेचती है।

हम अक्सर नए विचारों को अस्वीकार क्यों करते हैं

रोडेल सबसे बड़ी चुनौतियों में से एक का सामना कर रहे थे, वह थी नई व अनजान चीज़ को इंसान द्वारा नकारा जाना, ख़ासकर जब नई तकनीक लोगों को पुराने स्थापित मूल्यों पर सोचने को मजबूर कर दे। आज आप जैसे बहुत से उद्यमी भी ऐसी ही चुनौतियों का सामना कर रहे हैं, जो नई तकनीक पर आधारित व्यापार करते हैं।

सफलता की तलाश कर रहे उद्यमियों के लिए इस प्रक्रिया का कारण समझना और इससे निपटने का तरीक़ा खोजना आसान नहीं होता है।

ज्ञान के लिए इंसान की खोज - धार्मिक या वैज्ञानिक दोनों रूप में - दरअसल हमारे जीवन के अनुक्रम की खोज है। एक बार जब लोग किसी अनुक्रम पर विश्वास करने लगते हैं तो वे ऐड़ी-चोटी का ज़ोर लगाकर अपने इस विश्वास को सँजोकर रखना चाहते हैं, भले ही उसके विरोध में कई अकाट्य प्रमाण दिए जाएँ। मसलन, लगभग ईसा

पूर्व चौथी सदी तक यह माना जाता था कि आकाश में दिखाई देने वाली रहस्यमयी बिजलियाँ स्वर्ग में विचरण करने वाले देवताओं की हैं। यही नहीं, शब्द प्लेनेट भी ग्रीक भाषा से आया है जिसका अर्थ होता है "विचरण करने वाला"। इसी तरह लोग अपनी रोज़मर्रा की ज़िंदगी की जटिलताओं पर सफ़ाई देते हैं। देवता (प्लेनेट) स्वर्ग में विचरण करते हैं, और उनके विचरण से फ़सलें पकती हैं, बारिश होती है, और मनुष्य के जीवन में सुख-दुःख आते-जाते हैं।

यूनानी दार्शनिक अरस्तू ने इस धारणा को सिरे से ख़ारिज कर दिया था। अरस्तू का मानना था कि चीज़ों का एक अनुक्रम होता है जिसे समझकर मनुष्य अपने जीवन में सुधार कर सकता है - ख़ासकर मौसम को समझना और कृषि उत्पादन पर उसका प्रभाव देखना। ईसा पूर्व 340 में अरस्तू ने सिद्धांत दिया था कि स्वर्ग का हर प्लेनेट या अन्य सभी चीज़ देवता नहीं थे, वे मात्र गोले थे, जो स्थिर पृथ्वी के चारों ओर एक ख़ास मार्ग में चक्कर लगाते थे।

दुनिया के प्रति अरस्तू का भौगोलिक दृष्टिकोण भले ही मूल रूप से ग़लत था कि सूर्य की बजाय पृथ्वी सौरमंडल का केंद्र है, लेकिन अगले 1800 सालों तक सभ्यताओं के लिए यह आधारभूत बन गया। अतीत में झाँकने पर हम देख सकते हैं कि इसका अस्तित्व कोई आश्चर्यजनक बात नहीं थी, क्योंकि यह किसी की समझ से भी परखी जा सकती थी। आख़िरकार, पृथ्वी से देखने पर सचमुच यह लगता है कि सब कुछ हमारे चारों ओर घूम रहा है।

लेकिन अरस्तू-टोलेमैक कैलेंडर सटीक नहीं था, क्योंकि इसमें पृथ्वी को ग़लती से ब्रह्मांड के केंद्र में रख दिया गया था। हर सौ साल या ऐसे ही कुछ वर्षों में रोम में जुलाई माह के दौरान बर्फ़बारी होती थी, और पोप को अपना कैलेंडर छह महीने पीछे करना पड़ता था। इस वजह ने अंतरिक्ष विज्ञानियों को ब्रह्मांड का एक ऐसा मॉडल खोजने के लिए प्रेरित किया, जिससे ज़्यादा सटीकता से महीनों और मौसम के आरंभ का अंदाज़ा हो सके - इसका प्रयोग निश्चित रूप से कृषि और आर्थिक नतीजों में बढ़ोतरी कर सकता था।

सोलहवीं शताब्दी के पूर्वार्ध तक इसमें सफलता नहीं मिली थी, लेकिन पोलैंड के अंतरिक्ष विज्ञानी निकोलस कोपरनिकस इस काम में

सफल हुए। गणितीय समीकरणों में फेरबदल कर कोपरनिकस ने पाया कि सूर्य ही सौरमंडल का केंद्र है और खगोलीय पिंड – पृथ्वी सहित – उसके चक्कर लगाते हैं। संयोगवश कोपरनिकस की *डी रेवोल्यूशनिबस ओरबियम कोलेस्टियम* 1543 में उनके मृत्युशैया पर पहुँचने तक नहीं छपी, और उनका सूर्यकेंद्रित दृष्टिकोण आधी सदी से भी ज़्यादा वक़्त तक ज़ाहिर नहीं हो पाया।

1609 में इतालवी गणितज्ञ और भौतिकशास्त्री गैलीलियो गैलिली ने अपने आविष्कार टेलीस्कोप के ज़रिए आकाशगंगा को देखना शुरू किया। वे यह देख पाए कि पृथ्वी नहीं, बल्कि सूर्य हमारे ब्रह्मांड के केंद्र में है। उन्होंने कोपरनिकस के सिद्धांत पर पारंपरिक लैटिन भाषा के बजाय आसान इतालवी भाषा में एक निबंध लिखा, जो आम लोग पढ़ सकें। निबंध को जल्द ही ब्रह्मांड के सूर्य केंद्रित मॉडल पर लोगों का समर्थन मिला।

हालाँकि, गैलीलियो को भारी समर्थन अपने संस्थान के बाहर से मिला। भीतर की प्रतिक्रिया कुछ भिन्न थी। शोधार्थियों और अध्यात्मवादियों ने गैलीलियो पर बुरी तरह आक्रमण कर दिया और सन् 1616 में चर्च ने उन्हें आदेश दिया कि "भविष्य में वे कभी भी कोपरनिकस तंत्र को न मानेंगे, न पढ़ाएँगे और न ही बचाव करेंगे" अन्यथा उन्हें सूली पर चढ़ा दिया जाएगा।

नौ साल बाद 1623 में गैलीलियो के बचपन के दोस्त माफ़ियो बारबेरिनी पोप अर्बन अष्टम बने। पोप से दोस्ती से प्रोत्साहित गैलीलियो ने फिर सूर्यकेंद्रित सिद्धांत पर लिखना शुरू कर दिया। चर्च की प्रतिक्रिया तीखी थी। गैलीलियो को धर्माधिकारियों के आगे घुटने टेकने पर मजबूर किया गया और कोपरनिकस तंत्र पर उनकी मान्यता को छोड़ने के लिए कहा गया। संभवतः पोप के साथ दोस्ती के चलते उन्हें ज़िंदा नहीं जलाया गया, लेकिन सन् 1616 के आदेश की अवमानना के जुर्म में उसे उम्रक़ैद दे दी गई। उसके कामों को पोप की *वर्जित पुस्तकों के क्रम में* रखा गया, और 1692 में रोमन कैथोलिक चर्च ने मामले का औपचारिक पुनरीक्षण किया और अपनी ग़लती स्वीकारी।

अतीत में झाँकें तो, यह समझ पाना मुश्किल है कि भगवान का पृथ्वी पर दूत होते हुए पोप ने यह क्यों सोचा कि ब्रह्मांड के सूर्यकेंद्रित

मॉडल का तीव्रता से विरोध करना उनका फ़र्ज़ था। आख़िर ईसा मसीह को मानने का इस बात से क्या लेना-देना कि भगवान ने ब्रह्मांड के केंद्र में सूर्य को रखा या पृथ्वी को? आश्चर्यजनक रूप से और संभवतः कुछ भिन्न स्तर पर आज भी लोग अपने स्थापित विश्वासों में इसी तरह जकड़े हुए हैं।

अभिभावक बच्चों को अपने धर्म पर विश्वास करना सिखाते हैं। और फिर वे अपना पूरा युवा जीवन उन विश्वासों को मज़बूत करने में बिता देते हैं। इनमें किसी चीज़ की अस्वीकार्यता और नकारा जाना भी शामिल है, जो उन्हें चुनौती दे सके। आख़िरी बार आप कब ऐसे किसी अलग चर्च, यहूदी प्रार्थना घर या मस्जिद में गए हो, आख़िरी बार आपने कब वह पुस्तक पढ़ी जिसमें आपकी राजनीतिक विचारधारा के विपरीत लिखा हो?

विरोधाभासी दृष्टिकोण हमारे द्वारा न अपनाए जाने का कारण यह है कि हमारा इंसानी दिमाग़ अव्यवस्था से डरता है - और स्वतः ही मौजूदा अनुक्रम को चुनौती देने वाले नए विचारों को ख़ारिज या नज़रअंदाज़ कर देता है।*

मृत्युदंड के मामले लड़ने वाला मेरा एक वकील दोस्त मानता है कि कुछ मामलों का फ़ैसला तो उसी पल हो जाता है जब जूरी पहली बार आरोपी को देखती है। उच्च श्रेणी के बड़े अपराध मामलों में प्रत्येक जूरी सदस्य ख़ुद अपनी निजी "असंगत" समस्याएँ जैसे अपराधबोध या नादानी को जल्द से जल्द सुलझाने के लिए उतावले होते हैं। इसके लिए वे कोर्टरूम में आने पर आरोपी को पहली नज़र में देखते ही अपना मन बना लेते हैं। फिर पूरी सुनवाई के दौरान वे ध्यानपूर्वक उन दलीलों को

*इस बात से यह भी स्पष्ट होता है कि क्यों प्रत्यक्ष बिक्री (व्यक्ति द्वारा व्यक्ति या टेलीविज़न द्वारा व्यक्ति या स्टोर द्वारा व्यक्ति के बीच) अक्सर स्थापित धारणा को चुनौती देने वाले किसी नए उत्पाद या सेवा के लिए सर्वश्रेष्ठ तरीक़ा मानी जाती है। जब ज़्यादातर लोग ऐसी चुनौती से परेशान हो जाते हैं, तो वे या तो चैनल बदल देते हैं या अपने रास्ते पर बढ़ जाते हैं - जो किसी मित्र या परिचित के सामने विनम्रता के कारण नहीं किया जा सकता।

सुनते और हामी भरते रहते हैं जो उनके पूर्वाग्रही फ़ैसले का समर्थन करती हो। इससे अलग विचार के दौरान वे यहाँ-वहाँ नज़रें घुमाते रहते हैं।

जब कोई नई संभावना पेश की जाती हो, जो प्रचलित धारणा को चुनौती देती हो, तो यह महत्वपूर्ण होता है कि आप प्रचलित धारणा के इतिहास को समझाने में सक्षम हों और यह भी समझा पाएँ कि इस तरह की धारणा जब पहली बार स्थापित की गई थी, तब हमारे समाज से कहाँ ग़लती हो गई।

यहाँ पेश है किस तरह ज़्यादातर लोगों ने कई स्वास्थ्य उपचारों के प्रति ग़लत दृष्टिकोण विकसित कर लिया।

किस तरह पारंपरिक पश्चिमी दवाओं ने स्वास्थ्य को ख़ारिज कर दिया

पूरे इतिहास में, लोग, ख़ासतौर पर धनाढ्य स्वास्थ्य की खोज में लगे रहे। प्राचीन मिस्र से मध्ययुगीन यूरोप तक हर सभ्यता में, कीमियागर मानते रहे कि यदि स्वर्ण को *एक्वा रेजिया* में घोला जाए तो जीवन सुधा को बनाया जा सकता है, और उन्होंने सही फ़ॉर्मूले की तलाश में अनगिनत पैसा ख़र्च किया।[20] सोलहवीं से उन्नीसवीं शताब्दी तक सम्राटों ने पोन्से दा लेयोन जैसे पौराणिक यौवन का झरना खोजने के अभियान का साथ दिया।[21] हालाँकि इनमें से कुछ खोजें दूसरे क्षेत्रों में सफल रहीं (जैसे कीमियागर द्वारा रसायन शास्त्र की खोज या पोन्से दा लेयाने द्वारा फ़्लोरिडा की खोज), लेकिन वे सब स्वास्थ्य की खोज में बुरी तरह असफल रहे और स्वास्थ्य पर प्रयोग कर रहे लोगों को अक्सर नीम-हकीम क़रार दिया गया।

इसके बाद, बीसवीं शताब्दी में, वैज्ञानिक खोजों ने बीमारियों और उम्र को भोजन और व्यायाम से जोड़ा। सन् 1908 में पोलैंड मूल के बायोकेमिस्ट कासिमिर फ़न्क ने खोज की कि जीवन के लिए अमोनिया आधारित चार पदार्थ ज़रूरी हैं, जिसे उन्होंने "वाइटल अमीन्स" या

"विटामिन्स" कहा।[22] समुद्र किनारे के लोगों और अन्य परिश्रमी पेशों के अध्ययन से पता चला कि व्यायाम संपूर्ण स्वास्थ्य और गंभीर बीमारी से दूर रहने में मददगार होता है। लेकिन सबसे बड़ी बात, ये और अन्य अब-स्वीकार्य स्वास्थ्य खोजें पश्चिमी दवा समुदाय ने ख़ारिज कर दी थीं। ऐसा क्यों हुआ!

दरअसल, 19वीं सदी के पहले तक, डॉक्टर चुनिंदा मौजूद दवाइयों की सलाह देते थे, और ट्रायल एंड एरर (कोशिश और ग़लती) प्रक्रिया से यह आकलन करते थे कि कौन-सी दवा किस बीमारी को ठीक करती है। सदियों तक चिकित्सा ज्ञान यूँ ही इकट्ठा होता गया और समय-समय पर संस्कृतियों के बीच फैलता गया।[23]

लेकिन जब कोई दवा या इलाज काम कर जाता, डॉक्टर यह नहीं जान पाते थे वह *क्यों* काम कर गया। संक्रमण का विश्लेषण करने वाले अंतर्निहित सिद्धांत, और टीके तथा प्रतिरोधक जो इन सिद्धांतों (optical microscope) के आधार पर बनाए गए थे, का व्यापक इस्तेमाल किए जाने के लिए कंपाउंड प्रकाशीय सूक्ष्मदर्शी का इंतज़ार था (इस सूक्ष्मदर्शी का 17वीं सदी की शुरुआत में आविष्कार हो गया था, लेकिन यह 19वीं सदी के उत्तरार्ध तक ही सर्वव्यापी हो पाया)। सूक्ष्मदर्शी से कोशिकाओं (cells) और बैक्टीरिया की खोज में मदद मिली और वैज्ञानिक देख पाए कि वास्तव में वे कैसे काम करते हैं।

19वीं सदी के उत्तरार्ध और बीसवीं सदी के पूर्वार्ध में, वैज्ञानिक अंतर्राष्ट्रीय नायक बन गए, जब वे मानव जाति के लिए अभिशाप एक के बाद एक बड़ी बीमारियाँ (जैसे- बड़ी माता, तपेदिक, टाइफ़ाइड, पोलियो) ख़त्म करते जा रहे थे।

इस सफलता से उत्साहित होकर और ख़ुद को दवा के बनिस्बत नीम-हकीम के जादू से अलग दिखाने के लिए पश्चिमी चिकित्सा विज्ञान ने पूरी रुखाई से सदियों पुराने इलाजों और सुधारों को ख़ारिज करना शुरू कर दिया, जिनकी कार्यप्रणाली उस समय के स्तर की तकनीक से नहीं समझाई जा सकती थी।

जीवविज्ञान की मूल इकाई, कोशिका (cell) का व्यास क़रीब

20 माइक्रोमीटर होता है। एक पिन के सिर को ढँकने के लिए कोई 10,000 मानवीय कोशिकाओं की ज़रूरत होती है। कुछ भौतिकी कारणों से, प्रकाशीय सूक्ष्मदर्शी उन दो बिंदुओं की छवि स्पष्ट नहीं कर सकता, जो प्रकाश की तरंग आयाम के डेढ़ गुना से ज़्यादा नज़दीक हो। उदाहरण के लिए, एक बैक्टीरिया कोशिका प्रकाश की दूरी के दसवें हिस्से के बराबर होती है।[24]

आज हम जानते हैं कि व्यायाम, विटामिन, खनिज और पौष्टिक आवश्यक पूरक पदार्थों द्वारा होने वाली जैवरासायनिक क्रियाएँ कोशिका बनाम अणुओं के स्तर पर होती हैं। और चूँकि हर कोशिका अरबों अणुओं से मिलकर बनी होती है, इसलिए ये क्रियाएँ प्रकाशीय सूक्ष्मदर्शी द्वारा नहीं दिख पातीं।

हाल ही में हुए इलेक्ट्रॉन सूक्ष्मदर्शी के आविष्कार से पहले तक वैज्ञानिकों के लिए कोशिका की आणविक संरचना और कार्यप्रणाली जानना मुश्किल था यह 18वीं शताब्दी जैसी ही स्थिति थी जब प्रकाशीय सूक्ष्मदर्शी भी इतना प्रचलित नहीं हुआ था।

इस कारण पश्चिमी चिकित्सा विद्यालयों के प्रशिक्षणों में पोषण के महत्व और विटामिन, खनिज और प्राकृतिक आवश्यक पूरक पदार्थों के असर को पूरी तरह नकारना शुरू कर दिया गया, जो आज भी जारी है।

इस बीच, बीसवीं सदी के दौरान जब पश्चिमी दवाइयाँ आहार और व्यायाम द्वारा बीमारियों तथा बुढ़ापे को रोकने के महत्व को नज़रअंदाज़ कर रही थीं, लोगों द्वारा परिश्रम बचाने वाले उपकरण और कार्यस्थल पर मशीनों का चलन बढ़ता जा रहा था, जिसके कारण लोगों के तथा व्यायाम में कमी आ रही थी। भोजन में विटामिन और खनिजों की मात्रा तथा क़िस्में घटने लगीं, क्योंकि भोजन अधिक प्रसंस्करित होने लगा और इसकी विविधता में भी कमी आई। और हमारे आहार में वसा की मात्रा 75 प्रतिशत तक बढ़ गई – जो 1910 में 20 प्रतिशत कैलोरी से

आज 35 प्रतिशत कैलोरी तक हो गई है। इन्हीं और ऐसी ही अन्य वजहों से अति मोटापे और बुरे स्वास्थ्य जैसी महामारी आज हमारे अमेरिका में है, जो कि जल्द ही होने वाली स्वास्थ्य क्रांति के बीज बो रही है।

स्वास्थ्य क्रांति सिर्फ़ पैसा बनाने से बहुत ज़्यादा है

बाक़ी की इस पूरी पुस्तक में हम स्वास्थ्य उद्योग के बढ़ते आकार की पड़ताल करेंगे और उन हज़ारों समृद्धियों की भी, जो स्वास्थ्य के ज़रिए पैदा होंगी।

जब आप आगे पढ़ें और इस उभरते उद्योग में अपने स्थान के बारे में सोचें, तो इस बात का ध्यान रखें कि यहाँ आपके निजी आर्थिक पुरस्कार - जिस दुनिया में हम रहते हैं, उस पर आपके प्रभाव - से भी कुछ बढ़कर है।

आर्थिक रूप से, हम शांतिपूर्ण दिनों में रह रहे हैं जो हमारे पूर्वजों के क्लिष्टतम स्वप्नों से बहुत आगे की बात है। आज हमारे पास जो है, उसके लिए हमारे पूर्वजों ने बहुत संघर्ष किया और बहुत कुछ खोया। लेकिन फिर भी अति मोटापे और बुरे स्वास्थ्य की महामारी के कारण इस सहस्राब्दि की शुरुआत हमने अपने इतिहास की तुलना में कहीं अधिक इंसानी दुःखों के साथ की।

पूरे 61 प्रतिशत अमेरिकी अपने ही बनाए कुपोषण और अधिक वज़न के जाल में फँसे हुए हैं और उनमें से लगभग आधे यानी 27 प्रतिशत, चिकित्सीय रूप से अति मोटे, हैं - उस बिंदु तक मोटे, जहाँ वे निराश हो चुके हैं और अब सोच भी नहीं सकते कि उन्हें मदद की गुहार कहाँ लगाना चाहिए।

ये अमेरिकी इस हद तक कुपोषित हैं कि वे लगातार सिरदर्द, बदन दर्द, पेट की गड़बड़ी, सीने में जलन, थकान, आर्थराइटिस और सैकड़ों दूसरी बीमारियों से जूझ रहे हैं - ये ऐसी बीमारियाँ हैं जिनके लिए चिकित्सा विज्ञान उन्हें बढ़ती उम्र के लक्षण के रूप में स्वीकार की

ग़लत सलाह देता है। मेडिकल कंपनियाँ उन्हें अपने लाखों डॉलर के उत्पाद बेचती हैं (जैसे एस्पिरिन लक्सेटिव) जो सिर्फ़ लक्षणों का उपचार करती हैं, कारण का नहीं। इसी तरह की परिस्थिति पश्चिमी यूरोप, ताइवान और अन्य विकसित देशों में भी है।

हालाँकि यह सब अब बदलने वाला है, स्वास्थ्य क्रांति का शुक्रिया। इससे पहले इतिहास में व्यापार के लिए ऐसा अवसर नहीं मिला, जिसने उपभोक्ता पर इस अविश्वसनीय तरीक़े से सकारात्मक असर डाला हो।

अगले अध्याय की ओर बढ़ने से पहले

उद्यमियों, निवेशकों और वितरकों के लिए कार्ययोजना

1. ऐसे 10 दमदार व्यवसायों की सूची तैयार करें, जिनमें आपकी दिलचस्पी हो।
2. अनुमान लगाएँ कि आप इनमें से हर क्षेत्र में किस रूप में भाग ले सकते हैं :

   (अ) उद्यमी

   (ब) निवेशक

   (स) वितरक
3. हर व्यापार क्षेत्र का व्यापाक उद्योग (जो भूमिका में बताई गई हैं) की पाँच विशेषताओं के आधार पर विश्लेषण करें।
4. पूर्व क्षमताओं और अनुभवों के आधार पर अपने लिए तीन ऐसे क्षेत्रों का चयन कीजिए, जिनमें आप आगे बढ़ना चाहें।
5. विश्लेषण कीजिए कि स्वास्थ्य व्यापार संभावना में ये तीनों क्षेत्र अब तक अस्तित्व में क्यों थे या क्यों नहीं थे। जो क्षेत्र अस्तित्व में थे, उनके लिए अपनी प्रतिस्पर्धी संभावना और प्रत्येक क्षेत्र में तरक़्क़ी की संभावना का विश्लेषण करें।
6. स्वास्थ्य व्यापार संभावना में अपनी पसंद के इन तीनों श्रेष्ठ क्षेत्रों के बारे में फिर से सोचिए और उसके आधार पर अपने विश्लेषण के लिए नए सिरे से तीन अन्य क्षेत्रों का चयन कीजिए।

अब अध्याय 2 से 9 तक पढ़िए और प्रत्येक अध्याय के आख़िर में स्वास्थ्य व्यापार संभावना के आपके द्वारा चयनित तीनों या एक क्षेत्र को छोड़ने या बदलने के बारे में सोचिए।

अध्याय-2

स्वास्थ्य की माँग को समझना और नियंत्रित करना

स्वास्थ्य उत्पादों और सेवाओं में ताज़ा बूम सन् 1946 और 1964 के बीच हुए एक अन्य बूम - बेबी बूम - से शुरू हुआ, जो 28 प्रतिशत अमेरिकी आबादी का प्रतिनिधित्व करता है, लेकिन यह हमारी 100 खरब डॉलर की अर्थव्यवस्था का क़रीब 50 प्रतिशत है। बूमर्स सिर्फ़ स्वास्थ्य उद्योग की संभावना को खोज रहे हैं, ताकि उनकी उम्र के लोगों यानी 'युवा' को संरक्षित किया जा सके। हालाँकि भले ही यह शुरुआत हो, लेकिन हमारी आधुनिक अर्थव्यवस्था में माँग की प्रकृति, आधुनिक तकनीक से हुए वर्तमान वित्तीय विस्तार और एक बार सकारात्मक स्वास्थ्य अनुभव होने पर अधिक स्वास्थ्य उत्पाद तथा सेवाओं के उपभोग के असीमित रुझान को धन्यवाद।

जो कहें वह करें

मेरी पीढ़ी के अन्य लोगों की तरह सन् 1994 में 40 साल का होने तक मैं भी स्वास्थ्य के बारे में बमुश्किल ही कुछ जानता था। जब भी मुझे लगता था कि वज़न बढ़ रहा है, तो मैं सेहत को दुरुस्त बनाए रखने के लिए अक्सर कुछ वक़्त का भोजन छोड़ देता था लेकिन इसका परिणाम –

अक्सर भयावह होता था।[1]

तबसे, मैं स्वास्थ्य उत्पाद और सेवाओं के उपभोग पर हर साल हज़ारों डॉलर और हर दिन का एक हिस्सा ख़र्च कर रहा हूँ। मैं अपना भोजन त्वरित संतुष्टि की बजाय इस आधार पर चुनता हूँ कि उसके उपभोग के बाद मैं कैसा अनुभव करूँगा। मैं हर रोज़ विटामिन, खनिज और अतिरिक्त पूरक पदार्थ लेता हूँ। मैंने परिवार का स्वास्थ्य बीमा करवा रखा है, जिस पर हम हर साल स्वास्थ्य ख़र्चों के रूप में 3,000 डॉलर ख़र्च करते हैं। साथ ही भविष्य की स्वास्थ्य ज़रूरतों के लिए हर साल अतिरिक्त 3,800 डॉलर आई.आर.ए.-प्रकार के चिकित्सा बचत खातों में भी हम निवेश करते हैं। मैं हफ़्ते में दो बार पूरा व्यायाम करता हूँ और मौसम के अनुसार पहाड़ पर लगभग रोज़ एक या दो घंटे साइकिल चलाता हूँ, सर्फ़िंग करता हूँ, या स्नोबोर्ड करता हूँ। जब मैंने यह पुस्तक लिखना शुरू की, तो सोचा मेरे जैसा व्यक्ति, जो कि पहले से ही स्वास्थ्य पर अमल कर रहा है, अमेरिकी बाज़ार शायद कुछ लाख डॉलर हर वर्ष क़ीमत रखता होगा।

जैसा कि मैं पहले बता चुका हूँ, मुझे यह पता लगाकर बहुत आश्चर्य हुआ कि सन् 2000 तक ही स्वास्थ्य पर ख़र्च 200 बिलियन डॉलर तक पहुँच चुका था। मुझे यह जानकर अधिक आश्चर्य हुआ कि अगले दशक के स्वास्थ्य उद्योग में ये 200 बिलियन डॉलर तो आइसबर्ग की नोंक साबित होगा। कारण यहाँ दिया जा रहा है।

बेबी बूमर पीढ़ी है पहली स्वास्थ्य पीढ़ी

द्वितीय विश्वयुद्ध के बाद अमेरिका की जन्म दर में नाटकीय बढ़ोतरी हुई। सन् 1946 से 1964 के बीच अमेरिका में 7.80 करोड़ बच्चों का जन्म हुआ। इसके विपरीत, 1946 के पहले इतनी ही अवधि में सिर्फ़ 5 करोड़ जन्म दर्ज़ किए गए। और 1964 के बाद इतनी ही अवधि में, भारी आबादी होने के बावजूद सिर्फ़ 6.6 करोड़ जन्म दर्ज़ किए गए।

अमेरिकी आबादी में यह अचानक वृद्धि सामान्य तौर पर *बेबी बूम* या बेबी बूम पीढ़ी नाम से जानी जाने लगी। हम इसे *बूम* कहकर इसलिए परिभाषित करते हैं क्योंकि 1964 के बाद जन्म दर तेज़ी से

गिरी। हालाँकि ऐसा नहीं होता, यदि युद्ध के बाद बढ़ी जन्म दर अलग आबादी समूह की बजाय एक दीर्घकालीन प्रवृत्ति बनी रहती।

इस तथ्य का महत्व बढ़ा-चढ़ाकर नहीं बताया जा सकता।

किसी भी समाज में एक ख़ास कालखंड में लोगों की रुचि के चुनिंदा विषय होते हैं। स्वाभाविक रूप से बढ़ती आबादी के साथ, ये चुनिंदा विषय समाज की तुलनात्मक युवा पीढ़ी की चिंताओं और रुचि से प्रभावित होते हैं, क्योंकि बस वे संख्या में ज़्यादा (और ज़्यादा) होते हैं। हालाँकि अगली पीढ़ी की चिंताओं में देखने के बजाय सन् 1946 से 1964 के बीच जन्मी इसी अमेरिकी आबादी की अभिरुचियों ने हमारी चिंताओं को बढ़ा दिया।[2]

यह घटना सन् 1960 के उत्तरार्ध और सन् 1970 के पूर्वार्ध में प्रारंभिक रूप से ख़ुद ही सामने आई, जब कुछ पुराने रेडियो स्टेशन समकालीन रेडियो स्टेशनों से अधिक लोकप्रिय हो गए - ऐसा इसलिए हुआ क्योंकि युवावस्था में प्रवेश कर रहे पहले बेबी बूमर युवावस्था के संगीत को सुनना पसंद करते थे।

1970 की शुरुआत में हमने देखा कि बूमर्स तेज़ी से अपने युवावस्था के फ़ैशन की तरफ़ लौट रहे थे, चाहे कपड़े हों, गाड़ियाँ, मकान, फ़र्नीचर, औद्योगिक डिज़ाइन या व्यावसायिक वास्तु। इस घटना को परिभाषित करने के लिए एक नया शब्द चलाया गया *रेट्रो*, जो कि 1974 में हमारी भाषा (और हमारे शब्दकोश में) शामिल हो गया।[3]

अब, जबकि बेबी बूम पीढ़ी (इस वक़्त 38 से 56 वर्ष तक) अपने सर्वाधिक उत्पादक आर्थिक वर्षों में प्रवेश कर रही है, उनके खानपान और मनोरंजन की चिंताएँ ज़्यादा होने लगीं। उनका आर्थिक प्रभाव सन् 2010 के कुछ सालों बाद भी जारी रहेगा, जब पहले बूमर्स 65 साल के हो जाएँगे और उनकी आर्थिक शक्ति और सामाजिक प्रभाव कम हो जाएगा।

स्वास्थ्य पर बेबी बूमर्स का आर्थिक असर उनकी संख्या से भी

कहीं अधिक सशक्त है - क्योंकि यह समूह अपने पहले की किसी भी पीढ़ी से अलग व्यवहार कर रहा है। बूमर्स अपनी प्रौढ़ता की प्रक्रिया को स्वीकार करने से इंकार कर रहे हैं।

चेरिल रसेल द्वारा हाल ही में लिखित पुस्तक इसे मार्केटिंग के नज़रिए से बेहतर समझाती है :

> इन बूमर्स के बारे में सबसे महत्वपूर्ण सच यह है कि ये अभी भी युवा बाज़ार हैं। अपनी किशोरावस्था और यौवनावस्था में ... बूमर्स ने युवा मार्केट बनाया था। जब ये उम्र के चालीसवें और पचासवें साल में प्रविष्ट हुए ... तब इन्होंने युवा मार्केट को जीवन की एक अवस्था कहने के बजाय मनःस्थिति साबित करना शुरू कर दिया। अधिकतर बूमर्स अभी भी उसी अवस्था में रहते हैं। उन्होंने अपने परिजनों की जीवनशैली और सोच को अपनाने से इंकार कर दिया है ...। व्यापार प्रिय लोगों के लिए इतना जानना ही पर्याप्त था कि बूमर्स क्या चाहते हैं, क्योंकि उपभोक्ता माँग की यह लहर थामकर वे ज़िंदगीभर की सवारी कर सकते थे।[4]

बूमर्स ही स्टॉक मार्केट के पहले सबसे बड़े उछाल, हाउसिंग बूम, अंतर्राष्ट्रीय एअरलाइंस की तेज़ी, पर्सनल कंप्यूटर, इंटरनेट, स्पोर्ट यूटिलिटी गाड़ियों की बढ़ोतरी के ज़िम्मेदार हैं। संक्षेप में, हमारी 100 खरब डॉलर की राष्ट्रीय अर्थव्यवस्था में से 50 खरब डॉलर का श्रेय इन्हीं को जाता है। लेकिन, यह जानना अधिक महत्वपूर्ण है कि कौन से उत्पादों को ये बूमर्स सबसे ज़्यादा ख़रीद रहे हैं। सन् 2002 के टी-बर्ड कन्वर्टिबल, जो 1956 मॉडल की तरह दिखती है, से रेट्रो फ़र्नीचर और कपड़ों तक बूमर्स हर वह उत्पाद या सेवा ख़रीदने में लगे हैं, जो इन्हें इनकी युवावस्था की याद दिलाते हैं।

यदि बेबी बूमर्स सिर्फ़ ये सब पैसा उन चीज़ों पर ख़र्च कर रहे हैं, जो सिर्फ़ उन्हें अपनी जवानी की याद दिलाती हैं, तो सोचिए वे उन स्वास्थ्य उत्पादों और सेवाओं पर जल्द से जल्द कितना ख़र्च करेंगे, जो उन्हें वास्तव में जवान बना देंगी या उनकी बढ़ती

उम्र के असर को धीमा कर देंगी। यह समझना आसान है कि क्यों ये बूमर्स अपनी सबसे प्रिय चीज़ को थामे रखने के लिए हमारी आर्थिक व्यवस्था में 10 खरब डॉलर और जोड़ने वाले हैं।

वैसे भी 200 अरब डॉलर की हमारी वर्तमान स्वास्थ्य बिक्री का ज़्यादातर हिस्सा उन बूमर्स के नाम है, जो सन् 1946 के आस-पास पैदा हुए, बजाय कि उनके जो सन् 1964 के क़रीब पैदा हुए। सिर्फ़ अगले दस सालों में ही ये बूमर वर्तमान स्वास्थ्य आधारित सेवाओं पर अपना ख़र्च 200 अरब डॉलर से लगभग 10 खरब डॉलर या अधिक बढ़ा देंगे। यह बढ़ोतरी कुछ तो बाज़ार के विस्तार से होगी (38 से 56 और 48 से 66 की उम्र की ओर बढ़ते बूमर्स) और बाक़ी उस बिक्री के कारण जो स्वास्थ्य उत्पादों और सेवाओं की क्षमता सुधरने से बढ़ेगी।

हज़ारों नहीं तो सैकड़ों बेहतर स्वास्थ्य आधारित उत्पाद और सेवाएँ अगले दस सालों के दौरान प्रयोगशाला से बाहर आ जाएँगी। इस सूची में शामिल हैं विटामिन तथा खनिज के उन्नत प्रकार, एकिनेसिआ जैसे नए अतिरिक्त पूरक पदार्थ जो सर्दी और बीमारियाँ दूर रखते हैं और प्राकृतिक हॉर्मोन व सोया मिश्रित एंटीएजिंग क्रीम, जो सचमुच झुर्रियाँ आने नहीं देती हैं और कोशिकाओं में यौवन बनाए रखती हैं।

और यह पाँच गुनी वृद्धि शुरुआत भर है। जिस तरह बूमर्स आज अगली पीढ़ी के संगीत के रेट्रो जायक़े से लेकर रिहाइश व स्वतंत्र जीवनशैली तक इच्छाओं के लिए राह बना रहे हैं, उसी तरह बूमर्स आने वाली पीढ़ी के लिए स्वास्थ्य उद्योग की गति तय करेगी।

2010 तक, सन् 1965 से 1982 के बीच जन्मी जनरेशन एक्स अपने सर्वाधिक उत्पादन और अत्यधिक निवेश के दौर में प्रवेश कर रही होगी। यह और इसके बाद आने वाली पीढ़ियाँ बूमर्स द्वारा स्वास्थ्य व प्रौढ़ता के लिए स्थापित मानक चिकित्सा प्रक्रिया की तरह स्वीकारेंगी।

यही नहीं, जैसा कि हम अध्याय 7 में विस्तार से परीक्षण करेंगे, कई अमेरिकियों के लिए वर्तमान बीमारी आधारित बीमा तंत्र के स्थान पर नया स्वास्थ्य तंत्र अपना लिया गया है, जो वज़न घटाने, व्यायाम कार्यक्रम तैयार करने, पोषण सलाह, विटामिन, खनिज, धूम्रपान से छुटकारे और सैकड़ों अन्य स्वास्थ्य संबंधी या बचावकारी इलाजों के लिए राशि देगा।

लेकिन स्वास्थ्य बिक्री तेज़ी से बढ़ने का मुख्य कारण यह है कि किसी भी उम्र के उपभोक्ता जब पहली बार स्वास्थ्य अनुभव लेते हैं, तो वह इसके अति लोलुप उपभोक्ता बन जाते हैं, जिनमें अधिक स्वास्थ्य उत्पादों और सेवाओं की असीमित भूख होती है।

इन सशक्त विकास को परखने से पहले, जो अमेरिकी स्वास्थ्य उद्योग को सन् 2010 तक 10 खरब डॉलर व उससे भी आगे तक ले जाएगा, हमारी आधुनिक अर्थव्यवस्था में माँग के स्वभाव को समझना महत्वपूर्ण है। साथ ही यह समझना भी महत्वपूर्ण है कि पिछले और वर्तमान दशकों के आर्थिक विस्तार को कौन सी चीज़ ईंधन दे रही है, जिससे हम यह 10 खरब डॉलर का नया उद्योग चला पाएँगे।

उपभोक्ता की माँग को न समझ पाने की ग़लती, जो ज़्यादातर लोग करते हैं

सन् 1930 की महामंदी के दौरान अर्थशास्त्री जॉन मेनार्ड कीन्स ने यह अनुमान लगा लिया था कि अमेरिका में आधुनिक तकनीक एक दिन हर वह चीज़ दे पाने में सक्षम होगी, जो अमेरिकी चाहेंगे।

लॉर्ड कीन्स ने अमेरिकी राष्ट्रपति फ्रैंकलिन रूज़वेल्ट के समक्ष यह सकारात्मक भविष्यवाणी की थी कि एक दिन ऐसा भी आएगा, जब अधिकांश अमेरिकी परिवारों के पास टेलीफ़ोन, गाड़ी, अंदरूनी जल व्यवस्था के साथ चार बेडरूम और एक बाथरूम वाला घर होगा। हालाँकि, अर्थशास्त्री ने राष्ट्रपति को चेता भी दिया था कि एक बार जब यह सपना पूरा हो जाएगा, तब अमेरिकियों का काम के प्रति रुझान ख़त्म हो जाएगा। ये उत्पादक अमेरिकी अपनी बढ़ी हुई आमदनी ख़र्च करना बंद कर देंगे और बचत शुरू कर देंगे। इससे अर्थव्यवस्था ठप होने

लगेगी – वह शिकार बनेगा, अपनी ख़ुद की सफलता का।

इसलिए, कीन्स ने अमेरिकी सरकार को प्रगतिशील आयकर प्रक्रिया अपनाने की सलाह दी, ताकि समाज के सर्वाधिक उत्पादक लोग अपनी बढ़ती आय को छुपाकर न रख सकें।

उस समय यह सुधारवादी सोच समझी जाती थी। जब सन् 1913 में पहली बार संघीय निजी आयकर लागू हुआ, तो बहुत से लोगों ने सोचा कि यह ग़लत है कि 1,00,000 डॉलर प्रतिवर्ष कमाने वाला व्यक्ति 10,000 डॉलर प्रतिवर्ष कमाने वाले व्यक्ति से दस गुना अधिक संघीय कर जमा करे। हालाँकि दोनों के बराबर एक ही वोट हैं। अब कीन्स संघीय आयकर को प्रगतिशील पैमाने के हिसाब से बढ़ाने की हिमायत करने लगे थे। इसके मुताबिक़, जो व्यक्ति जितना अधिक कमा रहा था, उसे उतना ही अधिक प्रतिशत आयकर भरना होता।

कीन्स और उन अमेरिकी नीति निर्माताओं को धन्यवाद, जिन्होंने उनकी सलाह मानी। इसकी बदौलत पूरी बीसवीं सदी के दौरान व्यक्तिगत संघीय आयकर दर बढ़ती रही। यह 1964 तक 92–94 प्रतिशत के शिखर पर पहुँची और 1980 तक 70 प्रतिशत पर ठहर गई।[5]

जैसा कि अध्याय 6 में विस्तार से बताया गया है कि कर की इन घातक दरों से बचने, सरकार द्वारा तय भत्ते पाने और क़ीमत नियंत्रण के लिए, कंपनियों और यूनियनों ने कांग्रेस में लॉबिंग की कि कंपनी को कर्मचारियों और उनके परिवार को करमुक्त राशि देने का अधिकार मिले। इसने, किसी अन्य आर्थिक कारण से ज़्यादा, वह समस्या खड़ी कर दी, जिसके कारण अमेरिका में आज हमें इतनी बढ़ती चिकित्सा दरों का सामना करना पड़ रहा है।

हम कई बार अपने इतिहास के बुद्धिजीवी लोगों की सफलता के बजाय उनकी ग़लतियों के अध्ययन से ज़्यादा सीख सकते हैं। हालाँकि कीन्स का यह सिद्धांत कि प्रचुर कमाई से आत्मसंतोष पैदा होगा और अति बचत होगी, तर्कसंगत लगता है लेकिन आज हम जानते हैं कि यह ग़लत है। कीन्स की भविष्यवाणी का ठीक विपरीत आज हमारे सामने आ खड़ा हुआ है।

यदि हम अतीत के उस वक़्त में झाँकें जब कीन्स ने अपना अति

बचत वाला सिद्धांत दिया था, तो यह आसानी से समझा जा सकता है कि वे कहाँ ग़लत थे। दरअसल, 1930 के दशक के दौरान उपभोक्ता की माँग में कमी लगातार मंदी की मुख्य जड़ थी – सरकार भी बेबस नज़र आ रही थी जिससे उपभोक्ता फिर से ख़र्च करना शुरू करे। कीन्स इस बात से निश्चिंत थे कि यह दुर्भाग्य तब तक ख़त्म नहीं हो सकता, जब तक सरकार निजी आय पर क्रमबद्ध रूप से आयकर नहीं लेती और उस पैसे को फिर से बढ़े हुए सरकारी ख़र्च के रूप में अर्थव्यवस्था में डाल नहीं देती।

पिछली सदी के दौरान और ख़ासतौर से पिछले दो दशकों में, बढ़ी हुई उपभोक्ता माँग ख़ुद को संतुष्ट नहीं कर पाई है। जितना ज़्यादा हम कमाएँगे – उतना ज़्यादा ख़र्च करेंगे; जितना ज़्यादा ख़र्च करेंगे, उतना ज़्यादा पाएँगे; जितना ज़्यादा पाएँगे, उतनी ज़्यादा हमारी चाहत बढ़ेगी; और जितनी ज़्यादा हमारी चाहत बढ़ेगी, हमारी कमाने की इच्छा उतनी ही ज़्यादा बढ़ेगी।

अगर हमारे समाज के किसी भी हिस्से ने काम के प्रति रुझान खो दिया, तो वह सबसे ज़्यादा ग़रीब होगा, जिसकी पहली कार या पहला घर ख़रीदने में कोई मदद नहीं कर पाएगा। ख़रीदारी एक ऐसी क्रिया है, जो कभी न ख़त्म होने वाली उपभोक्ता माँग के चक्र को बढ़ाती है।

जिस दुनिया में आज हम रह रहे हैं, आधुनिक तकनीक ने ज़्यादातर अमेरिकियों को अपनी बुनियादी प्रारंभिक ज़रूरतें पूरी करने में सक्षम बना दिया है।

आधुनिक होती तकनीक ख़ुद लगातार अपनी माँग पैदा कर रही है – यह नए उत्पाद और सेवाएँ पेश कर रही है, जो बहुत पहले अधिकांश लोगों की बुनियादी ज़रूरत समझे जाते थे।

प्रथम विश्वयुद्ध के वक़्त पहली विद्युत वॉशिंग मशीन के आविष्कार से पहले कुछ ही अमेरिकी परवाह करते थे कि उन्होंने एक

शर्ट धोने से पहले कितनी बार पहनी। यही नहीं, कपड़े भी उसी प्रकार बनाए जाते थे कि उन्हें धोने की ज़रूरत कम पड़े। मसलन शर्ट अलग होने वाली कॉलर और आस्तीन वाली बनाई जाती थी - ये वे हिस्से थे जो जल्दी गंदे हो जाते थे।[6] जब वॉशिंग मशीन सहज उपलब्ध होने लगी तो हर अमेरिकी हर रोज़ साफ़ शर्ट पहनने लगा - और अलग हो सकने वाले कॉलर और आस्तीन घोड़ागाड़ी की राह पर चले गए।

जब हेनरी फ़ोर्ड ने पहली बार ऐसी मोटरगाड़ी बनाई, जिसे लगभग हर व्यक्ति ख़रीद सके, तो लोगों ने इस विचार की खिल्ली उड़ाई कि इसे कोई ख़रीदेगा - उस वक़्त बहुत कम पक्की सड़कें थीं, गैसोलीन स्टेशन नहीं थे; और अधिकांश लोग अपने दफ़्तरों से पैदल दूरी पर ही रहते थे। फिर, मोटरगाड़ी का शुक्रिया, जो ज़्यादातर लोग उपनगरों की ओर बसने लगे - गैसोलीन स्टेशन खुलने लगे, और जल्द ही दफ़्तर या बाज़ार जाने के लिए कार एक दैनिक ज़रूरत बन गई।

जब टेलीफ़ोन पहली बार बिज़नेस के लिए उपलब्ध हुआ, उस वक़्त अधिकांश कारोबारी अपने सचिव के हाथों पत्र लिखवाकर पत्राचार से काम चलाते थे। ज़्यादातर कारोबारी इस बात से सहमत थे कि टेलीफ़ोन का इस्तेमाल समय की बर्बादी है। आख़िर कौन अपने सचिव को संदेश लिखवाना चाहता, फिर सचिव उसे टाइप करता, फिर सचिव उस संदेश को फ़ोन पर सामने वाले सचिव को सुनाता और फिर सामने वाला सचिव उस संदेश को लिखकर पाने वाले कारोबारी को देता। बेशक कारोबारियों के बीच टेलीफ़ोन पर बातचीत से बहुत पहले लोग एक-दूसरे से बात करना ज़्यादा पसंद करते थे बजाय कि अपने सचिवों से बोलकर टाइप करवाने के। टेलीफ़ोन की तरह ही 70 के दशक में फ़ैक्स और 90 के दशक में ई-मेल हर व्यापार की अनिवार्य ज़रूरत बन गए।

शुरुआत में कारोबारियों ने किस तरह टेलीफ़ोन नकार दिया था, इस कहानी में आज हमारे लिए महत्वपूर्ण संदेश छिपा है। ज़्यादातर लोग कंप्यूटर और अन्य नए आविष्कारों का इस्तेमाल महज़ इसलिए करते हैं ताकि वे काम करने के मौजूदा प्रचलन को बदल सकें न कि इसलिए कि नए उपलब्ध उपकरणों के माध्यम

से ख़ुद की कार्यक्षमता को ज़्यादा दुरुस्त बना सकें। नए स्वास्थ्य उत्पाद और सेवाएँ बाज़ार में उतारने वाले कई उद्यमी भी यही ग़लती ज़रूर करेंगे।

आज, लगभग 95 प्रतिशत चीज़ें जिन पर हम अपना पैसा ख़र्च करते हैं - जिन्हें हममें से ज़्यादातर लोग ज़रूरतें समझते हैं - हमारी पैदाइश के समय मौजूद भी नहीं थीं : जैसे टीवी सेट, हवाई यात्राएँ, डिज़्नीलैंड की छुट्टियाँ, फ़ैशनेबल कपड़े, स्टीरियो, डीवीडी, एअर कंडीशनर, पर्सनल कंप्यूटर,फ़िल्में, फ़ास्ट-फ़ूड रेस्तराँ, ड्राई क्लीनिंग, इंटरनेट, इनमें से कुछ नाम हैं। यही स्वास्थ्य के साथ होगा।

यही नहीं; बुनियादी ज़रूरतें जैसे रोटी, कपड़ा और मकान भी आजकल अपने पारंपरिक स्वरूप की ज़रूरतें नहीं रह गई हैं, क्योंकि हम इनका उपभोग अपनी बुनियादी ज़रूरत से कहीं अधिक मात्रा में कर रहे हैं। सन् 1935 में एक आम अमेरिकी 136 वर्गफ़ीट जगह में रह लेता था, आज यह जगह बढ़कर 750 वर्गफ़ीट प्रति व्यक्ति हो गई है।

उपभोक्ता माँग में इस असीमितता का कारण हमारे तकनीकी समाज में दो प्रकार की माँगों की प्रकृति है। यह है : *मात्रा माँग* और *गुणवत्ता माँग*। उद्यमी के लिए यह समझना बहुत ज़रूरी है, ख़ासतौर पर उस उद्यमी के लिए, जो दीर्घकालीन सफलता की रूपरेखा तैयार कर रहा हो।

मात्रा माँग और गुणवत्ता माँग

मात्रा माँग ग्राहक की किसी चीज़ को ख़रीदने की ऐसी इच्छा है, जिसे वह हाल ही में ख़रीद चुका है : **दूसरा टीवी, दूसरी कार, बड़ा घर और अतिरिक्त एक जोड़ी कपड़े - भले ही उसने वैसी ही वस्तु कुछ समय पहले ही ख़रीदी हो।**

एक युवक की कल्पना कीजिए, जो स्नातक होने के बाद काम की दुनिया में प्रवेश कर रहा है। संभवतः उसे जीवन में पहली बार एक

कारोबारी वेशभूषा की ज़रूरत पड़ी है। वह गर्व से किसी स्टोर में जाता है और अपना पहला सूट ख़रीदता है। लेकिन काम के पहले ही दिन उसे यह एहसास हो जाता है कि उसे कुछ और सूट की ज़रूरत होगी, क्योंकि वह हर रोज़ तो एक ही सूट पहनकर नहीं आ सकता - यह कहने की ज़रूरत नहीं कि सूट के हिसाब से टाई, स्कार्फ़, शर्ट और जूते भी चाहिए होंगे।

या उस युवा दंपति के बारे में सोचिए, जो अपनी पहली मोटरगाड़ी ख़रीद रहा है। मोटरगाड़ी ने उनके लिए सब कुछ बदल दिया है : वे कहाँ काम करते हैं, कैसे आते-जाते हैं, कहाँ खाना खाते हैं और इसी तरह की बातें। लेकिन जल्द ही उन्हें अपनी नई ज़रूरत का एहसास होता है जिसके बारे में उन्होंने अब तक सपने में भी नहीं सोचा था - एक दूसरी कार, ताकि वे अलग-अलग अपने दफ़्तर जा सकें या ख़रीदारी कर सकें। इसी तरह, एक दंपति अपने शयनकक्ष के लिए दूसरा टीवी ख़रीद सकता है। जल्द ही उसे बच्चों के कमरे या रसोईघर के लिए तीसरे टीवी की भी ज़रूरत पड़ सकती है।

पहला घर बहुत से युवाओं को शुरुआत में शानदार ख़रीद दिखाई पड़ता होगा। हालाँकि, यह तो बस शुरुआत होती है, क्योंकि घर की उपलब्धि कभी न ख़त्म होने वाली माँग को उकसाती है जैसे फ़र्नीचर, रसोईघर का सामान, मनोरंजन के साधन आदि। नए घर का निर्माण सभी तरह की खुदरा बिक्री की तरफ़ सबसे महत्वपूर्ण इशारा होता है।

हर उत्पाद या सेवा का समझदार खुदरा बिक्रीकर्ता यह जानता है कि एक संतुष्ट ग्राहक द्वारा की गई कोई ख़रीदी उनके संबंधों की महज़ शुरुआत है, समाप्ति नहीं।

पुरुषों के कपड़ों का एक स्टोर हर साल 100 सूट पहली बार ऐसे ग्राहकों को बेचता होगा, जो काम की दुनिया में प्रवेश कर रहे हों, लेकिन 2000 सूट ऐसे लोगों को बेचता होगा, जिनके पास पहले से एक या उससे ज़्यादा सूट होंगे। किसी ऑटोमोबाइल डीलर के लिए बाज़ार की सबसे महत्वपूर्ण जानकारी यह है कि उसके संभावित उपभोक्ता के पास पहले से कैसी कार है। और अमेरिका में पहली बार घर ख़रीदने

वालों के मुक़ाबले हर साल कम से कम पाँच घर ऐसे लोगों को बेचे जाते हैं, जो अपने वर्तमान घर की बजाय बड़े घर में जा रहे होते हैं।[7]

लेकिन कुछ बिंदुओं पर, कीन्स जैसा प्रतिष्ठित अर्थशास्त्री बहस कर सकता है कि माँग तृप्त भी हो सकती है। आख़िर, कोई उपभोक्ता कितने नए सूट, कार, टीवी और घर रख सकता है? इस सवाल के स्पष्ट जवाब ने कई कारोबारियों को चकित कर दिया।

जब *मात्रा माँग* तृप्त हो जाती है (जैसा इन दिनों विकसित देशों के ज़्यादातर नागरिकों के साथ हो चुका है), तो *गुणवत्ता माँग* असर दिखाना शुरू करती है। जब आपकी ज़रूरत के सभी भोजन, कपड़े और टी.वी. आपके पास आ जाते हैं - आपको *बेहतर* भोजन, *बेहतर* कपड़ों और *बेहतर* टीवी की चाह होने लगती है।

मात्रा माँग **जहाँ उपभोक्ता की मौजूद उत्पाद की बड़ी मात्रा में आपूर्ति की माँग को प्रदर्शित करती है, वहीं *गुणवत्ता माँग* कुछ अलग या बेहतर क़िस्म के उत्पाद की भूख प्रदर्शित करती है।**

टीवी के मामले में, *गुणवत्ता माँग* उपभोक्ता की अधिक बेहतर तथा ख़ूबसूरत टीवी ख़रीदने की चाह को परिभाषित करती है (बेहतरीन रंगीन टीवी जिसमें पिक्चर-इन-पिक्चर और सिक्स चैनल साउंड की ख़ासियत हो) साथ ही ऐसा हो, जो बिल्कुल नया उत्पाद हो (जैसे डिश सैटेलाइट रिसीवर या डीवीडी प्लेयर)।

एक पारंपरिक मध्यमवर्गीय दंपति की दो सेडान होने के बाद तीसरी ख़रीदने की इच्छा शायद ही हो। लेकिन यदि उन्हें अपनी एक सेडान से छुटकारा पाने का मौक़ा मिले तो वे उसे तुरंत बदलकर एक नया स्पोर्ट यूटिलिटी व्हीकल (SUV) ख़रीद लेंगे। एक युवा एक्ज़ीक्यूटिव की अलमारी में यदि 200 डॉलर के आठ सूट हैं, तो वह नौवाँ सूट ख़रीदने में शायद ही रुचि दिखाएगा। लेकिन वह 400 डॉलर का डिज़ाइनर सूट ख़रीदने का मौक़ा नहीं गँवाना चाहेगा।

बहरहाल, माँग की इस प्रकृति में बदलाव दोनों तरफ़ हो सकता है। जब उपभोक्ता उच्च गुणवत्ता से संतुष्ट होने लगता है, तो *मात्रा माँग* का जादू एक बार फिर चलने लगता है। अब दंपति को *दो* स्पोर्ट्स

यूटिलिटी व्हीकल चाहिए होंगे, ताकि उनमें इस बात पर बहस न हो कि सेडान कौन चलाएगा। अब युवा एक्ज़ीक्यूटिव को 400 डॉलर के *सात* डिज़ाइनर सूट ख़रीदने की इच्छा होगी, क्योंकि वह अब उन 200 डॉलर के पुराने सूट में और अधिक "अच्छा महसूस" नहीं कर पाता। सैद्धांतिक रूप से, अधिक और बेहतर सामान की माँग उस वक़्त तृप्त हो जाएगी, जब अंततः उपभोक्ता के पास पर्याप्त संख्या में बाज़ार में उपलब्ध सर्वश्रेष्ठ कार या सर्वश्रेष्ठ सूट हो जाएँगे। पर जब तक तकनीक में आधुनिकता आती रहेगी, कभी भी कोई कार सर्वश्रेष्ठ या सूट सर्वश्रेष्ठ नहीं हो सकता - कम से कम लंबे समय तक तो नहीं। हर साल बेहतर उत्पाद विकसित कर लिया जाएगा, और यह पूरी प्रक्रिया फिर शुरू होगी।

आप अपने उद्यमी बाज़ार से भावनात्मक रूप से जितना अधिक कटे रहेंगे, उतना ही आपके लिए *मात्रा माँग* और *गुणवत्ता माँग* को समझना आसान होगा। साथ ही यह भी कि दोनों के बीच किस तरह तालमेल बैठाया जाए, ताकि माँग हमेशा बनी रहे।

उदाहरण के लिए, जब अमेरिकी या यूरोपियन उपभोक्ता को *मात्रा माँग* से *गुणवत्ता माँग* का सफ़र करना हो तो कोई भी इसे जापानी उपभोक्ता से बेहतर नहीं कर पाएगा। सन् 1960 के पूर्वार्ध में जापानियों ने दुनिया के बाज़ार को सस्ते उत्पादों से भरकर दहशत में ला दिया था - इसका असर यह हुआ कि *मात्रा माँग* तृप्त हो गई। लेकिन 70 के पूर्वार्ध में उन्होंने अपना ध्यान अपने उत्पाद की गुणवत्ता बढ़ाने पर लगाया, और *मात्रा माँग* से *गुणवत्ता माँग* का सफ़र तय किया (सस्ते माल का ग़ैरमुनाफ़ा बाज़ार उनके नक़लचियों के लिए छोड़ दिया)। 20 सालों से भी कम समय में, वे लगभग हर चीज़ के उपभोक्ता के लिए निम्नतम लागत वाले उत्पादक के रूप में पहचाने जाने वाले से उच्चतम गुणवत्ता (और अक्सर उच्चतम क़ीमत भी) वाले लगभग हर चीज़ के उत्पादक बन गए हैं।

1990 के दशक में जापानियों ने भी अपने बहुत से पारंपरिक ब्राण्ड नामों जैसे दात्सन और टोयोटा को नए निसान और लेक्सस जैसे

नामों के लिए छोड़ दिया। उन्होंने जनरल मोटर्स को धूल चटा दी और यह सोचने के लिए छोड़ दिया कि जीएम के संतुष्ट शेवरलेट उपभोक्ता अब और शेवरलेट क्यों नहीं ख़रीद रहे।

***गुणवत्ता माँग* को नज़रअंदाज़ करना नए उद्यमियों की सबसे बड़ी ग़लती रही, ख़ासतौर पर नई तकनीकों जैसे स्वास्थ्य के क्षेत्र में। बहुत से उद्यमी निम्न गुणवत्ता वाली वस्तुओं से शुरू करते हैं - इस उम्मीद के साथ कि व्यापार स्थापित होते ही वे गुणवत्ता और क़ीमत दोनों बढ़ा देंगे। यह अदूरदर्शिता है।**

यदि आप किसी निम्न गुणवत्ता वस्तु से शुरुआत करेंगे, तो आपके लिए अपने ग्राहक बनाए रखना मुश्किल ही नहीं, असंभव हो जाएगा, क्योंकि आपसे एक बार संतुष्ट उपभोक्ता ऊँची गुणवत्ता वाले उत्पाद या सेवा की माँग करने लगेंगे। जब कोई व्यापार या वितरक कम क़ीमतों के लिए पहचाना जाने लगता है, जिसे उपभोक्ता अक्सर कम गुणवत्ता के हिसाब से ठीक मानता है, तो इस धारणा को बदलना असंभव हो जाता है।

आज सर्वाधिक सफल स्वास्थ्य कंपनियाँ उच्चतम गुणवत्ता (जिसका अक्सर अर्थ उच्चतम क़ीमत से निकाला जाता है।) के स्वास्थ्य उत्पादों या सेवाओं का उत्पादन या वितरण कर रही हैं।

उच्चतर गुणवत्ता उत्पाद के प्रति उपभोक्ता की नियमित इच्छा हमारे बाज़ार में इतनी अच्छी तरह गुँथ चुकी है कि अक्सर यह पारदर्शी होती है। हर साल जैसे-जैसे उन्नत होती तकनीक से उत्पादों और सेवाओं की क़ीमतें कम होती जाती हैं चतुर निर्माता और वितरक समझ जाते हैं कि उन्हें उपभोक्ता के साथ वर्तमान संबंध बनाए रखना हैं। इसके लिए वे ख़ुद-ब-ख़ुद क़ीमतें कम करने की बजाय उन उत्पादों की गुणवत्ता बढ़ा देते हैं।

मान लीजिए, आपने सन् 1990 में 600 डॉलर का एक 27 इंच कलर टीवी ख़रीदा, और सन् 2000 में उसी स्टोर पर उसके बदले

दूसरा टीवी ख़रीदने गए। आप पाएँगे कि वही टीवी आज 300 डॉलर में बिक रहा है (वास्तव में सन् 1990 की मुद्रास्फ़ीति के हिसाब से 229 डॉलर का समायोजन करने के बाद)। लेकिन आप वही टीवी ख़रीदने की बजाय एक 36 इंच मॉडल के लिए 600 डॉलर फिर ख़र्च करना चाहेंगे (सन् 1990 के हिसाब से 458 डॉलर) - या संभवतः 1500 डॉलर (सन् 1990 के डॉलर मूल्य के हिसाब से 1,144 डॉलर) वाले एक सुपर डीलक्स उच्च स्तर का मॉडल ख़रीदेंगे जिसमें पिक्चर-इन-पिक्चर और सिक्स चैनल साउंड की सुविधा हो। इसके अतिरिक्त यह भी हो सकता है कि आपको 300 डॉलर वाला मॉडल स्थानीय स्टोर में मिलता ही नहीं, क्योंकि आपका विक्रेता यह समझता है कि संतुष्ट उपभोक्ता निम्न क़ीमत की बजाय ऊँची गुणवत्ता चाहेगा और अब निचले स्तर के मॉडल नहीं ख़रीदेगा।

या मान लीजिए, आप 1995 में चिकित्सा विद्यालय में इस आशा से प्रवेश लेते हैं कि 2002 में पढ़ाई ख़त्म करते वक़्त 45,000 डॉलर की नई कनवर्टीबल कार ख़रीदेंगे। जब आप सन् 2002 में डीलर के पास जाते हैं, तो आपको पता चलता है कि आपकी पसंदीदा सारी ख़ूबियों वाली कार अब मात्र 25,000 डॉलर में मिल रही है। लेकिन यह कार ख़रीदने और 20,000 डॉलर बचाने के बजाय आप तय करते हैं कि 1995 में चाही गई सभी ख़ूबियों से दोगुनी ख़ूबियों वाली 45,000 की ही कार ख़रीदेंगे।

कम क़ीमत के मुक़ाबले बढ़ती गुणवत्ता वाली वस्तु चुनना इस उपभोक्ता चलित बाज़ार में आज इतना आम हो गया है कि ज़्यादातर लोगों को यह एहसास भी नहीं होता कि उनके जीवन में भौतिक गुणवत्ता किस तरह धीरे-धीरे बढ़ गई है - इसके लिए उत्पादों की उन्नत गुणवत्ता, सुरक्षा और कम क़ीमतों को धन्यवाद देना चाहिए। चाहे आप टीवी की बात करें या खिलौनों की, गाड़ियों या एयर कंडीशनरों की, नीली जीन्स या बिस्तर की, डिजिटल कैमरा या कनवर्टीबल सोफ़ों की, फ़्रिज या एमपी 3 रिकॉर्डेड संगीत की, लोग आज बेहतर गुणवत्ता वाली वस्तुओं का सुख कम लागत पर भोग रहे हैं जैसा कि उन्होंने इतिहास में कभी नहीं किया।

स्वास्थ्य *मात्रा* और *गुणवत्ता माँग*

इन सबका स्वास्थ्य उद्योग से गहरा निहितार्थ हो सकता है।

अधिकांश उपभोक्ता आज भी यह नहीं जानते हैं कि कोई स्वास्थ्य उद्योग भी अस्तित्व में है। हालाँकि हममें से प्रत्येक किसी ऐसे व्यक्ति को जानता है जिसने हाल ही में स्वास्थ्य अनुभव किया हो :

1. एक बच्चे की माँ जिसने अपना खानपान बदला हो और 33 पौंड वज़न घटा लिया हो।
2. एक लड़का जिसने विटामिन लेना शुरू किया है और अब स्कूल में पहले से दोगुना ध्यान देने लगा है।
3. चुंबकीय थैरेपी लेने वाले एक पिता, जिन्हें दीर्घस्थायी दर्द से छुटकारा मिला।
4. एकिनेसिया लेने वाली लड़की, जिसे अब सर्दी की वजह से स्कूल नहीं छोड़ना पड़ता।
5. ग्लूकोसैमीन लेने वाला पूर्व धावक बिना घुटने के दर्द के फिर से साइक्लिंग करने लगा।
6. बढ़े हुए प्रोस्टेट का एक मरीज़, जो सॉ पालमेटो ले-लेकर पीड़ादायी सर्जरी से बचता रहा।

यह सूची अनंत है।

अब एक पल के लिए सोचिए कि इस व्यक्ति के साथ प्रारंभिक स्वास्थ्य अनुभव के बाद और क्या हो सकता है :

1. एक बच्चे की माँ संभवतः नई दिनचर्या अपना ले, जिसमें जॉगिंग जैसी नियमित एथलेटिक गतिविधि भी शामिल हो।
2. लड़का अब खेलों के लिए कोशिश करने लगे, क्योंकि पढ़ाई पर अब उसका नियंत्रण है।
3. पिता और ज़्यादा शक्ति विकास के लिए कुछ लेने लगे, जिससे वह बच्चों के साथ रह सके, क्योंकि दर्द अब उनके विचारों पर हावी नहीं होते।
4. लड़की के माता-पिता यह जानना चाहेंगे कि उन्हें अपने दूसरे

बच्चों को भी कौन-सा आवश्यक पूरक पदार्थ देना चाहिए।

5. पूर्व धावक अब अपनी याददाश्त तेज़ करने के लिए भी उत्पाद इस्तेमाल करे, क्योंकि अब वह आवश्यक पौष्टिक पूरक पदार्थों में विश्वास करने लगा है।
6. प्रोस्टेट मरीज़ रह चुका व्यक्ति अब अपना आहार पूरी तरह बदल चुका है और अब वैकल्पिक चिकित्सा पद्धति के बारे में सब कुछ जानना चाहता है।

इनमें से हर व्यक्ति के लिए एक स्वास्थ्य उत्पाद या सेवा की शुरुआती ख़रीदी ने *मात्रा माँग* को जागृत कर दिया है - जो वे ख़रीद चुके हैं उसे और ख़रीदने की माँग - जबकि इसे ख़रीदने से पहले तक वे यह भी नहीं जानते थे कि ऐसे किसी उत्पाद का अस्तित्व है।

इससे भी ज़्यादा महत्वपूर्ण यह है कि जब स्वास्थ्य उत्पाद या सेवा अपना जादू दिखा देती है, तो वह *गुणवत्ता माँग* - अलग और/या बेहतर स्वास्थ्य उत्पाद और सेवाओं की माँग को जगाती है।

***मात्रा माँग* और *गुणवत्ता माँग* का शुक्रिया, संतुष्ट स्वास्थ्य उपभोक्ता उत्पादों और सेवाओं का एक, जीवनपर्यंत सिलसिला शुरू कर रहे हैं, जिसमें उनके जीवन के हर पल के लिए हर पहलू को बेहतर करने की संभावना है। किसी अन्य कारण से अलग, स्वास्थ्य उत्पाद तथा सेवाओं के उपभोग की यह असीमित प्रवृत्ति सन् 2010 तक इस उद्योग को 10 खरब डॉलर और उससे भी आगे ले जाएगी।**

किस तरह कुछ भावी उद्यमी हमारी अर्थव्यवस्था को ग़लत समझ लेते हैं

यह बहुत पहले की बात नहीं है, जब किसी बैठक के लिए देरी से पहुँचने वाला सबसे आम दोषी या तो पंक्चर टायर वाला हुआ करता था या पानी भरे कारबुरेटर वाला। आधुनिक होती तकनीक (रेडियल टायर और इलेक्ट्रॉनिक ईंधन प्रणाली) ने हमारे रोज़मर्रा से इन चिंताओं को

ख़त्म कर दिया है।

कई बार संभावित उद्यमी मीडिया में आने वाले नियमित आर्थिक संकेतों को नकार देते हैं, ख़ासतौर से मंदी और आर्थिक सिकुड़न के दौर में। लेकिन आधुनिक होती तकनीक की वजह से इन आर्थिक संकेतों का अक्सर इन मायनों में ग़लत मतलब निकाल लिया जाता है कि यह बिज़नेस शुरू करने का सही वक़्त नहीं है, जबकि वास्तव में वे किसी नवोदित उद्यमी के लिए *ख़ुशख़बरी* होते हैं।

उदाहरण के लिए, कम क़ीमत और बेहतर गुणवत्ता वाले उत्पाद कई बार मीडिया द्वारा हमारी भौतिक संपत्ति में घाटे के तौर पर बताए जाते हैं, जबकि यह वास्तव में बढ़ोतरी होती है। ऐसा इसलिए होता है, क्योंकि हमारे सबसे आम आर्थिक संकेतक जैसे सकल घरेलू उत्पाद (जी.डी.पी.) और खुदरा बिक्री में, न ही गुणवत्ता की बढ़ोतरी और न ही क़ीमतों के घटने के आँकड़े शामिल किए जाते हैं, जो कि तकनीक में परिवर्तन की वजह से होता है। तब चिकित्सा छात्र अपनी पसंदीदा दोगुना ख़ूबियों वाली 45,000 डॉलर की कार ख़रीदता है, तो उसे अपनी भौतिक जीवनशैली में अप्रत्यक्ष रूप से 20,000 डॉलर की वृद्धि अनुभव होती है। यदि उसने अपने वास्तविक सपनों वाली 45,000 डॉलर में वाली कार 25,000 डॉलर में ख़रीदी होती, तो शायद मीडिया यह ख़बर देता कि जी.डी.पी. या खुदरा बिक्री में 20,000 डॉलर की गिरावट आई है।

इसी तरह, जब एक नए घर की औसत लागत अमेरिकी सरकार द्वारा आँकी जाती है, तो यह क़ीमत इस बात की ओर संकेत नहीं करती कि सन् 1960 के एक औसत नए मकान से यह आकार में दोगुना बड़ा है या इसकी विशेषताओं या उपकरण की भी क़ीमत उपभोक्ता के लिए दोगुनी साबित होगी। हममें से ज़्यादातर लोग वर्ष 1960 के आम मध्यमवर्गीय घर में पले-बढ़े हैं - लगभग 900 वर्गफ़ुट का घर जिसमें कोई डिशवॉशर या एअर कंडीशनर नहीं होता था और जिसे आज 2001 के नए घर के मुक़ाबले (जो लगभग 2300 वर्गफ़ुट का होता है और आधुनिक उपकरणों तथा सुविधाओं से सज्जित होता है) रहने के हिसाब से पुराने तरीक़े का ठीक-ठाक घर कहा जा सकता है।

हालाँकि हमारे समाज में जिसे सबसे ग़लत आर्थिक संकेत समझा गया है, वह संभवतः बेरोज़गारी है। ख़ासतौर पर जिस तरह की बेरोज़गारी का सामना सबसे ज़्यादा हम आज कर रहे हैं, जो तकनीकी बदलाव के कारण पैदा हुई है, या जिसे अर्थशास्त्री कभी-कभी *संरचनात्मक बेरोज़गारी* भी कहते हैं।

जैसा कि हम कुछ पलों में देखेंगे, ऐसी बेरोज़गारी जो तकनीक के इंसान की जगह लेने से पनपी है, दरअसल सही आर्थिक उन्नति का पहला संकेत है। और जैसा कि हम यह भी देखेंगे कि संरचनात्मक बेरोज़गारी की वजह से ही हमारे पास नए उद्योगों को विकसित करने और बढ़ाने के लिए भारी संख्या में श्रमिक उपलब्ध हैं।

यह हमें हमारे आगामी विषय - अगले 10 खरब डॉलर के उद्योग की प्रगति की ओर ले जाता है। इसमें हम पता लगाएँगे कि ऐसी कौन सी चीज़ है, जो पिछले तथा वर्तमान दशक के आर्थिक विस्तार में ईंधन का काम कर रही है और जिसकी बदौलत हम नए उत्पाद और सेवाओं को इस्तेमाल करने लायक़ बनते हैं, और क्या यह चलता रहेगा?

किस तरह बेरोज़गारी आर्थिक उन्नति को जन्म देती है

10 लोगों वाले एक स्व-पर्याप्त द्वीप की कल्पना कीजिए। सभी अपनी आजीविका के लिए एक सामुदायिक नाव में छड़ी से मछली पकड़ते हैं। एक दिन एक मिशनरी उन्हें मछली पकड़ने का नया तरीक़ा बताती है, जो तकनीकी रूप से ज़्यादा बेहतर होता है। मिशनरी बताती है कि वे दस अलग-अलग छड़ के बजाय एक विशाल जाल का इस्तेमाल करें। अब दो मछुआरे, एक नाव चलाने वाला और एक जाल फेंकने वाला, दोनों उतनी ही मछलियाँ पकड़ सकते हैं, जो पहले दस मछुआरे छड़ी से पकड़ते थे।

सतही तौर पर द्वीप में 0-80 प्रतिशत तक बेरोज़गारी की समस्या पैदा हो गई, क्योंकि अब दस में से आठ मछुआरे काम से बाहर हो गए।

हालाँकि, आठ लोगों के काम बंद करने के बावजूद द्वीप समाज पहले जितना ही समृद्ध था, क्योंकि दो मछुआरे जाल से दस लोगों द्वारा पहले पकड़ी जा रही मछलियों के बराबर ही मछली पकड़ रहे थे।

अब द्वीप समाज को यह तय करना होगा कि आठ बेरोज़गार मछुआरों व उनके परिवारों का क्या किया जाए। उनके पास तीन विकल्प हैं : (1) वे एक क़ानून पारित कर जाल से मछली पकड़ना अवैध घोषित कर सकते हैं; (2) वे काम कर रहे दोनों मछुआरों पर उनकी आय के 80 फ़ीसदी को कर के रूप में लेकर उन बेरोज़गारों में बाँट सकते हैं; या (3) वे उन आठ बेरोज़गारों को नए उद्योगों में नई नौकरी दिलाकर मदद कर सकते हैं (जैसे, शिक्षा, दवा, भोजन बनाने), जिससे पूरे समुदाय की समृद्धि में बढ़ोतरी होगी।

क्या सभ्य समाज नई तकनीक का इस्तेमाल सीमित करके अर्थव्यवस्था को जान-बूझकर बढ़ने नहीं देगा? क्या समाज अपने श्रेष्ठ उत्पादकों (यानी जिनके पास जाल है) पर उनकी कमाई का 80 फ़ीसदी कर लगाएगा? हालाँकि ये पारंपरिक प्रतिक्रियाएँ हो सकती हैं जब तकनीक को लागू करने से कुछ लोग अपने पड़ोसियों के मुक़ाबले ज़्यादा अमीर हो जाते हैं।

पूरी उन्नीसवीं और बीसवीं सदी के दौरान सरकारों ने लोगों के हित में क़ानून पारित कर निजी कंपनियों में श्रमिकों के स्थान पर तकनीक लाने पर लगाम लगाई। सन् 1913 से 1960 के बीच, अमेरिका और पश्चिमी यूरोप ने अपने सबसे दक्ष नागरिकों (मसलन, जिसके पास जाल है) पर उच्च प्रगतिशील आयकर लगाया। इसमें व्यक्तिगत आयकर दर 91 प्रतिशत तक बढ़ाई गई। पूर्वी यूरोप और चीन ने साम्यवाद (प्रभावी रूप से 100 फ़ीसदी कर निर्धारण) चुना। इसमें नई तकनीकी विधि को लागू करने पर व्यक्तिगत प्रोत्साहन हटा दिया। इससे उनकी अर्थव्यवस्था तहस-नहस होने लगी।

सन् 1930 में अमेरिका में 3 करोड़ किसान थे, जो 10 करोड़ आबादी के भोजन के लिए पर्याप्त अनाज पैदा कर रहे थे। अगले 50 सालों में कृषि क्षेत्र में हुई तकनीकी खोजों ने खेती को इतना प्रभावी बना दिया कि सन् 1980 तक सिर्फ़ 30 लाख किसानों ने 30 करोड़[8] से अधिक आबादी के लिए पर्याप्त अनाज उगाया। इस तरह विस्थापित

2.7 करोड़ किसान या उनके बच्चे नए उत्पाद और सेवाएँ देने की ओर प्रवृत्त हुए, जिसमें अर्थव्यवस्था की कुल समृद्धि में बढ़ोतरी हुई।

इस तरह सभ्यता के आरंभ से ही हमारी अर्थव्यवस्था भी पनपती जा रही है।

नई तकनीक कामगारों को अधिक दक्ष बना देती है और इस कारण संरचनात्मक बेरोज़गारी पैदा होती है। लेकिन समय के साथ विस्थापित कर्मचारी नए उत्पाद और सेवाएँ देना शुरू कर देते हैं, जो पूरे समाज की संपत्ति में बढ़ोतरी करते हैं। आज इस प्रक्रिया की एकमात्र नई चीज़ यह है कि इसकी गति बढ़ गई है।

जो बदलाव पहले सहस्राब्दियों या सदियों में हुआ करते थे, अब सालों, महीनों बल्कि दिनों में हो रहे हैं – जैसा हमारे द्वीप के उदाहरण में जाल के साथ हुआ। यह बढ़ी हुई गति आज हमारे रोज़गार की चुनौती को दबा रही है, क्योंकि व्यक्ति कई पीढ़ियों में अपना करियर या पेशा धीरे-धीरे बदलने के बजाय अक्सर कई बार बदलता है।

2.7 करोड़ किसान जो विस्थापित हुए थे, वे अपेक्षाकृत ज़्यादा क़िस्मत वाले थे। उनके पास बूढ़ा होने, सेवानिवृत्त होने और अपने बच्चों को कारबुरेटर मैकेनिक या विनाइल रिकॉर्ड निर्माता के रूप में देखने जैसे नए करियर को विकसित करते देखने के लिए 50 साल थे। ये करियर ऐसे थे, जो उस वक़्त नई तकनीक में तराशे जाने की अवस्था में थे। उनके बच्चे, जिन्होंने इन नए करियर में आगे बढ़ने के लिए पारिवारिक खेत छोड़ दिए थे, इतने क़िस्मत वाले नहीं थे, क्योंकि उनके पास इन्हीं बदलावों के साथ सामंजस्य बैठाने के लिए मात्र पाँच साल या उससे भी कम वक़्त था।

सन् 1980 में लगभग 3,00,000 लोग अमेरिका में मैकेनिकल कारबुरेटर बनाने और सुधारने के रोज़गार में थे। 1985 तक पाँच ही सालों में, ये सभी रोज़गार ग़ायब हो गए, क्योंकि उनकी जगह 300 डॉलर के मैकेनिकल कारबुरेटर ने ले ली, जिसमें अधिक क्षमता के 25 डॉलर के कंप्यूटराइज़्ड इलेक्ट्रॉनिक ईंधन इंजेक्टर थे। बाक़ी समाज को

ईंधन इंजेक्टर आने से बहुत फ़ायदा हुआ, जिसने प्रभावी ईंधन की क़ीमत आधी कर दी (और ईंधन अर्थव्यवस्था को दोगुना) और गाड़ियों के प्रदूषण को भी आधा कर दिया।

1985 में, अमेरिका में लगभग 1,00,000 लोग विनाइल रिकॉर्ड्स बनाने के रोज़गार में थे। सन् 1990 तक सिर्फ़ पाँच सालों में जब संगीत उद्योग ने विनाइल रिकॉर्ड की जगह ले ली, ये रोज़गार ग़ायब हो गए। विनाइल रिकॉर्ड 2.50 डॉलर का पड़ता था, जबकि कॉम्पेक्ट डिस्क 25 सेंट में ही आने लगी (आज संगीत उद्योग के रोने की बारी है, क्योंकि अब उपभोक्ता ख़ुद इंटरनेट से एमपी-3 फ़ाइल्स के जरिए संगीत डाउनलोड करते हैं)।

पिछली सदी के ऐसे ही उदाहरणों ने अमेरिका के पूरे आर्थिक विकास को दुनिया की ईर्ष्या का पात्र बना दिया - यह शीत युद्ध 1990 के दशक में तब ख़त्म हुआ, जब पूर्वी यूरोप और चीन ने लोकतांत्रिक रूप से मुक्त बाज़ार अर्थव्यवस्थाएँ अपनाईं।

आज दुनिया के ज़्यादातर लीडर यह समझ चुके हैं, वे अपनी अर्थव्यवस्था का विनाश किए बग़ैर संरचनात्मक बेरोज़गारी को नहीं रोक सकते। यह मुक्त व्यापार के वातावरण में ख़ासतौर से सच है, जहाँ बहुराष्ट्रीय कर्मचारी आसानी से अपने काम दूसरे देशों में ले जाने से परहेज़ नहीं करते। एक ओर जहाँ इससे अधिक कुल आर्थिक परिणाम मिले और बेहतरीन सर्वोन्मुखी संपन्नता हासिल हुई, वहीं दूसरी ओर इसने रोज़गार को हर इंसान के लिए कम स्थिर बना दिया। ऐसे लोगों को अब संक्षिप्त सूचना पर पुनर्प्रशिक्षण के लिए ख़ुद को तैयार रखना होगा।

स्वास्थ्य उद्योग के लिए आर्थिक उलझनें

हमारी अर्थव्यवस्था बहुत उच्च दर से वृद्धि कर रही है, लेकिन आर्थिक संकेतों को ग़लत समझ लिए जाने के कारण इसे दरअसल बहुत कम बताया गया। कुछ मीडिया रिपोर्टों के विपरीत होने के बावजूद, ज़्यादातर बेरोज़गारी जिसका हम अनुभव कर रहे हैं, वह *संरचनात्मक बेरोज़गारी* है, जो वास्तव में सच्चे आर्थिक विकास का पहला संकेत है। ये तथ्य स्वास्थ्य उद्योग की भलीभाँति भविष्यवाणी करते हैं।

नए 10 खरब डॉलर के उद्योग को सहारा देने के लिए हमारी अर्थव्यवस्था का पर्याप्त से अधिक विकास हो चुका है।

जिस प्रकार अमेरिकी सकल घरेलू उत्पाद सन् 1990 से 2000 के बीच 50 खरब डॉलर से 100 खरब डॉलर तक बढ़ गया, उसी तरह सबसे पिछड़े अमेरिकी सकल घरेलू उत्पाद के सन् 2010 तक 150 खरब डॉलर पहुँचने का अनुमान है।

निम्न स्तर की बेरोज़गारी का अस्तित्व होने के बावजूद (11 सितंबर को वर्ल्ड ट्रेड सेंटर की बर्बादी के कारण घटती अर्थव्यवस्था के साथ), आज 10 खरब डॉलर के उद्योग को सँभालने के लिए श्रमिकों की सेना उपलब्ध है।

आर्थिक विकास में हमने 50 खरब डॉलर की वृद्धि पा ली है और संरचनात्मक बेरोज़गारी के साथ यह लगभग जारी रहेगी। ऐसा इसलिए होगा क्योंकि तकनीक उत्पादक व्यक्तियों की जगह ले लेगी और उन्हें अर्थव्यवस्था के नए क्षेत्रों में नए काम करने के लिए मुक्त कर देगी।

व्यापारी और उद्यमी के रूप में हमारे लिए अहम सवाल है, "अर्थव्यवस्था का कौन-सा क्षेत्र इस वृद्धि के सबसे बड़े हिस्से को आकर्षित करेगा और इन विस्थापित कर्मचारियों को काम देगा?"

स्वास्थ्य उद्योग हमारी अर्थव्यवस्था का अगला 10 खरब डॉलर का क्षेत्र बनने के लिए तैयार है, क्योंकि हर व्यक्ति अधिक तंदुरुस्त और स्वस्थ होना चाहता है, चाहे वह कितना भी तंदुरुस्त और स्वस्थ हो।

स्वास्थ्य उद्योग हमारी अर्थव्यवस्था का अगला 10 खरब डॉलर का क्षेत्र बनने के लिए तैयार है क्योंकि इसमें व्यापक उद्योगों की पाँच अलग-अलग विशेषताएँ हैं। ये हैं : (1) पहुँच के

भीतर; (2) पैर; (3) निरंतर उपभोग; (4) सर्वव्यापी आकर्षण; और सबसे महत्वपूर्ण, (5) उपभोग का कम समय। स्वास्थ्य उत्पाद और सेवाएँ संभवत: एकमात्र ऐसा क्षेत्र है; जिसका आनंद लेने के लिए उपभोक्ता को समय नहीं ख़र्च करना पड़ता।

यह जब कहा जाता है तो बहुत सहज मालूम हो सकता है, लेकिन अक्सर इसे नज़रअंदाज़ कर दिया जाता है, क्योंकि उपभोक्ताओं को इन स्वास्थ्य उत्पादों और सेवाओं को ख़रीदने का विकल्प हाल ही में मिला है। अभी तक, *ज़्यादातर लोगों को उनकी स्वास्थ्य कमियों को बढ़ती उम्र के लक्षण बताकर स्वीकार करने के लिए कहा जाता था, जैसे उनके लिए वे कुछ नहीं कर सकते थे।*

विटामिन बिज़नेस किस तरह बीमारी से स्वास्थ्य की ओर खिसका

आज स्वास्थ्य उद्योग के सबसे तेज़ी से बढ़ते क्षेत्रों में से एक विटामिन और पौष्टिक पूरक पदार्थों का कारोबार है। पर कुछ समय पहले तक यह लगभग पूरी तरह सिर्फ़ बीमारियों के इलाज तक ही सीमित था।

स्कर्वी या विटामिन सी की कमी, सबसे पुरानी ज्ञात पोषण संबंधी बीमारी है और इसके लक्षण क्रूसेडर इतिहास में भी लिखे गए हैं। ब्रिटिश नौसैनिकों के बीच अपंगता और मौत का यह सबसे बड़ा कारण था, जब तक कि स्कॉटिश चिकित्सक जेम्स लिंड ने यह पता नहीं लगाया कि डच कर्मचारी स्कर्वी से निजात पाने के लिए नीबू जैसे फलों का इस्तेमाल करते हैं। सन् 1795 में नीबू का जूस ब्रिटिश नौसैनिक जहाज़ों में अनिवार्य कर दिया गया - और ब्रिटेन के लोग आज तक इस दिन को "लाइमीज़" कहते हैं।

रिकेट्स या विटामिन डी की कमी पूरे इतिहास में देखी गई और इसके कारण हड्डियों की विकृति, ख़ासकर बच्चों में देखी गई। अठारहवीं शताब्दी की शुरुआत में इसका इलाज मछली के तेल और सूर्य की रोशनी से किया जाने लगा।[१]

बेरी-बेरी या विटामिन बी1 की कमी, प्रसंस्करित चावल और

अन्य अनाजों से ग़ैर-प्राकृतिक रूप से यह विटामिन निकाल दिए जाने से होती है। बेरी-बेरी का सिंहली भाषा में अर्थ होता है "अति कमज़ोरी" और यह एशियाई देशों में तब से दिखाई देने लगी जब 1000 साल पहले पॉलिश किए हुए सफ़ेद चावल को मुख्य भोजन माना जाने लगा।[10] इन सभी मामलों में पोषण की कमियों का पता वैज्ञानिकों को तब लगा, जब उन्हें ख़ुद अत्यधिक कमज़ोरी महससू हुई।

बीसवीं सदी में यह खोजा गया कि ऐसे 13 विटामिन होते हैं, जो अच्छा स्वास्थ्य बनाए रखने के लिए ज़रूरी होते हैं और आमतौर पर ये शरीर में नहीं बनते।[11] हाल ही में यह पता चला कि ठीक ये ही विटामिन बीमारियों को बढ़ने से भी रोक सकते हैं, हमें "ठीक से अच्छा" महसूस करवाते हैं, और बूढ़े होने की प्रक्रिया को भी धीमा करते हैं।[12]

आज, क़रीब 50 प्रतिशत अमेरिकी किसी न किसी तरह का पौष्टिक पूरक पदार्थ लेते हैं और इन उत्पादों की औद्योगिक बिक्री 70 अरब डॉलर से भी ज़्यादा है। हालाँकि विटामिन और खनिज उद्योग ने अपने मैदान को अभी खुरचना ही शुरू किया है, क्योंकि हमने हाल ही में जैव रासायनिकी को समझना शुरू किया है, जो यह बताती है कि विटामिन, खनिज और अन्य पूरक कैसे काम करते हैं।

जैसा कि अध्याय 1 में विस्तार से बताया गया है, जब हमारी कोशिकाओं के आणविक स्तर पर काम को समझने की बात आती है, तो हम उसी जगह पर होते हैं जहाँ बीमार उद्योग उन्नीसवीं सदी के पहले था - हम जानते हैं कि बहुत से स्वास्थ्य उत्पाद और सेवाएँ असरकारक होते हैं लेकिन हम अब तक पूरी तरह यह नहीं जानते कि वे असरकारक *क्यों* होते हैं। हालाँकि चिकित्सा ने ऑप्टिकल सूक्ष्मदर्शी द्वारा रहस्यों को सुलझाए जाने से बहुत पहले ही ख़ुद को महत्वपूर्ण विज्ञान के रूप में स्थापित कर लिया था। उस दौर में सूक्ष्मदर्शी चिकित्सा क्षेत्र के कई रहस्ययों से पर्दा उठाता था। अब स्वास्थ्य भी यही करेगा।

इसी तरह, हम पहले ही देख चुके हैं कि स्वास्थ्य उद्योग अमेरिका की वार्षिक बिक्री में 200 अरब डॉलर का योगदान कर रहा है जबकि

अभी तक विज्ञान उसकी दक्षता के पीछे के आणविक रहस्य को नहीं समझ पाया है। बल्कि अगर हमने निकट भविष्य में इन रहस्यों से पर्दा नहीं उठाया तो भी यह 200 अरब डॉलर तो बस शुरुआत होगी।

बहुत से संभावित उपभोक्ताओं ने अभी स्वास्थ्य उत्पादों और सेवाओं के बारे में सुना भी नहीं है, उन्हें भी कोशिश कर लेने दें। जैसा हम देख चुके हैं, कि जिन उपभोक्ताओं ने स्वास्थ्य उत्पाद तथा सेवाओं को आज़माया और सकारात्मक अनुभव किया, उन्होंने आमतौर पर अन्य स्वास्थ्य उत्पादों और सेवाओं को आज़माने के लिए अपने दिमाग़ खोल दिए हैं।

35 से 43 वर्ष की उम्र वाले मेरे जैसे व्यक्ति को अपने बाएँ घुटने में दर्द हुआ। यह बरसों मोग्युलेडन स्काई ढलानों की स्पर्धाओं में भाग लेने का नतीजा था। मैं जिस अस्थि रोग विशेषज्ञ के पास गया, सब एक ही निष्कर्ष पर पहुँचे - सर्जरी। एक युवा अस्थि रोग विशेषज्ञ ने तो मज़ाक़ में यह तक कह दिया कि उसे मेरे घुटने से उसके पोते-पोतियों की कॉलेज की फ़ीस निकलने की उम्मीद है। यही नहीं, सर्जरी के बाद भी मैंने जीवन भर उसका मरीज़ बना रहूँगा। 43 की उम्र में अंततः मैंने सर्जरी कराने का निर्णय लिया।

मैंने ग्लूकोसैमीन लेना शुरू किया और दो महीने के भीतर ही मेरे घुटने का दर्द ग़ायब हो गया। एक साल बाद उसी अस्थि रोग विशेषज्ञ ने मुझसे पूछा कि मेरे घुटने का ऑपरेशन किसने किया? जब मैंने उन्हें ग्लूकोसैमीन के बारे में बताया, तो उन्होंने कुछ एक्सरे लिए और मुझे इसका प्रचार न करने को कहा, क्योंकि इससे उनका कारोबार ठप पड़ सकता था - बस, इस बार वे मज़ाक़ नहीं कर रहे थे। मैं चकित रह गया, एक अर्थशास्त्री, एक अस्थि रोग सर्जन को ग्लूकोसैमीन के बारे में शिक्षा दे रहा था।

इस अनुभव ने मुझे यह सोचने पर मजबूर कर दिया कि ऐसा और क्या-क्या है, जो मेरे चिकित्सा विशेषज्ञ नहीं जानते हैं। कुछ शोध पूरा करने के बाद मैंने रोज़ विटामिन और खनिज पूरक उसी तरह लेने शुरू कर दिए, जैसे आज ले रहा हूँ। इसके बाद में भविष्य में भी अन्य

पौष्टिक पूरक लेने के लिए उदारवादी हो गया।

लंबे समय तक, चिकित्सा विज्ञान लोगों को भीषण दर्द होने और सहने, सेहत गिरने, बूढ़े होने के साथ शक्ति घटने के बारे में कहता रहा – आंशिक रूप से इस वजह से क्योंकि डॉक्टरों के पास पोषण का सिर्फ़ बुनियादी ज्ञान ही होता है और कुछ इस वजह से कि चिकित्सा सेवाओं के अंतिम दाता या मुहैया कराने वाले नियोक्ता के पास स्वास्थ्य के लिए अच्छा आर्थिक प्रोत्साहन नहीं होता। हम इन दोनों सूत्रों का अध्ययन अध्याय 5 और 6 में करेंगे।

लेकिन, आइए पहले हम अध्याय 3 में हमारी भोजन आपूर्ति में बदलाव का परीक्षण करते हैं, जिससे हमारी आज की अधिकांश बीमारी की समस्याएँ पैदा हुईं। अध्याय 4 में हम इन समस्याओं को हल करने के मौक़े तलाशने के लिए उन्हीं उद्यम चालबाज़ियों का इस्तेमाल करेंगे, जिनसे ये बीमारियाँ पैदा हुईं। जिन्होंने इन्हें निर्मित किया।

अगले अध्याय की ओर बढ़ने से पहले

उद्यमियों, निवेशकों और वितरकों के लिए कार्ययोजना

1. उन ख़र्चों की सूची बनाएँ जो आप और आपका परिवार वर्तमान में स्वास्थ्य पर करता है, लेकिन दस साल पहले नहीं करता था। दूसरों को उभरते स्वास्थ्य उद्योग के बारे में बताते समय स्वास्थ्य गतिविधि के आपके निजी खाते बहुत सशक्त साधन हैं।
2. इस सूची की चीज़ों का संभावित स्वास्थ्य कारोबारों के आपके तीन वर्तमान दमदार क्षेत्रों के आधार पर विश्लेषण कीजिए। क्या आप पहले से इन तीनों में से किसी क्षेत्र के उपभोक्ता हैं? क्यों हैं या क्यों नहीं हैं?
3. संभावित स्वास्थ्य कारोबार के आपके तीन वर्तमान क्षेत्रों का बेबी बूम मार्केट के परिप्रेक्ष्य में विश्लेषण कीजिए (ग्राहकों की आयु 38 से 55 वर्ष)।
4. संभावित स्वास्थ्य कारोबार के आपके तीन वर्तमान क्षेत्रों का एक्स पीढ़ी के बाज़ार के परिप्रेक्ष्य में विश्लेषण कीजिए (ग्राहकों की आयु 20 से 37 वर्ष)।
5. संभावित स्वास्थ्य कारोबार के आपके तीन वर्तमान क्षेत्रों में से प्रत्येक के लिए ऐसे उत्पादों की सूची बनाएँ जो आप *मात्रा माँग* को तृप्त करने के लिए प्रस्तुत करना चाहेंगे - शुरुआती ग्राहक हर उत्पाद की ज़्यादा माँग करता है।
6. अब हर उत्पाद का विश्लेषण यह देखने के लिए करें कि आप कैसे *गुणवत्ता माँग* या उच्च गुणवत्ता उत्पाद की माँग की तरफ़ रुख़ कर पाएँगे।
7. दुनिया में आपके हिस्से के कौन से क्षेत्र संरचनात्मक बेरोज़गारी (तकनीक के कारण विस्थापन) झेल रहे हैं, और ये विस्थापित लोग स्वास्थ्य कारोबार के मौक़ों के आपके तीनों क्षेत्रों में से एक में काम कर सकते हैं।

इन सवालों के जवाबों के आधार पर, स्वास्थ्य कारोबार अवसरों में आपके द्वारा चुने गए किसी भी एक या तीनों क्षेत्रों को छोड़ने या कोई अन्य चुनने के बारे में सोचिए।

अध्याय-3

आपको भोजन के बारे में क्या जानने की ज़रूरत है

स्वास्थ्य के लिए आकस्मिक रूप से उभरी माँग और आज मौजूद अधिकांश स्वास्थ्य उत्पादों का कारण आज भोजन के साथ दो समस्याओं का होना है। स्वास्थ्य उद्योग को समझने के लिए आप यह समझने जा रहे हैं कि हमें भोजन की ज़रूरत क्यों है और भोजन की आपूर्ति के साथ ये दो बड़ी समस्याएँ कहाँ से पैदा हो रही हैं।

जब आप अपना स्वास्थ्य व्यापार शुरू कर देंगे, तो आपको अपनी भोजन आपूर्ति की समस्याओं को सिर्फ़ समझने से भी आगे सोचने की ज़रूरत होगी – आपको अपने उपभोक्ताओं, अपने सहयोगियों और अपने निवेशकों को इन समस्याओं के उत्पन्न होने के बारे में समझाने और सिखाने में सक्षम होना होगा। इसलिए संभव है आप इस अध्याय को एक से ज़्यादा बार पढ़ेंगे।

यदि आप अब भी यह विकल्प चुन रहे हैं कि कौन से स्वास्थ्य व्यापार अवसर पर आगे बढ़ा जाए, तो आपको यह अध्याय ग़ौर

से पढ़ना चाहिए। भोजन के साथ आ रही समस्याओं और आपका खानपान सुधारने के लिए मेरे सुझाव लिखें। इसके बाद विश्लेषण करें कि आप किस तरह इनमें से किसी एक या ज़्यादा मशविरों को लाभदायक स्वास्थ्य व्यापार अवसर में तब्दील कर सकते हैं।

भोजन क्या है और हमें इसकी क्या ज़रूरत है?

एडम और ईव भोजन के लिए बहुत ज़्यादा चिंतित नहीं थे। बाइबल के मुताबिक़, ईडन के बगीचे में बहुतायत में "हर वह पेड़ था जो ख़ूबसूरत था और भोजन के लिए अच्छा था।"[1] इसके बाद, चूँकि ईव ने सेब चख लिया था, इसलिए बगीचे को यह श्राप मिला कि बिना कड़ी मेहनत किए वहाँ भोजन की पैदावार नहीं होगी।

तबसे ही, भोजन की तलाश हमारे अस्तित्व पर हावी रही है। लेकिन भोजन क्या है, और यह इंसान के अस्तित्व के लिए इतना ज़रूरी क्यों है?

भोजन का आनंद उठाने के अलावा चूँकि इसका स्वाद अच्छा होता है, इंसान को तीन कारणों से भोजन की ज़रूरत होती है :

1. *ऊर्जा* : ईंधन (कैलोरी) बाहरी काम के लिए आवश्यक होता है और इसकी मदद से हृदय, फेफड़े और अन्य अंग काम करते हैं।
2. *निर्माण घटक* : रक्त , त्वचा, हड्डियाँ, बाल और आंतरिक अंगों के निर्माण में कच्चा माल (जैसे प्रोटीन, अधिकांश खनिज) इस्तेमाल होता है, मानव शरीर हर दिन से माह के आधार पर लगातार हर कोशिका को हटाने और नया बनाने का काम करता रहता है।
3. *उत्प्रेरक* : रासायनिक यौगिक (जैसे, प्रोटीन, एंजाइम और कुछ खनिज) रासायनिक क्रियाओं के लिए ज़रूरी होते हैं और ये भोजन को ऊर्जा व शारीरिक अंगों में बदलते हैं।

इंसान को ऊर्जा के लिए हर कुछ घंटों में भोजन की ज़रूरत होती

है। साथ ही उसे कुछ ख़ास आहार की भी ज़रूरत होती है, जो दिन-प्रतिदिन के आधार पर अंगों के निर्माण या उत्प्रेरक के रूप में काम करता है। हमारे शरीर जैविक रूप से इस तरह बने हैं कि जब ऊर्जा की ज़रूरत होती है तो उन्हें तुरंत अनुभूति हो जाती है - हमें भूख लगने लगती है। बदक़िस्मती से, हमें निर्माण खंड या उत्प्रेरकों की कमी सिर्फ़ तब पता चलती है, जब हमारा शरीर इनके अभाव में बीमार पड़ जाता है।

हमारे शरीर जैविक रूप से यह भी पता लगा लेते हैं कि किस आहार में सबसे अधिक ऊर्जा है। दरअसल जिन भोज्य पदार्थों में सर्वाधिक ऊर्जा होती है (जैसे- शकर, वसा) उनका स्वाद सबसे अच्छा होता है।

हमें भोजन की आपूर्ति करने वाले उद्यमी और विज्ञापन प्रदानकर्ताओं द्वारा हमारे जैविक तंत्र का सफलतापूर्वक स्वार्थ के लिए प्रयोग ही आज विकसित राष्ट्रों में मोटापे और ख़राब स्वास्थ्य का कारण है।

स्वास्थ्य के मामले में, अमेरिका विकसित देशों में सबसे ग़रीब देश है -अमेरिकी नागरिक मोटापे के सबसे ज़्यादा शिकार हैं और यूरोपियाई या एशियाई लोगों की तुलना में चिकित्सा देखभाल पर तीन गुना ज़्यादा पैसा ख़र्च करते हैं। यह विशाल अंतर सिर्फ़ चिकित्सा देखभाल के ख़र्च में ही नहीं, बल्कि कमज़ोर स्वास्थ्य के कारण होने वाली उदासी में भी है, जो हमारे भयावह आहार का नतीजा होती है।

हमारी भोजन आपूर्ति की दो मुख्य समस्याएँ

अमेरिका में ज़्यादातर लोगों के साथ खानपान से जुड़ी दो बड़ी दिक़्क़तें हैं :

1. हम बहुत ज़्यादा खाते हैं। हमारे पूरे 61 प्रतिशत नागरिकों का वज़न सामान्य से ज़्यादा है।
2. हममें से अधिकांश को निर्माण घटक और/या उत्प्रेरकों की

न्यूनतम मात्रा भी नहीं मिल रही है, जो हमारे शरीर के लिए आवश्यक है।

यह समझने के लिए कि ज़्यादा खाने और कमज़ोर पोषण की ये दोनों समस्याएँ कैसे पैदा हुईं और इन दोनों समस्याओं (अध्याय-4) को हल करने में उद्यमी अवसर की भूमिका को समझने के लिए पहले यह समझना ज़रूरी है कि हमारे शरीर किस तरह भोजन को ऊर्जा और जीवन तत्व में बदलते हैं।

हमारे शरीर भोजन को ऊर्जा और जीवन तत्व में कैसे बदलते हैं

सभी खाद्य पदार्थों में 6 में से एक या ज़्यादा पौष्टिक तत्व श्रेणियाँ होती हैं :

1. **पानी**
2. **कार्बोहाइड्रेट्स (शकर, ब्रेड आदि।)**
3. **लिपिड्स (वसा, तेल आदि।)**
4. **प्रोटीन (मांस, मछली, अंडा, सब्ज़ियाँ आदि।)**
5. **विटामिन (फल, सब्ज़ियाँ आदि।)**
6. **खनिज (फल, सब्ज़ियाँ आदि।)**

पाचन तब शुरू हो जाता है, जब भोजन आपके मुँह में पहुँचता है और आपके दाँतों और लार में मौजूद एंज़ाइम के ज़रिए पीसा जाने लगता है। इसके बाद आपके पेट में मौजूद रसायन भोजन को पचाना शुरू कर उसे 6 अलग-अलग पौष्टिक वर्गों में विभाजित करने लगते हैं।

पानी में अवसर

मानव शरीर क़रीब 60 प्रतिशत पानी से बना है और इसे रोज़ कम से कम तीन चौथाई गैलन ताज़े पानी की आवश्यकता होती है। एक अनुमान के मुताबिक़, 75 प्रतिशत अमेरिकी दीर्घ स्थायी रूप से पानी

की कमी के शिकार हैं और 37 प्रतिशत प्यास को ग़लती से भूख समझ लेते हैं। शरीर में पानी की सिर्फ़ 2 प्रतिशत कमी आपको थकावट और मानसिक रूप से अकार्यशील बना सकती है। एहतियात के तौर पर, रोज़ पाँच गिलास पानी पीने से बड़ी आँत के कैंसर के ख़तरे को 45 प्रतिशत, स्तन कैंसर के ख़तरे को 79 प्रतिशत और मूत्राशय के कैंसर के ख़तरे को 50 प्रतिशत तक टाला जा सकता है।

यदि संभव हो और यह आपके पाँच गिलास पानी पीने के रोज़ के नियम में अड़चन न डाले, तो आपको भोजन के बीच पानी पीने से बचना चाहिए। इससे आपके पेट में मौजूद रसायनों का प्रभाव कम हो जाता है, क्योंकि ये सांद्र नहीं रह जाते। इसी कारण महत्वपूर्ण पोषक तत्व आपके शरीर में अवशोषित होने के बजाय धुल जाते हैं।

यह सुनिश्चत करने के लिए कि मैं रोज़ पर्याप्त पानी पी रहा हूँ (ख़ासकर भोजन के दौरान नहीं), मैं एक छोटे से बैकपैक के साथ सफ़र करता हूँ जिसे कैमलबाक कहते हैं। इस कैमलबाक में तीन लीटर डिस्टिल पानी होता है, जो प्लास्टिक ट्यूब से जुड़े एक प्लास्टिक बैग में भरा होता है। इसकी बदौलत मैं साइकिल चलाते वक़्त, ड्राइविंग, वॉकिंग या लगभग किसी भी स्थिति में सुरक्षित रूप से पानी पी लेता हूँ। घर और दफ़्तर में मैं इस बात का ध्यान रखता हूँ कि हर सिंक में वॉटर फ़िल्टर या रिवर्स ऑस्मोसिस इकाई लगी हो ताकि हमेशा पीने का स्वच्छ पानी उपलब्ध रहे।

स्वास्थ्य व्यापार अवसरों में से सबसे आसान है – ग्राहकों को पूरे दिन स्वच्छ, सेहतमंद पानी सुविधाजनक समय और जगह उपलब्ध कराना।

हम कैलोरी कैसे प्राप्त करते हैं और ख़र्च करते हैं

भोजन की निश्चित मात्रा में मौजूद ऊर्जा और शरीर की उर्जा ज़रूरत, दोनों को जिस इकाई में मापा जाता है, उसे *कैलोरी* कहते हैं। किसी भोजन विशेष में कैलोरी की संख्या भोजन के किसी वज़न किए हिस्से

को जलाने और इस प्रक्रिया में उत्पन्न ऊष्मा को मापकर निकाली जाती है। किसी विशेष शारीरिक गतिविधि में ख़र्च होने वाली कैलोरी को भी मापना संभव है। इस शारीरिक गतिविधि में सोने से लेकर खड़ी पहाड़ी चढ़ने तक शामिल हैं।

6 पोषण वर्गों में से सिर्फ़ कार्बोहाइड्रेट (4 कैलोरी प्रति ग्राम), लिपिड या वसा (9 कैलोरी प्रति ग्राम) और प्रोटीन (4 कैलोरी प्रति ग्राम) ही ऊर्जा प्रदान करते हैं।[2]

स्त्री के शरीर को प्रतिदिन लगभग 2,200 कैलोरी और पुरुष के शरीर को प्रतिदिन 2,900 कैलोरी ऊर्जा की ज़रूरत होती है। रोज़ एथलेटिक्स व्यायाम करने वाले व्यक्ति को स्थिर रहकर काम करने वाले व्यक्ति की अपेक्षा अधिक कैलोरी की ज़रूरत होती है। नीचे दिए गए चार्ट में बताया गया है कि विभिन्न गतिविधियों में प्रति आधे घंटे में जलने वाली कैलोरी की मात्रा कितनी है। क्रिया के किसी भी स्तर पर, मानव शरीर लगभग 65 प्रतिशत ऊर्जा अपनी आधारभूत क्रियाओं जैसे साँस लेने और रक्त को पम्प करने में इस्तेमाल करता है।

गतिविधि के दौरान प्रति 30 मिनट में जलने वाली कैलोरी[3] :

गतिविधि (30 मिनट)	120 पौंड का व्यक्ति	175 पौंड का व्यक्ति
साइक्लिंग (14-16 मील/घंटा)	288	420
पहाड़ी से उतरते हुए स्कीइंग करना	238	346
पहाड़ पर साइकिल चलाना	230	336
जॉगिंग	191	278
तैराकी, हल्की	166	242
टेनिस, एकल	166	242
क्लब उठाकर गोल्फ़ खेलना	166	242
पैदल चलना (4 मील/घंटा)	140	205
साधारण वेट लिफ़्टिंग	94	136
गाड़ी इस्तेमाल करते हुए गोल्फ़ खेलना	94	136
बैठने में	29	42
सोने में	25	37

जब आप प्रतिदिन शरीर की ज़रूरत से ज़्यादा कैलोरी लेने लगते हैं, तो शरीर इस अतिरिक्त मात्रा को वसा में परिवर्तित करने लगता है, जो पूरे शरीर में संचित होती रहती है। वसा की सामान्य मात्रा, जो आमतौर पर शरीर के वज़न की 15 से 25 प्रतिशत तक होती है, शरीर के सैकड़ों कामों के लिए महत्वपूर्ण होती है। इन कामों में तापमान संतुलन से लेकर वसा में घुलनशील विटामिन सोखने और अनिवार्य अंगों की कुशनिंग तक के काम शामिल हैं। अगर आपके तंत्र में वसा की मात्रा बहुत कम है, तो शरीर बुरी तरह से आपकी मांसपेशियों और अंदरूनी अंगों को तोड़-फोड़कर अपनी ऊर्जा की ज़रूरतों को पूरा करता है।

हालाँकि, जब आप शरीर द्वारा निश्चित समय में इस्तेमाल की जाने वाली कैलोरी से अधिक *कैलोरी* का उपभोग *करते* हैं, तो आपका शरीर उसे दिखाई देने वाली जगहों पर संचित करने लगता है। यह बढ़ी हुई वसा की मात्रा अक्सर सबसे पहले पुरुषों के पेट और स्त्रियों की जाँघों में जमा होने लगती है। अधिक वसा जमा होने पर थकान, हृदय रोग, कैंसर और जीवन को ख़तरे में डालने वाली सैकड़ों बीमारियाँ होने लगती हैं।

4 कारण : यह वसा घटाना बड़ा मुश्किल काम है

जब शरीर को अगली बार अधिक ऊर्जा की ज़रूरत हो तो अतिरिक्त जमा वसा वापस कैलोरी में परिवर्तित हो जाना चाहिए। ऐसा आजकल आमतौर पर नहीं होता, जिसके 4 प्रमुख कारण हैं :

1. हम वसा कैलोरी से पहले उपलब्ध कार्बोहाइड्रेट कैलोरी का इस्तेमाल करते हैं।
2. हमारा शरीर संचित भंडार का इस्तेमाल करने से पहले ही हमें भोजन तलाशने का भूख के रूप में संकेत देता है।
3. तैयार उपलब्ध भोजन हमारी चयापचय क्रिया को उच्च वसा स्तर पर ही स्थिर कर देता है।
4. आज जिस प्रकार का भोजन हम खाते हैं, वह उस वक़्त के

भोजन से बिल्कुल अलग है जब हमारे शरीर में ऊर्जा संचय की व्यवस्था विकसित हुई थी।

पहला, जिस प्रकार कोई भूखा व्यक्ति सबसे पहले तुरत-फुरत उपलब्ध भोजन खाता है, उसी प्रकार मानव शरीर भी हमेशा सबसे आसानी से परिवर्तित होने वाले ऊर्जा के स्रोत का उपभोग करता है। कैलोरीयुक्त पोषक तत्वों में कार्बोहाइड्रेट के अणु सबसे सरल बनावट में होते हैं। इसलिए शरीर के लिए इन्हें ऊर्जा में परिवर्तित करना सबसे आसान होता है। इसीलिए जब व्यक्ति काफ़ी देर तक कुछ नहीं खा पाता है या कठिन शारीरिक श्रम के तुरंत बाद वह कार्बोहाइड्रेट खाने के लिए उतावला हो जाता है।

इसके विपरीत, वसा के अणु काफ़ी जटिल होते हैं और उन्हें ऊर्जा (या जलने) में परिवर्तित करने में अतिरिक्त ऊर्जा व वक़्त की ज़रूरत होती है। दरअसल, शरीर हमेशा खाए हुए भोजन और फिर वसा के संचित अणुओं को तोड़ने से पहले ऊर्जा के लिए कार्बोहाइड्रेट की तलाश करता है।

दूसरा, जब किसी व्यक्ति को ऊर्जा की ज़रूरत होती है, तो इससे पहले कि शरीर संचित अतिरिक्त वसा का इस्तेमाल करे, व्यक्ति को भूख (ख़ासतौर पर अधिक कार्बोहाइड्रेट के लिए) लगने लगती है। शरीर की जैविक कार्यप्रणाली प्रागैतिहासिक काल में भी बेहतर तरीक़े से काम करती थी - यह प्रागैतिहासिक मानव को संचित भंडार ख़ाली होने से पहले खाते रहने (और खाते ही रहने) के लिए उकसाती थी।

हम जैविक रूप से भोजन को इस तरह खाने के लिए बने हैं जैसे हर भोजन आख़िरी हो और इसके बाद लंबे समय तक हमें भोजन नहीं मिलेगा। और मानव के भोजन को सुरक्षित रखने, खेती करने और पशु पालन सीखने से पहले कई मायनों में यह ऐसा ही था।

जैविक कार्यप्रणाली के विपरीत भोजन का विवेकपूर्ण चयन करने की क्षमता ही हमें पशु साम्राज्य में सबसे अलग करती है। दरअसल, इंसानों और जानवरों में एक समान जैविक प्रक्रिया से भूख

और कामना जागृत होती है, जो संतुष्टि मिलने पर आनंद का अनुभव कराती है। इस मामले में बस एक ही महत्वपूर्ण अंतर होता है : वह यह है कि इंसानों के पास दिमाग़ तथा आत्मा है जो उत्कृष्ट है और वह जैविक कामनाओं को नियंत्रित कर सकता है। दुर्भाग्य से अधिकांश लोगों के मामले में आज भोजन की आदतों को छोड़कर बाक़ी सभी क्षेत्रों में यह बात सही मालूम पड़ती है।

प्रचुर भोजन वाली हमारी दुनिया में कुछ जानवरों ने अपनी जैविक प्रणाली पर जीत हासिल करना सीख लिया है। आज पालतू पशु वाले बहुत से लोग सूखे खाने का इस्तेमाल करते हैं और इसे उनके सामने अतिरिक्त मात्रा में रख देते हैं, बजाय इस बात का इंतज़ार करने के कि वह भूख लगने पर फिर माँगें। पशु चिकित्सकों और पालतू पशुओं के मालिकों ने यह सीख लिया है कि यदि आप अपने पालतू पशु को सिर्फ़ भूख लगने पर ही भोजन देंगे, तो वह दिया गया पूरा भोजन खा लेगा, भले ही उसके शरीर को उसकी ज़्यादा ज़रूरत न हो। हालाँकि, यदि भोजन लगातार मिलता रहे, तो ज़्यादातर पालतू पशु अपनी भूख समायोजित कर लेते हैं और उतना ही खाते हैं जितना स्वास्थ्य के लिए ज़रूरी होता है। दुःख की बात यह है कि यह एक सबक़ है, जो ज़्यादातर डॉक्टरों और अमेरिकी नागरिकों को अब भी अपने और अपने बच्चों के लिए सीखना बाक़ी है।

हम आजकल अपने अभिभावकों के मुक़ाबले ज़्यादा तेज़ी से भी खाने लगे हैं - जबकि पुराने वक़्त में लोग टेबल के चारों ओर बैठकर ढेर सारी बातों के बीच भोजन किया करते थे।

भोजन हमारे शरीर में जाने और भूख शांत होने में बमुश्किल 10 से 15 मिनट लगते हैं - इसीलिए कई बार किसी रेस्तराँ में भोजन के दौरान अंतराल होने पर आपकी भूख ख़त्म हो जाती है।

जब भोजन के दौरों या कौरों के बीच आप रुकते हैं, तो आपकी भूख आपके लिए आवश्यक कैलोरी से तब तक संतुष्ट हो चुकी होती है। लेकिन जब आप मुलाक़ातों के बीच अपनी डेस्क पर या फ़ास्ट फ़ूड रेस्तराँ में तुरत-फुरत भोजन करते हैं तो आप अक्सर सोचते हैं कि आप भूखे हैं। इस तरह आप खाते

जाते हैं बावजूद इस जानकारी के कि आप पर्याप्त कैलोरी से ज़्यादा खा चुके हैं।

तीसरा, जब लोगों के शरीर पर अतिरिक्त वसा जमा हो जाता है, (छुट्टियों के दौरान खाए गए शानदार भोजन की वजह से 15 पौंड) तो कैलोरी के लिए उनकी रोज़ाना की मूल चयापचय ज़रूरत भी बढ़ जाती है। पहले जहाँ रोज़ उनकी भूख 2500 कैलोरी में संतुष्ट हो जाती थी, वहीं अब उन्हें भूख महसूस न हो, इसके लिए क़रीब 3000 कैलोरी की ज़रूरत होती है – उनका शरीर और भूख नए भार 15 पौंड के स्तर पर संतुलित हो जाते हैं। जब तक भोजन सहज उपलब्ध रहता है और लोग अपने पेट की पुकार (भूख) सुनते रहते हैं, उनका बढ़ा हुआ वज़न भी बना रहेगा।

एक बार व्यक्ति का वज़न बढ़ गया, तो उसे घटाने के लिए उसे कड़े क़दम उठाने ही होंगे (जैसे- संतुलित आहार)।

और चौथी मुख्य वजह यह है कि वह जमा हुआ अतिरिक्त वसा हो सकता है ऊर्जा कैलोरी में न बदले, क्योंकि आज की स्थिति में हमारा भोजन तबके भोजन से बिलकुल अलग है, जब ऊर्जा को संग्रहित रखने की हमारी जैविक प्रणाली विकसित हुई थी – आज के भोजन में बहुत ज़्यादा वसा होता है। जब भोजन के लिए हमारे शरीर की जैविक प्रणाली विकसित हुई थी, तब हमारे पुरखे ज़्यादातर कम वसायुक्त शाकाहारी भोजन खाते थे, जिसमें कुछ हिस्सा शिकार किया हुआ मांस भी होता था। हालाँकि उस दौर के भोजन में आज की तुलना में बहुत *कम* वसा होता था – शिकार किए हुए मांस में सिर्फ़ 5 प्रतिशत वसा होता था, जबकि आज के व्यावसायिक रूप से पाले गए और हॉर्मोन की अतिरिक्त ख़ुराक से बढ़े हुए जानवरों में 30 प्रतिशत वसा होता है।

उस दौर में, वसा इतना दुर्लभ था और इतना उपयोगी था कि हमारी स्वाद ग्रंथियाँ उसके तथा जानवरों के ज़्यादा वसा वाले हिस्से के लिए लालायित रहती थीं। आज, बदक़िस्मती से हमें भोजन आपूर्ति करने वाले चाहत का शोषण कर रहे हैं। *'सेवन'* फ़िल्म के पहले शिकार

की तरह, जो कि मठ संबंधी सात घोर पापों के बारे में थी, हम सचमुच मौत की कगार तक खा रहे हैं।

सिर्फ़ पिछली सदी में ही हमने अपने भोजन में वसा की मात्रा बढ़ाकर दोगुनी कर ली है। 1910 में हमारी कैलोरी की मात्रा 20 प्रतिशत थी, आज यह क़रीब 35 प्रतिशत हो चुकी है।[4]

यह औसत 35 प्रतिशत आँकड़ा इस तथ्य को झुठलाता है कि हमारा देश सेहत के मामले में विभाजित है : लाखों दौलतमंद अमेरिकी ऐसा भोजन करते हैं जिसमें उन्हें वसा से 20 प्रतिशत या उससे भी कम कैलोरी मिलती है और लाखों अमेरिकी ऐसा भोजन करते हैं जिसमें उन्हें वसा से 50 प्रतिशत या उससे अधिक कैलोरी मिलती है। अधिकांश विशेषज्ञ सहमत हैं कि हमारा शरीर जैविक रूप से ऐसे आहार के हिसाब से बना है जिसमें उसे 20 प्रतिशत कैलोरी वसा से मिलना चाहिए।

प्रोटीन विटामिन और खनिज का महत्व

अमेरिकी नागरिकों के खान-पान के साथ दूसरी सबसे बड़ी समस्या यह है कि उन्हें शरीर के लिए ज़रूरी निर्माण तत्व और/या उत्प्रेरक न्यूनतम मात्रा में भी नहीं मिल रहे हैं।

बाइबल का पहला खंड जेनेसिस ज्यूडाइज़्म, ईसाई और इस्लाम धर्म में एक समान रूप से प्रचलित है। इसमें ईडन के बगीचे के बारे में लिखा है कि यहाँ भगवान ने "हर वह पेड़ लगाया है जो दिखने में ख़ूबसूरत और भोजन के लिए उत्तम है।"[5] इससे पता चलता है कि भोजन की विशाल क़िस्में ख़ूबसूरती के एहसास से भी कहीं अधिक के लिए बनी हैं।

हालाँकि अधिकांश वयस्क समझते हैं कि उनका शरीर पूर्ण विकसित हो चुका है, लेकिन हर अंग से जुड़ी कोशिकाएँ रोज़ या मासिक आधार पर बदलती रहती हैं।

हमारा शरीर प्रतिदिन 200 अरब लाल रक्त कोशिकाओं का

निर्माण करता है, जो प्रत्येक 120 दिन में पूरे शरीर के रक्त को बदल देती हैं। त्वचा हर एक से तीन महीने के भीतर पूरी तरह से नया रूप ले लेती है। पुरानी हड्डी को टूटने और इसकी जगह नई हड्डी बनने में 90 दिन लगते हैं।

जिन अंगों में ये बदलने वाली कोशिकाएँ काम करती हैं, उनमें अलग-अलग प्रकार के 1,00,000 प्रोटीन होते हैं, जो 20 अलग-अलग तरह के अमीनो एसिड से बने होते हैं। भोजन से हमें पौधों और जंतुओं दोनों के प्रोटीन मिलते हैं जो हमारे शरीर को इन जीवित ऊतकों को बनाने वाले निर्माण खंडों के लिए ज़रूरी अमीनो एसिड से युक्त होते हैं।

प्रोटीन, विटामिन और खनिजों की नियमित ख़ुराक के बिना हम चाहे जितनी ऊर्जा कैलोरी के रूप में लेते रहें, हमारा शरीर और दिमाग़ कमज़ोर होता जाता है, क्योंकि हम पूरी तरह अपने अंदरूनी और बाहरी अंगों में मृत कोशिकाओं को बदलने में सक्षम नहीं होते हैं।

भोजन हमें कुछ ऐसे खनिजों की भी आपूर्ति करता है, जो हमारे जीवन तत्व को सुधारने और नवजीन देने के लिए निर्माण खंड का काम करते हैं। ऐसे 14 आवश्यक खनिज होते हैं, जिनमें से कुछ की आवश्यकता निर्माण खंड की बजाय उत्प्रेरक के रूप में होती है। इनमें से सात *मुख्य खनिज* (major minerals) हैं। अर्थात ऐसे खनिज जिनकी रोज़ाना हमें 100 मिग्रा से भी ज़्यादा ज़रूरत होती है। ये हैं कैल्शियम, क्लोराइड, मैग्नीशियम, फॉस्फोरस, पोटेशियम, सोडियम और सल्फ़र। बाक़ी सात खनिज *सूक्ष्म खनिज* (trace minerals) कहलाते हैं, जैसे लौह तत्व और जस्ता।

निर्माण खंड के रूप में प्रोटीन और खनिज की आपूर्ति के साथ भोजन में 13 ज़रूरी विटामिन भी होते हैं, जिनकी हमारे शरीर को भोजन को ऊर्जा और एमिनो एसिड को शरीर के ऊतक में बदलने के लिए उत्प्रेरक के रूप में ज़रूरत होती है। उत्प्रेरक वे पदार्थ होते हैं, जिनकी मौजूदगी बहुत ज़रूरी होती है, लेकिन बहुत कम मात्रा में ताकि

कोई ख़ास रासायनिक क्रिया हो सके।[6] उदाहरण के लिए, हरी पत्तेदार सब्ज़ियों और कच्चे अनाज में पाए जाने वाले विटामिन बी3 के बग़ैर हमारा शरीर पौधे और जंतु प्रोटीन को मूल अमीनो एसिड में नहीं तोड़ सकता। इस बात से कोई फ़र्क़ नहीं पड़ता कि आप कितना प्रोटीन खाते हैं यदि आपका शरीर उन्हें आपके जीवित ऊतकों के लिए निर्माण खंड में तब्दील नहीं कर सकता।

जब हमें पर्याप्त मात्रा में प्रोटीन, विटामिन और खनिज नहीं मिलते हैं, तो शुरुआती लक्षणों के रूप में मूड उखड़ना, थकान, घबराहट, सिरदर्द, असमंजस और मांसपेशियों में कमज़ोरी दिखाई देने लगती है। लंबे समय तक पर्याप्त पोषण न मिलने पर कैंसर, हाइपरटेंशन, अल्ज़ाइमर और बहुत सी अन्य ऐसी बीमारियाँ हो सकती हैं, जिन्हें हमें बस बूढ़े होने की प्रक्रिया का एक हिस्सा मानकर स्वीकार करना पड़ता है।

आधुनिक दवाएँ इन समस्याओं को बमुश्किल दूर कर सकती हैं, क्योंकि ये समस्याओं को दूर करने के बजाय प्रत्येक लक्षण पर केंद्रित होती हैं। यह समस्या इस बात से जुड़ी है कि हम क्या खाते हैं या अपर्याप्त पोषण के मामले में हम क्या नहीं खाते हैं।

इससे पहले कि आप यह सोचकर घबरा जाएँ कि आपको ये सभी महत्वपूर्ण पौष्टिक तत्व कभी नहीं मिलने वाले, यहाँ कुछ अच्छी ख़बर है। हमारे शरीर को प्रतिदिन सिर्फ़ अलग मात्रा में प्रोटीन और सूक्ष्म मात्रा में खनिज तथा विटामिन की ज़रूरत होती है।

महिलाओं के शरीर को प्रतिदिन क़रीब 46 ग्राम (1.6 औंस) प्रोटीन और पुरुषों को 58 ग्राम (2.0 औंस) प्रोटीन की ज़रूरत होती है। यह उस मात्रा से बहुत कम है जितनी अधिकांश लोग ज़रूरी समझते हैं। इसके लिए मांस उद्योग के बरगलाने वाले सफल विज्ञापन प्रचारों को धन्यवाद देना चाहिए। व्यंग्यात्मक तौर पर मांस और दुग्ध उत्पाद वास्तव में प्रोटीन के सबसे कमज़ोर स्त्रोत हैं, क्योंकि अन्य प्रोटीन स्त्रोतों जैसे मछली, मेवे, ब्रेड और सब्ज़ियों की तुलना में इनमें उच्च मात्रा में हानिकारक वसा होता है।

मानव शरीर को 13 आवश्यक विटामिनों की ज़रूरत होती है। इनमें रोज़ाना विटामिन सी की 60 मिग्रा से लेकर विटामिन बी8 (फ़ोलिक एसिड) की 200 माइकोग्राम ख़ुराक शामिल है। ये मात्राएँ सहज उपलब्ध ताज़े भोजन में प्रचुरता में होती हैं।

इसी तरह, हमारे लिए आवश्यक 14 खनिज भी ताज़े भोजन में पर्याप्त से अधिक मात्रा में होते हैं - 100 मिग्रा जो 1 औंस का सिर्फ़ 3/1000 होता है।

अब एक बुरी ख़बर।

हमें रोज़ाना प्रोटीन, विटामिन और खनिज की बहुत कम मात्रा की ज़रूरत होने और प्राकृतिक भोजन में इनकी प्रचुर उपलब्धता होने के बावजूद इन पदार्थों के लिए हमारी जैविक प्रणाली आधुनिक भोजन आपूर्ति से मेल नहीं खाती।

हरित क्रांति ने किस तरह भोजन उत्पादन के भीतर का आर्थिक अवसर बदल दिया

जब हमारे पूर्वज शिकार करके और बीन-चुनकर खाते थे, तब वे पेड़ों से मिलने वाले आहार जैसे मेवे, फल, फलियाँ, अनाज और कंदमूल व कभी-कभी शिकार किए हुए मांस पर निर्वाह करते थे। ऐसा इसलिए, क्योंकि उस दौर में कोई भी एक तरह का भोजन प्रचुर मात्रा में उपलब्ध नहीं होता था। प्राथमिक रूप से कैलोरी की खोज करते वक़्त वे ख़ुद-ब-ख़ुद अपने शरीर की ज़रूरत के मुताबिक़ विभिन्न प्रोटीन, विटामिन और खनिजयुक्त भोजन का उपभोग कर लेते थे। (इसके विपरीत कहें तो उनके शरीर ने उस भोजन से मिलने वाले पोषक तत्वों के अनुरूप ख़ुद को ढाल लिया था, जिस प्रकार का भोजन वे उपभोग करते थे।)

समय के साथ ये शिकारी और चुनकर खाने वाले किसान बन गए। इंसानी बुद्धि और विशेषज्ञता से मिली आर्थिक संपन्नता से उन्होंने सीखा कि किस तरह प्रभावी रूप से किसी विशेष अन्न का उत्पादन किया जाता है, जिसे वे अन्य खाद्यान्न के बदले दूसरों को बेच सकते

थे। उन्होंने सीखा कि सबसे अच्छे स्वाद वाला भोजन किस तरह पैदा किया जा सकता है, जिसे लंबे समय तक रखा भी जा सकता हो – ऐसा भोजन जो सूखे मांस तथा पुराने चीज़ जैसा वसा से भरपूर हो। दुनिया की आबादी सतत रूप से बढ़ती रही और ईसा मसीह के समय की 20 करोड़ की आबादी उन्नीसवीं सदी के अंत तक 1 अरब पहुँच गई।

बीसवीं शताब्दी में, उन्नतशील कृषि तकनीक ने आख़िर सदियों पुरानी खाद्यान्न की कमी की समस्या को मिटा दिया – एक प्रतिशोध के साथ। हरित क्रांति का धन्यवाद, जिसने भारत और चीन को अकाल वाली अर्थव्यवस्था से खाद्यान्न का निर्यातक बना दिया। दुनिया की आबादी 1 अरब से लगभग 6 अरब पर पहुँच गई। धन्य हो अमेरिका की अगुआई में विकसित हुई कृषि तकनीक का। 1930 से 1980 के बीच अमेरिका के 3 करोड़ किसान 10 करोड़ लोगों की घरेलू आबादी के लिए मुश्किल से पर्याप्त फ़सल उगा पाते थे, कृषि तकनीक की बदौलत अब 30 लाख किसान 30 करोड़ लोगों के लिए ज़रूरत से ज़्यादा अनाज उत्पादन तक करने लगे। खेत उपज ज़्यादा सक्षम होती गई, जिसका कोई अंत नहीं था।

अमेरिका का कृषि विभाग (यू.एस.डी.ए.) वास्तव में सूखे और अकाल के समय किसानों के आर्थिक हितों की रक्षा के लिए गठित किया गया था। उन्नतशील कृषि सक्षमता के इस बढ़ते दौर में, यू.एस.डी.ए. का बजट सरकार के पास 'खेती आय स्थिरता' कार्यक्रम में पहुँच गया, जो किसानों को प्रतिवर्ष अरबों डॉलर देता है, ज़्यादा भोजन उगाने के लिए *नहीं*, बल्कि अनाज की क़ीमतों को ऊँचा बनाए रखने के लिए। इस तरह से किसानों के आर्थिक हितों की रक्षा की गई। आज उपभोक्ताओं को ज़्यादा क़ीमत पर अनाज ख़रीदने के लिए दबाव डालने के साथ ही, इन सरकारी सहायताओं के ज़रिए किसानों को लगातार यह सीखने से दूर रखा जा रहा है कि किस तरह नई तकनीक का इस्तेमाल किया जाए और उन फ़सलों को अधिक उगाया जाए जो वास्तव में उपभोक्ता चाहते हैं। इन सबसे बुरी बात, इन सरकारी सहायताओं के कारण प्रोत्साहित होकर कई युवा किसान बन रहे हैं, जबकि हमारी अर्थव्यवस्था को अब नए किसानों को ज़रूरत नहीं है।

फिर भी यू.एस.डी.ए. की कोशिशों के बावजूद, फ़सलों की

संबंधित दरें 20वीं सदी के उत्तरार्ध में धीरे-धीरे गिरती गईं, क्योंकि आपूर्ति माँग से ज़्यादा बढ़ गई।

जैसे ही किसानों को बुनियादी अनाज के लिए मिलने वाली क़ीमतें गिरीं, कृषि में मुनाफ़े का अवसर कच्चे खाद्य पदार्थ (जैसे आटा, दूध, फल, पशु) के उत्पादन से हटकर नामी ब्राण्ड वाले ऐसे खाद्य पदार्थ के निर्माण पर आ गया, जिसकी उम्र अधिक हो (जैसे अनाज, मसाले, प्रसंस्करित चीज़, डिब्बाबंद भोजन, फ्रोज़न भोजन और जंक या स्नैक फ़ूड)।

जंक या स्नैक फ़ूड बनाना विशेष रूप से लाभदायक सिद्ध होने लगा। ये ऐसे उत्पाद थे, जिनके बारे में शुरू में उपभोक्ता नहीं जानते थे कि उन्हें इनकी ज़रूरत है, लेकिन जिनका उपभोग करने की उनमें अंतहीन लालसा विकसित हो जाती है।

साथ ही, युद्ध के बाद की अमेरिकी अर्थव्यवस्था में नए प्रकार के भोजन की आपूर्ति और माँग जागृत हो गई - ऐसा भोजन, जिसे उसके स्वाद, क़ीमत या उपलब्धता से नहीं, बल्कि उसकी लंबी आयु और सेवा की गति से समझाया जा सकता था : यह था *फ़ास्ट फ़ूड*।

खाद्य अर्थव्यवस्था ने किस तरह स्वास्थ्य आहार के अवसर पैदा किए

हमारी खाद्य आपूर्ति के इन महान तकनीकी विकासों के दौर में बुनियादी पोषण के प्रति हमारा ज्ञान विकसित होना शुरू ही हुआ था। हमारे कई खाद्य वैज्ञानिक और इंजीनियर (उपभोग करने वाले लोगों को छोड़कर) प्रोटीन, विटामिन और खनिजों की ज़रूरत के बारे में पर्याप्त नहीं जानते थे। हर भोजन कंपनी अपना ध्यान अपने हर उत्पाद का स्वाद प्रतिस्पर्धी से बेहतर बनाने, लंबे समय तक सुरक्षित रखने और सूक्ष्म कीटाणु के संक्रमण से बचाने पर ही केंद्रित रखती थी।

अतीत में देखें, तो इन्होंने अपना लक्ष्य पूरा करने में क़ाबिले-तारीफ़ मेहनत की। हालाँकि द्वितीय विश्वयुद्ध ख़त्म होने तक भी

ज़्यादातर अमेरिकियों के लिए तैयार भोजन और फ़ास्ट फ़ूड पर्याप्त मात्रा में उपलब्ध नहीं था। लेकिन बीसवीं सदी के अंत तक तैयार भोजन और फ़ास्ट फ़ूड की बिक्री बढ़कर अमेरिका के 10 खरब डॉलर के खाद्य उद्योग पर हावी हो चुकी थी।

बुनियादी कैलोरी सबके लिए सहज उपलब्ध बनाने के बावजूद हमारा खाद्य उद्योग अनजाने में देश के स्वास्थ्य से खिलवाड़ कर रहा है।

अपने उत्पादों का स्वाद बेहतर बनाने के लिए इन कंपनियों ने उसमें वसा मिलाया। इसका स्वाद जितना बेहतर होता, ग्राहक उनके उत्पाद उतने ही ज़्यादा खाते। जितने ज़्यादा ग्राहक उनके उत्पाद खाते, वे उतने ही ज़्यादा मोटे हो जाते। मोटे होने के बाद ग्राहक रोज़ ज़्यादा खाद्य उत्पाद का सेवन करने लायक़ हो जाते - और यह चलता रहा, चलता रहा, चलता रहा।

अपने उत्पादों को संक्रमण से सुरक्षित बनाने के लिए वे उन्हें पाश्चुरीकृत या गर्म करते हैं।[7] आज सभी डिब्बाबंद भोजन और सभी प्रकार के दूध तथा जूस भी पाश्चुरीकृत होते हैं। बदक़िस्मती से भोजन को गर्म किए जाने और लंबे समय तक डिब्बों या एयरटाइट बर्तनों में रखे जाने से इनके बहुत से विटामिन तथा कुछ खनिज नष्ट हो जाते हैं। मोटे तौर पर, डिब्बों में बंद करने या विभिन्न तरीक़ों से भोजन को प्रसंस्करित करने का असर प्रोटीन, वसा और कार्बोहाइड्रेट पर नहीं होता है।

अपने उत्पादों की उम्र बढ़ाने के लिए (उन्हें सुरक्षित करने के लिए भी), भोजन उत्पादक बड़ी मात्रा में परीरक्षण पदार्थ मिलाते हैं। इनमें सोडियम से लेकर रासायनिक मिश्रणों की बौछारें "सुरक्षित" (माना जाता है) मात्रा में मिलाई जाती हैं। जहाँ एक व्यस्क को दिनभर में 500 मिग्रा सोडियम की आवश्यकता होती है, जो आम भोजन में प्राकृतिक रूप में पाया जाता है, वहीं परीरक्षित भोजन में नमक इतनी ज़्यादा मात्रा में मिलाया जाता है कि एक अमेरिकी व्यस्क अपनी दैनिक आवश्यकता से 10 से 14 गुना अधिक सोडियम खा जाता है। हमारी स्वाद ग्रंथियों को असंवेदी बनाने के कारण प्राकृतिक, अप्रसंस्करित भोजन का स्वाद अच्छा नहीं लगता है। इसके साथ ही नमक उच्च रक्तचाप का सबसे बड़ा कारण है, जिससे हृदयाघात, लकवे, हृदय रोग और किडनी फ़ैल्योर का ख़तरा बढ़ जाता है।

लोग इन उत्पादों को ज़्यादा खाएँ, इसके लिए उत्पादक रासायनिक प्रक्रिया से इनका स्वाद इस प्रकार बदल देते हैं कि लोग शरीर की ज़रूरत के हिसाब से विभिन्न प्रकार का खान-पान ढूँढ़ने के बजाय लगातार उनके एक ही उत्पाद के लिए ललचाते रहें।

शून्य कैलोरी : खाद्य आपूर्ति समस्या की जड़

अंतिम परिणाम यह है कि आज अमेरिकी खाद्य आपूर्ति पर जैसा पोषण विशेषज्ञ कहते हैं, *शून्य कैलोरी* हावी है – ऐसा भोजन जिसमें कैलोरी ऊर्जा की तो मात्रा प्रचुर है, लेकिन आवश्यक विटामिन, खनिज और प्रोटीन बहुत कम (या नदारद) हैं।

मानव शरीर बिना मोटे हुए ऊर्जा के लिए सिर्फ़ 2,200 से 2,900 कैलोरी प्रतिदिन उपभोग कर सकता है, लेकिन उसे इन कैलोरी के साथ प्रोटीन, विटामिन, खनिज और स्वास्थ्यवर्धक वसा आवश्यक मात्रा में मिलना चाहिए। किसी भी तैयार खाद्य सामग्री के पैकेट पर लिखे हुए पोषण तथ्यों पर सरसरी निगाह डालें, इससे आपको पता चल जाएगा कि हमें इन कैलोरी के साथ क्या *नहीं* मिल रहा है।

एक सामान्य सोडा कैन में 140 शून्य कैलोरी (38 मिग्रा शकर, 70 मिग्रा सोडियम, अतिरिक्त कैफ़ीन, विभिन्न परिरक्षित पदार्थ और 0 मिग्रा प्रोटीन, विटामिन तथा खनिज) होते हैं। एक पारंपरिक फ़ास्ट फ़ूड भोजन में अविश्वसनीय रूप से 1000 कैलोरी या इससे अधिक कुछ विटामिन या खनिज होते हैं। एक 1 औंस ले'ज़ पोटेटो चिप्स ("बैट कान्ट ईट जस्ट वन्स")[8] में 230 शून्य कैलोरी होती है (साथ में 270 मिग्रा सोडियम)।

लेकिन ये भोजन अपने में मौजूद तत्वों से *भी* ज़्यादा बुरे उन तत्वों से होते हैं, जो इनमें नहीं हैं : अधिकांश शून्य कैलोरी भोजन में वसा की मात्रा अविश्वनीस रूप से उच्च होती है, जो इनमें स्वाद बढ़ाने के लिए मिलाया जाता है। एक स्वस्थ भोजन से वसा की 20 प्रतिशत कैलोरी मिलना चाहिए (वसा के प्रत्येक ग्राम में 9 कैलोरी होती है) और बाक़ी कार्बोहाइड्रेट और प्रोटीन से। मैकडोनल्ड्स के सिर्फ़ एक डीलक्स बर्गर में 810 कैलोरी होती है, जिनमें कि अविश्वनीय 490 कैलोरी (55

ग्राम या 61 प्रतिशत) वसा से मिलती है। यही नहीं, मध्यम आकार के फ़्रेंच फ़्राइज़ के बग़ैर (450 अतिरिक्त कैलोरी और 22 ग्राम अतिरिक्त वसा), *55 ग्राम वसा वह मात्रा होती है, जो पूरे दिन में लेना चाहिए, न कि सिर्फ़ वह मात्रा जो आपको एक ही भोज्य पदार्थ से ग्रहण करना चाहिए।*[9] एक ठेठ अमेरिकी आजकल हर हफ़्ते तीन हैमबर्गर और चार प्लेट फ़्रेंच फ़्राइज़ खा रहा है।[10]

इसके विपरीत, जब भोजन अपने प्राकृतिक (अप्रसंस्करित) रूप में पैक किया जाता है, तब उसमें कैलोरी ऊर्जा, विटामिन, खनिज और कम मात्रा में वसा मौजूद होते हैं।

फलों में उच्च मात्रा में कार्बोहाइड्रेट, विटामिन, खनिज और सच मानें बिल्कुल वसा नहीं होता। एक केले में 103 कैलोरी ऊर्जा होती है और 0 ग्राम वसा। ताज़ी सब्ज़ियों में प्रचुर मात्रा में विटामिन, कुछ प्रोटीन और न के बराबर वसा होते हैं। फूलगोभी के एक डाँठ में 5 ग्राम प्रोटीन जबकि वसा नहीं होता है और एक मध्यम आकार के आलू में 100 कैलोरी और 6 ग्राम प्रोटीन तथा शून्य वसा होता है। इसके अलावा जब आप प्राकृतिक भोजन खाते हैं तो एक ही स्वाद से ऊब जाते हैं और स्वतः ही अलग प्राकृतिक भोजन की तलाश करने लगते हैं - जिसमें अलग विटामिन और खनिज मौजूद होते हैं, जिनकी आपके शरीर को प्रतिदिन के आधार पर ज़रूरत होती है।

मछली, मांस, चिकन में प्रचुर मात्रा में प्रोटीन, विटामिन, खनिज, शून्य कार्बोहाइड्रेट और वसा की अलग-अलग मात्राएँ पाई जाती हैं। 6-औंस मछली (हेलिबट) में 35 ग्राम प्रोटीन और 2 ग्राम वसा होता है। एक 6-औंस टिक्का (रिब-आई) में लगभग समान मात्रा में ही प्रोटीन (39 ग्राम) होता है - लेकिन साथ ही 55 ग्राम वसा भी पाया जाता है। 6-औंस चिकन (हल्का या गाढ़ा मांस) में 46 ग्राम प्रोटीन और 25 ग्राम वसा होता है।

बदक़िस्मती से अब हम अपने पूर्वजों की तरह नहीं खाते, यहाँ तक कि अपने माता-पिता जैसा भी नहीं। पहले भोजन ताज़े खाद्य पदार्थों का इस्तेमाल कर घर पर ही बनाया जाता था, जिसमें अधिक मात्रा में

वसा, नमक या रासायनिक परिरक्षित पदार्थ नहीं मिलाए जाते थे।

आज हममें से ज़्यादातर लोग इतने व्यस्त हैं कि ताज़ा मसालों से खाना नहीं बना सकते, इसलिए हम ऐसा भोजन ख़रीदते हैं, जो आधा या पूरा तैयार होता है - ऐसे भोजन में अधिक मात्रा में वसा, शकर, सोडियम और रासायनिक मिश्रण मिलाया जाता है।

घर के बाहर खाए या तैयार किए जाने (रेस्तराँ या पिकनिक) का प्रतिशत 1970 के बाद से 50 से अधिक बढ़ गया है। घर से बाहर तैयार किए भोजन में घर पर तैयार किए गए भोजन के मुक़ाबले वसा और सोडियम उच्च मात्रा में, जबकि विटामिन और खनिज निम्न मात्रा में होते हैं - घर पर उच्च प्रसंस्करित खाद्य पदार्थ से तैयार भोजन से भी ज़्यादा।[11] विडंबना यह है कि जैविक रूप से हम वसा के स्वाद को पसंद करने के लिए बनाए गए हैं और अब यह हमारी सबसे बुरी चिकित्सीय समस्या बन चुकी है। वसा के स्वाद को पसंद करने की आदत प्रागैतिहासिक काल में हमारे अस्तित्व के लिए उत्तरदारी थी। इसके बाद में हम कुछ ही देर में पढ़ेगें।

अर्थशास्त्र बनाम लालच और हमारी खाद्य आपूर्ति समस्याएँ

स्वास्थ्य उद्यमियों को यह बात अपने दिमाग़ में रखना चाहिए कि हमारी खाद्य आपूर्ति में जितना अधिक घातक हेर-फेर दिखाई दे रहा है, इसमें से कुछ भी घातक इरादों से नहीं किया गया है।

उद्यमियों और व्यवसायियों ने भोजन में वसा बेहतर स्वाद के लिए मिलाया, न कि अधिक वज़न और मोटे लोगों का राष्ट्र बनाने के लिए। इस बिरादरी ने कैन वाले और प्रसंस्करित भोजन उनकी उम्र बढ़ाने के लिए बनाए न कि विटामिन, खनिज और स्वास्थ्य की मात्रा घटाने के लिए। और, जैसा कि आप कुछ ही पलों में देखेंगे कि उद्यमियों और व्यवसायियों ने तेल को हाइड्रोजनित इसलिए किया

ताकि हमारा भोजन बेहतर दिख सके और सुपरमार्केट में ज़्यादा समय तक रखा जा सके, न कि बेहतर वसा को ख़राब वसा में बदलने या हृदयरोग बढ़ाने के लिए। बदक़िस्मती से, अर्थशास्त्र के नियमों से बढ़े हुए फ़ायदे को देख हज़ारों लोग उनकी नक़ल करने लगे। हमारी भोजन आपूर्ति पर इसका असर वैसा ही था मानो किसी क्रूर मक़सद से फेरबदल किए जा रहे हों।

इस तरह के काम वास्तव में अक्सर ग़लत सूचना और पथभ्रष्ट उपभोक्ता माँग की प्रतिक्रिया में होते हैं। अध्याय 4 में इस बात की जाँच की जाएगी कि स्वास्थ्य के लिए नई उपभोक्ता माँग को किस तरह सही सलाह वाले और जानकार उपभोक्ता के माध्यम से, उद्यमी और व्यवसायी अपने पूर्वजों द्वारा पैदा की हुई इस समस्या का निवारण करते हैं। इसके साथ ही, वही आर्थिक नियम जिससे हमारी स्वास्थ्य समस्याएँ बढ़ी थीं, अब उससे हल की जाएँगी, जैसे समझिए हर वितरक हमारी भोजन आपूर्ति कड़ी में स्वास्थ्य उद्योग को अपनाने के लिए बाध्य होगा या फिर उनके रास्ते से बाहर निकल जाएगा, जो यह करने के लिए तैयार हैं।

हमारी भोजन आपूर्ति के साथ गंभीर समस्याएँ दिख सकती हैं, लेकिन इन समस्याओं के पनपने से स्वास्थ्य उद्योग में एक महान संभावना भी पैदा हुई है – उपभोक्ता को स्वास्थ्यकारी भोजन और संतुलित पूरक पदार्थ उपलब्ध कराने का अवसर, जिससे आधुनिक भोजन आपूर्ति से होने वाली समस्या दूर की जा सके।

इन स्वास्थ्य भोजन संभावनाओं का परीक्षण करने से पहले, कुछ पाठक, ख़ासतौर पर जो मोटापे पर ध्यान दे रहे हों, शायद अमेरिका की 61 प्रतिशत अधिक वज़न वाली या अति मोटी आबादी की स्वास्थ्य ज़रूरतों के बारे में जानना चाहेंगे। चूँकि यह पुस्तक उद्यमिता पर है, न कि जीवविज्ञान पर, इसलिए मैं मोटापे की जीवविज्ञानी पृष्ठभूमि पर एक सूची (अपेंडिक्स) इस पुस्तक के आख़िर में दे रहा हूँ। यदि आप व्यक्तिगत या आर्थिक नज़रिए से अति मोटापे पर ध्यान दे रहे हैं, तो मैं आपको यह अभी पढ़ने की सलाह दूँगा। यदि नहीं, तो आगे पढ़ते रहें।

अगले अध्याय की ओर बढ़ने से पहले

उद्यमियों, निवेशकों और वितरकों के लिए कार्ययोजना

1. विश्लेषण कीजिए कि स्वास्थ्य उद्योग संभावनाओं के आपके तीनों क्षेत्र किस तरह हमारी खाद्य आपूर्ति को बदल सकते हैं। ख़ासकर इनमें से प्रत्येक क्षेत्र का निम्न बिंदुओं पर क्या असर होगा :
    - अ. पानी
    - ब. कार्बोहाइड्रेट
    - स. लिपिड (वसा)
    - द. प्रोटीन
    - य. विटामिन
    - र. खनिज
2. मोटापे की महामारी का आपके स्वास्थ्य उद्योग संभावनाओं के तीनों क्षेत्रों पर प्रभाव का विश्लेषण कीजिए।
3. स्वास्थ्य उद्योग संभावनाओं के प्रत्येक व्यक्तिगत क्षेत्र कैलोरी पर प्रभाव का विश्लेषण कीजिए – दोनों तरह की कैलोरी जो आपका उपभोक्ता ग्रहण करता है और जो ख़र्च करता है।
4. लोगों को उनके भोजन में अनुपस्थित पदार्थ के बारे में समझाने का आपके तीनों क्षेत्रों पर असर का अनुमान कीजिए।

इन सवालों पर आपके जवाबों के आधार पर स्वास्थ्य व्यापार संभावनाओं में अपने तीनों या किसी एक या सभी क्षेत्रों को छोड़ने या बदलने पर विचार कीजिए।

अध्याय-4

खाद्य सामग्री में अपनी क़िस्मत चमकाना

उपभोक्ता माँग और सरकार के संभावित नियमन की पूर्वप्रभावी प्रतिक्रियास्वरूप खाद्य उद्योग से जुड़ी कंपनियाँ उन समानताओं को हल करना शुरू कर देंगी, जिन्हें उन्होंने ही पैदा किया था। लेकिन सबसे महान समृद्धि उन उद्यमियों का इंतज़ार करती है, जो स्वास्थ्य की उपभोक्ता माँग निकलने से पहले छलाँग लगाते हैं। ठीक स्टीव डेमॉस और पॉल वेनर की तरह, जिनमें से प्रत्येक ने अपने उत्पाद बनाए और उनका उचित वितरण कर बाज़ार के उन तक पहुँचने का इंतज़ार किया तथा 10 करोड़ डॉलर की संपत्ति बनाई।

खाद्य सामग्री में बनाई जाने वाली स्वास्थ्य संपत्ति दो बुनियादी क्षेत्रों में निहित है :

1. स्वस्थ खाद्य सामग्री उगाना, खोजना, काटना, परिवहन करना और तैयार करना।
2. उपभोक्ताओं को सिखाना कि स्वस्थ खाद्य पदार्थों का चयन किस तरह करें और भोजन के संपूर्ण उपभोग को दायरे में कैसे रखें।

हमारी खाद्य आपूर्ति व्यवस्थित करने में कुछ व्यापारिक संभावनाएँ आर्थिक रूप से विकृत कर दी गईं, क्योंकि खाद्य पदार्थों के चयन में सांस्कृतिक तरजीह दी गई और सरकार के प्रभावशाली सब्सिडी कार्यक्रम ने खाद्य पदार्थों की वास्तविक लागत तोड़-मरोड़ दी। हमारी धार्मिक और सरकारी संस्थाएँ स्वास्थ्य को अपनाने में उपभोक्ता से पीछे रह गई हैं। इससे पहले कि हम विशेष स्वास्थ्य भोजन की संभावना परखें, उद्यमी के लिए यह समझना ज़रूरी है कि यह कैसे हुआ और साथ ही यह भी कि हमारे मौजूदा 10 खरब डॉलर के खाद्य उद्योग के घटक क्या हैं।

जैसे-जैसे आप यह अध्याय पढ़ेंगे, खाद्य पदार्थों के साथ पेश आने वाली हर समस्या पर चर्चा की जाएगी चाहे यह धर्म आधारित हो, सरकार आधारित या यह विशेष प्रकार का खाद्य पदार्थ हो। आपको ठहरना चाहिए और सोचना चाहिए कि आप इस समस्या को किस तरह एक फ़ायदेमंद स्वास्थ्य व्यापार संभावना में तब्दील कर सकते हैं।

किस तरह धर्म और सरकार स्वास्थ्य के मामले में पीछे रह गए

मानव सभ्यता का ज़्यादातर इतिहास भोजन प्राप्त करने का इतिहास है - जहाँ मानव मूल रूप से इसे खोजने के लिए एक स्थान से दूसरे स्थान जाता था और बाद में उसने खेती करना और उसे सुरक्षित रखना भी सीखा। फ़सल उगाना, खोजना, काटना, सुरक्षित करना, परिवहन करना, तैयार करना और भोजन करना हमारे रोज़मर्रा के अस्तित्व और दुनिया की अर्थव्यवस्था पर हावी हो गया। यह तब तक चलता रहा जब तक कि बीसवीं सदी शुरू नहीं हो गई।

फिर, लगभग रातोरात, हरित क्रांति और अन्य तकनीकों ने हमारे मुख्य आहार मसलों को अधिक खाने और कुपोषण की समस्या से भुखमरी और सफ़ाई की समस्या पर ला दिया। यह सब इतनी तेज़ी से हुआ कि हमारी धार्मिक और सरकारी संस्थाएँ अब तक इन्हें बराबर नहीं कर पाई हैं।

आज, विकसित देशों, जहाँ भोजन प्रचुर मात्रा में है, अधिकांश धार्मिक लोग अपने भोजन की शुरुआत भगवान को इसके लिए धन्यवाद देने से करते हैं – जबकि उन्हें भगवान का इस बात के लिए धन्यवाद देना चाहिए कि उन्होंने हमें स्वस्थ रहने के लिए भोजन का चयन करने का ज्ञान दिया। भुक्कड़पन को जूड के दरवाज़े से बाहर कर दिया गया और यह प्रारंभिक ईसाईयत के सात घोर पापों में से एक है।[1] ओल्ड टेस्टामेंट में भविष्यवाणी की गई है कि भुक्कड़ ग़रीब हो जाएँगे (प्रोवर्ब 23:21)। आज अधिकांश धर्मों ने वाक़ई भुक्कड़पन को वास्तव में नज़रअंदाज़ कर दिया है। यही नहीं, बल्कि रूढ़िवादी यहूदी और इस्लाम जैसे धर्म जो आहार पर बहुत ज़्यादा ध्यान देते हैं, अपने समुदाय के अधिकांश लोगों की वास्तविक आहार ज़रूरतों (पर्याप्त सेहतमंद खाना, ज़रूरी विटामिन और खनिज लेना और मोटापे से बचना) के बजाय सफ़ाई के प्राचीन नियम-क़ायदों पर जैविक रूप से ज़्यादा ध्यान देते हैं।

यही नहीं, अमेरिका में आज भी अमेरिकी कृषि विभाग (यू.एस.डी.ए.) का मुख्य लक्ष्य किसानों की आय को सुरक्षित करना है, न कि उपभोक्ता की भोजन आपूर्ति को सुरक्षित करना। यह सन् 1776 के हिसाब से एक अच्छी नीति हो सकती थी, जब जॉर्ज वॉशिंगटन ने कृषि राष्ट्रीय बोर्ड की स्थापना का आह्वान किया था – तब किसान 95 प्रतिशत से अधिक की आबादी का प्रतिनिधित्व करते थे और देश की 90 प्रतिशत अर्थव्यवस्था फ़सल विक्रय पर निर्भर करती थी। लेकिन अब यह अनुपयोगी लक्ष्य रह गया है, क्योंकि अब किसान अमेरिका की सिर्फ़ 2 फ़ीसदी आबादी का प्रतिनिधित्व करते हैं और कृषि उपज बिक्री हमारी अर्थव्यवस्था का 0.5 प्रतिशत है। यही नहीं, हमारे अधिकतर नागरिक अधिक वज़न और कुपोषण के शिकार हैं।

पिछली शताब्दी में, उन्नतशील तकनीक से खाद्य पदार्थों के उत्पादन, संरक्षण और वितरण ने इनकी क़ीमतों में अपेक्षाकृत इतनी कमी ला दी है कि अब खाद्य उद्योग की बिक्री अमेरिकी अर्थव्यवस्था में 10 प्रतिशत से भी कम की हिस्सेदारी करती है, या कहें हमारे 100 खरब डॉलर के सकल घरेलू उत्पाद में प्रतिवर्ष सिर्फ़ 10 खरब डॉलर (1,000 अरब डॉलर) का योगदान करती है। यह मोटे तौर पर निम्न

तरह विभाजित है :

10 खरब डॉलर का अमेरिकी खाद्य पदार्थ उद्योग

कृषि	45 अरब डॉलर[2]
खाद्य प्रसंस्करण और वितरण	500 अरब डॉलर
रेस्तराँ	400 अरब डॉलर[3]
आहार पूरक	70 अरब डॉलर[4]
अन्य	30 अरब डॉलर
कुल अमेरिका में खाद्य पदार्थों की बिक्री	1000 अरब डॉलर*

*कुल राशि में कृषि के 45 अरब डॉलर शामिल नहीं हैं, क्योंकि यह या तो ज़्यादातर निर्यात कर दिया जाता है या अन्य श्रेणियों के उप अवयवों के तौर पर शामिल किया जाता है।

पिछले अध्याय में हमने देखा कि किस तरह इसी उन्नतशील तकनीक ने आज ख़ाली कैलोरी की आफ़त खड़ी कर दी है – हमारे भोजन में वसा और कैलोरी ऊर्जा की प्रचुर मात्रा है, लेकिन आवश्यक विटामिन, खनिज और प्रोटीन कम (या ख़ाली) हैं। यह अब बदलाव की घड़ी है क्योंकि उपभोक्ता शिक्षित हो गया है और उसने सभी प्रकार के स्वास्थ्यवर्धक खाद्य पदार्थों की माँग शुरू कर दी है।

कृषि सब्सिडी कार्यक्रम

कृषि के दो क्षेत्रों को स्वास्थ्य के लिए उपभोक्ता की माँग के प्रतिक्रियास्वरूप तेज़ी से बदलना चाहिए : (1) किसान कौन सा खाद्य पदार्थ (स्वास्थ्यप्रद) उगाते हैं और (2) वे किस तरह इन्हें उगाते हैं (जैसे जैविक खेती और जेनेटिक इंजीनियरिंग)।

मैंने *चाहिए* कहा, क्योंकि किसान कौन सी फ़सलें चुनते हैं और उन्हें किस तरह उगाते हैं, यह आजकल अक्सर सरकार के सब्सिडी

कार्यक्रमों से तय होता है जो लगभग एक सदी पहले लिखे गए थे न कि उपभोक्ता की पसंद और मज़बूत आर्थिक फ़ैसलों के तहत। हालाँकि स्वास्थ्य उद्योग में किसानों के लिए औद्योगिक संभावनाएँ अभी भी मौजूद हैं, लेकिन कुछ और संभावनाएँ होंगी यदि सरकार उन्हें उपभोक्ता की माँग के हिसाब से काम करने दे।

यदि आपकी स्वास्थ्य किसान बनने में रुचि नहीं है, तो भी आपको सरकार के इन सब्सिडी कार्यक्रमों के बारे में निम्न कारणों से जानना ज़रूरी है :

1. आप करदाता के रूप में उनके लिए भुगतान कर रहे हैं।

2. सब्सिडी फ़सल आपके स्वास्थ्य भोजन उत्पादों से प्रतिद्वंद्विता करेगी।

3. वे किसानों को अस्वास्थ्यकर फ़सलें उगाने के लिए बाध्य करते रहेंगे, जिससे अधिक स्वास्थ्य उत्पाद और सेवाओं की माँग बढ़ती जाएगी।

आज कृषि हमारे खाद्य उद्योग का बहुत छोटा हिस्सा है और 100 खरब डॉलर की अर्थव्यवस्था का एक सूक्ष्म भाग, लेकिन फिर भी किसान और उनके आर्थिक मुद्दे राष्ट्रीय स्तर पर छाए रहते हैं। ऐसा इसलिए है, क्योंकि बहुत सारी संघीय ताक़तें आज बहुत से कम आबादी वाले कृषि राज्यों पर ध्यान दे रही हैं। किन्हीं भी बीस ज़्यादातर कृषि प्रधान राज्यों, जैसे उत्तरी डकोटा (6,34,000) और व्योमिंग (4,80,000) की संयुक्त आबादी किसी भी औद्योगिक प्रदेश जैसे टेक्सास (20,044,000) या कैलीफ़ोर्निया (33,145,000) से कम है। इसके बावजूद इन कृषि प्रधान राज्यों की अमेरिकी सीनेट में राजनीतिक शक्ति टेक्सास या कैलीफ़ोर्निया की तुलना में 20 गुना ज़्यादा है[5] – वह शक्ति जो बदक़िस्मती से अमीर किसानों और अमेरिकी डेयरी एसोसिएशन (ए.डी.ए.) जैसी शक्तिशाली ख़ास संस्थाओं द्वारा नियंत्रित और दुर्व्यवहार की शिकार है।

1920 के दशक की शुरुआत में, जब अधिकांश मतदाता किसान थे, संघीय सरकार किसानों को दामों की गिरावट से बचाने के लिए

फ़सलों की क़ीमत स्थिर करना चाहती थी। सालों तक दर्जनों विभिन्न सरकारी कार्यक्रम तंत्र में शामिल किए गए, जो आग भी मौजूद है, जहाँ कल्याण संगठन किसानों (या उनके बच्चे जो कृषि नहीं करना चाहते हैं) को कुछ ख़ास फ़सलें न उगाने के लिए धन देते हैं। यह राशि अकेले 1999 में 24 अरब डॉलर थी।[6]

टेक्सास की एक काउंटी में, पूरी कृषि आय का एक तिहाई से भी ज़्यादा हिस्सा संघीय सब्सिडी से बनता है, और शीर्ष दस सब्सिडी प्राप्तकर्ताओं को 1996-99 तक औसतन 3,96,131 डॉलर की राशि दी गई - साथ में इस अंतराल के दौरान बहुत से किसान 20 लाख डॉलर प्रति व्यक्ति के हिसाब से प्राप्त करते रहे हैं।[7] ये सब्सिडी कार्यक्रम "खेतों को आज़ादी एक्ट" जैसे नामों के लबादे से ढँके रहते हैं ताकि यह लगता रहे कि ये फ़ायदे उपभोक्ता और पारिवारिक खेती को दिए जा रहे हैं। जबकि ज़्यादातर धन कुछेक अमीर व्यक्तियों और संगठनों के हाथ में जाकर ख़त्म हो जाता है। ये व्यक्ति और संगठन ऐसे वकील और प्रभावी लोगों को रखने में सक्षम होते हैं, जो सरकार पर सब्सिडी बिल की प्रक्रिया जारी रखने का दबाव डालने में महारथी होते हैं। सच मानिए तो किसी भी अन्य अधिकृत या कल्याण कार्यक्रम की तरह, संघीय कृषि सब्सिडियों की भी आय, संपत्ति या ऋणों से संबंधित कोई आवश्यकता नहीं होती है।

---

24 अरब डॉलर कल्याण संगठन में देना बुरे से भी बदतर है, ये सब्सिडियाँ कुछ पुरानी फ़सलों के उत्पादन के लिए प्रोत्साहित करती हैं, जिनका स्वास्थ्य कारणों से अब उत्पादन नहीं किया जाना चाहिए।

दुग्ध का छल

इन खाद्य पदार्थों में सबसे बदतर दुग्ध उत्पाद हैं, जो 7 अरब डॉलर की सरकारी सब्सिडी पा रहे हैं। लेकिन ये दुग्ध उत्पाद अमेरिकी उपभोक्ताओं को दुग्ध उत्पादकों को सामूहिक कल्याण के रूप में मिलने वाली 7 अरब डॉलर की संघीय सब्सिडी के मुक़ाबले बहुत महँगे पड़ते हैं।

दूध और दुग्ध उत्पाद 15 खरब डॉलर के बीमारी उद्योग की अग्रणी अंशदाता है – दूध के कारण एलर्जी, गैस, क़ब्ज़, मोटापा, कैंसर, हृदय रोग, ओस्टियोपोरोसिस और संक्रामक रोग होते हैं।

जी हाँ, दूध से ओस्टियोपोरोसिस होता है, इसके बावजूद ए.डी.ए. बड़े-बड़े धोखेपूर्ण विज्ञापन अभियानों में कहता है कि दूध पीने से ओस्टियोपोरोसिस नहीं होता।

बहुत से अध्ययनों से यह निष्कर्ष निकला है कि दूध ओस्टियोपोरोसिस से बचाने की बजाय इसका *कारण* है। दरअसल ओस्टियोपोरोसिस हड्डियों से कैल्शियम रिसकर बाहर आने से होता है, और कैल्शियम खाने से इसका कोई सीधा संबंध नहीं होता, क्योंकि दूध में मौजूद प्रोटीन (कैसीन) की मात्रा और प्रकार हड्डियों में मौजूद कैल्शियम को बहुत नुक़सान पहुँचाती है। जो लोग यह सोचते हैं कि वयस्क होने के नाते कैल्शियम लेने से उनकी हड्डियाँ मज़बूत होंगी, उनकी जानकारी के लिए बता दूँ कि सब्ज़ियों में प्राकृतिक रूप से पाया जाने वाला कैल्शियम ज़्यादा स्वास्थ्यवर्धक होता है। यह अवशोषित करने में आसान होता है और प्रचुर मात्रा में होता है। नए ट्रोपिकाना कैल्शियमयुक्त संतरे के एक कप जूस में पुष्ट बनाने वाले दूध से ज़्यादा कैल्शियम होता है – 350 मि.ग्रा. के मुक़ाबले एक कप दूध में 302 मि.ग्रा.। वैसे भी ओस्टियोपोरोसिस से बचने के लिए जो फ़ायदा कैल्शियम खाने से मिलता है, वयस्क होने पर उसकी ज़रूरत भी संभवतया नहीं रह जाती, क्योंकि हड्डियों का द्रव्यमान बढ़ना बंद हो जाता है। इस तथ्य के बावजूद ओस्टियोपोरोसिस से बचने के लिए कैल्शियम लेने संबंधी ए.डी.ए. का दूध का विज्ञापन प्रचार का लक्ष्य वयस्क और बुज़ुर्ग अमेरिकी होते हैं।

लेकिन ओस्टियोपोरोसिस में योगदान से ज़्यादा चिंता का विषय दूध में हॉर्मोन होना और इसका संक्रामक रोगों का वाहक होना है। एक आम गाय प्राकृतिक रूप से रोज़ 10 पौंड दूध देती है, जबकि आज की सताई हुई आधुनिक डेयरी की गाएँ प्रतिदिन 100 पौंड दूध देती हैं। ऐसा इसलिए है क्योंकि आजकल दुग्ध उत्पादन बढ़ाने के लिए गायों को बड़ी मात्रा में बोविन ग्रोथ हॉर्मोन (बी.जी.एच.) जैसे ख़ास हॉर्मोन दिए

जाते हैं – जो उनके थनों को इतना बढ़ा देते हैं कि अक्सर वे ज़मीन पर घिसटते हैं। इससे अक्सर संक्रमण होने लगता है और गायों को लगातार एंटीबायोटिक की ज़रूरत पड़ती है। यू.एस.डी.ए. ऐसा दूध पीने की अनुमति देता है, जिसमें 10 से 15 लाख श्वेत रक्त कोशिकाएँ (ग़ैर जीवविज्ञानी इसे *पस* कहते हैं) प्रति मि.मी. मौजूद हो। ये वृद्धि संबंधित हॉर्मोन, एंटीबायोटिक और पस प्रोसेसिंग के बावजूद दूध में रह जाते हैं, जो दुग्ध उत्पादों का नियमित सेवन करने वाले लोगों ख़ासकर बच्चों पर ख़तरनाक चिकित्सकीय प्रभाव डालते हैं।

अमेरिका का कोई भी ब्रेज़री निर्माता आपको बता देगा कि पिछले कुछ दशकों में जबसे दूध में बी.जी.एच. मिलाया जाने लगा, इनकी बिक्री काफ़ी बढ़ी है क्योंकि बी.जी.एच. व अन्य हॉर्मोन ने किशोरी लड़कियों के औसत स्तन आकार में वृद्धि की है और मेनार्क[8] की उम्र भी घट गई है। लेकिन ब्रेज़री निर्माता आपको यह बताने में असमर्थ हो सकते हैं कि यह हॉर्मोन वयस्क महिलाओं में स्तन कैंसर बढ़ाने वाला बड़ा कारण है – क्योंकि वे महिलाओं के स्तनों में भी वैसे ही ख़तरनाक ट्यूमर पैदा करते हैं जैसे बी.जी.एच. भरे गायों के थनों पर यातना पहुँचाते हैं। इस तथ्य के बावजूद कि बहुत से उपभोक्ताओं ने बी.जी.एच. व अन्य हॉर्मोनयुक्त दूध की बिक्री बंद करने या कम से कम लेबल पर लिखने की आवाज़ बुलंद की, लेकिन एफ़.डी.ए. ने ए.डी.ए. के प्रभावशालियों के सामने झुकना बंद नहीं किया और ऐसे हॉर्मोन पर प्रतिबंध लगाने या दूध पर लेबल लगाने से इंकार कर दिया।

दुग्ध उत्पादन वातावरण और ख़ुद गायों के लिए भी ख़तरनाक है। एक डेयरी की गाय रोज़ 100 पौंड दूध देती होगी, लेकिन वह 120 पौंड गोबर भी करती है – जो 24 लोगों द्वारा उत्सर्जित मल के बराबर होता है। जबकि गाय के लिए किसी प्रकार के टॉयलेट, सीवेज या ट्रीटमेंट संयंत्रों की भी व्यवस्था नहीं होती है। हर गाय रोज़ 81 पौंड अनाज, सब्ज़ियाँ व 45 गैलन पानी का सेवन करती है। प्राकृतिक रूप से गाएँ 20–25 साल जीवित रह सकती हैं, जबकि डेयरी उत्पादन से जुड़ी गाय बमुश्किल 4–5 साल जीती है – हॉर्मोन से पस्त और लगातार अप्राकृतिक गर्भधारण उन्हें चलते-फिरते पशु से विकृत दूध देने की मशीन बना देते हैं।

दुग्ध उत्पादों की सबसे बुरी बात उनके कारण होने वाली बीमारियाँ, पशुओं को दी जाने वाली यातनाएँ या वातावरण पर ख़तरनाक असर नहीं है - बल्कि दुग्ध उत्पादों की सबसे बुरी बात यह है कि ये हमारी 61 प्रतिशत से भी ज़्यादा आबादी के अधिक वज़न वाली या स्थूलकाय होने का बड़ा कारण है।

भले ही दूध पीने और चीज़ खाने से *संभव* है किसी किशोरी को ब्रिटनी स्पीयर्स (नईनवेली हस्ती, जो दूध पीकर गर्व से अपनी दुध से बनी मूँछें चाटती है) जैसे स्तन मिल सकते हैं, लेकिन ढेर सारा दूध पीने और चीज़ खाने से उसे *निश्चित तौर पर* स्वर्गीय ममा कास* जैसी जाँघें और नितंब *ज़रूर* मिल जाएँगे।

एक औसत अमेरिकी 4 पौंड से अधिक खाद्य पदार्थ प्रतिदिन खाता है और उसका 40 प्रतिशत हिस्सा दूध या दुग्ध उत्पाद होते हैं। दूध में कोई रेशे नहीं होते हैं और इसमें संतृप्त वसा और कोलेस्टेरॉल होता है। एक गिलास दूध में 49 प्रतिशत वसा होता है और 65 प्रतिशत से अधिक चीज़ होता है। दूध को वास्तव में "तरल मांस" कहा जाना चाहिए - एक 12 औंस के गिलास में आठ बेकन स्ट्रीप के बराबर संतृप्त वसा पाया जाता है। जब स्थूलपन और अधिक वज़न की बात आती है, तो दूध बीयर से भी बुरा है। 12 औंस दूध के गिलास में 300 कैलोरी और 16 ग्राम वसा होता है, जबकि 12 औंस बीयर के गिलास में 144 कैलोरी होती है और कोई वसा नहीं होता। एक कप कॉफ़ी में मिलाए जाने वाले 4 चम्मच दूध में 15 ग्राम संतृप्त वसा होता है - यानी 80 प्रतिशत संतृप्त वसा जो आपको पूरे दिन में लेना चाहिए। इन अविवादित सच्चाइयों के जवाब में डेरी उद्योग "2 प्रतिशत" और "कम वसायुक्त" दूध का छल लेकर आया। सच्चाई यह है कि 2 प्रतिशत दूध में 24 से 33 प्रतिशत वसा की कैलोरी होती है और संपूर्ण दूध (जिसमें

---

*द ममाज़ और द पापाज़ की 'ममा' कास इलीयट (1941-74), इतिहास के सबसे महान गायकों और ख़ुशमिज़ाज लोगों में से एक है। बदक़िस्मती से, जैसा कि कई बार समूह गीतों में बड़े स्नेह से यह देखा गया था, वे भयानक रूप से स्थूलकाय थीं और 33 वर्ष की उम्र में लंदन पैलेडियम में प्रस्तुति देते-देते हृदयाघात से चल बसीं।

वज़न के हिसाब से 3 प्रतिशत वसा होता है) से यह सिर्फ़ कुछ ही कम मोटा करने वाला होता है (इसमें 3 प्रतिशत वसा होता है)। दूध निर्माता तो पनीर को भी "कम वसायुक्त" का लेबल लगाने की धृष्टता दिखाते हैं, जिसमें वसा की 20 प्रतिशत कैलोरी होती है – जिस वजह से एफ़.डी.ए. को हाल ही में दुग्ध निर्माताओं को दुग्ध उत्पादों को 'कम या वसारहित खाद्य पदार्थ' बताने से रोकने के आदेश देने पड़े।

हम यहाँ तक कैसे पहुँचे, जहाँ हम आज हैं – जहाँ ज़्यादातर अमेरिकी हर रोज़ दूध पीते हैं या दुग्ध उत्पादों का सेवन करते हैं ऐतिहासिक रूप से, दूध को हमारे पूर्वजों ने इतना महत्व इसलिए दिया क्योंकि इससे घर में ही उच्च ऊर्जा वाले उत्पाद जैसे मक्खन और पनीर बनाए जा सकते थे, जो सर्दियों तक चलते थे।

चूँकि दूध को इतना बेशक़ीमती माना गया था, इसलिए नवाचारी उद्यमियों ने चकित करने वाली कम क़ीमत पर दूध उत्पादन के तरीक़े खोज निकाले। इसके बाद उन्होंने इस मुनाफ़े का इस्तेमाल स्थायी मार्केटिंग और राजनीतिक संगठन बनाने में किया, जिसे अब ए.डी.ए. के नाम से जाना जाता है।

ए.डी.ए. ने संघीय सरकार पर दबाव डाला कि वह दुग्ध के अति उत्पादन को सब्सिडि दे, इसके बाद उसे नियमित स्कूली लंच कार्यक्रमों में बच्चों की अनिवार्य ख़ुराक में शामिल करने का दबाव डाला। मैंने *दबाव डाला* इसलिए कहा, क्योंकि यह सर्वविदित है कि 95 प्रतिशत एशियाई लैक्टोज़ बर्दाश्त नहीं कर पाते और मुझे शंका है कि हर प्रजाति के वयस्क इंसान इसी तरह महसूस करते हैं। काकेशियन, जिनका अधिकांश दूध मार्केट पर क़ब्ज़ा है, ने दुःखी रूप से साथ-साथ एलर्जी, सीने में जलन, पेट की ख़राबी, डायरिया, गैस और डायबिटीज़ को रोज़मर्रा के जीवन की सच्चाई समझकर जीना सीख लिया है – और वे इन बीमारियों के सिर्फ़ लक्षणों का इलाज करने के लिए नियमित रूप से इनकी दवाई के आदी हो गए हैं।

जब उपभोक्ता गाय का दूध पीने से होने वाले हानिकारक प्रभावों

के बारे में शिक्षित हो जाएँगे, तो उनमें इसके स्वास्थ्यप्रद विकल्प की भूख जाग जाएगी। यह सिर्फ़ दूध के लिए ही नहीं होगा, बल्कि उन हज़ारों अस्वास्थ्यकर भोजन उत्पादों के लिए भी होगा, जो इस वक़्त हमारी आधुनिक खाद्य आपूर्ति पर हावी हैं। और, जैसा कि हम कुछ ही पलों में देखेंगे, सबसे बड़ा पुरस्कार उन उद्यमियों के लिए होगा, जो वहाँ पहले पहुँचेंगे।

सोया हल : स्वास्थ्य से जन्मी एक नई संभावना

ख़ुशक़िस्मती से, दूध का उच्च ऊर्जा कम वसा वाला विकल्प मौजूद है, जो ज़्यादा लंबे समय तक चलता है, अविश्वसनीय रूप से स्वास्थ्यवर्धक है, बीमारियों से बचाता है, पर्यावरण के लिए बेहतरीन है और इसकी क़ीमत भी कम है : यह विकल्प है सोया दूध और सोयाबीन से बने अन्य उत्पाद। दुर्भाग्य से अमेरिका व अन्य पश्चिमी देशों में बहुत कम लोग इसके बारे में जानते हैं। यह जानना काफ़ी मज़ेदार है कि विश्व आबादी में अमेरिका का योगदान सिर्फ़ 5 प्रतिशत है, लेकिन यह दुनिया के 50 प्रतिशत सोयाबीन का उत्पादन करता है। अमेरिका हर साल 3 लाख बुशल (पैमाना) सोयाबीन उगाता है। इसमें से 98 प्रतिशत पशु आहार या औद्योगिक इस्तेमाल और सिर्फ़ 2 प्रतिशत सीधे मनुष्य के उपभोग के लिए होता है। इस 2 प्रतिशत की भी बड़ी मात्रा जापान व अन्य उन देशों को बेच दी जाती है, जो पहले से ही सोया वाला आहार ले रहे हैं।

कृषि आधारित उद्यमियों के लिए पशुओं के लिए सोयाबीन उगाने वाले खेतों को मनुष्यों के खाने के लिए सोयाबीन उगाने में बदलना सबसे बड़ी स्वास्थ्य संभावनाओं में से एक है।

सोयाबीन सबसे पहले उत्तरी अमेरिका में 1800 के दशक की शुरुआत में आया। उस वक़्त यह भोजन की तरह नहीं, बल्कि जहाज़ के पैंदे में स्थिरता बनाए रखने वाली चीज़ के रूप में आया था। सन् 1904 में प्रसिद्ध अफ़्रीकी-अमेरिकी केमिस्ट जॉर्ज वॉशिंगटन कार्वर ने

सोयाबीन के पशु-आहार के रूप में उच्च प्रोटीन महत्व को खोजा और यह भी पता लगाया कि किसान हर तीन सालों में फ़सल चक्र के रूप में एक बार इसकी फ़सल उगाकर बढ़िया कपास और अन्य पौधों की फ़सल ले सकते हैं। हेनरी फ़ोर्ड ने बहुत सी फ़ोर्ड कारों के प्लास्टिक के हिस्से सोयाबीन से बनाए थे। उन्होंने 1935 तक हर फ़ोर्ड कार में 60 पौंड सोयाबीन इस्तेमाल किया।[9]

लेकिन सोया का सबसे बड़ा फ़ायदा, जिसने इसे स्वास्थ्य आहार की सबसे बड़ी वस्तु बना दिया, हाल ही में खोजा गया। इंसानों के लिए सोयाबीन प्रोटीन, कार्बोहाइड्रेट, रेशा, विटामिन और खनिज तत्वों का सबसे बढ़िया कम वसायुक्त स्त्रोत है। इसके अतिरिक्त सोया में बड़े चिकित्सीय गुण भी हैं, जो दुग्ध उत्पादों से होने वाली बहुत सी बीमारियों जैसे ओस्टियोपोरोसिस, हृदय रोग से लेकर कैंसर तक को रोक सकता है।

सोया में उच्च मात्रा में कैल्शियम होता है और दूध की तरह इसमें कैसीन प्रोटीन नहीं होता, जो हड्डियों से कैल्शियम के क्षरण का कारण बनता है। यही नहीं; सोया ने ओस्टियोपोरोसिस को हराकर भी दिखाया है, क्योंकि इसमें आइसोफ़्लेवोनेस पाया जाता है, जो हड्डियों के खनिज तत्व और हड्डी घनत्व को बढ़ाता है।[10] *आइसोफ़्लेवोन* एक रंगहीन कार्बनिक यौगिक (कीटोन) है; जो पेड़ों में इतनी पर्याप्त मात्रा में होता है कि जानवरों के अंतःस्त्रावी तंत्र (endocrine system) पर प्रभाव डाल सके। अन्य सोया आइसोफ़्लेवोन जेनिस्टीन, परखनलियों में जीवित कैंसर कोशिकाओं पर डाले जाने पर कैंसर कोशिकाओं की वृद्धि रोक देता है। दूसरे सोया आइसोफ़्लेवोन रजोनिवृत्ति वाली महिला के गर्म उद्वेगों की संख्या और असर को कम करता है। इसी तरह का प्रभाव एस्ट्रोजन-रिप्लेसमेंट थैरेपी में भी देखा जाता है। सोया में मौजूद प्रोटीन का बचावकारी प्रभाव हृदय रोगों पर इतना ज़बर्दस्त है कि अक्टूबर 1999 में एफ़.डी.ए. ने घोषणा की कि सोया निर्माता यह दावा कर सकते हैं कि "25 ग्राम सोया प्रोटीन रोज़ लेने से उपभोक्ता अपने (बुरे) कोलेस्टेरॉल को घटाकर हृदय रोग के ख़तरे को कम कर सकते हैं।" अमेरिकी हृदय संघ (ए.एच.ए.) ने एक साल बाद इसी दावे का समर्थन किया।

वज़न के मामले में सोयाबीन में बीफ़, मछली या चिकन से अधिक प्रोटीन पाया जाता है। साथ ही इसमें अल्प मात्रा में संतृप्त वसा जबकि कोलेस्टेरॉल बिल्कुल नहीं होता। इसके अलावा जो लोग अपने पशु प्रोटीन सेवन की मात्रा को कम या ख़त्म करना चाहते हैं, उनके लिए सोया प्रोटीन एकमात्र "संपूर्ण" शाकाहारी प्रोटीन है। जैसा कि पहले बताया जा चुका है, मानव को प्रोटीन से 20 मौलिक अमीनो एसिड चाहिए होते हैं, जिनमें से 11 हमारा शरीर ख़ुद बना सकता है। बाक़ी नौ हमें अपने भोजन से आवश्यक रूप से लेने होते हैं। सोया प्रोटीन बाक़ी पूरे नौ प्रोटीन उपलब्ध कराता है और इसे उतना ही संपूर्ण बनाता है, जैसे दूध या मांस उत्पादों में प्रोटीन पाया जाता है– लेकिन हॉर्मोन, संतृप्त वसा, कैलोरी और हमारे पर्यावरण पर घातक असर बिना।

सोयाबीन तथा सोया पेय चीन में 5,000 सालों से उगाए और बनाए जा रहे हैं और सदियों से एशियावासी इसका आनंद ले रहे हैं। पश्चिम में, दूध (milk) शब्द 12वीं शताब्दी से इस्तेमाल हो रहा है जिसका अर्थ है "मादा के स्तनों से निकलने वाला ऐसा द्रव्य जो उनके बच्चे के पोषण के काम आता है या अनाज की कच्ची बाली का एक अवयव।"[11] लेकिन यह सब भी फ़रवरी 2000 में गौ दूध उत्पादकों को एफ़.डी.ए. में एक अर्जी दाख़िल करने की धृष्टता से नहीं रोक सका। इसमें कहा गया था कि सोया दूध निर्माताओं को अपने विज्ञापनों में *मिल्क* शब्द का प्रयोग करने से रोका जाए – इसमें दावा किया गया कि "'मिल्क' मानकता की पहचान है, जो दर्शाता है कि यह डेयरी की गाय से लिया गया है।"[12] यदि एफ़.डी.ए. पर गाय के दूध और दुग्ध विज्ञापनों की सच्चाई बताने पर ज़ोर दिया जाए तो उसे नियम बनाना चाहिए कि गाय के दूध पर 'गाय का पस' और कार्टन पर चेतावनी लगी होनी चाहिए जैसी सिगरेट के हर पैकेट पर लिखी होती है (जैसे- "सर्जन जनरल ने यह पता लगाया है कि गाय का दूध पीने से मनुष्य को एलर्जी, क़ब्ज़, गैस, बैक्टीरिया संक्रमण, ओस्टियोपोरोसिस, मोटापा, हृदय रोग और कैंसर हो सकते हैं")।

बहुत से रसूखदार अमेरिकी जो महँगे रेस्तराँ में खाना खाते रहे हैं, पहले से सोयाबीन पसंद करते आ रहे हैं, लेकिन वे इसे जानते भी नहीं हैं। हरी 'स्नैप बीन्स' महँगे रेस्तराँ में भूख बढ़ाने वाले आहार के

तौर पर परोसी जाती रही है, जिसे *ऐडामामे* कहा जाता है। वह और कुछ नहीं, बल्कि उबले हुए विशुद्ध सोयाबीन होते हैं। एडामामे में तकनीकी रूप से उस विशेष सोयाबीन का नाम है, जिसे पूरा पकने से ठीक पहले ही काट लिया जाता है। ज़्यादातर भोजनप्रेमी जब अपनी मछली का इंतज़ार करते हुए इसे यूँ ही चबाते रहते हैं, तब दरअसल वे एडामामे के रूप में मछली से ज़्यादा प्रोटीन व पोषणयुक्त पदार्थ खा रहे होते हैं - आश्चर्यजनक रूप से 22 ग्राम प्रति कप। हालाँकि इस वक़्त अमेरिकी कृषि में एडामामे बहुत छोटे से भूभाग में उगाई जाती है, लेकिन यह बेहद लाभदायक फ़सल है और जब लोग इसके बारे में जान जाएँगे तो इसकी खेती कई गुना बढ़ जाने की उम्मीद है।

वैज्ञानिक नज़रिए से, सोया भोजन को अब तक बतौर स्वास्थ्य चमत्कारी उत्पाद पूरा ज़ोर पकड़ लेना चाहिए था। दुर्भाग्य से विज्ञान का पश्चिमी आहार से बहुत कम लेना-देना है। जब बात भोजन की आती है, तो हम रीतियाँ, स्वाद और सुविधा के झाँसे में आ जाते हैं।

बहुत से लोग नए भोजन को आज़माने के इच्छुक नहीं होते, वे कुछ चिर-परिचित ढूँढ़ते हैं और रोज़ सुबह एक गिलास दूध या लंच में चीज़ बर्गर की उम्मीद करते हैं। हम में से जो लोग नए भोजन आज़माने के इच्छुक होते हैं वे अक्सर तुरंत शानदार स्वाद वाला भोजन चाहते हैं न कि बाद में दीर्घकालिक अच्छा परिणाम देने वाला। भले ही सोया उत्पाद हमसे परिचित हों और उनका स्वाद भी अच्छा हो, लेकिन उन्हें मैकडोनल्ड्स के बिग मैक या कोका-कोला की ही तरह सहज उपलब्ध होना होगा। तब वे हमारे औसत आहार पर सही प्रभाव डाल सकेंगे।

कुछ स्वास्थ्य क्रांतियाँ वास्तव में ठीक इसी तरह के प्रभाव तीनों ही क्षेत्रों - रीति, स्वाद और सुविधा - में बनाने में जुटी हैं। इनमें से कुछ क्रांतियों ने हमारे भोजन उद्योग के सबसे बड़े हिस्से में पहले ही घेराबंदी कर दी है, जैसे 500 अरब डॉलर का फ़ूड प्रोसेसिंग व्यापार। ख़ुशक़िस्मती से अभी शुरुआत कर रहे स्वास्थ्य

उद्यमी तो बस अभी उस सतह को खुरच ही पाए हैं, जिसमें हमारे हानिप्रद भोजन के स्वास्थ्य विकल्पों का विकास किया जाना है।

सोया चमत्कार : "सही आजीविका" का निर्माण करना

सन् 1970 में जब स्टीव डेमोस ओहियो की बाउलिंग ग्रीन यूनिवर्सिटी से हुए, तो वे हर वह चीज़ जानते थे जो वे अपने जीने के लिए *नहीं करना* चाहते थे। हालाँकि, उनकी पीढ़ी के बहुत से युवाओं की तरह ही, वे भी नहीं जानते थे कि वे क्या करना चाहते थे। इसलिए उन्होंने सबकुछ छोड़कर पूरे चार साल भारत भ्रमण का निर्णय लिया। वहाँ वे शाकाहारी बन गए और उनमें "सही आजीविका" के निर्माण की इच्छा को आकार दिया, जहाँ व्यापार में सुनहरा नियम लागू किया जा सकता था। उनके अपने शब्दों में, इसका अर्थ था :

"जो भी राजस्व की धारा को छूता है, वह समाज के लिए कुछ भला कर रहा है।"

जब स्टीव अमेरिका लौटे, तो वे कोलोरेडो के बाउल्डर में आ बसे। यहाँ उन्होंने सोया उत्पादों से स्वास्थ्यवर्धक शाकाहारी खाद्य पदार्थ बनाने का व्यापार करने का निर्णय लिया, जिसमें वे अपने "उचित आजीविका" वाले दर्शन को पूरी तरह लागू कर सकते थे।

अन्य उद्यमियों की तरह स्टीव ने भी कई विकल्पों को आज़माया, इसके बाद एक चीज़ ने उन्हें मशहूर कर दिया।

उन्होंने एक प्राकृतिक नट बटर कंपनी की शुरुआत की, जिसका नाम था नैचुरली नट्स। उन्होंने द काऊ ऑफ़ चाइना नाम से एक शाकाहारी स्वादिष्ट वस्तुओं की दुकान भी चलाई। और उन्होंने व्हाइट वेव टोफ़ू भी शुरू की, जो आज दुनिया की सबसे बड़ी सोया खाद्य और

सोया दूध कंपनी है।

व्हाइट वेव टोफ़ू (अब व्हाइट वेव इंक.) ने अपनी पहली बिक्री 27 सितंबर, 1977 के दिन सुबह 11:30 बजे की। टोफ़ू, जिसे *बीन कर्ड* भी कहा जाता है, नर्म, फेंटा हुआ, कस्टर्ड की तरह सोयाबीन को पीसकर बनाया हुआ खाद्य पदार्थ होता है। स्टीव ने अपने पड़ोसी से 500 डॉलर उधार लेकर अपने अपार्टमेंट के किचन में टोफ़ू बनाई और कंपनी की शुरुआत की। व्हाइट वेव अगले 20 सालों तक विभिन्न सोया उत्पाद बनाकर साथ-साथ चलती रही। सन् 1996 तक इसकी बिक्री 60 लाख डॉलर तक पहुँच गई। उन सालों के दौरान बहुत से उत्पाद आज़माए गए और बीच-बीच में बंद कर दिए गए। जैसे पोलर बीन (सोया) आइसक्रीम और टोफ़्रूज़ेन थे। ये ऐसे उत्पाद थे जिन्हें स्टीव सालों तक समझ नहीं पाए कि बेहद पसंद किए जाएँगे, लेकिन उस दौर में वे अपने समय से बहुत आगे थे।

"धीरे-धीरे अमीर बनो" दर्शन की सफलता, जिसने व्हाइट वेव को दो दशकों तक लगातार बनाए रखा, 1996 में स्टीव को समझ आया कि पैकेटबंद टोफ़ू और टेम्पे जैसे सोया खाद्य पदार्थ संभवत: समाज पर वह प्रभाव कभी नहीं छोड़ पाएँ, जिसका सपना उन्होंने कंपनी शुरू करते वक़्त देखा था।

सोया का बाज़ार बहुत संकीर्ण नज़र आ रहा था, जो सिर्फ़ उन लोगों तक सीमित था, जो पहले से उसके बारे में जानते थे। इसके मद्देनज़र कंपनी ने वेजी बर्गर, टोफ़ू हॉटडॉग, आइसक्रीम और न जाने कितने उपाय आज़माए ताकि अमेरिकी लोग सोया को अपनाएँ। उन सालों में स्टीव ने महसूस किया कि वे जिस उत्पाद की खोज कर रहे हैं, वह ऐसा होना चाहिए जिसमें उपभोक्ता को शिक्षित करने की ज़रूरत न पड़े। वह एक ऐसा उत्पाद हो जिसके बारे में "सोचना न पड़े" जिसमें "ताज़गी, अपनापन और सुविधा के गुण हों।" स्टीव ने उस साल के आख़िर में इन सभी बातों को ध्यान में रखते हुए सिल्क सोया® नामक मिल्क बाज़ार में उतारा।

पूर्णत: ऑर्गेनिक रूप से उगाए गए सोयाबीन से बना बहुत ताज़ा

सोया मिल्क *सिल्क* पैक किए हुए दिन ही बेचा जाता था, फ्रिज में रखने लायक़ कार्टन में रखा जा सकता था, और आम दूध के आधे या चौथाई गैलन जैसे पैक में उपलब्ध था। यह सामान्य, वैनीला, चॉकलेट, चाय और मोचा स्वादों में उपलब्ध था – और साथ में सादा और फ्रैंच वनीला स्वाद *सिल्क* क्रीमर भी उपलब्ध था। उपभोक्ता के लिए यह 'ताज़ा, परिचित और सुविधापूर्ण' था, ख़ासकर जबसे यह 91 प्रतिशत अमेरिकी बाज़ार में उपलब्ध था।

सन् 1997 में, सिल्क को बाज़ार में उतारने के तुरंत बाद व्हाइट वेव्स की बिक्री 37 प्रतिशत यानी 60 लाख डॉलर से 82 लाख डॉलर तक पहुँच गई। सिल्क के नेतृत्व में बिक्री 1998 में 24 प्रतिशत बढ़कर 1.02 करोड़ डॉलर और 1999 में 39 प्रतिशत बढ़कर 1.42 करोड़ डॉलर तक पहुँच गई। इस बीच एफ़.डी.ए. और अन्य ने सोया उत्पाद के फ़ायदों की दलाली करना शुरू कर दी, जिससे सोया प्रोडक्ट की बिक्री दोगुनी से अधिक हो गई। इस तरह यह सन् 2000 में 2.96 करोड़ डॉलर और 2001 में लगभग तीन गुना बढ़कर 8.05 करोड़ डॉलर हो गई। सन् 2002 में कंपनी की बिक्री में 14 करोड़ डॉलर से ज़्यादा उम्मीद की जा रही थी। इसी के साथ कुछ विश्लेषकों ने यह भविष्यवाणी करना शुरू कर दिया कि पहली 1 अरब डॉलर स्वास्थ्य भोजन कंपनी बस अब कुछ ही दूर है।[13] *सिल्क* आज पूरी कंपनी की बिक्री का 92 प्रतिशत व्यवसाय कर रहा है।

जब मैंने साक्षात्कार के लिए व्हाइट वेव के मुख्य नंबर पर पहली बार फ़ोन लगाया, तो कंपनी के वॉइस मेल पर स्टीव की आवाज़ ने मेरा स्वागत किया : "व्हाइट वेव्स में आपका स्वागत है। मैं कंपनी का प्रेसीडेंट स्टीव डेमोस हूँ। आगे प्रस्तुत मेन्यू आपकी मदद करेगा।" चूँकि साक्षात्कार के लिए फ़ोन करने से पहले मैं स्टीव के बारे में पढ़ चुका था और सी.एन.एन. और अन्य जगहों पर उनकी प्रस्तुति के टैप्स देख चुका था, इसलिए मुझे उनकी विनम्रतापूर्ण आवाज़ पर आश्चर्य नहीं हुआ, जो *सिल्क* की अप्रतिम सफलता को दर्शाती थी। *सिल्क* के बारे में स्टीव कहते थे "मार्केट तैयार था, कोई प्रतिस्पर्धी नहीं था और हमारे पास सभी तत्व थे।"

मैं पिछली सामाजिक रूढ़ियों का बलिदान कर आधुनिक कारोबार की भाषा इतनी कुशलता से बोलने वाले व्यवसायी से मिलकर आश्चर्यचकित रह गया - इतना कि मुझे लगा जैसे मैं किसी फ़ॉर्च्यून 500 के सी.ई.ओ. या व्हार्टन के किसी प्रोफ़ेसर या एन.वाई.यू. बिज़नेस स्कूल के प्रोफ़ेसर से बात कर रहा हूँ। जब मैंने इस बात पर उनकी तारीफ़ की, तो वे बोले, "यदि आप सचमुच और पूरी शिद्दत से अपने लक्ष्य को पाने के लिए वचनबद्ध हैं तो आप भाषा के साथ सामंजस्य बैठा लेते हैं।"

लेकिन स्टीव ने 21वीं सदी की व्यापारिक भाषा सीखने से बहुत ज़्यादा किया था। उन्हें इसके उच्चतम स्तर पर जाकर महारथ हासिल थी - ऐसा स्तर जो आमतौर पर खाद्य कंपनी या शुरुआती उद्यमी में नहीं पाया जाता।

स्टीव के मुताबिक़, "अधिकांश उद्यमी सफलता नहीं, असफलता के लिए तैयार होते हैं। इसलिए जब वे सफल होते हैं, वे अपना व्यापार प्रतिद्वंद्वी को सौंपकर हार मान लेते हैं।"

सन् 1998 में स्टीव को महसूस हुआ कि उनके हाथ में बाघ की पूँछ है, बस फिर उन्होंने सफलता की तैयारी शुरू कर दी। सबसे पहले, व्हाइट वेव्स ने निवेशकों के तौर पर कई रणनीतिक लक्ष्यों की पहचान की - ऐसे लक्ष्य जो उन्हें पूँजी और कार्यान्वयन सहारा दे सकते थे, यदि *सिल्क* की बिक्री इसी तर्ज़ पर बढ़ती रहती। फिर इस उद्योग में पर्याप्त लक्ष्य पहचानने के बाद व्हाइट वेव्स ने वाणिज्यिक आदान-प्रदान के लिए एक निवेशक बैंकर नियुक्त किया और कंपनी का एक छोटा सा हिस्सा 1.5 करोड़ डॉलर में अमेरिका की दूसरी सबसे बड़ी डेयरी को बेच दिया। लेकिन व्हाइट वेव्स ने अपने नए साझेदार के कार्यान्वयन स्रोतों का इस्तेमाल कभी नहीं किया।

इसके अलावा, स्टीव ने सिल्क निर्माण प्रक्रिया को डेयरी उद्योग और उससे भी ज़्यादा मुनाफ़ादायक शीतल पेय उद्योग दोनों के सर्वश्रेष्ठ पहलुओं पर आधारित वास्तविक प्रक्रिया में पुनर्व्यवस्थित किया। आज,

व्हाइट वेव्स बहुत उच्च गुणवत्ता के सोया मिल्क का उत्पादन करता है, जो न्यूजर्सी, कोलेराडो और उताह के 20,000 वर्ग.फ़ुट में फैली तीन सुविधा संपन्न व संयंत्रों से सुसज्जित कंपनियों में होता है। यह बहुमूल्य सत् इसके बाद ट्रकों में जहाज़ों द्वारा पाँच बड़ी डेरियों में पहुँचाया जाता है जहाँ सिल्क बनाया जाता है और पैकिंग की जाती है। उन सिल्क-डेरियों का चुनाव सावधानीपूर्वक यह ध्यान में रखकर किया जाता है, जहाँ यह व्हाइट वेव्स उनके लाभदायक उपभोक्ता और पूरे कारोबार का महत्वपूर्ण हिस्सा है। ये डेरियाँ न सिर्फ़ सिल्क के असीमित निर्माण को सुनिश्चित करती हैं, बल्कि उनके पास पहले से ही ट्रक और विक्रय संगठन हैं जो सिल्क को स्थानीय सुपरमार्केट तक पहुँचाते हैं। जैसा स्टीव बताते हैं, व्हाइट वेव्स के पास अब पूरा प्रारूप है – "हम अब 500 मील त्रिज्या वाले क्षेत्रफल में उत्पादन करते हैं, सुविधाएँ जुटाते हैं और फिर विस्तार करते हैं।"

हालाँकि आज ज़्यादातर लोग सिल्क को गाय के दूध के विकल्प के रूप में देखते हैं, लेकिन स्टीव ने कभी भी डेयरी को अपना प्रतिद्वंद्वी नहीं माना। "हम दूध का कोई विकल्प नहीं हैं", स्टीव कहते हैं, "हम एक चयन हैं। मैं डेयरी का प्रतिरोधी नहीं बनना चाहता – मैं इतना श्रेष्ठ होना चाहता हूँ, जहाँ कोई तुलना ही न हो। मैं कोका-कोला के बाद भी उतना ही हूँ जितना दूध के बाद हूँ।" इस सिलसिले में, व्हाइट वेव्स का सबसे नया उत्पाद 11 औंस की सिल्क सोया मिल्क की प्लास्टिक बोतल हैं, जो किसी शीतल पेय की ही तरह पैक की गई हैं। इन्हें 120 दिन तक बिना फ्रिज के रखा जा सकता है। अमेरिका में एक औसत व्यक्ति 24.2 गैलन गाय के दूध का प्रतिवर्ष सेवन कर लेता है, और यही औसत व्यक्ति प्रति वर्ष 54.6 गैलन शीतल पेय का उपभोग भी करता है।

शाकाहारी बर्गर का चमत्कार : स्वास्थ्य चेतावनी की कहानी

स्टीव डेमोस की यह चिंता कि आप सफलता अर्जित करने के बाद अपना स्वास्थ्य व्यवसाय अपने प्रतिद्वंद्वी को सौंप दें, सही खोज है। उद्यमियों को सफलता के लिए तैयार होना ही होगा।

प्रसिद्ध शाकाहारी शेफ़, लेखक और गार्डनबर्गर, इंक. के संस्थापक पॉल वेनर की कहानी में स्वास्थ्य उद्यमियों के लिए महत्वपूर्ण सीख है। यह पुस्तक लिखे जाते वक़्त वेनर और उनकी कंपनी शाकाहारी बर्गर के बाज़ार में सिरमौर रहने के बाद प्रतिद्वंद्वी के सामने आर्थिक रूप से घाटे में जाती नज़र आ रही थी। इसके बावजूद, पॉल वेनर एक सच्चे स्वास्थ्य क्रांतिकारी हैं जिन्होंने लाखों लोगों के जीवन में सकारात्मक योगदान दिया और देते रहेंगे।

पॉल वेनर ने स्वास्थ्य क्रांतिकारी या महान सफलता पाने के लिए शुरुआत नहीं की थी। उन्होंने सोचा था कि आख़िर उनके जीवनभर का सपना 1981 में जाकर पूरा हुआ, जब उन्होंने ओरेगॉन, ग्रेशाम में गार्डनहाउस रेस्टोरेंट नाम से अपना शाकाहारी रेस्तराँ खोला। जैसा कि उन्होंने अपनी पुस्तक में विस्तार से बताया है, "अन्य सभी रेस्तराँ मालिकों की तरह मेरा भी जल्द ही इस बात से सामना हुआ कि बची हुई चीज़ों का क्या किया जाए। मेरा समाधान थी वह चीज़ जिसे मैंने नाम दिया 'गार्डनलोफ़ सैंडविच' जो बची हुई सब्ज़ियों और पिलाफ़[14] से बनी होती थी। बाद में मुझे तरकीब सूझी कि मैं लोफ़ को स्लाइस में काटूँ, जो पैटीज़ की तरह दिखता हो - और इस तरह अचानक गार्डनबर्गर का जन्म हुआ।" जल्द ही हर दो में से एक लंच जो उसके रेस्तराँ में बिकता था वह गार्डनबर्गर ही होता था।[15]

फिर, 1984 में बाज़ार की मंदी का ओरेगॉन पर असर हुआ और उसका रेस्तराँ बंद हो गया। पॉल ने सोचा यह दुनिया का अंत था, हालाँकि जैसा कि वे अब प्रतिक्रिया देते हैं, वह "सर्वश्रेष्ठ चीज़ थी, जो हो सकती थी।" उपभोक्ता अब भी फ़ोन करके पूछते थे कि वे अब भी गार्डनबर्गर कहाँ से ख़रीद सकते हैं, और एक दिन पॉल की बहन ने अपनी कंपनी के सी.ई.ओ. के साथ बैठक की और ग्राहकों को गार्डनबर्गर की आपूर्ति करने के लिए व्यापार में पैसा लगाने पर विचार किया। सी.ई.ओ. ने गार्डनबर्गर आज़माया, पॉल को व्यापार शुरू करने के लिए 60,000 डॉलर की पेशकश की और पूछा, "यह कंपनी कब तक पैसा बनाने लगेगी?" पॉल को सचमुच कुछ अंदाज़ा नहीं था, इसलिए उन्होंने जबाव दिया, "13 महीनों में।" उन्होंने ऐसा इस आधार पर कहा, क्योंकि यदि वे पूरे एक साल बाद भी पैसा नहीं बना पाते, तो वे इसे

कभी भी चला नहीं पाएँगे।

जैसे-जैसे गार्डनबर्गर बढ़ा, पॉल ने हर नाकामी भरे अनुभव को सकारात्मक अनुभव में बदलना सीखा। जब 10 में से 9 रेस्तराँ मालिक उनसे कहते, "हमारे पास एक भी शाकाहारी नहीं आता है", तो उनका जवाब होता, "शायद इसलिए क्योंकि आपके मेन्यू में कुछ भी शाकाहारी नहीं है।"

सन् 1992 में कंपनी पब्लिक लिमिटेड हो गई और पॉल वैनर रोज़मर्रा के प्रबंधन से हटकर 1995 में खाद्य उद्योग में पेशेवर बन गए। उन्होंने बोर्ड में अपना स्थान बनाए रखा और चीफ़ क्रिएटिव अफ़सर का पद सँभाला। 1998 तक, गार्डनबर्गर, इंक.[16] ने सैकड़ों करोड़ गार्डनबर्गर बेचे और कंपनी के उत्पाद दुनिया के सुपरमार्केट और प्राकृतिक भोजन स्टोर में वितरित किए गए।

दुर्भाग्य से, गार्डनबर्गर जिस तेज़ी से बढ़ा, उतनी तेज़ी से यह उस माँग को पूरा नहीं कर पाया, जिसके लिए वेनर ने शुरुआत की थी। 1993 में फ़ोर्ट लॉडरडेल, फ़्लोरिडा के एक अन्य रेस्तराँ मालिक ने तय किया कि वह भी एक स्वादिष्ट शाकाहारी बर्गर बना सकता है। उसने बोका फ़ूड्स शुरू किया - जो 1998 तक ग्राउंड बीफ़, चिकन, सॉसेज़ और अन्य मांस उत्पादों का शाकाहारी विकल्प बना रहा था। एक और प्रतिद्वंद्वी वोरथिंगटन फ़ूड्स ने भी "मांसरहित मांस" के मार्केट में पूरी तरह सोया आधारित उत्पादों की श्रृँखला पेश कर मॉर्निंगस्टार नाम से प्रवेश किया।

हालाँकि गार्डनबर्गर 1998 में 10.01 करोड़ डॉलर की बिक्री पर पहुँच चुका था, लेकिन यह मांसरहित शाकाहारी विकल्पों के बाज़ार का सिर्फ़ पाँचवाँ हिस्सा था।

गार्डनबर्गर को चलाने वाले खाद्य उद्योग के पेशेवर इस बात से निश्चिंत थे कि उन्हें बस कुछ अधिक जागरूकता तथा अपने उत्पादों के परीक्षणों की ज़रूरत है, इससे पहले कि कोई और आकर उनके

भावी ग्राहकों पर क़ब्ज़ा जमा ले। सन् 1998 में, गार्डनबर्गर ने *सीनफ़ील्ड* की आख़िरी कड़ी में विज्ञापन के लिए 15 लाख डॉलर ख़र्च किए। हालाँकि विज्ञापन रिकॉर्ड तोड़ 10.40 करोड़ दर्शकों ने देखा, लेकिन आलोचकों ने दावा किया कि बहुत सारा फ़ायदा तो गार्डनबर्गर के प्रतिद्वंद्वियों को चला गया, जिन्होंने अगले दिन स्टोर्स में बिक्री बढ़ने की बात स्वीकारी। अपनी 10.01 करोड़ डॉलर की बिक्री को बनाए रखने के लिए सन् 1998 में गार्डनबर्गर ने विज्ञापन पर अविश्वसनीय रूप से 1.5 करोड़ डॉलर ख़र्च किए, और तय किया कि अंश पूँजी बढ़ाकर इस तरह का ख़र्च जारी रखेंगे। सन् 1999 में कंपनी ने 3.25 करोड़ डॉलर के प्रिफ़र्ड शेयर बेच दिए - लेकिन उस साल उसकी बिक्री 12 प्रतिशत गिरकर 8.88 करोड़ डॉलर पर आ गई। बिक्री सन् 2000 तक अतिरिक्त 21 प्रतिशत गिरकर 7.1 करोड़ डॉलर हो गई और कंपनी को 3.27 करोड़ डॉलर यानी 3.67 डॉलर प्रति शेयर का घाटा हुआ।

इन हालात को और बुरा बनाने के लिए सन् 1999 में कैलॉग इंक. (9 अरब डॉलर की बिक्री) ने 30.70 करोड़ डॉलर में प्रतिद्वंद्वी वोरथिंगटन फ़ूड्स को ख़रीद लिया, और सन् 2000 में सिगरेट निर्माता फ़िलिप मोरिस (80 अरब डॉलर की बिक्री) ने बोका फ़ूड्स को ख़रीद लिया। वॉल स्ट्रीट का इस बात से विश्वास उठ गया कि गार्डनबर्गर कभी इतने मज़बूत प्रतिद्वंद्वियों के सामने वापस भी आ पाएगा और उसकी स्टॉक क़ीमत औंधे मुँह 18 डॉलर से 50 सेंट प्रति शेयर से भी कम पर आ गिरी। इसका परिणाम यह हुआ कि गार्डनबर्गर नस्दक[17] की सूची से बाहर हो गया। संभवतः सूची से बाहर होना कोई छुपा हुआ आशीर्वाद साबित हो, क्योंकि इसका नया सी.ई.ओ. अब अपना ध्यान कंपनी की स्टॉक क़ीमतों पर देने के बजाय इसे नया रूप देने पर केंद्रित करेगा, ताकि उसे एक लाभदायक व्यापार बना सके।

पॉल वेनर आजकल हवाई में एक नया शाकाहारी रेस्तराँ चला रहे हैं। उन्होंने हाल ही में *गार्डन क्विज़ीन* नामक अपनी पुस्तक पूरी की है, जो कुछ आत्मकथा, कुछ व्यापार कैसे शुरू करें, कुछ स्वस्थ शरीर कैसे पाएँ, कुछ पशुओं पर अत्याचार कैसे रोकें, और कुछ अपने पर्यावरण को कैसे बचाएँ के बारे में है। वेनर के पास अब भी 6,00,000 या अधिक शेयर गार्डनबर्गर इंक. के हैं, जिसकी इनसाइडर ट्रेडिंग रिपोर्ट

दर्शाती है कि 2001 के दौरान 0.47 डॉलर प्रति शेयर में भी बेचे गए।

वेनर का हिस्सा आज 1 से 1.5 करोड़ डॉलर से भी कम है, जिन पर कभी उनका अधिकार रहा था, लेकिन यह निजी नुक़सान बिल्कुल नगण्य हो जाता है जब हम करोड़ों शाकाहारी बर्गर बिकते देखते हैं और लाखों लोगों के जीवन पर वेनर के असर को देखते हैं।

रेस्तराँ उद्यमियों को क्या जानने की ज़रूरत है

वेनर के रेस्तराँ की तरह रेस्तराँओं ने शाकाहारी बर्गर से बढ़कर बड़ी चीज़ से समाज को परिचित कराया।

रेस्तराँ उद्योग अमेरिकी अर्थव्यवस्था की एक सबसे आकर्षक उद्यमी इकाई है - जो पिछले चार दशकों से लगातार नए उत्पादों और नवाचार की धारणा से परिचित करा रही है। पिछले 40 वर्षों में इस उद्योग का बढ़ना इस बात को दिखाता है कि अगले दशक के दौरान स्वास्थ्य उद्योग के लिए क्या संभव है।

सन् 1961 में, कुछ ही अमेरिकी अपने घर से बाहर भोजन करते थे और अमेरिकी रेस्तराँओं की कुल बिक्री 20 अरब डॉलर से भी कम थी। आज, लगभग आधे अमेरिकी रोज़ घर से बाहर भोजन करते हैं और सन् 2001 में रेस्तराँओं की कुल बिक्री 400 अरब डॉलर थी। 1961 में यदि कोई इस बिक्री के बीस गुना बढ़ने की भविष्यवाणी करता तो आप संभवत: निम्न वजहों से उस पर विश्वास नहीं करते।

पहला (आपने 1961 में सोचा होता), सिर्फ़ बहुत धनी लोग ही आधे समय भोजन घर से बाहर खा सकते हैं। हालाँकि विकसित होती तकनीक ने उत्पादन क़ीमतें सन् 2001 तक इतनी गिरा दीं कि अक्सर घर में भोजन करने से सस्ता बाहर जाकर खाना पड़ने लगा।

दूसरा (आपने 1961 में सोचा होता) कि कई लोग एक ही समय

बैठकर भोजन कर सकें, इतने रेस्तराँ अमेरिका में नहीं हैं। हालाँकि 40 सालों में दसियों हज़ार शॉपिंग सेंटर ऐसे बन गए कि अमेरिका में आज 8,44,000 भोजन संस्थान मौजूद हैं।

तीसरा (आपने 1961 में सोचा होता), लोग इतना ज़्यादा बाहर खाकर ऊब जाएँगे, क्योंकि उस वक़्त तक सिर्फ़ तीन मौलिक क्विज़ीन (डिनर, कैफ़ेटेरिया और फ़्रैंच) ही उपलब्ध थे। हालाँकि सन् 2001 तक सैकड़ों क़िस्म के रेस्तराँ अस्तित्व में आ गए, जिनमें बहुत सी जगह विशेष जैसे थाइलैंड के थे, जो 1961 में स्वतंत्र देश के नाम से भी नहीं जाना जाता था।

चौथा (आपने 1961 में सोचा होता), रेस्तराँ में बहुत से काम करने वालों की ज़रूरत होती है और अमेरिका में इतने संस्थानों में काम करने लायक़ पर्याप्त लोग ही नहीं हैं। हालाँकि विकसित होती तकनीक के कारण निर्माताओं ने दसियों लाख लोगों को काम से मुक्त कर दिया, हालाँकि वे अब भी उपभोक्ताओं की सेवा करने की स्थिति में थे। सन् 2001 तक यही 1.13 करोड़ कर्मचारी रेस्तराँ उद्योग में काम करने पहुँच गए। अमेरिका में रेस्तराँ उद्योग आज निजी क्षेत्र में रोज़गार देने वाला सबसे बड़ा उद्योग है।

पाँचवाँ और अंतिम, भले ही आप पहले से कम क़ीमतों, बढ़ी तादाद में भोजन संस्थानों, क्विज़ीन की अनगिनत क़िस्मों और उपलब्ध कर्मचारियों के अविश्वसनीय बदलावों को देख पाने में समर्थ होते, लेकिन आपने सन् 1961 में शायद ही यह सोचा होता कि लोगों के पास इतनी बार खाने के लिए वक़्त ही नहीं होगा। दरअसल, 1960 के दशक में रेस्तराँ की पूरी तरह से एक नई श्रेणी उभर आई, जो क़ीमतों, स्थान या उत्पत्ति के देश के नाम से नहीं, बल्कि अपनी सेवाओं की गति से परिभाषित होने लगी : फ़ास्ट फ़ूड रेस्तराँ।

अब रेस्तराँ की पसंद पर क़ीमत, स्थान, क्विज़ीन की क़िस्म, सेवा की रफ़्तार पर इसका चयन हावी है, लेकिन एक नए तरह के रेस्तराँ की पसंद विकसित हो रही है, जो कि कल के रे क्रॉक और डेव थॉमस के लिए क़िस्मत लेकर आएगी, जो अभी से उत्साही होकर इसमें कूद पड़े हैं और उपभोक्ता के अपने पास

आने का इंतज़ार कर रहे हैं।

यदि आपने पहले ही यह अंदाज़ा न लगाया हो, तो बिल्कुल यही चीज़ पॉल वेनर ने सन् 1981 में की, जब उन्होंने पूरी तरह स्वास्थ्य भोजन को ध्यान में रखकर रेस्तराँ खोलने का निर्णय लिया - हालाँकि वे वह चीज़ कर पाने के लिए अपने समय से बहुत ज़्यादा आगे थे, जैसा उन्होंने मूलतः सोचा कि वे काम करेंगे।

स्वास्थ्यप्रद क्विज़ीन वाले विशेष रेस्तराँ खोलने का यही सही समय है। इसका कारण यह है कि आज अमेरिकी रेस्तराँओं में 400 अरब डॉलर ख़र्च किए जाते हैं।

औसत अमेरिकी परिवार घर से बाहर भोजन करने पर अपने भोजन बजट का 45.6 प्रतिशत ख़र्च करता है, लेकिन 50,000 डॉलर या उससे ज़्यादा आमदनी वाले परिवार अपने भोजन बजट का *70 प्रतिशत* घर से बाहर बने भोजन पर ख़र्च करते हैं। ऐसे परिवार जिनकी आय 1,00,000 डॉलर से अधिक है, अपने रेस्तराँ भोजन बजट का 70 प्रतिशत से अधिक ख़र्च करते हैं। हालाँकि बेबी बूमर अमेरिकी आबादी का सिर्फ़ 28 प्रतिशत ही है, लेकिन 50,000 डॉलर से ऊपर आमदनी वाले बूमर्स की संख्या 40 प्रतिशत के ऊपर है और 1,00,000 डॉलर[18] से ऊपर आमदनी वाले बूमर्स की संख्या 60 प्रतिशत से अधिक है। प्रति व्यक्ति के आधार पर आज बूमर अपने माता-पिता की पीढ़ी की तुलना में घर से बाहर भोजन करने में दोगुना ज़्यादा ख़र्च करते हैं।

जैसा कि अध्याय 2 में बताया गया है, एकमात्र चीज़ जो आज की तारीख़ में भी बूमर्स को लुभाती है वह उन उत्पादों की इच्छा है जो उन्हें अपनी युवावस्था की याद दिलाते हैं। रेस्तराँओं में उनके लिए पसंद करने को बहुत कुछ नहीं रह गया है, उन कुछ संस्थानों को छोड़कर जिनमें कोई थीम होती या पुराने समय की यादों वाला मेन्यू होता है। लेकिन ज़रा सोचिए क्या होगा अगर ये बूमर्स स्वास्थ्यवर्धक क्विज़ीन वाले रेस्तराँ को पसंद करने लगें, जो वास्तव में उन्हें जवान बना दें या भविष्य में उन पर उम्र बढ़ने का असर न हो - क्विज़ीन जैसे

सिल्क सोया मिल्क या गार्डनबर्गर मांसरहित पैटीज़, या बस सादा क्विज़ीन जिसमें क्रीम या संतृप्त वसा बिल्कुल न हो।

तथ्यों से सबूत मिलता है कि बूमर्स ऐसे रेस्तराँओं की ओर खिंचे चले जाएँगे क्योंकि ऐसे पौष्टिक भोजन वाले रेस्तराँ पहले से ही लगभग हर शहर में हैं और अधिकांश उच्च श्रेणी संस्थानों ने अपने मेन्यू में एक या दो पौष्टिक या शाकाहारी चीज़ें जोड़ रखी हैं।

रेस्तराँ के मेन्यू में अनिच्छा से जोड़ी गई चीज़ों या तटीय प्रकार के भोजनों के बनिस्बत सन् 2010 तक पौष्टिक क्विज़ीन सर्वव्यापी होगा। जहाँ आज लोग स्वाद, क़ीमत और सुविधानुसार रेस्तराँ का चयन करते हैं, जल्द ही लाखों लोग स्वास्थ्यवर्धक क्विज़ीन या इस बात से रेस्तराँ का चयन करेंगे कि वे वहाँ खाने के बाद कैसा महसूस करते हैं।

आज, यह भविष्यवाणी पढ़कर आप संभवत: यह सोच सकते हैं कि उपभोक्ता कभी भी पौष्टिक क्विज़ीन की तरफ़ उमड़कर नहीं जाएँगे, क्योंकि इसे तैयार करने की लागत काफ़ी ज़्यादा आती है - हालाँकि जैसा इतिहास ने साबित किया है कि विकासशील तकनीक ने हमेशा उपभोक्ता की माँग वाले उत्पादों की क़ीमतों को कम किया है, ख़ासतौर पर खाद्य सेवा उद्योग के मामले में।

दूसरा, आप शायद यह सोच सकते हैं कि अब सैकड़ों हज़ार पौष्टिक भोजन वाले रेस्तराँ खोलने लायक़ पर्याप्त जगह नहीं बची है - हालाँकि अमेरिका में मौजूदा 8,44,000 रेस्तराँ या तो अपने मेन्यू को फिर से दुरुस्त करेंगे या अन्य मालिक जो यह करने के लिए तैयार हैं, के हाथों लीज़ खो बैठेंगे। अस्वाथ्यकर भोजन परोसने वाले रेस्तराँओं को ग्राहक अस्वीकार करने लगेंगे। साथ ही, आज के उच्चश्रेणी रेस्तराँ ग्राहक अपने बढ़े हुए वज़न को देखकर बाहर जाना कम कर देंगे। ये लाभदायक ग्राहक उनके पास और भी ज़्यादा आने लगेंगे, यदि उन्हें और भी पौष्टिक जगह पसंद करने के लिए दी जाएगी।

तीसरा, आप शायद यह सोच सकते हैं कि लोग बार-बार पौष्टिक भोजन खाकर ऊब जाएँगे - फिर भी सभी तरह के रेस्तराँ, फ़्रैंच से

लेकर इतालवी तथा थाई तक पौष्टिक मेन्यू को अपना रहे हैं और *पौष्टिक भोजन* शब्द जल्द ही खाने की क़िस्म के नाम पर किसी भी संस्थान में उतना ही अर्थहीन हो जाएगा जितना आज शब्द *रेस्टोरेंट* है।

चौथा, आप शायद यह सोच सकते हैं कि पौष्टिक भोजन स्वादिष्ट नहीं होता, फिर भी जब एक बार प्रसंस्करित खाद्य पदार्थों के कीटनाशक, उच्च मात्रा के सोडियम और ख़तरनाक रसायन आपके शरीर से निकल जाएँगे, तो आप विश्वास नहीं करेंगे कि आपके खाने में क्या कमी है। प्राकृतिक अवस्था वाले भोजन से स्वादिष्ट कहीं कुछ भी नहीं है - केले से लेकर ताज़ा अनाज से कच्ची सब्ज़ियों तक - लेकिन हमारी स्वाद ग्रंथियाँ प्रसंस्करित भोजन तैयार करने वाली कंपनियों द्वारा इतनी बदल दी गई हैं कि हममें से ज़्यादातर उनकी तारीफ़ करने में भी अक्षम हैं।

और अंततः, आप अब यदि मेरी क़ीमतों, स्थानों, क्विज़ीन की क़िस्म और सर्वश्रेष्ठ स्वाद की भविष्यवाणियों को मान भी लेते हैं, तो आप शायद सोचें कि इस तरह का बदलाव रेस्तराँ उद्योग में संभव नहीं, क्योंकि लोगों की भोजन करने की आदतें बुरी तरह से बिगड़ गई हैं - फिर भी समाज के खाने की आदतों में कुछ अलग ही मूलभूत बदलाव आने शुरू हो गए हैं, जिसकी शुरुआत अमेरिका में हो चुकी है।

हर जगह के उपभोक्ता जल्द ही यह समझने लगेंगे कि उन्होंने जो भोजन दिन में खाया है और जैसा उनके शरीर रात में महसूस करेंगे, इन दोनों में एक चिरस्थायी रिश्ता है। कल की बात तो छोड़ दीजिए।

'पेशेवराना ख़ूबसूरत' जैसा कि अध्याय 1 में समझाया गया है, पहले ही इस रिश्ते को समझ चुके हैं, क्योंकि वे शानदार रेस्तराँ में जाकर पहले पूरे मेन्यू की खोजबीन करते हैं। जब आप चारों तरफ़ देखेंगे, रात को प्रसारित होने वाले विज्ञापनों और आपके विचारों को प्रभावित करने और आकार देने वाले पैकेजिंग तक आप देख सकते हैं कि जल्द ही लोग हिप्पोक्रेट के सदियों पुराने विचार को गले लगाते दिखेंगे : 'भोजन को अपनी दवा बनने दो और दवा को अपना भोजन बनने दो।'

अगले अध्याय की ओर बढ़ने से पहले

उद्यमियों, निवेशकों और वितरकों के लिए कार्ययोजना

1. विश्लेषण कीजिए कि स्वास्थ्य उद्योग में आपके तीनों मौजूदा क्षेत्रों पर कृषि में आने वाले बदलावों का क्या असर होगा?
2. स्वास्थ्य उद्योग में आपके तीनों मौजूदा क्षेत्रों पर दुग्ध उत्पादों से उपभोक्ता के दूर हो जाने पर क्या उतार या चढ़ाव होंगे?
3. स्वास्थ्य उद्योग में आपके मौजूदा तीनों क्षेत्र अमेरिकी आहार में आने वाले बड़े बदलावों के लिए किस तरह से तैयार खड़े हैं?
4. स्टीव डेमोस (सिल्क सोयामिल्क) ने अमेरिकी आहार आदतों को बदलाव लाने में 21 असफल साल लगा दिए (लोगों को टोफ़ू खिलाने में)। फिर सन् 1997 में उन्हें सफलता हासिल हुई, जब उन्होंने ऐसा उत्पाद (सोयामिल्क) बनाया, जिसके लिए उपभोक्ताओं की आहार आदतें बदलने की ज़रूरत नहीं थी। विश्लेषण कीजिए कि स्वास्थ्य उद्योग में आपके मौजूदा तीनों क्षेत्र के लिए आपको कौन सी बड़ी आहार आदतों में बदलाव की ज़रूरत होगी। आप इन ज़रूरी बदलावों के लिए किस तरह की योजना बनाएँगे?
5. स्टीव डेमोस ने अपने सबसे बुरे दुश्मन (डेयरी) को अपना सबसे अच्छा साथी बना लिया - एक पौष्टिक वैकल्पिक दुग्ध उत्पाद बनाकर, जिसे डेरियाँ वितरित करती थीं। विश्लेषण कीजिए कि स्वास्थ्य उद्योग में मौजूदा तीनों क्षेत्र के लिए आप मौजूदा खाद्य कंपनी या उद्योग को अपने उत्पादों के वितरण में शामिल करने के लिए कैसे प्रेरित करते। आपके तीनों क्षेत्र किस तरह से रणनीतिक साझेदारों के विकास के लिए तैयार होते?
6. पॉल वेनर की गार्डनबर्गर इंक. दुर्भाग्य से प्रतिद्वंद्विता शुरू होने से पहले ही उपभोक्ता को आपूर्ति करने में विफल हो

गई। आपके तीनों क्षेत्र प्रतिद्वंद्वियों द्वारा निगले जाने से बचने के लिए किस तरह से तैयार हैं?

7. इसी मनोदशा में, आपके स्वास्थ्य व्यापार संभावनाओं के तीनों मौजूदा क्षेत्रों से कौन से उत्पाद विस्थापित होंगे और उनके निर्माता या उद्योग की आपके साथ या ख़िलाफ़ क्या प्रतिक्रिया होगी?
8. आपके प्रत्येक क्षेत्र के विकास या निवेश के तीनों क्षेत्रों पर सर्वव्यापी पौष्टिक भोजन के असर का विश्लेषण कीजिए – ख़ासतौर से यदि आपके तीन क्षेत्रों में से कोई एक रेस्तराँ व्यापार हो?

इन सवालों के आपके जवाबों के आधार पर स्वास्थ्य व्यापार संभावनाओं में चुने गए आपके तीनों क्षेत्रों को अलग-अलग छोड़ने या बदलने के बारे में सोचिए।

अध्याय-5

दवा में अपनी तक़दीर बनाना

अपने भोजन को अपनी दवा बनने दीजिए और
अपनी दवा को अपना भोजन।

- हिप्पोक्रैट्स (460-377 ई.पू.)

चिकित्सकीय स्वास्थ्य में ज़्यादातर तक़दीर उन लोगों की चमकेगी, जो बीमारी उद्योग से बाहर के होंगे। इस अध्याय में हम एक ऐसे सेल्समैन को परखेंगे जिसने मल्टीविटामिन का आविष्कार किया, दो ऐसे असामान्य डॉक्टरों को परखेंगे, जो पारंपरिक दवा से बाहर निकल आए और एक अद्‌भुत महिला एथलीट को भी, जिसने 10 करोड़ डॉलर का हेल्थ क्लब बिज़नेस खड़ा कर लिया।

बहुत से उपभोक्ता अभी भी ग़लतफ़हमी से यह सोचते हैं कि उनका चिकित्सकीय स्वास्थ्य पारंपरिक बीमारी प्रदाताओं - डॉक्टर, हॉस्पिटल और दवा कंपनियों से ही प्राप्त होना चाहिए। ऐसा इसलिए क्योंकि हर स्वास्थ्य उद्यमी के लिए यह अत्यंत आवश्यक हो जाता है कि हमारे शरीर को स्वस्थ, तंदुरुस्त और युवा बनाए रखने के लिए उसमें स्वास्थ्य चिकित्सा का इतिहास और वैज्ञानिक ज्ञान की वर्तमान

स्थिति का वर्णन करने की क़ाबिलियत होना चाहिए।

ब्लैक बॉक्स के भीतर की चीज़ के लिए खोज

हमारे अधिकांश इतिहास के दौरान मानव शरीर एक ब्लैक बॉक्स रहा है। ब्लैक बॉक्स कंप्यूटर या कार की तरह एक ऐसा यंत्र होता है, जो कुछ करता तो है, लेकिन उसकी अंदरूनी कार्यप्रणाली एक रहस्य होती है। ऐसा या तो इसलिए होता है कि इसकी अंदरूनी कार्यप्रणाली देखी नहीं जा सकती या इसलिए कि वह समझ के दायरे से बाहर होती है।[1]

दवा का इतिहास ब्लैक बॉक्स कहलाने वाले मानव शरीर के भीतर की वह खोज है, जिससे यह पता चलता है कि मानव शरीर के भीतर क्या है और यह कैसे काम करता है।

पाषाण युग में, लगभग पूरी मानव जाति कमज़ोर कर देने वाली बीमारी को कुछ ऐसी चीज़ मानकर स्वीकार कर लेती थी, जो किसी उच्च शक्ति द्वारा बिना किसी कारण और सामंजस्य के पैदा की गई है। लोग दवाइयों के जानकार नहीं थे और इसलिए यह उन पर कोई असर नहीं करती और न ही बदलाव ला सकती थी। जो कुछ संस्कृतियाँ दवा से उपचार करती थीं, वे मानती थीं कि बीमारी पैदा करने वाले शैतान को शरीर से बाहर निकालने में ही उपचार निहित है। कुछ तथाकथित उपचार करने वाले लोगों ने बढ़ा-चढ़ाकर कुछ रस्में और तकनीकें भी विकसित कर ली थीं : जैसे ट्रेपानिंग (खोपड़ी में छेद करना)।[2]

बाद के पुराकाल में मानव जाति ने यह विश्वास विकसित कर लिया कि बीमारियाँ अलौकिक शक्ति द्वारा दी गई सज़ा है और इनके श्राप से मुक्ति प्रार्थनाओं और उन कर्मों (उन कामों को न करने से) के प्रायश्चित से ही मिल सकती है, जिनकी वजह से भगवान नाराज़ हो गए हैं और उन्होंने ही यह बीमारी दी है। आप या आपके किसी प्रियजन द्वारा आप के कर्मों की सज़ा भुगतने का विचार भी मानव के सबसे दर्दनाक अनुभवों में से एक है, जो ज़्यादा दहशत भर देता था।

हिप्पोक्रैट्स : सबसे पहले स्वास्थ्य पेशेवर

इन दोनों मान्यताओं को ग़लत सिद्ध करने वाले प्रारंभिक व्यक्तियों में से एक थे यूनानी डॉक्टर, हिप्पोक्रैट्स (460–377 ई.पू.)। हिप्पोक्रैट्स आधुनिक चिकित्सा के संस्थापक माने जाते हैं।[3] हिप्पोक्रैट्स आज भी सबसे ज़्यादा हिप्पोक्रैटिक शपथ के लिए जाने जाते हैं, जो चिकित्सा के स्नातक पढ़ाई पूरी होने पर लेते हैं। दुर्भाग्य से, आज चिकित्सा अपने सबसे महत्वपूर्ण चिकित्सक के सबसे महत्वपूर्ण विश्वासों से बहुत दूर निकल आई है।

हिप्पोक्रैट्स ने शरीर को कार्य करने वाले हिस्सों के गठजोड़ के बजाय एक "पूर्ण" जीव माना था – जबकि आज आधुनिक चिकित्सा में अक्सर हर अंग या हर बीमारी को अलग मानकर उपचार किया जाता है। हिप्पोक्रैट्स ने हर मरीज़ का अध्ययन उनके काम से लेकर उनके आहार तक उसके वातावरण में ही किया। ऐसा करके, हिप्पोक्रैट्स ने जाना कि स्वास्थ्य एक प्राकृतिक अवस्था है, बीमारी अनियमित होती है और डॉक्टर की भूमिका प्रकृति की मदद करना था ताकि वह उसकी प्राकृतिक (यानी स्वस्थ) अवस्था में आ सके, लेकिन सबसे ज़्यादा महत्वपूर्ण।

हिप्पोक्रैट्स पहले डॉक्टर थे, जिन्होंने बीमारी को *रोकने* के साथ-साथ इसके उपचार पर भी ग़ौर किया। चिकित्सा के सभी क्षेत्रों में, उन्होंने पढ़ाया कि सही क़िस्म का पोषण और व्यायाम बीमारी से बचने और स्वास्थ्य को वापस पाने की सही कुंजी है। स्वास्थ्य और बीमारी चिकित्सा में यही मुख्य अंतर है : बचाव और रोकथाम।

आज हम चार्ल्स डार्विन की *थ्योरी ऑफ़ नैचुरल सिलेक्शन* से लेकर माइकल बेहे की *थ्यौरी ऑफ़ इंटेलिजेंट डिज़ाइन*[4] तक मानव विकास के बारे में जो कुछ जानते हैं उस पर विचार करने पर हिप्पोक्रैट्स की आहार और व्यायाम के प्रति शिक्षाएँ ज़्यादा तर्कसंगत लगती हैं। इस ग्रह पर हमारे शरीर का उद्‌भव प्राकृतिक अवस्था (यानी *अच्छे स्वास्थ्य*)

में रहने के लिए हुआ है, जो प्राकृतिक आहार और प्राकृतिक मात्रा में व्यायाम पर आधारित है। 99 प्रतिशत से अधिक मानव विकास और उसके अस्तित्व के लिए प्राकृतिक भोजन की ज़रूरत होती है, जिसमें कई क़िस्म के कार्बोहाइड्रेट्स, वसा, प्रोटीन, विटामिन और खनिज मौजूद हों, ये सब शाकाहारी भोजन में प्रचुर मात्रा में उपलब्ध होते थे। रोज़ लगातार भोजन और रहने की जगह खोजने में लगे रहने पर प्राकृतिक रूप से पर्याप्त शारीरिक व्यायाम हो जाया करता था।

यह देखना आसान है कि आज हम सेहत के मामले में इस आदर्श प्रकृति से कितना दूर आ चुके हैं। हमारा पश्चिमी खान-पान हमारे जैविक पूर्वजों से बहुत अलग हो चुका है। इसमें बहुत ज़्यादा वसा है और आवश्यक विटामिन तथा खनिज बहुत कम। इसी तरह, हममें से कुछ ही लोग दिन भर में उतना व्यायाम कर पाते हैं, जितना हमारे पूर्वज प्राकृतिक रूप से भोजन और रहने की जगह तलाशने में ही कर लेते थे।

हमारा सीमित नज़रिया

जॉन गॉडफ्रे साक्से (1816-1887) की नीतिकथा *The Blind Man and the Elephant* में छह नेत्रहीनों का सामना पहली बार एक हाथी से होता है। पहला उसे बग़ल से छूकर दावा करता है, "हाथी दीवार जैसा होता है।" दूसरा, उसके दाँत छूकर कहता है, "हाथी भाले जैसा होता है।" तीसरा, उसकी सूँड छूकर दावा करता है, "हाथी साँप की तरह होता है।" चौथा, पैर को छूकर कहता है, "हाथी बहुत कुछ पेड़ जैसा होता है।" पाँचवाँ, कान छूकर दावा करता है कि "हाथी पंखे जैसा होता है।" और छठा उसकी पूँछ छूकर दावा करता है, "हाथी बहुत कुछ रस्सी जैसा होता है।" हर नेत्रहीन निश्चिंत रहता है कि सिर्फ़ वही हाथी की सही प्रकृति जानता है।

पूरे इतिहास में, हर सभ्यता में सभी पुरुष और स्त्री चिकित्सक यही सोचते रहे कि आख़िरकार मानव ने ब्लैक बॉक्स और उसकी कार्यप्रणाली को समझ लिया है। यदि हम अतीत में झाँकें, तो देख सकते हैं कि वे सभी उन छह नेत्रहीनों जितने ही

मूर्ख थे, क्योंकि परीक्षण के लिए उपलब्ध सीमित साधनों से उनकी दृष्टि उतनी ही सीमित थी।

वैसे भी, हर बार जब एक नए औज़ार की मदद से वैज्ञानिक ब्लैक बॉक्स को यह सोचकर खोलने जाते थे कि शायद यह अंतिम हो, लेकिन उन्हें एक दूसरा ब्लैक बॉक्स दिखाई दे जाता था, जो पहले किसी की जानकारी में ही नहीं था और खुलने के लिए नए औज़ारों का इंतज़ार कर रहा था।[5]

शुरुआती वैज्ञानिक मानते थे कि सभी पदार्थ चार "तत्वों" – मिट्टी, वायु, अग्नि और जल – से मिलकर बने थे, क्योंकि सिर्फ़ यही चीज़ें वे अपनी आँखों से देख सकते थे। अनुभवहीन जीवविज्ञानी मानते थे कि सभी जीवित शरीर केवल उसी से नियंत्रित होते हैं जो वे देख सकते थे – यानी, रक्त, पीला पित्त, काला पित्त और कफ़ के चार दोष। वे मानते थे कि सभी बीमारियाँ इनमें से किसी एक दोष में बढ़ोतरी पर होती हैं। आमतौर पर अंग विच्छेदन वर्जित था, और इसलिए परीक्षण के लिए औज़ार सीमित थे।

हिप्पोक्रैट्स के समय से लेकर उन्नीसवीं सदी तक, चिकित्सा ने इस बात पर बहुत ज़्यादा ध्यान नहीं दिया कि कोई चीज़ *क्यों* काम करती है। चिकित्सा अधिकांशतः कोशिश और ग़लती उपचार तथा परीक्षण के माध्यम से सिर्फ़ इसी खोज पर केंद्रित रहती थी कि *क्या* काम कर जाता है।

जब कुछ बात बन जाती थी, तो उसे लिख लिया जाता था और इस तरह से चिकित्सा ज्ञान सदियों से इकट्ठा होता गया और समय-समय पर संस्कृतियों के बीच प्रसारित होता गया।

स्कॉटिश डॉक्टर जेम्स लिंड को ब्रिटिश नौसेना से स्कर्वी मिटाने का श्रेय जाता है। उन्होंने नौसेना के नाविकों के लिए नीबू का सेवन अनिवार्य कर दिया था। हालाँकि लिंड को इस बात का ज़रा भी अंदाज़ा नहीं था कि नीबू जैसे खट्टे फलों से स्कर्वी ग़ायब क्यों हो गया। वे यह "खोज" पाए, जब उन्होंने पढ़ा कि डच नौसैना सदियों से यह करती आ

रही थी। डच लोगों ने संभवत: यह आदत 15 से 17वीं शताब्दी के दौरान महान खोजों के बीच किसी और संस्कृति से सीखी थी जो नीबू जैसे खट्टे फलों का प्रचुर मात्रा में इस्तेमाल करती थी।

पंद्रहवीं शताब्दी में चलायमान टाइप प्रिंटिंग प्रेस के आविष्कार के बाद किसी ख़ास बीमारी के उपचार में काम करने वाले तत्व की ख़बर पूरी दुनिया के डॉक्टरों तक पहुँचने लगी। अठारहवीं शताब्दी तक इतने सारे उपचारों का यह ज्ञान चिकित्सा को विज्ञान (धार्मिक या जादू से विपरीत) के रूप में स्थापित करने में सफल रहा। हालाँकि उस वक़्त तक भी हज़ारों दवाओं और उपचारों के कारगर होने के बावजूद डॉक्टर यह समझाने में असमर्थ थे कि वे कारगर *क्यों* थे।

रॉबर्ट हुक और अन्य के सत्रहवीं और अठारवीं शताब्दी में किए गए आविष्कारों ने सस्ते संयुक्त ऑप्टिकल माइक्रोस्कोप के विकास को संभव बनाया। इस नए उपकरण के इस्तेमाल से उन्नीसवीं शताब्दी के वैज्ञानिक पहले अदृश्य रहने वाली कोशिकाओं के संसार को देखने में समर्थ हो सकें, जिन्हें देखकर उस वक़्त उन्होंने सोचा कि यही मानव पदार्थ का सबसे छोटा और "अंतिम" निर्माण खंड है।

कोशिकाओं की कार्यप्रणाली को देखने की क्षमता, ख़ासतौर पर बैक्टीरिया और दवाओं पर आक्रमण की प्रतिक्रिया ने, जीवविज्ञानियों और डॉक्टरों को यह विश्वास करने के लिए प्रेरित किया कि अंततः उनके पास ऐसा साधन आ गया है, जिससे यह खोजा जा सकता था कि दवाइयाँ क्यों काम करती थीं। देखते ही देखते मानव जाति के लिए महाविपत्ति बन चुकी बड़ी बीमारियों (चेचक, तपेदिक, टायफ़ाइड, पोलियो) को मिटाकर डॉक्टर अंतरराष्ट्रीय हीरो बन गए।

इस सफलता से उत्साहित होकर ज़्यादातर पश्चिमी चिकित्सकों और खोजकर्ताओं ने सदियों पुराने उन उपचार तथा इलाजों को उद्दंडता से ख़ारिज करना शुरू कर दिया, जो हज़ारों सालों में एकत्र किए जा रहे थे। उन्होंने ऐसा सिर्फ़ इसलिए किया, क्योंकि वैज्ञानिक रूप से उनकी कार्यप्रणाली को नहीं समझाया जा सकता था।

आज हम जानते हैं कि वे कितने ग़लत थे, जो यह मान बैठे थे कि एक कोशिका मानव संरचना का सबसे छोटा और अंतिम निर्माण खंड होती है। ऑप्टिकल माइक्रोस्कोप नज़दीक के उन दो बिंदुओं का विश्लेषण नहीं कर सकता, यदि उनके बीच की दूरी प्रकाश की तरंगदैर्ध्य की आधी से कम हो – और उदाहरण के लिए एक अकेली बैक्टीरिया कोशिका प्रकाश की तरंगदैर्ध्य के लगभग दसवें हिस्से के बराबर होती है।[6] हालाँकि एक पिन के सिरे को ढाँकने के लिए ही 10,000 मानव कोशिकाओं की ज़रूरत होती है और इनमें से हर कोशिका *खरबों* अणुओं से मिलकर बनी होती है, जिसे सबसे बेहतरीन संयुक्त ऑप्टिकल माइक्रोस्कोप से भी नहीं देखा जा सकता। सबसे महत्वपूर्ण,

---

वास्तविकता में आज हम प्रोटीन, विटामिन, खनिज और आवश्यक पूरक पदार्थों के द्वारा किए जाने वाले सुक्ष्म जैवरासायनिक कार्य के बारे में जो भी जानते हैं, वह अणु बनाम कोशिकीय स्तर पर होता है।

आज हम यह भी जानते हैं कि मानव के दीर्घायु होने, जीवतत्व, ताक़त और हर उस चीज़ जिसकी हम बीमारी के उपचार से परे चिकित्सा से इच्छा रखते हैं की बात आती है, तो वह प्रत्येक कोशिका की अपनी गुणवत्ता पर निर्भर करती है। संक्षेप में स्वास्थ्य पर।

चूँकि हमारी कोशिकाएँ लगातार हर घंटे से हर महीने के हिसाब से बदलती रहती हैं, इसलिए हमारी कोशिकाओं की गुणवत्ता उनके निर्माण के लिए लगातार चल रही आण्विक प्रतिक्रियाओं (molecular reaction) की गुणवत्ता की क्रिया होती है।

इन आण्विक प्रतिक्रियाओं की गुणवत्ता उनके अवयवों की गुणवत्ता पर निर्भर करती है – अमीनो एसिड (प्रोटीन) और खनिज जो कोशिकीय तत्व और विटामिन तथा खनिज के निर्माण खंड होते हैं, अणुओं को कच्चे माल से जोड़ने वाले उत्प्रेरक का काम करते हैं।

वैज्ञानिक आमतौर पर हमारे कोशिकीय पदार्थों के ठीक तरह से पुनर्जीवन के लिए रोज़ाना लिए जाने वाले आवश्यक घटकों पर सहमत हैं - 13 आवश्यक विटामिन, 14 ज़रूरी खनिज और 20 मौलिक अमीनो एसिड (जिनमें दस हमें बाहरी स्रोतों से लेना होते हैं)। लेकिन वैज्ञानिक इस बात पर सहमत होने से कोसों दूर हैं कि किस तरह ये सभी घटक हमारे शरीर में जुड़कर एक कोशिका बनाने वाले जटिल प्रोटीन बनाते हैं। वैज्ञानिक हमारे शरीर में 1,00,000 अलग-अलग प्रकार के प्रोटीन पहचान चुके हैं, जो उन्हीं 20 अमीनो एसिड से बनते हैं। इसके अलावा, किसी ख़ास प्रोटीन की कमियों और उनके उपचार के बारे में जानने से भी अधिक तेज़ी से अभी भी हज़ारों जटिल प्रोटीन पहचाने जा रहे हैं। हमने हाल ही में यह खोज की है कि हर कोशिका की ख़ुद को नवीनीकृत करने की अपनी घड़ी या जैविक प्रणाली होती है - डी.एन.ए. - लेकिन इससे पहले कि हम इसकी कार्यप्रणाली पढ़ें, हमें लंबा सफ़र तय करना है।

रोकथाम या स्वास्थ्य चिकित्सा का ज़िक्र आने पर हम जो सर्वश्रेष्ठ कर सकते हैं, वह यह है कि हिप्पोक्रैट्स द्वारा सुझाए प्राकृतिक प्रकार के खानपान और व्यायाम कार्यक्रम की खोज करें। आज, इसका अर्थ है :

1. **सही सेहत बनाए रखने और मोटापे से बचने के लिए पर्याप्त मात्रा (कैलोरी) और सही प्रकार का खाना (जैसे- असंतृप्त वसा, सोया, रेशे) खाएँ।**
2. **अपने भोजन से हानिकारक रसायन और हॉर्मोन दूर रखें - ख़ासतौर पर जो डेयरी और मांसाहारी भोजन में होते हैं।**
3. **ऐसा भोजन (अतिरिक्त पूरक पदार्थों सहित) करना जो हमारी विटामिन, खनिज और मूल अमीनो एसिड (प्रोटीन) की रोज़ाना की हमारी ज़रूरत पूरी करें।**
4. **प्राकृतिक व्यायाम की मात्रा के बराबर पूरे दिन परिश्रम करना।**

हमारे आधुनिक समाज में करने से कहना ज़्यादा आसान है। सिर्फ़ अपनी ज़रूरत के मुताबिक़ कैलोरी खाने के लिए बहुत कड़े

अनुशासन की ज़रूरत होती है - ख़ासकर जबकि आपका शरीर हर भोजन लेने के लिए इस तरह बनाया गया हो जैसे वह आपका आख़िरी भोजन हो और बाद के उपभोग के लिए वसा संचित करता हो। दरअसल, हानिकारक हॉर्मोन और रसायनों से बचना असंभव है, क्योंकि उनमें से ज़्यादातर के बारे में किसी को कुछ भी पता नहीं होता है - विशेषकर मांस और डेयरी उत्पादों के मामलों में। विटामिन और खनिजों की रोज़ाना की न्यूनतम ज़रूरत को निश्चित करना भी मुश्किल है, क्योंकि कई हमारे रोज़ाना खाए जाने वाले प्रसंस्करित भोजन से ही नदारद होते हैं, और जैसा कि हम थोड़ी ही देर में पढ़ेंगे, बहुत से अतिरिक्त पूरक पदार्थों में वे चीज़ें नहीं होतीं जो उनके लेबल पर लिखी होती हैं। अंततः यदि आप अपने पूर्वजों जितना ही "प्राकृतिक" व्यायाम करने की कोशिश करते, तो आपके पास दिन में कुछ भी करने के लिए वक़्त नहीं रह जाता।

ख़ुशक़िस्मती से, कुछ स्वास्थ्य चिकित्सा उद्यमी पहले से ही अस्तित्व में हैं, लेकिन हमें उन जैसे हज़ारों की ज़रूरत है, जो स्वास्थ्य को हमेशा से अधिक आसान बनाने के लिए समर्पित हों और तकनीक से पैदा हुई समस्याओं का हल तकनीक के इस्तेमाल से ही कर सकें।

मल्टीविटामिन और बहुस्तरीय मार्केटिंग

सन् 1915 से 1927 के बीच चीन में कोलगेट के लिए सैल्समैन का काम करने वाले कार्ल एफ़. रेहनबोर्ग ने महसूस किया कि अमीर इलाक़े में रहने वाले लोगों में एक अजीब क़िस्म का कुपोषण है, लेकिन यह कुपोषण पिछड़े इलाक़ों के ग्रामीणों में बहुत कम फैला है। उन्होंने स्वास्थ्य और पोषण के बीच संबंध का अध्ययन शुरू किया और पाया कि ऐसे बहुत से संयंत्र आधारित पदार्थ हैं जो मानव के खानपान के लिए ख़तरनाक होते हैं। उन्होंने मानव भोजन के लिए एक संयंत्र आधारित पूरक पदार्थ बनाने का विचार किया। 1927 में अमेरिका लौटकर उन्होंने कैलिफ़ोर्निया के बलबोआ द्वीप पर एक प्रयोगशाला शुरू की,

ताकि यह शोध किया जा सके कि कौन-कौन से पूरक पदार्थों की ज़रूरत होती है।

रेहनबोर्ग जितना अधिक अध्ययन करते गए, उतना वे जानते गए कि औसत मनुष्य को अतिरिक्त पूरक पदार्थों की जटिल समस्या के लिए एक साधारण-सा हल चाहिए।

सालों के शोध के बाद रेहनबोर्ग को उस समय का क्रांतिकारी विचार सूझा और उन्होंने ज़रूरत के हर खनिज तथा विटामिन को मिलाकर एक ही उत्पाद बनाया। उन्होंने अपनी कंपनी को कैलिफ़ोर्निया विटामिन्स नाम दिया और सन् 1934 में दुनिया का पहला मल्टीविटामिन/मल्टीमिनरल फ़ूड सप्लीमेंट का उत्पादन किया। सन् 1939 में उत्पाद और कंपनी का नाम बदलकर न्यूट्रीलाइट कर दिया गया।

उस समय तक बहुत सारे अलग-अलग विटामिन और खनिजों से युक्त एकल फ़ूड सप्लीमेंट विचार के लिए लोगों को बहुत ज़्यादा शिक्षित करने की ज़रूरत थी - विशेषकर उस जनता के लिए जो तब यह सीख ही रही थी कि विटामिन भी कुछ होता है। इधर, चूँकि, न्यूट्रीलाइट का नया मल्टीविटामिन/मल्टीमिनरल उत्पाद भोजन और दवाई का मिला-जुला उत्पाद था, इसलिए न तो पारंपरिक बाज़ारों और न ही दवा दुकानों ने इसे अपने यहाँ जगह दी।

उत्पाद का वितरण करने के लिए रेहनबर्ग की पत्नी ने सुझाव दिया कि वह लोगों को जोड़कर अपना नया बिक्री समूह बनाए। इनमें वे लोग भी शामिल हों, जो पहले से ही ख़ुद न्यूट्रीलाइट के उत्साही उपभोक्ता थे। जैसे-जैसे कंपनी फैलती गई, इस रणनीति ने न्यूट्रीलाइट के लिए नई भर्ती और नए सेल्समैनों को प्रशिक्षित करने की नियमित ज़रूरत पैदा कर दी।

1945 में रेहनबोर्ग और उसके दो मुख्य वितरक एक नया विचार लेकर आए। इस विचार ने न सिर्फ़ अतिरिक्त पूरक पदार्थों की मार्केटिंग में क्रांति ला दी, बल्कि अरबों डॉलर के नए वितरण उद्योग को भी

जन्म दिया।

रेहनबोर्ग का दूसरा क्रांतिकारी विचार एक ऐसी मार्केटिंग योजना थी, जिसके तहत सेल्समैन न्यूट्रीलाइट उत्पाद बेच भी सकते थे और नए लोगों को नियुक्त कर सेल्समैन का प्रशिक्षण भी दे सकते थे। इसके ज़रिए वे ख़ुद उत्पाद बेचकर तो कमा ही सकते थे, प्रशिक्षु सेल्समैन द्वारा उत्पाद बेचे जाने पर भी उन्हें मुनाफ़ा होता था।

प्रत्येक सेल्समैन जो अब *वितरक* कहलाने लगा था, को कंपनी द्वारा उनकी बिक्रियों और उनके द्वारा नियुक्त नए लोगों की बिक्रियों के आधार पर व्यक्तिगत रूप से बराबरी का महत्व दिया जाने लगा। जब एक सेल्समैन की व्यक्तिगत बिक्री एक नियत स्तर तक पहुँच जाती, तो उसे नियुक्त करने वाले सेल्समैन से अलग करके सीधे कंपनी का वितरक नियुक्त कर दिया जाता।

सन् 1949 में ग्रांड रैपिड्स, मिशिगन के दो युवा उद्यमियों, जे वेन एन्डल, और रिच डेवॉस ने न्यूट्रीलाइट की सेल्स किट ख़रीदी और तेज़ी से कंपनी में सबसे ऊँचे बिक्री स्तर तक पहुँच गए। दस साल बाद अपने न्यूट्रीलाइट के सेल्स बिज़नेस को जारी रखते हुए जे और रिच ने घरेलू उत्पादों को बेचने के लिए बिलकुल इसी योजना पर आधारित एक नई कंपनी शुरू कर दी। उन्होंने अपनी नई कंपनी को नाम दिया एमवे यानी "अमेरिकन वे।" सन् 1972 में 82 वर्ष की उम्र में कार्ल एफ़ रेहनबोर्ग का निधन हो गया और एमवे ने न्यूट्रीलाइट प्रोडक्ट्स इंक. को ख़रीद लिया। आज, सालाना अरबों डॉलर बिक्री के साथ न्यूट्रीलाइट एक स्वतंत्र कारोबारी अस्तित्व बनाए हुए है और यह दुनिया की सबसे बड़ी विटामिन/खनिज/अतिरिक्त पूरक पदार्थ निर्माता है।

रोज़मर्रा की न्यूनतम ज़रूरत के विटामिन और खनिज का तकनीक के ज़रिए एक ही सुविधाजनक पैक तैयार कर न्यूट्रीलाइट ने नया रास्ता सुझाया। आज अधिकांश अमेरिकियों की मोटापे और थुलथुलपन की समस्या को हल करने में तकनीक के इस्तेमाल में भी न्यूट्रीलाइट सिरमौर है। सन् 2001 में न्यूट्रीलाइट ने एक नए उच्च-प्रोटीन (उच्च-

कार्बोहाइड्रेट के विरुद्ध) फ़ूड बार की मार्केटिंग शुरू की। यह एक अतिरिक्त पूरक पदार्थ नहीं, बल्कि संपूर्ण भोजन की तरह था। यह उत्पाद, जिसमें एक ही पैकेज में प्रचुर मात्रा में प्रोटीन और संपूर्ण संतुलित आहार था, जटिल समस्या का आसान सा हल था। यह समस्या वैसी ही थी, जैसी सन् 1934 में कार्ल रेहनबोर्ग के साथ मूल मल्टीविटामिन/मल्टीमिनरल के साथ पेश आई थी।

रेहनबोर्ग ने हमारी खाद्य आपूर्ति की समस्या (विटामिन और खनिज की कमी) का हल तकनीक के इस्तेमाल से सफलतापूर्वक निकाला, जो एक अन्य तकनीक (फ़ूड प्रोसेसिंग) से बना था। आज प्रसंस्करित और फ़ास्ट फ़ूड उद्योग से पैदा हुई ऐसी ही समस्याओं को हल करने के लिए हज़ारों उद्यमी संभावनाएँ मौजूद हैं।

ConsumerLab.com :
ज्ञान को बाँटना बहुत बड़ा व्यापार है

न्यूट्रीलाइट और कई अन्य गुणवत्तापूर्ण निर्माणों के बावजूद 70 अरब डॉलर के खाद्य पूरक पदार्थों के अमेरिकी उद्योग की छवि दाग़दार है। हालाँकि करोड़ों लोग रोज़ उनके उत्पादों का इस्तेमाल कर रहे हैं और अक्सर लाखों लोगों को इसके नकारात्मक अनुभव भी हुए हैं (ऐसे लोग इन पूरक पदार्थों को "महँगा मूत्र" भी कहते हैं। वे ऐसा इसलिए कहते हैं क्योंकि इनमें से कुछ उत्पाद पाचन तंत्र पर कुछ असर डाले बग़ैर ही बाहर निकल जाते हैं। साथ ही, कुछ लोग इन आवश्यक पूरक पदार्थों का सेवन कर बीमार भी पड़ गए और उन्होंने ऐसे उत्पादों पर प्रतिबंध लगाने के लिए आवाज़ उठाई। हाल ही में मिले कुछ प्रमाणों से यह बात साबित होती है कि इनमें से तबाही के कुछ आग़ाज़ सच भी हो सकते हैं - लेकिन उन वजहों से नहीं, जिनसे इन पर शक किया जा रहा है।

अमेरिका में बिकने वाले एक-चौथाई और एक-तिहाई तक संतुलित आवश्यक पूरक पदार्थों (विटामिन, खनिज और औषधियाँ) में निम्न में से आज एक या दोनों समस्याएँ हैं : (1) उत्पादों में वे तत्व मौजूद नहीं होते, जिनका ज़िक्र लेबल पर किया गया होता है। (2) उत्पादों में कुछ ऐसे गोपनीय ख़तरनाक तत्व भी मौजूद होते हैं जो लेबल पर नहीं लिखे होते हैं।

कोई आश्चर्य नहीं कि इन संतुलित खाद्य पूरक पदार्थों का सेवन करने वालों में एक तिहाई लोगों को ये पदार्थ असरहीन बल्कि ख़तरनाक भी लगे हों!

यू.एस. फ़ूड और ड्रग प्रशासन (एफ़.डी.ए.) का काम डाइएटरी सप्लीमेंट हेल्थ एंड एज्यूकेशन एक्ट (डी.एच.एस.ई.ए.) 1994 के माध्यम से इन आवश्यक पूरक पदार्थों पर नज़र रखना व उन्हें नियंत्रित करना है। बदक़िस्मती से, आवश्यक पूरक पदार्थों के मामले में अपर्याप्त अमले और सीमित बजट के कारण एफ़.डी.ए. के नियम मुश्किल से ही लागू होते हैं। ख़ासकर जब आहार सप्लीमेंट्स की बात आती है। इसी वजह से फ़ालतू या असरहीन निर्माताओं के निश्चिंत होकर फ़र्ज़ी काम करने के रास्ते खुल जाते हैं। लेकिन इसने डॉ. टोड कूपरमैन जैसे समर्पित चिकित्सा उद्यमी के लिए भी स्वास्थ्य में विशेष योगदान के रास्ते खोल दिए हैं, जो स्वास्थ्य उद्योग में अपना भाग्य बना रहे हैं।

टॉड कूपरमैन ने सन् 1999 में अपनी कंपनी ConsumerLab.com शुरू की। अब यह उपभोक्ताओं के लिए मल्टीविटामिन, मल्टीमिनरल और औषधियों का परीक्षण करने वाली दुनिया की अग्रणी कंपनी है।

ConsumerLab.com स्वतंत्र रूप से हर श्रेणी के बड़े ब्राण्ड के पूरक पदार्थ ख़रीदती है और फिर उनका वैज्ञानिक परीक्षण करती है ताकि यह सुनिश्चित किया जा सके कि उनमें वही और सिर्फ़ वही घटक मौजूद हैं जिनका उसके लेबल पर ज़िक्र है।

हालाँकि, ConsumerLab.com उपभोक्ताओं को हर श्रेणी के पूरक पदार्थों की भरपूर जानकारी देती है, कूपरमैन यह ध्यान रखते हैं

कि वे किसी ख़ास उत्पाद वर्ग की चिकित्सकीय क्षमता के बारे में अपनी या किसी अन्य की राय पेश न करें – ConsumerLab.com का काम सिर्फ़ प्रत्येक ब्राण्ड के निर्माण की गुणवत्ता नियंत्रण की रेटिंग तक ही सीमित है।

टॉड कूपरमैन ने आवश्यक पूरक पदार्थों की उपभोक्ताओं के लिए चौकसी करने के हिसाब से शुरुआत नहीं की थी – न ही वे कोई कारोबारी या उद्यमी बनना चाहते थे। उनका जन्म न्यूयॉर्क के फ़्लशिंग में हुआ था और वे लाँग आइलैंड में पले-बढ़े। पब्लिक हाईस्कूल से स्नातक करने के बाद उन्हें सीधे बोस्टन यूनिवर्सिटी स्कूल ऑफ़ मेडीसिन के प्रतिष्ठित बी.ए./एम.डी. कोर्स के लिए स्वीकार कर लिया गया। आगे 24 साल की उम्र में उन्होंने एम.डी. की डिग्री हासिल की। उसे डॉक्टरी करना किसी "कुकरी पुस्तक पढ़कर काम करने जैसा" लगा और उन्होंने उम्मीद की कि वे समाज के प्रति कुछ महान योगदान देने का रास्ता खोज लेंगे।

मेडिकल स्कूल के दौरान उन्होंने एक गर्मी की छुट्टियों में न्यूयॉर्क के एक निवेश बैंक में काम किया था। वहाँ नई हेल्थकेयर कंपनियों का आकलन करते हुए उन्होंने पाया कि स्टॉक ब्रोकर बिना किसी वैज्ञानिक आधार के निवेशकों के बायोटेक्नोलॉजी स्टॉक्स पर क़ब्ज़ा करके रखते थे। अगले ग्रीष्मावकाश में उन्होंने पेन्सिल्वेनिया विश्वविद्यालय के तकनीक हस्तांतरण विभाग में काम किया, जहाँ प्रयोगशाला से नई चिकित्सा तकनीकों को बाज़ार में उतारा जाता था। यह एक ऐसा अनुभव था जिसके बलबूते पर उन्हें स्नातक होते ही पहला काम मिला : चिकित्सा समूह ब्रिस्टल-मायर्स के बायोटेक्नोलॉजी विभाग के लिए काम करना। सन् 1987 से 1993 के बीच उन्होंने ब्रिस्टल-मायर्स और अन्य नई चिकित्सा तकनीक फ़र्मों के साथ तब तक काम किया जब तक कि उन्हें एक महत्वपूर्ण बात का एहसास नहीं हुआ :

रोगियों को ज़्यादा नई तकनीकें नहीं, बल्कि मार्केट में पहले से मौजूद स्वास्थ्य योजनाओं और नई चिकित्सा तकनीक के बीच चल रही चकरा देने वाली प्रतिद्वंद्वी व्यूह रचना में समझदारी से

चयन करने की क़ाबिलियत की दरकार है।

सन् 1994 में कूपरमैन ने केयरडाटा रिपोर्ट शुरू की, जो उपभोक्ता संतुष्टि के आधार पर स्वास्थ्य योजनाओं और अन्य एच.एम.ओ. का आकलन करती थी। CareData.com ने दवाई लाभ, दंत चिकित्सा लाभ और नेत्र देखभाल का आकलन भी शुरू कर दिया। कूपरमैन ने पाया कि उन्हें उद्यमी बनना और उपभोक्ताओं को सेहत की देखभाल में मददगार जानकारियाँ मुहैया कराना बहुत अच्छा लगता था - ख़ासकर बचाव के आधार पर। सन् 1997 में उन्होंने CareData.com (अब जे.डी. पॉवर और एसोसिएट्स का स्वास्थ्य विभाग) को बेच दिया। सन् 1999 तक वे कंपनी में बने रहे, तभी उन्हें महसूस हुआ कि उपभोक्ताओं को आवश्यक पूरक पदार्थों के बारे में और ज़्यादा जानकारी की ज़रूरत है।

ConsumerLab.com शुरू करने की ओर उनका सबसे पहला क़दम दुनिया के सर्वश्रेष्ठ पूरक पदार्थ विशेषज्ञों में से एक डॉ. विलियम ओबरमेयर को नियुक्त करना था, जो उस वक़्त एफ़.डी.ए. में काम कर रहे थे। ओबरमेयर पहले ही एफ़.डी.ए. में अपने नौ सालों के कार्यकाल के दौरान नाम कमा चुके थे। वे पूरक पदार्थों में गंभीर मिलावटों की पहचान भी कर लेते थे और वे अपनी निपुणता से उपभोक्ताओं की मदद के लिए राज़ी थे। ताकि उपभोक्ता यह निर्णय ले सकें कि क्या खाना चाहिए और क्या *नहीं*। सामान्यतः एफ़.डी.ए. सिर्फ़ उन्हीं मामलों में हाथ डालता था, जहाँ स्वास्थ्य समस्या बहुत बड़ी हो। साथ ही यह संस्था निर्माण गुणवत्ता या उत्पादों पर सही लेबल लगाने पर बहुत कम टिप्पणी करती थी।

आज तारीख़ तक, ConsumerLab.com 20 वर्गों में 400 विभिन्न उत्पादों का परीक्षण कर चुकी है, जो अमेरिका में बिकने वाले सभी पूरक पदार्थों का 90 प्रतिशत है। कूपरमैन के मुताबिक़, "हमने जितने भी उत्पादों का परीक्षण किया, उनमें एक चौथाई से ज़्यादा खरे नहीं उतरे और यह आँकड़ा कुछ वर्गों में तो 60 प्रतिशत तक है।" उन्होंने कैल्शियम-युक्त संतरे के जूस वाले ट्रापिकाना जैसे लोकप्रिय उत्कृष्ट माने जाने वाले फ़ोर्टिफ़ाइड खाद्य पदार्थों की भी

जाँच की।

उत्पादों का निम्न श्रेणियों के आधार पर परीक्षण किया गया :

1. ***पहचान और सामर्थ्य*। क्या उत्पाद गुणवत्ता के परिचित मानक मापदंडों पर खरा उतरता है और क्या उत्पाद में मौजूद तत्वों का सही-सही उल्लेख उसके लेबल पर है?**
2. ***शुद्धता*। क्या उत्पाद मिलावटों से मुक्त है?**
3. ***जैव उपलब्धता*। क्या उत्पाद की शरीर द्वारा सही तरह से ग्रहण किया जा सकता है?**
4. ***गुणवत्ता स्थिरता*। क्या उत्पाद की साल-दर-साल वही पहचान, सामर्थ्य और शुद्धता बनी हुई है?**

जो उत्पाद सफल हो जाते हैं वे कंपनी की वेबसाइट www. ConsumerLab.com पर जगह पा जाते हैं। उपभोक्ता चयनित उत्पादों और पूरक पदार्थों की श्रेणियों के बारे में निःशुल्क पढ़ सकते हैं, और 15.95 डॉलर वार्षिक सदस्यता पर सफल उत्पादों की पूरी सूची (और विफल उत्पादों की संख्या भी) प्राप्त कर सकते हैं। ConsumerLab.com निर्माताओं द्वारा प्रयुक्त प्रारंभिक प्रयोगशाला परीक्षणों की तकनीकी रिपोर्ट भी बेचती है।

ConsumerLab.com ने फ़रवरी 2001 में 15.95 डॉलर प्रतिवर्ष का सदस्यता कार्यक्रम शुरू किया और उस वर्ष के अगस्त तक 11,000 लोग जुड़ चुके थे - साथ ही 10 लाख वेबसाइट उपयोगकर्ता भी। पर कूपरमैन के लिए सर्वाधिक गर्व की बात वे हज़ारों ई-मेल हैं जो उन्हें ग्राहकों से मिलते हैं, जिनमें सही पूरक पदार्थ चुनने में मदद करने के लिए धन्यवाद दिया गया होता है। हालाँकि आपको संभवतः ऐसी महिला से बहुत सहानुभूति न हो जो उम्र कम दिखाने वाली विटामिन युक्त क्रीम ख़रीदती है लेकिन वह सिर्फ़ पेट्रोलियम जेली साबित होती है। आप ज़रा इनके बारे में सोचिए :

- एक पिता अपने बढ़े हुए प्रोस्टेट का सॉ पालमेटो से उपचार करता है, सिर्फ़ बहुत देर हो जाने के बाद उसे पता चलता है कि वह शुगर पिल्स खा रहा था।
- एक माँ पूरे विश्वास में अपनी चार साल की बेटी को रोज़ विटामिन खिला रही है जो दरअसल उसकी उम्र की सहनशक्ति के हिसाब से दोगुने स्तर का है।
- एक पिता अपनी ऊर्जा बढ़ाने के लिए जिन्सेंग ले रहे हैं, लेकिन वे ऐसे ब्राण्ड को चुनते हैं, जिसमें कार्सिनोजेनिक कीटनाशक अधिक मात्रा में मिले हुए हैं।
- एक महिला रात को अच्छी नींद के लिए वैलेरियन लेती है, लेकिन दरअसल वह ऐसा ब्राण्ड ले रही है, जिसमें कोई वैलेरियन है ही नहीं।
- एक माँ जिसके अवसाद से पूरे परिवार पर असर पड़ रहा है, सेंट-जॉन्स-वॉर्ट की प्रोज़ाक लेती है, लेकिन सालों बाद उसे पता चलता है कि वह एक ग़लत ब्राण्ड ले रही थी।

इन, और इनके जैसे लाखों स्वास्थ्य उपभोक्ताओं के लिए स्वास्थ्य उद्योग में कूपरमैन के काम को नज़रअंदाज़ नहीं किया जा सकता। जैसा कूपरमैन बताते हैं, "आप कोई कार या शेयर, या ब्राण्ड बिना विशेषज्ञ की राय जाने नहीं ख़रीदते। तो फिर आप ऐसा पूरक पदार्थ क्यों खाएँगे जिसकी स्वतंत्र रूप से गुणवत्ता नहीं आँकी गई हो?"

स्वास्थ्य उद्योग इतनी तेज़ी से बढ़ रहा है कि सामान्य रूप से दवाओं, खाद्य और वाणिज्य को नियंत्रित करने वाली सरकारी एजेंसियाँ इनसे क़दमताल नहीं कर पा रही हैं। गुणवत्ता नियंत्रण के लिए उपभोक्ताओं की सेवा करने के उद्देश्य से आगे आए डॉ. टॉड कूपरमैन जैसे निजी और समर्पित उद्यमी उपभोक्ताओं के लिए मौजूदा बीमारी उद्योग पर नियंत्रण करने वाली पारंपरिक सरकारी संस्थाओं से कहीं अधिक मददगार साबित होंगे।

स्वास्थ्य हृदय विशेषज्ञ - लोग किस तरह पारंपरिक भूमिकाएँ बदल रहे हैं

डॉ. फ्रैंक यानोविट्ज़ ने यह कहानी चौथे वर्ष के अपने चिकित्सा छात्रों को बताई :

वह हॉवर्ड मेडिकल स्कूल का स्नातक दिवस था। सर्वश्रेष्ठ छात्र माइकल चार्ल्स नदी के किनारे अपने प्रिय प्रोफ़ेसर के साथ टहल रहा था। अचानक, नदी में डूबता हुआ एक व्यक्ति बहते-बहते वहाँ पहुँचा, जो मदद के लिए पुकार रहा था। माइकल ने पानी में छलाँग लगा दी। तीन बार पानी के अंदर जाने के बाद वह उसे खींचकर किनारे ले आया। वह व्यक्ति बेहोश हो गया था। माइकल उसे क्लोज़्ड चेस्ट कार्डियक मसाज करके मुँह से साँस देने लगा। उसने ऐसा तब तक किया, जब तक कि वह आदमी होश में नहीं आ गया। माइकल अपने टीचर की आँखों में चमक देखने के लिए उठा। प्रोफ़ेसर ने भी उसके काम की सराहना करते हुए उसे शाबासी दी। उसी वक़्त एंबुलैंस आकर उस आदमी को वहाँ से ले गई।

भीगा और थकान से चूर माइकल प्रोफ़ेसर के साथ नदी किनारे फिर चहलक़दमी करने लगा। उसी वक़्त एक और आदमी मदद के लिए चिल्लाता हुआ नदी में बहता चला आया। माइकल एक बार फिर उसे बचाने के लिए नदी में कूदा और आदमी को किनारे पर लाकर होश में ले आया। अविश्वसनीय रूप से यह बार-बार होता गया। जब सातवीं बार एक व्यक्ति नदी में बहता आया तो थकान से चूर माइकल ने प्रोफ़ेसर की तरफ़ मुड़कर कहा, "मैं जानता हूँ मैं एक डॉक्टर हूँ, लोगों को बचाने के लिए समर्पित हूँ, लेकिन मैं अब यह और नहीं कर सकता!"

"फिर," प्रोफ़ेसर ने जवाब दिया, "तो तुम ऊपर की तरफ़ जाकर उस व्यक्ति को क्यों नहीं रोकते, जो इन बदक़िस्मत लोगों को पुल से धक्का दे रहा है?"

हृदय रोग विशेषज्ञ (cardiologist) फ्रैंक यानोविट्ज़ साल्ट लेक सिटी, उताह में एक उच्च तकनीकी चिकित्सा केंद्र एल.डी.एस.

अस्पताल स्थित फ़िटनेस इंस्टीट्यूट के मेडिकल डायरेक्टर और सह संस्थापक हैं।

फ़िटनेस इंस्टीट्यूट अमेरिका के कुछ बेहतरीन डॉक्टरों और थैरेपिस्टों द्वारा चलाया जाता है, लेकिन उन्हें मुश्किल से कोई मरीज़ ऐसा मिलता है जिसे कोई बीमारी हो। इसके बजाय, फ़िटनेस इंस्टीट्यूट स्वस्थ व्यक्तियों के बीच बीमारी से बचाव पर ध्यान केंद्रित करता है और स्वास्थ्य के प्रति जागरूक लोगों को बीमारी उद्योग का ग्राहक बनने से दूर रखता है। डॉ. यानोविट्ज़ की व्यक्तिगत उद्यमशीलता और फ़िटनेस इंस्टीट्यूट की कहानी भविष्य के चिकित्सा स्वास्थ्य की झलक बताती है।

फ़्रैंक यानोविट्ज़ का जन्म न्यूयॉर्क राज्य के उत्तरी छोर पर स्थित मॉन्ट्रीयल के निकट बसे एक छोटे क़स्बे मालोन में 1939 में हुआ था। पब्लिक हाईस्कूल में उन्हें संगीत से लगाव हो गया और उन्होंने शास्त्रीय संगीत, पियानो और ट्रम्पेट बजाना सीखा। कॉर्नेल में कॉलेज के दौरान इंजीनियरिंग की विभिन्न शाखाओं के बीच धक्के खाते हुए उनकी चिकित्सा में रुचि जागृत हुई और उन्होंने फिज़ियोलॉजिकल साइकोलॉजी और तुलनात्मक न्यूरोलॉजी के कोर्स में दाख़िला ले लिया।

1971 में उन्होंने टेक्सास के सान एंटोनियो स्थित अमेरिकी वायुसेना के ऐरोस्पेस स्कूल में प्रवेश ले लिया, जहाँ उनका स्वास्थ्य से पहली बार सामना हुआ।

अधिकांश हृदय विशेषज्ञों के मरीज़ों से अलग सान एंटोनियो में यानोविट्ज़ जो मरीज़ देखते, वे बहुत स्वस्थ होते थे। जेट विमान के पायलट्स के तौर पर वे देश में सर्वाधिक स्वस्थ और हृष्ट-पुष्ट व्यक्ति थे। उन्हें नियमित तौर पर यानोविट्ज़ के पास जाँच करवाने के लिए इसलिए आना पड़ता था ताकि वे उड़ान भरने के लिए आवश्यक योग्ताओं को बरक़रार रख सकें। यही नहीं, उन्हें अपनी शारीरिक स्थिति में बारीक़ से बारीक़ अनियमितता की भी जानकारी यानोविट्ज़ को देना होती थी।

यानोविट्ज़ को पायलटों की स्थिति की नियमित तौर पर जाँच करने और उनकी उड़ान क्षमता को बनाए रखने के लिए उनके साथ काम करने के एवज़ में असीमित धन दिया जाता था। इस क़वायद से उन्हें भोजन और व्यायाम का सेहत पर पूर्वाभास देखने को मिला।

यानोविट्ज़ कहते हैं, "यही वह जगह थी, जहाँ मैंने हृदय रोगों के शुरुआती स्तरों को देखा - इससे बहुत पहले मैं इस प्रकार की बीमारी के मरीज़ों का अस्पताल में बैठकर सामान्य तौर पर सामना कर लेता था।" इस अनुभव ने उन्हें आहार, व्यायाम और बीमारी के संबंध के बारे में बहुत कुछ सिखाया।

वायुसेना में सेवा देने के बाद यानोविट्ज़ ने सॉल्ट लेक सिटी के एल.डी.एस. अस्पताल में बतौर कार्डियोलॉजिस्ट और उताह स्कूल ऑफ़ मेडिसीन में इंस्ट्रक्टर का पद सँभाल लिया। उताह आने पर जो पहली ज़रूरत उन्होंने महसूस की वह थी हृदय की शल्यक्रिया करा चुके मरीज़ों के लिए विशेष हृदय स्वास्थ्य सुधार कार्यक्रम। लेकिन उस दौर में इस तरह के कार्यक्रमों को बहुत समर्थन नहीं मिला करता था। उस समय हृदय की शल्यक्रिया करा चुके व्यक्ति के बारे में प्रचलित राय हुआ करती थी कि उसका जाना "तय" है और आपको पहले से ही तयशुदा व्यक्ति पर समय तथा पैसे गँवाने की कोई ज़रूरत नहीं। हताश हुए बिना यानोविट्ज़ और मर्लिन शील्ड्स नामक एक फ़िजिकल थैरेपिस्ट ने एक हृदय स्वास्थ्य सुधार कार्यक्रम शुरू किया, लेकिन उन्हें बहुत कम मरीज़ मिले। हालाँकि उन्हें मिले कुछ मरीज़ों से ज़बर्दस्त सराहना मिली। वे अपनी सेहत वापस पाकर ख़ुश थे और सीख रहे थे कि किस तरह सही खाना तथा व्यायाम किया जाए। यानोविट्ज़ के मुताबिक़, "चिकित्सक बिरादरी से हमारे पास बहुत कम मरीज़ भेजे जाते थे, क्योंकि उन्हें लगता था कि ऐसे मरीज़ को कहीं भेजने की कोई ज़रूरत नहीं जिनका जाना 'तय' है।"

1970 के उत्तरार्ध में यानोविट्ज़ ने तीन साथियों के साथ काम शुरू किया : ये व्यायाम फिज़ियोलॉजी में पीएच.डी. करने वाला एक छात्र टेड एडम्स, एक अस्थिरोग शल्य विशेषज्ञ टॉम रोज़ेनबर्ग और

फिज़िकल थैरेपिस्ट मर्लिन शील्ड्स। चारों ने रोकथाम तथा स्वास्थ्य पर ध्यान केंद्रित करने के लिए सन् 1980 में एक फ़िटनेस इंस्टीट्यूट की शुरुआत की और हृदय रोग की बहुत ज़्यादा आशंका वाले व्यक्तियों की स्क्रीनिंग, हृदय स्वास्थ्य सुधार और स्पोर्ट्स मेडिसीन पर ख़ास ध्यान केंद्रित किया। लेकिन पहले साल के ख़त्म होने तक फ़िटनेस इंस्टीट्यूट का पूरा ध्यान रोकथाम और स्वास्थ्य पर आ गया।

जब उन्होंने पहले-पहल शुरुआत की, तो डॉक्टरों की तरफ़ से उम्मीद के विपरीत मरीज़ नहीं भेजे जाते थे। उनका व्यापार शुरुआती 10 सालों तक घाटे में चलता रहा। इस स्थिति ने उन्हें यह सीखने पर मजबूर कर दिया कि सीधे ग्राहकों से ही संपर्क कैसे करें। आज वे रेडियो पर छोटे-छोटे फ़िटनेस नुस्ख़े देते हैं और क्षेत्र के बड़े नियोक्ताओं और एक्ज़ीक्यूटिव्ज़ से मुलाक़ात करते हैं।

मुझे पहले-पहल उनके काम के बारे में तब पता चला, जब मैं 47 साल का था और अपनी सालाना जाँच करवा रहा था। मुझे यह बताने के बाद कि मैं सेहतमंद हूँ, मेरी इंटरनिस्ट (डॉ. मैरी पार्सन्स) ने पूछा कि क्या ऐसा कुछ है जिसे आप अपने शरीर में बदलने की इच्छा रखते हैं। मैं भी मज़ाक़ में बोला, "ज़रूर, जब मैं ज्यूपिटर शिखर (10,300 फ़ीट सीधा) पर साइकिल से चढ़ूँ और धूल पर गिर पड़ूँ, क्योंकि दस मील लंबवत पहाड़ी पर साइकिल चलाकर थक चुका होऊँगा!" तब डॉ. पार्सन्स ने मुझे फ़िटनेस इंस्टीट्यूट में जाकर वीओ 2 मैक्स परीक्षण कराने के लिए भेजा और सलाह दी कि इसके बाद मैं साइकिल चलाने वाले कठोर प्रशिक्षण कार्यक्रम को शुरू कर सकता हूँ। वीओ 2 मैक्स परीक्षण अधिकतम ऑक्सीजन की उस मात्रा की गणना करता है जो एक ख़ास समय में संचरित रक्त से निकाली जा सकती है और काम करने वाले ऊतकों द्वारा इस्तेमाल की जाती है।

जब मैं फ़िटनेस इंस्टीट्यूट पहुँचा, तो मैंने सोचा कि मैं किसी अत्याधुनिक, उच्च तकनीकी फ़िटनेस क्लब में पहुँच गया हूँ -

लेकिन मैंने नज़दीक से देखकर यह जाना कि हर मशीन व्यायाम करने के लिए मीटर और प्रोब से सजी हुई थी।

जैसा कि डॉ. यानोविट्ज़ ने मुझे समझाया, "लोग यहाँ व्यायाम करने नहीं, बल्कि उसके मूल्यांकन के लिए आते हैं।" इंस्टीट्यूट के पास अंदरूनी देखभाल की संपूर्ण चिकित्सकीय रूपरेखा है, लेकिन यह किसी दीर्घस्थायी समस्या को ठीक नहीं करती, बल्कि ऐसे लोगों को सेवाएँ प्रदान करती है जो समय से चेकअप कराना चाहते हैं या अपने एच.एम.ओ. या प्राथमिक उपचार डॉक्टरों से असंतुष्ट हैं। यहाँ पेश है फ़िटनेस क्लब की पहली छह घंटे वाली जाँच, जिसका ख़र्च 600 डॉलर आता है :[10]

- पूरे शारीरिक तंत्र का विश्लेषण, जिसमें कैंसर स्क्रीनिंग भी शामिल है।
- हृदय रोग, डायबिटीज़, संक्रमण और एनीमिया के ख़तरे को भाँपने के लिए रक्त और मूत्र परीक्षण।
- हृदय रोग और फ़िटनेस स्तर का पता लगाने के लिए हृदय विशेषज्ञ द्वारा उच्चस्तरीय ट्रेडमिल स्ट्रेस टेस्ट।
- चिकित्सकीय इतिहास, निजी तनाव कारक और पोषण उपयुक्तता जानने के लिए लिखित मूल्यांकन।
- आपके शरीर में वसा का प्रतिशत और शरीर का आदर्श वज़न (बी.एम.आई. पर आधारित) पता लगाने के लिए हाइड्रोस्टैटिक (पानी के भीतर) वज़न।
- अवरुद्ध फेफड़े की बीमारी पता लगाने के लिए पल्मोनरी फ़ंक्शन टेस्ट।
- हड्डी संबंधी परेशानियों के ख़तरे से निपटने के लिए फिज़िकल थैरेपिस्ट द्वारा आपकी मज़बूती और लचीलेपन का आकलन।
- परिणामों की समीक्षा के लिए रूबरू स्वास्थ्य सलाह और भोजन, व्यायाम और तनाव प्रबंधन में आवश्यक बदलाव की सलाह।

- कोलोन और स्तन (सिर्फ़ महिलाओं के लिए) कैंसर के लिए स्क्रीनिंग टेस्ट।
- फ़िटनेस इंस्टीट्यूट द्वारा स्वास्थ्य पर प्रकाशित एक सारगर्भित एनसाइक्लोपीडिया *मैंटेनिंग द मिरेकल : एन ऑनर्स मैनुअल फ़ॉर द ह्यूमन बॉडी* की एक प्रति घर ले जाने के लिए।[11]

कोई आश्चर्य नहीं, यानोविट्ज़ ने ख़ुद अपना भी स्वास्थ्य परिवर्तन किया। सन् 1978 में 37 वर्ष की उम्र में हाईस्कूल के कुछ छात्रों को स्फ़िग्मोमैनोमीटर का इस्तेमाल करने की विधि बताते समय एक छात्र ने उनका ही ब्लडप्रेशर लिया, तो यानोविट्ज़ अपनी बढ़ी हुई रीडिंग देख सकते में आ गए। उन्होंने पूरी कक्षा के सामने, छात्र से रीडिंग की पुष्टि के लिए बार-बार परीक्षण करवाया। उस रात उन्हें स्वास्थ्य में बढ़ती अपनी दिलचस्पी की विडंबना महसूस हुई, जबकि वे ख़ुद मोटे (एक ही जगह बैठा रहने वाला), बेडौल, गतिहीन थे और अब उन्हें ख़तरनाक उच्च रक्तचाप भी था। उन्होंने अपने आहार पर ध्यान देने, रक्तचाप को कम करने वाली दवा लेने और व्यायाम के नियमित कार्यक्रम पर ध्यान देना शुरू किया। एक साल के भीतर वे प्रति हफ़्ते में 40 से 50 मील दौड़ने लगे और 10 किलोमीटर और हाफ़ मैराथन करने लगे।

आज यानोविट्ज़ की उम्र 62 वर्ष है। वे बचपन या कॉलेज में कभी एथलीट नहीं रहे, लेकिन वे चार मैराथन पूरी कर चुके हैं, 10 से 15 मील हर हफ़्ते दौड़ते हैं, पहाड़ों पर मोटरबाइक चलाते हैं। हाइक, स्की और स्नोशूज़ भी करते हैं।

उनके बायोडाटा में 68 प्रकाशन और 18 बड़े शोध कार्य शामिल हैं। *वे कोरोनरी हार्ट डिज़ीज़ प्रिवेन्शन* नामक संपूर्ण पुस्तक लिख चुके हैं। वे फिज़िकल फ़िटनेस पर उताह गवर्नर काउंसिल के पहले चेयरपर्सन बनाए गए। उन्होंने हज़ारों मरीज़ों के जीवन पर व्यक्तिगत रूप से असर डाला है। पर यानोविट्ज़ सर्वाधिक उत्साही तब हो जाते हैं, जब वे फ़िटनेस इंस्टीट्यूट में महीने भर के दौरे पर आए चिकित्सा छात्रों के बारे में बात करते हैं। वे उन्हें कल के हृदय विशेषज्ञ बताते हैं, जो हृदय

रोग की *रोकथाम* को ज़्यादा तरजीह देंगे बनिस्बत कि सिर्फ़ उसके लक्षणों के उपचार के।[12]

शारीरिक व्यायाम : एक स्वास्थ्य उद्यमी अवसर

शब्द *फिज़ीशियन* और *फिज़िकल,* जैसा फिज़िकल एक्सरसाइज़ में है, एक ही ग्रीक शब्द *फिज़ीस* से आए हैं। इसका अर्थ "प्रकृति" से लगाया जाता है। यह संबंध व्युपत्ति-विषयक से कहीं ज़्यादा है।

आज कई लोग फिज़िकल एक्सरसाइज़ को प्राथमिक तौर पर चिकित्सकीय स्वास्थ्य लाभ के बजाय ख़ूबसूरती से जोड़ने की ग़लती कर बैठते हैं। यह सच्चाई से कोसों दूर है - नियमित शारीरिक व्यायाम की कमी से अमेरिका में हर साल 21 लाख में से क़रीब-क़रीब 12 प्रतिशत यानी क़रीब 2,50,000 लोग मरते हैं।[13]

हज़ारों अध्ययन शारीरिक गतिविधि की कमी और कोरोनरी हृदय रोग, हाइपरटेंशन, कैंसर, मधुमेह, तनाव और अवसाद के बीच सीधा संबंध बता चुके हैं।

फिर भी आश्चर्यजनक रूप से, अमेरिका के सिर्फ़ 15 फ़ीसदी वयस्क ही नियमित कठोर शारीरिक श्रम करते हैं। साठ प्रतिशत के बारे में यह रिपोर्ट है कि वे अपने नियमित या लगातार लंबे कामों में किसी तरह का असरकारक व्यायाम करते ही नहीं हैं।[14]

हिप्पोक्रैट्स द्वारा सुझाए "प्राकृतिक" व्यायाम को आज कर पाना बहुत मुश्किल है।

हममें से बहुत लोग ऐसे काम करते हैं जिनमें एक जगह बैठे रहना होता है, जिसमें काम से हटकर व्यायाम करने के लिए बहुत कम वक़्त रह जाता है। हममें से अधिकांश शहरी वातावरण में रहते हैं, जहाँ मौसम बहुत तूफ़ानी होता है। वैसे भी, जब बात व्यायाम की आती है, तो

हमें ख़ुद को स्वस्थ और स्फूर्त रखने के लिए दोनों तरह के व्यायाम, सामान्य एरोबिक (दौड़ना, साइकिल चलाना) और कुछ ख़ास व्यायाम (वज़न प्रशिक्षण, लचीलापन) की आवश्यकता होती है।

ख़ुशक़िस्मती से, जिस तरह स्वास्थ्य उद्यमी हमारे आहार को बदलने और हमारी कोशिकाओं के अवयवों के निर्माण खंडों की न्यूनतम आवश्यकता को पूरा करने के लिए तकनीक का प्रयोग कर रहे हैं उसी प्रकार स्वास्थ्य उद्यमी तकनीक का प्रयोग कर हमारे व्यायाम को कहाँ और कैसे करना है के उपाय खोजने में लगे हैं।

एक ख़ास जगह बनाने वाली फ़िटनेस उद्यमी है जिल स्टीवेंस किन्नी - वह महिला जिसे *क्लब इनसाइडर न्यूज़* ने "अमेरिका की नं. वन महिला क्लब उद्यमी"[15] का ख़िताब दिया। उनकी कहानी और उनकी कंपनी क्लब वन, इंक. की तेज़ रफ़्तार तरक़्क़ी 10 खरब डॉलर के स्वास्थ्य उद्योग में 24 अरब डॉलर के फ़िटनेस उद्योग की बेहतरीन मिसाल है।

अमेरिका की #1 महिला क्लब उद्यमी

जिल स्टीवेंस किन्नी हमेशा से सेहतमंद महिला रहीं। वे कैलिफ़ोर्निया के फ्रेस्नो में रहने वाले एक कृषि व्यापारी परिवार में ढेर सारी ताज़ी सब्ज़ियाँ और फल खाते हुए बड़ी हुईं। उन्होंने छह साल की उम्र से अपने पिता के साथ नियमित जॉगिंग करना शुरू कर दिया। सन् 1979 में बर्कले स्थित कैलिफ़ोर्निया विश्वविद्यालय से स्नातक होने से पहले एथलीट (डाउनहिल स्की रेसर) के रूप में उनका सफल करियर रहा।

स्नातक के बाद किन्नी की मुलाक़ात डॉ. जैक बेगशॉ से हुई, जो मैरिन काउंटी में सफल हृदय रोग विशेषज्ञ थे और हृदय रोग के लक्षणों का इलाज करते-करते बेज़ार हो चुके थे। दरअसल, बेगशॉ एक संपूर्ण स्वास्थ्य केंद्र खोलना चाहते थे, जहाँ लोगों को शुरुआत से ही हृदय रोग से बचने के बारे में सिखाया जा सके। उन्होंने किन्नी को अपनी बिज़नेस

मैनेजर नियुक्त किया और दोनों ने मिलकर फीसिस नामक सुविधा की शुरुआत की। इस संस्था के ज़रिए सैन फ्राँसिस्को के बे एरिया के वरिष्ठ अधिकारियों को सहूलियत मिलने लगी। फीसिस में तीन महीने के कार्यक्रम के 3,000 डॉलर लिए जाते थे, जिसमें एक प्रारंभिक जाँच, हर हफ़्ते 90 मिनट के तीन व्यक्तिगत सत्र, पौष्टिक भोजन पकाने से लेकर तनाव प्रबंधन जैसे विषयों तक के लिए शैक्षणिक कार्यशाला और समाप्ति के समय अंतिम मूल्यांकन शामिल थे।

किन्नी सकारात्मक सोच वाली लड़की थी, लेकिन सच मानिए तो वह भी परिणामों से चकित थी। वह याद करते हुए चहक उठती है, "लोग तंदुरुस्त ही नहीं हो रहे थे, पति-पत्नी के संबंध सुधरने लगे थे, करियर बेहतर हो रहे थे और कई मामलों में पूरा जीवन ही बदल रहा था, भावनात्मक भी और शारीरिक रूप से भी। तीन महीने का कार्यक्रम ख़त्म होने पर मैं सकारात्मक रूप से इस बात पर अचंभित थी कि संतुलित व्यायाम और संपूर्ण पेशेवर नज़रिया लोगों की सेहत पर क्या जादू कर सकता है!" किन्नी ख़ुद को बहुत क़िस्मत वाली समझती है, जो उसने पहले स्वास्थ्य केंद्र खोला, न कि हेल्थ क्लब :

"हेल्थ क्लब उद्योग ऐसे लोगों द्वारा शुरू किया गया जो उन लोगों के विपरीत रुपया बनाते थे, जो कुछ बदलाव लाना चाहते थे।"

फीसिस को शुरुआती सफलता के बाद 20 वर्ष की उम्र में ही किन्नी को एक स्पोर्ट्स और फ़िटनेस क्लब चेन ने नियुक्त कर लिया, जहाँ वे चीफ़ ऑपरेटिंग अफ़सर बनीं और उनके मातहत 800 लोग काम करते थे। सन् 1985 में, कई रियल एस्टेट निर्माताओं द्वारा अपने प्रोजेक्ट में स्पोर्ट्स और फ़िटनेस सुविधाएँ खोलने के प्रस्तावों के बाद उन्हें अमेरिका का सबसे नामचीन क्लब खोलने के लिए नियुक्त कर लिया गया। यह था लॉस एंजिलिस स्थित स्पोर्ट्स क्लब एलए। इस परियोजना को सबसे बड़ी सफलता तब मिली, जब क्लब शुरू होने से पहले ही 5,000 लोगों ने सदस्यता ले ली, जिसे बाद में कम करना पड़ा। इस परियोजना की सफलता के बाद अमेरिका में इसी तरह के

उद्यमी अनुबंधों की बाढ़ आ गई। किन्नी एक ऐसी शख़्सियत बन गईं, जिन्हें लोग अपने शहर में सबसे प्रतिष्ठित स्पोर्ट्स और फ़िटनेस क्लब खोलने के लिए नियुक्त करने लगे।

सन् 1984 से 1989 तक इंटरनेशनल हेल्थ, रॉकेट एंड स्पोर्ट्स क्लब एसोसिएशन (आई.एच.आर.एस.ए.) की मार्केट रिसर्च कमेटी की अध्यक्ष रहने के दौरान ही किन्नी ने महसूस किया कि बाज़ार में बहुत बड़ा बदलाव हो रहा है। उनके मुख्य ग्राहक यानी बेबी बूमर्स अपना दूसरा दशक पार कर चुके थे और उन्होंने खेल तथा सामाजिक गतिविधियों के बजाय स्वास्थ्य और बढ़ती उम्र के असर जैसे मुद्दों पर अधिक ध्यान देना शुरू कर दिया था। 1980 में शुरू हुए अधिकांश बड़े स्पोर्ट्स और फ़िटनेस क्लब बड़े होते बेबी बूमर्स की सुविधा के अनुसार स्थापित नहीं थे। जिनके पास अब परिवार तथा ज़्यादा गहन काम थे और व्यायाम के लिए बहुत कम समय था। किन्नी के शोध से पता चला कि ये बूमर्स अब खेल गतिविधियों, सामाजिक गतिविधियों और विशाल शारीरिक गतिविधियों के मुक़ाबले से ऐसी सुविधाएँ अपने घर तथा दफ़्तर के आस-पास चाहते थे (उसी तरह जैसे ड्राई क्लीनर चुना जाता है)। लेकिन उस समय 98 प्रतिशत स्थानीय फ़िटनेस क्लब सिर्फ़ एक कमरे, सस्ते मॉम-पॉप जैसी सुविधाओं तथा थोड़े से साज़ो-सामान वाले होते थे। वे उच्च क़िस्म के स्पोर्ट्स क्लब एलए जैसे नहीं थे, जो बेबी बूमर्स को आकर्षित कर पाते। सन् 1989 में किन्नी ने इस मार्केट के लिए उच्च गुणवत्ता फ़िटनेस सुविधाओं और सुविधाजनक स्थान वाले क्लब की योजना पर एक बिज़नेसमैन जॉन किन्नी के साथ काम करना शुरू किया।

1990 में उन्होंने और जॉन किन्नी ने क्लब वन के लिए बिज़नेस प्लान लिखा और उसी साल दोनों ने विवाह भी कर लिया। 17 जून, 1991 में उन्होंने सिटीकॉर्प सेंटर में अपनी पहली क्लब वन सुविधा की शुरुआत की। उस साल के अंत तक ही एम्बार्काडेरो सेंटर में दूसरी सुविधा भी शुरू कर दी।

मूलरूप से किन्नी दंपति ने सोचा कि वे ऐसे ही 12,000 वर्ग फ़ीट की सुविधाएँ खोलते जाएँगे और "फ़िटनेस क्लब्स के

बादशाह" बन जाएँगे, लेकिन जॉन किन्नी ने जल्दी ही एकीकरण के रूप में एक बड़ा आर्थिक अवसर देख लिया। एक कमरे वाले मौजूदा क्लबों को ख़रीदकर उन्हें आधुनिक सुविधाओं से लैस करना। इस रणनीति से अधिकतम मामलों में न सिर्फ़ उनके पैसे बचे, बल्कि इसने तुरंत नए सदस्य भी आकर्षित हुए और स्थानीय प्रतिद्वंद्विता भी ख़त्म हो गई।

सुविधाजनक इलाक़ों पर ध्यान देने के साथ ही क्लब वन का एक अद्भुत तरीक़ा था बेहतरीन फ़िटनेस पेशेवरों (प्रशिक्षक, पोषण विशेषज्ञ, योगा अध्यापक, मसाज थैरेपिस्ट आदि) को समर्पित पेशेवराना कर्मियों के तौर पर आकर्षित करना। उन्होंने व्यक्तिगत अनुबंधों के तौर पर बिना मुनाफ़े के लोगों को रखने, लगातार शिक्षा देने और करियर के मायने समझाने का काम बंद कर दिया। फ़िटनेस बिज़नेस में बिताए अपने सालों में जिल किन्नी ने देखा कि उनमें से कई बेहतरीन पेशेवरों को उस समय उद्योग छोड़ना पड़ा जब उन्हें निरंतर ख़ुद की मार्केटिंग करनी पड़ती थी या अपनी मौजूदा आय की ज़रूरतों के विपरीत निरंतर पेशेवराना शिक्षण की ज़रूरतों के साथ संतुलन बैठाने की कोशिश करनी पड़ती थी। जिस तरह कुछ बेहतरीन डॉक्टर या अन्य पेशेवर ग़ैरउद्यमी माहौल में तनख़्वाह पर ज़्यादा बेहतर तरीक़े से काम कर लेते थे। जिल किन्नी ने महसूस किया कि उसके ग्राहक और कुछ फ़िटनेस पेशेवर भी यदि यही पेशेवर-कर्मचारी रवैया अपनाएँ, तो उन्हें भी अधिक लाभ होगा। वह कहती हैं, "जब आप उनसे उनके करियर को बढ़ाने के लिए सशक्तिकरण का वादा करते हैं, तो सभी फ़ायदे में रहते हैं।"

उनकी योजना काम कर गई। क्लब वन तेज़ी से शुरुआत करते हुए सालाना 6 करोड़ डॉलर की बिक्री तक पहुँच गया। उसकी शाखाएँ भी 71 स्थानों पर खुल गईं। यह फ़िटनेस क्लब उद्योग में तेज़ी से बढ़ते बिज़नेस में से एक बन गया। किन्नी दंपति को सबसे ज़्यादा गर्व अपने फ़िटनेस पेशेवरों पर है, जो सभी तनख़्वाह पर काम करने वाले पेशेवर कर्मचारी हैं। क्लब अपने ग्राहकों से घंटे के आधार पर उनकी सेवाओं के लिए क़ीमत लेते हैं जो उनके शिक्षण, अनुभव और निपुणता पर निर्भर करती है।

भविष्य के फ़िटनेस करियर में निम्न सर्टिफ़ाइड पेशेवर शामिल होंगे :

फ़िटनेस ट्रेनर

पर्सनल ट्रेनर

स्पेशलिटी ट्रेनर/स्पोर्ट्स कंडीशनिंग

क्लीनिकल एक्सरसाइज़ स्पेशलिस्ट

काइरोप्रैक्टर

फिज़िकल थैरेपिस्ट

पोषण विशेषज्ञ (न्यूट्रिशनिस्ट)

मसाज थैरेपिस्ट

वृद्धों के लिए प्रशिक्षक

युवाओं के लिए प्रशिक्षक

व्यक्तिगत कोच

समूह व्यायाम प्रशिक्षक

योग प्रशिक्षक

पिलेट्स प्रशिक्षक

प्रदर्शन प्रशिक्षण कोच

बेहद सोचे-समझे बिज़नेस प्लान को लागू करने के बावजूद क्लब वन को अधिकांश सफलता उस चौंकाने वाले फ़ोन से मिली, जो 1995 में जिल किन्नी ने उठाया। दुनिया की अग्रणी सॉफ़्टवेअर कंपनियों में से एक और बे क्षेत्र की प्रतिष्ठित नियोक्ता ऑटोडेस्क इंक. ने क्लब वन को फ़ोन लगाकर पूछा कि क्या वे सिर्फ़ ऑटोडेस्क के कर्मचारियों के लिए ऑनसाइट फ़िटनेस क्लब डिज़ाइन करने, खोलने और प्रबंधन करने के इच्छुक हैं। यह पता करने के बाद कि ऑटोडेस्क यह सब वास्तव में अपने कर्मचारियों के स्वास्थ्य के लिए करना चाहती है न कि नए लोगों को आकर्षित करने के लिए, क्लब वन ने अनुबंध कर लिया।

साल भर बाद कंपनी ने यही ऑनसाइट फ़िटनेस सुविधा 'द गैप एंड इलेक्ट्रॉनिक आर्ट्स' के लिए भी शुरू कर दी। सन् 2000 तक, किन्नीज़ के पास ऐसी 50 कॉर्पोरेट सुविधाओं का प्रबंधन था, जिसमें 5,00,000 सदस्य थे। इसके तहत ऑन साइट कॉर्पोरेट कर्मचारी क्लब द्वारा प्रबंधित निजी फ़िटनेस क्लब से मुफ़्त में जुड़ सकते थे। क्लब वन का "सुविधाजनक" वाला उद्देश्य अब बस पाँच मिनट में डेस्क-से-क्लब वाले अनुभव का हो गया। अपने कार्यस्थल पर ही इस निजी सुविधा को स्थापित कर इस उद्देश्य में कल्पना से कहीं अधिक मिल गया।

जिल किन्नी ने देखा कि क्लब वन द्वारा प्रबंधित कॉर्पोरेट केंद्रों को चलाना उनके संगठन के लिए एक बड़ी चुनौती और बड़ा प्रशिक्षण आधार है, क्योंकि इन केंद्रों में उनके ग्राहक आम अमेरिकी कर्मचारी के बिल्कुल नज़दीकी थे - वह नहीं जो अपने पैसों पर किसी निजी फ़िटनेस सुविधा से जुड़ने को तैयार हो।

इन कॉर्पोरेट सदस्यों को अधिक शिक्षा और प्रेरणा की ज़रूरत थी। जिल किन्नी के अनुसार, इसने "हमें उन लोगों की सेवा करने का मौक़ा दिया, जिन्हें वास्तव में हमारी ज़रूरत थी - ऐसे लोग जिनका वज़न अधिक था, ऐसे लोग जिनके शोध और लत संबंधी मसले थे, ऐसे लोग जिनका खान-पान अनियमित था और हम व्यायाम को माध्यम बनाकर उनके जीवन में सही बदलाव की शुरुआत कर सकते थे।"

क्लब वन ने हाल ही में अपने कॉन्ट्रेक्ट मैनेजमेंट प्रोग्राम का कैलिफ़ोर्निया की रेडवुड सिटी में विस्तार किया है। यहाँ बहुत से कॉर्पोरेशन अपने-अपने दफ़्तरों के लिए मिलकर एक ही निजी सुविधा का उपयोग करते हैं। क्लब वन भी ने भी यहूदी समाज केंद्रों के एक समूह के साथ उनके द्वारा तय जगहों पर फ़िटनेस सुविधाओं के प्रबंधन का अनुबंध किया है। इन जगहों पर फ़िटनेस परामर्शदाता, पर्सनल ट्रैनर से पोषण विशेषज्ञ तक एक वर्दी पहनते हैं। आप उन्हें जे.सी.सी. कह सकते हैं, लेकिन उन सभी में एक समान सर्टिफ़िकेशन, लगातार ट्रेनिंग और पेशेवराना अंदाज़ होता है, जो क्लब वन के प्रोफ़ेशनल सभी निजी और आम स्थानों पर प्रयोग करते हैं।

क्लब वन के कॉर्पोरेट ग्राहक इस बात की इच्छा से प्रेरित होते हैं कि वे अपने कर्मचारियों की स्वास्थ्य लाभ पाने में मदद करें। लेकिन इस निःस्वार्थ प्रेरणा से बिल्कुल अलग, इस तरह के कार्यक्रम का मुख्य फ़ायदा होता है कि उनके कर्मचारी ख़ुद एक तीर से दो शिकार वाले आर्थिक लाभ में क्लब वन की सदस्यता पा जाते हैं। जैसा कि हम अगले अध्याय में देखेंगे, कि कंपनी को अपने राज्य और संघीय आयकर में क्लब वन सुविधा के आधार पर छूट भी मिल रही है और कर्मचारियों को भी सदस्यता के मासिक ख़र्च के नाम पर कोई राज्य या संघीय आयकर नहीं जमा करना पड़ रहा है।

अगले अध्याय की ओर बढ़ने से पहले

उद्यमियों, निवेशकों और वितरकों के लिए कार्ययोजना

1. विश्लेषण कीजिए कि स्वास्थ्य व्यापार संभावनाओं के तीन चयनित अलग-अलग क्षेत्रों पर संपूर्ण शरीर की दवा वाले हिप्पोक्रैट्स के नज़रिए का क्या असर होता है।
2. डॉ. यानोविट्ज़ और उनके एम.डी. साथियों (फ़िटनेस इंस्टीट्यूट) ने स्वास्थ्य-केंद्रित व्यापार पूरी तरह पारंपरिक चिकित्सा के क्षेत्र में ही चलाया। विश्लेषण कीजिए कि स्वास्थ्य व्यापार संभावनाओं के आपके द्वारा चयनित तीनों व्यक्तिगत क्षेत्रों पर बचाव के लिए चिकित्सा के प्रति रुझान का क्या असर होता है।
3. कार्ल रेहनबोर्ग (न्यूट्रीलाइट) को अपनी अलग वितरण फ़ौज बनानी पड़ी, क्योंकि उनका उत्पाद न तो दवा था और न ही भोजन, जो दवा की दुकानों या किराना दुकानों पर रखा जाता। विश्लेषण कीजिए कि स्वास्थ्य व्यापार संभावनाओं के आपके तीनों क्षेत्रों के उत्पादों का वितरण आप कैसे करेंगे और किसके द्वारा करवाएँगे।
4. रेहनबोर्ग ने लगातार नए वितरकों को शिक्षित करने के लिए नेटवर्क मार्केटिंग के रूप में सबसे किफ़ायती तरीक़े की

शुरुआत की। स्वास्थ्य व्यापार संभावनाओं में आपके तीनों क्षेत्रों पर नेटवर्क मार्केटिंग किस तरह प्रभाव डाल सकती है?

5. स्वास्थ्य व्यापार संभावनाओं के आपके तीनों क्षेत्रों के अलग-अलग उत्पादों का निर्माण गुणवत्ता के आधार पर विश्लेषण कीजिए। यदि ConsumerLab.com जैसे और व्यापार उभरते हैं, तो यह आपके तीनों क्षेत्रों की मदद करेंगे या नुक़सान?

6. जिल किन्नी (क्लब वन) ने एक स्थानीय मॉम-एंड-पॉप वाले बिज़नेस से 10 करोड़ डॉलर की राष्ट्रीय चेन खड़ी कर ली जिसकी वजह निम्नलिखित है। विश्लेषण कीजिए स्वास्थ्य व्यापार संभावनाओं के आपके तीनों क्षेत्रों में इन वजहों का क्या ऐसा ही असर पड़ सकता है।

   अ. गुणवत्ता माँग की रौ में बहकर स्पोर्ट्स फ़िटनेस से सुविधा की तरफ़ मुड़ना।

   ब. गुणवत्ता माँग की रौ में बहकर स्पोर्ट्स फ़िटनेस से स्वास्थ्य की तरफ़ मुड़ना।

   स. उत्पाद की गुणवत्ता का मानकीकरण करना।

   द. सीधे रोज़गारदाताओं तक मार्केटिंग करना।

   क. रोज़गारदाताओं और उपभोक्ताओं के बीच उत्पाद और सेवाओं पर कर फ़ायदे पाना।

इन सवालों पर आपके जवाबों के आधार पर, स्वास्थ्य व्यापार संभावनाओं के आपके द्वारा चयनित तीनों या उनमें से किसी एक क्षेत्र को छोड़ने और बदलने पर विचार कीजिए।

अध्याय-6

स्वास्थ्य बीमा के बारे में आपको क्या जानना चाहिए

उपभोक्ताओं को स्वास्थ्य बीमा™ [1] जैसी स्वास्थ्य आधारित आर्थिक सेवाएँ उपलब्ध कराना, लगभग उतनी ही बड़ी औद्योगिक संभावना है जितना बड़ा स्वयं संपूर्ण स्वास्थ्य उद्योग है।

यह एक ऐसी संभावना है जिसे हर बिज़नेसमैन को ज़रूर समझना चाहिए - ऐसे बिज़नेसमैनों को भी, जो ख़ुद स्वास्थ्य उद्यमी नहीं बनना चाहते। बिज़नेसमैन अपने परिवारों के लिए स्वास्थ्य बीमा सेवाएँ चाहेंगे और प्रतिस्पर्धा में बने रहने के लिए उन्हें अपने कर्मचारियों को भी स्वास्थ्य बीमा का प्रस्ताव देने के लिए तैयार रहना होगा।

स्वास्थ्य उद्यमियों को सफलता के लिए ख़ुद समझना और दूसरों को यह समझाने में सक्षम होना होगा कि कैसे स्वास्थ्य आधारित आर्थिक सेवाएँ काम करती हैं, क्योंकि एक तौर पर यह उनके ज़्यादातर बिज़नेस का प्राथमिक भुगतान तंत्र होगा।

कुछ भी हो, स्वास्थ्य उद्यमी बनने और स्वास्थ्य आधारित

आर्थिक सेवाओं को समझने के लिए आपको सबसे पहले मौजूदा अमेरिकी बीमारी आधारित स्वास्थ्य बीमा तंत्र को समझना होगा :

- **अमेरिका में स्वास्थ्य उत्पादों और सेवाओं की ज़्यादातर मौजूदा माँग बीमारी आधारित स्वास्थ्य बीमा की असफलता से निकली है।**
- **स्वास्थ्य बीमा का हमारा नया तंत्र ढहते हुए बीमारी बीमा तंत्र के मलबे पर बनेगा।**
- **भावी उद्यमी जब ख़ुद अपना बिज़नेस शुरू करने के बारे में तय करेंगे तो उन्हें अपने परिवार के स्वास्थ्य बीमाओं को खो बैठने के दुःस्वप्न से जूझना पड़ेगा।**

अध्याय सात में स्वास्थ्य बीमा को परखने से पहले आइए हम मौजूदा अमेरिकी बीमारी–आधारित स्वास्थ्य बीमा तंत्र को परखते हैं।

पिछले अध्यायों में भोजन और चिकित्सा सेवाओं से जुड़ी समस्याओं को समझते समय आपको स्वास्थ्य व्यापार के मद्देनज़र उनके हल खोजने को कहा गया था। अब आप जब हमारे मौजूदा स्वास्थ्य देखभाल तंत्र की कमियों के बारे में पढ़ें, तो हर बार किसी समस्या को पाते ही रुककर देखने की कोशिश करें कि आप स्वास्थ्य आधारित उद्यमिता व्यापार के माध्यम से कैसे उसका हल निकाल सकते हैं।

नई आर्थिक ग़ुलामी

आज लाखों कामकाजी अमेरिकियों ने अपनी आत्माएँ प्रसिद्ध मर्ले ट्रेविस गीत "सिक्सटीन टन्स" की तर्ज़ पर कंपनी *डॉक्टरों* और कंपनी *स्टोर* में गिरवी रख दी है। ज़्यादातर कर्मचारी निजी स्वास्थ्य बीमा करवा सकने की हैसियत नहीं रखते, और जो रखते हैं, उनमें से बहुत के किसी न किसी सदस्य को पहले से कोई बीमारी होती है।

पुराने ज़माने के बंधुआ नौकरों की तरह, ये अमेरिकी भी अपनी

नौकरियाँ नहीं छोड़ सकते, न बदल सकते हैं और न ही हड़ताल कर सकते हैं, क्योंकि उन्हें अपने परिवार के लिए मौजूदा मालिक को छोड़ कहीं और से चिकित्सकीय देखभाल का ख़र्च नहीं मिलता।

अमेरिकी संघीय सरकार ही इस नई क़िस्म की आर्थिक ग़ुलामी के लिए ज़िम्मेदार है। पिछले 50 सालों में आयकर क़ानून ने 50 प्रतिशत या इससे भी ज़्यादा पारिवारिक चिकित्सकीय लागत को सब्सिडी दी, लेकिन *सिर्फ़* तभी जब वे चिकित्सकीय देखभाल अपने नियोक्ता से कराते हैं। संघीय आयकर की इस विशाल सब्सिडी ने ही निजी क्षेत्र को सीधे उपभोक्ता की स्वास्थ्य बीमा योजना की हैसियत के मुताबिक़ विकसित होने से पहले रोकने के लिए विवश किया जो व्यक्तिगत ज़रूरतों को पूरा कर सकती थी। यह परोक्ष रूप से इस बात के लिए भी ज़िम्मेदार है कि इसमें स्वास्थ्य की जगह बीमारियों पर अपना ध्यान केंद्रित किया जा रहा है – बीमारियों के बचाव या उनके इलाज पर ख़र्च करने के बजाय उनके लक्षणों के इलाज के लिए ख़र्च किया जा रहा है।

चिकित्सा क़ीमतों को बढ़ाना

इसके अतिरिक्त, उन्नीसवीं सदी के इस दासता तंत्र का एक और सह-उत्पाद है बढ़ी हुई चिकित्सकीय क़ीमतें, जिसने बहुत सी कंपनियों ही नहीं, बल्कि पूरी अर्थव्यवस्था को दिवालीया करने का ख़तरा पैदा कर दिया है, इस तथ्य के ज्ञात होने के बावजूद कि अधिकतर डॉक्टर और मरीज़ अपने निर्णय *अन्य लोगों के पैसों* के बल पर ही ले पाते हैं। वर्तमान में अमेरिकी अपनी बीमारी पर 15 खरब डॉलर ख़र्च करते हैं, जो अमेरिका के सकल घरेलू उत्पाद से भी तेज़ी से बढ़ रहा है। यदि वर्तमान परंपरा बग़ैर जाँच के बढ़ती गई तो सन् 2010 तक इसके दोगुना होने की उम्मीद है, जो सन् 2050 तक सकल घरेलू उत्पाद (जी.डी.पी.) से भी आगे बढ़ जाएगा। यह विकट स्थिति 1980 के दशक के 200 अरब डॉलर बचत और क़र्ज़ विभीषिका को भी फीका कर सकती है। दसियों लाख अमेरिकी अपने जीवनभर की बचत चिकित्सकीय ख़र्चों में खो सकते हैं। पिछले दशक में लगातार बढ़ी अर्थव्यवस्था के बावजूद

अमेरिका में निजी दिवालियापन के मामले दोगुने हो गए हैं। ये मामले 1990 के लगभग साढ़े सात लाख से बढ़कर 1999 में 15 लाख तक पहुँच गए हैं, जो ज़्यादातर परिवार पर चिकित्सा आपदा आने के बढ़ते परिणाम हैं।

ख़ुशक़िस्मती से, बदलाव शुरू हो चुका है। और स्वास्थ्य-केंद्रित व्यक्तियों के लिए आने वाले समय में बहुत लाभदायक बड़े मौक़े तैयार हो गए हैं। लेकिन बर्फ़ीले पानी में आगे बढ़ने और इन मौक़ों का फ़ायदा उठाने से पहले, यह समझना ज़रूरी है कि कंपनी भुगतान वाली चिकित्सकीय व्यवस्थाएँ किस तरह काम करती हैं और यह कैसे आज शीर्ष पर इस वृहद रूप में फैली हुई हैं।

रोज़गारदाता कैसे चिकित्सकीय देखभाल के प्रदाता बन गए

अपने परिवार की चिकित्सकीय देखभाल के लिए व्यक्ति यदि किसी आख़िरी इंसान को शामिल करना चाहेगा, वह उसका रोज़गारदाता होगा। ऐसा इसलिए, क्योंकि आज लोग काम पर अपने समय का 25 प्रतिशत से भी कम ख़र्च करते हैं यानी 168 घंटे के सप्ताह में से 40 घंटे, और जीवनभर में कोई दस बार अपनी नौकरी बदलते हैं। 100 साल पहले यह मामला नहीं था। लोग सूर्योदय से सूर्यास्त तक काम करते थे, हफ़्ते में छह दिन और जीवनभर अक्सर एक ही नियोक्ता के लिए काम करते थे। फिर कंपनी ने विशाल परियोजनाओं तथा खदानों में चिकित्सकीय देखभाल करना शुरू किया और यह सिर्फ़ एक ही डॉक्टर या कंपनी के डॉक्टर की निगरानी में होता था। कार्यक्षेत्र से बाहर के चिकित्सकीय बीमा क्षेत्र को भी 1930 में शामिल किया गया – यह संघीय दिहाड़ी और क़ीमतों के नियंत्रण काल का दौर था, यूनियनें नक़द राशि बढ़ाए जाने के प्रतिबंध के एवज़ में कंपनी भुगतान चिकित्सकीय व्यवस्था की माँग करने लगी थीं।

जैसा कि अध्याय 2 में देखा गया था, पूरी बीसवीं सदी में

व्यक्तिगत अमेरिकी संघीय आयकर सीमा दरें बढ़ती रहीं। सन् 1964 में यह शिखर पर यानी 92 से 94 प्रतिशत तक पहुँच गई थी, इससे पहले कि यह 1980 के दशक में 70 प्रतिशत पर आकर स्थिर होती। 1950 के दशक में कई प्रदेशों में कुछ करदाताओं ने तो 100 प्रतिशत से भी *अधिक* आयकर दर का अनुभव किया – इसका मतलब उन्हें अपनी हर 1 डॉलर की अतिरिक्त कमाई पर 1 डॉलर से भी ज़्यादा आयकर जमा करना पड़ता था।[2] आज, अमेरिका में, अत्यधिक आय वाले व्यक्तियों को अपनी कमाई का लगभग 50 प्रतिशत संघीय और राज्य आयकर जमा करना पड़ता है (इसमें प्रॉपर्टी कर, सेल्स कर, गैसोलीन कर आदि शामिल नहीं हैं)।

चूँकि अत्यधिक आय वाले बिज़नेस एक्ज़ीक्यूटिव की आय संघीय सरकार की जेबों में पहुँचकर ख़त्म हो रही थी, इसलिए 1950 के दशक में कारोबारियों ने एकजुट होकर कुछ अधिक करमुक्त भेंटों (जैसे पूरे परिवार के लिए चिकित्सकीय व्यवस्था) की माँग की जिनका भुगतान नियोक्ता करें। कांग्रेस धन्य हुई और जल्द ही आपके पूरे परिवार के लिए नियोक्ता द्वारा दी जाने वाली स्वास्थ्य देखभाल की योजना दिहाड़ी-आय कर्मचारियों और अधिकारी के लिए भी लगभग सर्वव्यापी हो गई।

शुरुआत में, कंपनियों ने सोचा कि यह कर्मचारियों की भरपाई का बढ़िया रास्ता होगा क्योंकि आधी क़ीमत तो संघीय सरकार भरेगी। हालाँकि इसकी वजह से जल्द ही क़ीमतें बढ़ने लगीं और पूरा तंत्र जो आज है, वह नियंत्रण से बाहर हो गया, जहाँ लगभग हर कोई (बुजुर्गों और ग़रीबों को छोड़कर) अपनी चिकित्सकीय व्यवस्था नियोक्ता से प्राप्त करता है – जो कि आख़िरी पसंद होता है किसी भी व्यक्ति के लिए, यदि वह अपने परिवार को चिकित्सकीय व्यवस्था में मदद के लिए शामिल करना चाहता है।

आज, एक योग्य योजना के अंतर्गत रोज़गारदाताओं को चिकित्सा बीमा प्रीमियम के लिए 100 प्रतिशत कॉर्पोरेट आयकर छूट की अनुमति है, और कर्मचारी भी अपना आयकर जमा करते वक़्त रिपोर्ट में यह चिकित्सा फ़ायदे नहीं दर्शाते हैं। वह पूरा तंत्र बुरी तरह से अनुचित है।

विशाल कॉर्पोरेशनों के लिए काम करने वाले अमेरिकियों को 50 प्रतिशत या उससे भी ज़्यादा अपना चिकित्सकीय भुगतान (परोक्ष) संघीय सरकार से मिलता है, जबकि कामकाजी ग़रीब, स्वरोज़गार वाले और बेरोज़गारों को 1 डॉलर (या कम) चिकित्सा व्यवस्था पर ख़र्च करने से पहले 2 डॉलर आयकर के लिए कमाने पड़ते हैं।[3] या तो सबको चिकित्सा व्यवस्था में कर-छूट मिलना चाहिए या किसी को नहीं।

वैसे भी, चूँकि यह सब्सिडी कर-छूट के रूप में है न कि कर-क़र्ज़ के रूप में इसलिए संपन्न व्यक्तियों को कम आयकर भरने वाले व्यक्ति के मुक़ाबले बहुत अधिक सब्सिडी मिलती है। और चूँकि यह सब्सिडी एक जटिल कर नियमों के रूप में आती है, विशाल चिकित्सा बीमा और दवाई कंपनियों के लिए अपने फ़ायदे निकालने के लिए हेराफेरी करना आसान हो जाता है। जब बात अवसाद के उपचार की आती है, अमेरिकी संघीय कर-कोड महँगी प्रिस्क्रिप्शन दवाइयों (जैसे - प्रोज़ैक) के लिए कर-छूट की अनुमति देता है, लेकिन यही छूट उसे अवसाद के इलाज की ख़ातिर सुरक्षित और सस्ती ग़ैर प्रिस्क्रिप्शन दवाई (जैसे सेंट-जॉन्स-वॉर्ट)[4] ख़रीदने पर नहीं मिलती। आंतरिक राजस्व सेवाओं को उपभोक्ताओं को यह नहीं बताना चाहिए कि कौन सी दवाएँ लेना चाहिए और कौन सी नहीं।

कैसे रोज़गारदाता डॉक्टरों पर लागतें कम करने के लिए दबाव डालते हैं

जैसे-जैसे चिकित्सा लागतें सर्पिलाकार रूप में ऊपर उठती जा रही हैं, चिकित्सा फ़ायदे उपलब्ध कराने वाले कॉर्पोरेशन उपभोक्ताओं को उनके चाहे नए उत्पाद जैसे स्वास्थ्य सेवाएँ और वैकल्पिक दवाएँ देने की बजाय मौजूदा सेवाओं की क़ीमतों को कम कराने पर ज़्यादा ध्यान देते रहे। इन विशाल कॉर्पोरेशनों के क़ीमतें घटाने के प्रयास अक्सर चिकित्सा व्यवस्था पेशेवरों के *ख़िलाफ़* बड़े मोलभाव की दिशा में होते हैं। आज लगभग हर डॉक्टर, दवाख़ाना, अस्पताल और स्वास्थ्य देखभाल प्रदाता

एक ऐसे जटिल भुगतान तंत्र में काम कर रहे हैं जो कम से कम हैसियत रखने वाले लोगों से ज़्यादा से ज़्यादा वसूलने के लिए बनाया गया है। यह देखिए, यह तंत्र कैसे काम करता है।

एक डॉक्टर प्रतिस्पर्धा के चलते किसी व्यक्ति की सेवा या ऑफ़िस विज़िट की क़ीमत 75 डॉलर तय करता है। एक बड़ा नियोक्ता या चिकित्सा देखभाल बीमा करने वाला, जो डॉक्टर के मौजूदा मरीज़ों में से आधे उपलब्ध कराता है, वह अपने कर्मचारियों के लिए 55 डॉलर के कम दाम पर मोलभाव करता है – लगभग 15 से 35 प्रतिशत मानक दरों पर छूट। डॉक्टर के पास यह प्रार्थना स्वीकारने के अलावा कोई चारा नहीं रह जाता और वह इस घाटे को पूरा करने के लिए अन्य मरीज़ों से 75 से 95 डॉलर तक वसूलता है। समय के साथ, जब विविध बड़े खिलाड़ी (आमतौर पर चयनित विक्रय संघ या पी.पी.ओ.) मैदान में उतरे, तो एक बहुआयामी तंत्र विकसित हो गया जिसके अंतर्गत एक ही जैसे सामान और एक जैसी सेवाओं के लिए विभिन्न मरीज़ों से विभिन्न क़ीमतें वसूली जा रही थीं।

यह उनके पेशे से जुड़ी नैतिकता है कि अधिकांश चिकित्सा पेशेवर अभी भी हर मरीज़ को समान स्तर की सेवाएँ देने की कोशिश करते हैं इस बात की परवाह किए बग़ैर कि वह मरीज़ कितना भुगतान कर रहा है। लेकिन फ़ीस के जाल में फँसे कुछ पेशेवरों में, एक नए क़िस्म की एपॉइंटमेंट राशनिंग शुरू हो गई है, जहाँ पी.पी.पी. का सबसे ज़्यादा भुगतान करने वाला मरीज़ सबसे पहले एपॉइंटमेंट पा जाता है (कम भुगतान करने वाले पी.पी.ओ. मरीज़ को कहीं और जाने या इन सेवाओं के विचार को पूरी तरह से त्यागने के लिए मजबूर किया जाता है)।

इतने अन्याय के अलावा इस बाईज़ेंटाइन तंत्र ने उपभोक्ताओं और प्रदाताओं पर अव्यवस्थित उपभोग के निर्णय भी थोपने शुरू कर दिए हैं। जब उपभोक्ता द्वारा चुकाई जाने और डॉक्टर द्वारा प्राप्त की जाने वाली राशि वास्तविक राशि से कम होती है, तो मुक्त बाज़ार अर्थव्यवस्था का जादू नहीं चल पाता है। डॉक्टर, सेवाओं का ज़्यादा इस्तेमाल कर लेते हैं और बदले में ज़्यादा प्रतिफल पाते हैं वहीं मरीज़ उन्हीं सेवाओं (जबरन तय की गई ऊँची क़ीमतों) को झेलते हैं जो उनके और उनके

बच्चों के लिए आवश्यक होती हैं।

लक्षणों का उपचार बनाम बचाव या बीमारियों की रोकथाम

हमारे मौजूदा चिकित्सा देखभाल बीमा तंत्र की सबसे बड़ी समस्या यह है कि (जहाँ मरीज़ या डॉक्टर के बदले 90 प्रतिशत का भुगतान *कोई और* कर रहा है और वही उपचार का निर्णय भी ले रहा है) यह बीमारी के लक्षणों के उपचार के लिए भुगतान पर केंद्रित है, न कि बीमारी को ख़त्म करने या उससे बचाव करने पर।

यह आंशिक रूप से इसलिए होता है क्योंकि कंपनियों के लिए पूरी उम्र तक ग्राहक बनाए रखने वाले उत्पादों का उत्पादन अधिक लाभदायी होता है - ऐसे उत्पाद जो बीमारी को ख़त्म करने या उसकी रोकथाम के बजाय बीमारियों के लक्षणों का इलाज करते हैं।

मान लीजिए आप किसी दवा या चिकित्सा कंपनी के बोर्ड ऑफ़ डायरेक्टर के सदस्य होते - जिसकी उस पद पर नियुक्ति एक ऐसे पेंशन फ़ंड द्वारा हुई जो उनके निवेश की क़ीमत को बढ़ाने के लिए ही बना है। क्या आप अपनी कंपनी को शोध और विकास के बाद लाखों डॉलर निवेश कर एक ऐसे उत्पाद को बनाने की सलाह देंगे जिसकी लागत 50 डॉलर प्रति गोली हो और वह एक ही बार में बीमारी को ठीक कर दे या होने ही ना दे, या आप कंपनी को शोध और विकास पर लाखों डॉलर निवेश कर ऐसा उत्पाद बनाने के लिए कहेंगे जिसकी लागत सिर्फ़ 1 डॉलर प्रति गोली हो और उपभोक्ता को उसका सेवन जीवन भर हर दिन यानी साल के 365 दिन करना पड़े?

यह समझना आसान है कि आज बहुसंख्यक नई चिकित्सा तकनीक बीमारियों के लक्षणों का उपचार करने पर ध्यान क्यों देती है, बजाय कि उपचार और रोकथाम के, और क्यों आज 90 प्रतिशत दवा कंपनियाँ सिर्फ़ उपभोक्ताओं को वे ही दवाएँ बेच रही हैं जिन्हें वे पूरी ज़िंदगी रोज़ाना लेते रहें।

लेकिन अमेरिकी चिकित्सा का इलाज या बीमारी से बचाव पर ध्यान केंद्रित न होने का सबसे बड़ा कारण यह है कि बीमा कंपनियों और अंततः रोज़गारदाताओं के पास अपने कर्मचारियों के दीर्घकालिक स्वास्थ्य पर आर्थिक दाँव लगाने के लिए बजट नहीं है।

पहले कर्मचारी एक ही कंपनी में 25 साल या उससे भी ज़्यादा समय तक बिताते थे। आज, औसतन कर्मचारी अपने 45 साल के कामकाजी जीवन में दस से भी ज़्यादा बार नौकरियाँ बदल लेता है। ज़्यादातर बड़ी बीमारियाँ जिन पर आप आज 1 डॉलर ख़र्च कर कल के 100 डॉलर बचा सकते हैं (जैसे स्थूलपन से हृदय रोग और ख़राब पोषण से कैंसर) ये तब तक प्रभाव नहीं दिखातीं, जब तक कि बहुत देर न हो चुकी हो या कर्मचारी सेवानिवृत्त न हो गया हो, उस वक़्त 100 डॉलर की क़ीमत किसी अन्य रोज़गारदाता या करदाताओं द्वारा मेडीकेयर के माध्यम से अदा की जाती है।

चूँकि चिकित्सा लागतें बढ़ चुकी हैं, परिणामस्वरूप रोज़गारदाताओं ने अपनी चिकित्सा बीमा कंपनियों से सिर्फ़ उन ख़र्चों के लिए भुगतान करने को कहा है, जिनसे कर्मचारियों का काम पर वापस आना तय हो जाए – और इसमें किसी बीमारी से बचाव के लिए भुगतान शामिल *नहीं* है जो वह कर्मचारी के कंपनी में अपेक्षित कार्यकाल के दौरान ख़ुद ही न उबरे।

वज़न घटाना, पोषण सलाह, विटामिन, खनिज, धूम्रपान मुक्ति और सैकड़ों अन्य स्वास्थ्य संबंधी या बचाव क़िस्म के उपचार लगभग सभी कॉर्पोरेट और सरकार द्वारा प्रायोजित चिकित्सा योजनाओं में कहीं शामिल नहीं हैं। लेकिन ज़्यादा समय के लिए नहीं जैसा कि आप अगले अध्याय में पढ़ेंगे!

इस वजह ने चिकित्सा लागतों में ज़्यादा बढ़ोतरी कर दी है। ज़्यादातर डॉक्टर, जिनका मैंने साक्षात्कार किया, का मानना है कि अधिकांश ग़ैरजराचिकित्सकीय चिकित्सा ख़र्चों की वजह ख़राब आहार

और धूम्रपान होती है, जिनमें से दोनों का ही मौजूदा पीपीओ या एचएमओ वातावरण में उपचार काफ़ी सीमित है।

रोज़गारदाता द्वारा प्रदत्त स्वास्थ्य देखभाल का घटिया रहस्य

क्या आप कभी ऐसे कार्यस्थल गए हैं, जहाँ किसी व्यक्ति को किसी ज़्यादा लायक़ व्यक्ति के स्थान पर पदोन्नति मिली हो? या फिर आपने कभी कोई *पदोन्नति* सिफ़ारिश सिर्फ़ इसलिए की हो ताकि आप उस कंपनी के मालिक को नज़रअंदाज़ कर सकें जिसमें आपने काम किया हो? यहाँ पेश है कि दृश्य के पीछे और क्या होता है।

एक आम परिस्थिति की कल्पना कीजिए जहाँ 100 कर्मचारियों वाली कोई अमेरिकी कंपनी वार्षिक समूह प्रीमियम पर 5,00,000 डॉलर प्रति वर्ष (5,000 डॉलर प्रति कर्मचारी या परिवार) की लागत का चिकित्सा लाभ उपलब्ध कराती हो।

यदि कर्मचारियों को ठीक यही पॉलिसी ख़ुद लेना पड़े, भले ही उसकी राशि 5,000 डॉलर हो, तो कर्मचारी को दोगुनी लागत में पड़ेगी। ऐसा क्यों : दरअसल रोज़गारदाताओं को 5,000 डॉलर का चिकित्सा बीमा ख़रीदने से पहले कर्मचारी के लिए अतिरिक्त 10,000 डॉलर भत्ते और रुके हुए कर भी भरने पड़ेंगे। दूसरे शब्दों में, रोज़गारदाता प्रति कर्मचारी 5,000 डॉलर बचा रहे हैं, और अमेरिकी करदाता 5,000 डॉलर का अंतर पूरा कर रहा है। यह समझना आसान है कि क्यों ज़्यादातर अमेरिकी आज अपने चिकित्सा बीमा अपने रोज़गारदाता के माध्यम से करवा रहे हैं, और रोज़गारदाता द्वारा भुगतान किया हुआ बीमा प्रीमियम 600 डॉलर बिलियन प्रतिवर्ष तक बढ़ चुका है - 12 करोड़ कर्मचारियों के लिए, 5,000 डॉलर प्रति वर्ष जिनमें 18.7 करोड़ आश्रित लोग भी शामिल हैं।

बीमे की संकल्पना बड़े आँकड़ों के गणितीय नियम के हिसाब से काम करती है। किसी महामारी के लिए बीमा उपलब्ध करवाते समय बीमा कंपनी इस बात पर भरोसा करती है कि प्रीमियम भरने वाले लोगों की संख्या इतनी बड़ी होगी कि कुछ अस्वस्थ लोगों की विशेष

रूप से ज़्यादा चुकाई जाने वाली राशि बहुत स्वस्थ लोगों की प्रीमियम से वसूल हो जाएगी। कर्मचारियों का हर कॉर्पोरेट समूह बीमा लागत के उद्देश्य से एक स्वतंत्र समूह माना जाता है।

कल्पना कीजिए कि कोई एक कर्मचारी, या उनके किसी एक बच्चे को डायबिटीज़ जैसी दीर्घ स्थायी बीमारी हो जाती है या वह किसी दुर्घटना में स्थायी अपंग हो जाता है – ऐसी स्थिति में कर्मचारी काम तो जारी रखता है, लेकिन वह दवा और उपचार पर लगातार वार्षिक 75,000 डॉलर ख़र्च करने लगता है। शुरुआत में, नियोक्ता की बीमा कंपनी 75,000 डॉलर के इस ख़र्च को वहन करती है, लेकिन अगले साल वह सालाना प्रीमियम बढ़ाकर 5,00,000 डॉलर से 5,75,000 डॉलर या और ज़्यादा कर देती है ताकि इस अप्रत्याशित अतिरिक्त ख़र्च को पूरा किया जा सके (साथ में पिछले घाटे से उबरने का प्रयास भी करती है)।[7] हालाँकि नियोक्ता किसी भी अन्य कंपनी से बीमा ख़रीदने के लिए स्वतंत्र होते हैं, लेकिन बेहतर सौदा होने की उम्मीद नहीं होती, क्योंकि लागत और पिछले सालों में हुए समूह के चिकित्सा ख़र्च की क़ीमत ही मुख्य मापदंड होता है।

नियोक्ता और कर्मचारी दोनों ही फँस चुके हैं।

नियोक्ता को अपनी समूह चिकित्सा बीमा प्रीमियम कम करने के लिए कर्मचारी को निकालने की ज़रूरत महसूस होती है, लेकिन संघीय क़ानून के तहत चिकित्सा कारणों से किसी को नौकरी से नहीं निकाला जा सकता जब तक कि कर्मचारी "अपना काम कर रहा हो।" नियोक्ता की ख़ुशक़िस्मती, लेकिन कर्मचारी की बदक़िस्मती से गंभीर चिकित्सा स्थिति या बहुत बीमार बच्चे के चलते व्यक्ति अपना "काम जारी नहीं" रख पाता।

ऐसे मौक़े पर जब कर्मचारी अतिरिक्त समय देकर अपना काम करने में सक्षम हो, काम नहीं छोड़ सकता, क्योंकि ज़्यादातर नए नियोक्ता किसी 'ज़िम्मेदार' को नियुक्त नहीं करेंगे।

इसका मतलब यह है कि ऐसे व्यक्ति को तब तक नियुक्त नहीं किया जा सकता जब तक 75,000 डॉलर का अप्रत्याशित सालाना

चिकित्सा ख़र्च उनकी पहले से चली आ रही चिकित्सकीय बीमा व्यवस्था से अलग न कर लिया जाए।[8] एक अनुमान के मुताबिक़, 18.7 करोड़ अमेरिकी अपने नियोक्ताओं से स्वास्थ्य देखभाल फ़ायदे प्राप्त कर रहे हैं। लगभग 22 प्रतिशत यानी 4.1 करोड़ लोगों से ज़्यादा के अपने परिवार में पहले से कोई न कोई बीमार है, जो उन्हें किसी नए नियोक्ता या बीमा कंपनी से स्वास्थ्य देखभाल सुविधा लेने से रोकता है।

यह है नियोक्ता द्वारा प्रदत्त स्वास्थ्य देखभाल का घटिया रहस्य। आप सच मानें हर छोटा कारोबार मालिक हर उस कर्मचारी का नाम जानता है, जिसके परिवार के किसी सदस्य को पहले से कोई बीमारी हो। हालाँकि सहानुभूति यह सिखाती है कि मालिक को कोई भी पदोन्नति और बर्ख़ास्तगी, प्रतियोगिता और आर्थिक उत्तरजीविता जैसे निर्णय लेते समय इस तथ्य को नज़रअंदाज़ करना चाहिए, लेकिन इससे उलट निर्णय इसी पर आधारित होते हैं।

सरकारी "समाधान"

पदच्युत कर्मचारियों का कुछ समय के लिए भार हल्का करने और संभवतः नियोक्ता के दिल पर इसके अपराध बोध को कम करने के लिए, 1986 में कांग्रेस ने कॉन्सेलिडेटेड ओमनीबस रीकन्सिलिएशन एक्ट (COBRA) स्वीकृत किया। कोबरा के तहत यह नियम लागू किया गया कि कर्मचारी हटाए जाने के 18 महीनों बाद तक अपने पूर्व नियोक्ता से रोज़गार बीमा ले सकता है, बशर्ते उसका प्रीमियम समूह दर से 102 प्रतिशत से अधिक न बढ़े। 18 महीनों बाद कुछ स्थितियों में कोबरा के कुछ पूर्व कर्मचारी स्वतः ही व्यक्तिगत पॉलिसी के योग्य हो चुके होते हैं। हालाँकि कोबरा और ऐसी ही व्यक्तिगत पॉलिसी आमतौर पर सिर्फ़ पहले से मौजूद स्थिति को ही मान्य करते हैं, लेकिन निकाले गए कुछ कर्मचारी इस बीमे को वहन कर सकते हैं, ख़ासतौर पर जब नियोक्ता द्वारा भुगतान किए बीमे में आयकर लाभ शामिल नहीं हो। सिर्फ़ 21 प्रतिशत (लगभग) पदच्युत कर्मचारी ही कोबरा बीमा ख़रीदने

योग्य होते हैं।[10] यही नहीं, कोबरा कार्यक्रम इस आधार पर लागू होता है कि 18 महीने का समय पूरा होने से पहले ही कर्मचारी नया काम खोज लेगा जो उसे स्वास्थ्य बीमा उपलब्ध कराएगा। पहले से मौजूद गंभीर चिकित्सा स्थितियों में संभवतया कुछ ऐसा करते भी हैं।

इसी प्रकार, बीमा कंपनियों द्वारा पूर्व मौजूद स्थितियों वाले नए कर्मचारियों को शामिल न किए जाने (यदि कर्मचारी उसी स्थिति के लिए पिछले नियोक्ता से मदद पा चुका है) की स्थिति रोकने के लिए हेल्थ इंश्योरेंस पोर्टेबिलिटी एंड अकाउंटेबिलिटी एक्ट 1996 (HIPAA) कांग्रेस ने लागू किया। हालाँकि, यदि कर्मचारी को अपना कवरेज खोए 63 दिन से अधिक हो गए हों, (जैसे उसे कोबरा के बिना ही काम से निकाल दिया गया हो) तो अन्य बंदिशों के बीच, एचआईपीएए लागू नहीं हो पाता।

सर्वाधिक सुरक्षित महसूस करने वाले कर्मचारी सर्वाधिक ख़तरे में

कुछ भावी उद्यमी मित्रों के ख़ुद व्यापार के क्षेत्र में नहीं जाने का एक कारण यह है कि वे अपने दीर्घकालिक नियोक्ता से मिलने वाले स्वास्थ्य फ़ायदे वाले पैकेज से सुरक्षित महसूस करते हैं। ऐसे कर्मचारियों को जल्द ही कड़वे सच का सामना करना पड़ेगा।

जब कंपनी के कर्मचारियों का समूह समय के साथ बूढ़ा होने लगता है, तब उनमें से बहुसंख्यक (या उनके आश्रित) किसी गंभीर समस्या की चपेट में आ जाते हैं जो समूह चिकित्सा बीमा प्रीमियम की लागत बढ़ा देती है। ऐसी स्थिति में वे व्यक्तिगत रूप से कहीं और काम करने के अयोग्य हो जाते हैं। यही नहीं, इन दीर्घ समस्याओं के कारण बढ़ी हुई लागत समय के साथ नियोक्ता को चिकित्सा फ़ायदे कम करने या व्यापार से पूरी तरह बाहर करने के लिए मजबूर कर देती है – क्योंकि कंपनी प्रतिस्पर्धियों के कहीं अधिक युवा, स्वस्थ और इसी तरह कम महँगे कर्मचारियों के कारण ग्राहक खोने लगती है।

यह आज के अमेरिकी स्वास्थ्य बीमा तंत्र का सबसे कड़वा

मज़ाक़ है : जो लोग सबसे सुरक्षित महसूस करते हैं - वे जो अपने नियोक्ताओं से स्वास्थ्य बीमा प्राप्त करते हैं - वास्तव में वे सबसे ज़्याादा ख़तरे में हैं। उनमें से कई के लिए, यह सिर्फ़ समय का सवाल है जिसके पहले वे या उनका कोई आश्रित किसी दीर्घस्थायी परिस्थिति की चपेट में नहीं आ जाता। यदि ऐसा नहीं होता है तो भी यह हमारी तेज़ी से बदलती तकनीकी दुनिया में सिर्फ़ समय का सवाल है क्योंकि वे 65 की उम्र से पहले ख़ुद को काम से बाहर पाएँगे।[1]

जब ऐसे लोग 65 साल की उम्र से पहले निकाले जाने या समय पूर्व सेवानिवृत्ति के कारण ख़ुद को काम से बाहर पाएँगे, तो वे किसी भी क़ीमत पर व्यक्तिगत चिकित्सा बीमा करवा ही नहीं पाते - भले ही उनके पास कोई पूर्व मौजूद स्थिति न हो। ऐसा होने की कई वजह हैं।

पहली, चूँकि अधिकांश अमेरिकी चिकित्सा बीमा या कवरेज अपने नियोक्ताओं से प्राप्त करते हैं, इसलिए कई राज्यों में तो पर्याप्त लोग बचे ही नहीं हैं कि वे व्यक्तिगत पॉलिसी शुरू करवा सकें। हर व्यक्तिगत स्वास्थ्य बीमा पॉलिसी की क़िस्म और दर हर राज्य के इंश्योरेंस बिना कमिश्नर द्वारा अलग से स्वीकृत होना ज़रूरी है। बड़े प्रदेशों में जहाँ पर्याप्त भावी आवेदक होते हैं, वहाँ भी बीमा कंपनियों के लिए बीमा लागत को लाभदायक रूप में बाज़ारीकृत करना मुश्किल होता है और सेवाभोगी किसी नियोक्ता (जहाँ ऑन साइट स्वास्थ्य देखभाल लाभ के प्रशासक होते हैं) से जुड़े नहीं होते।

दूसरी, स्वाभाविक रूप से नियोक्ता सर्वाधिक उत्पादक लोगों को नियुक्त करते हैं और उन्हें निकाल देते हैं, जो सबसे कम उपयोगी होते हैं। ऐसे देश में जहाँ 61 प्रतिशत आबादी अधिक वज़न वाली हो और 27 प्रतिशत स्थूल और अस्वस्थ हैं, जो नौकरी नहीं पा सकते (या जिन्हें निकाल दिया जाता है) भी अक्सर सर्वाधिक अस्वस्थ होते हैं। नियोक्ता बाज़ार के स्वास्थ्य बीमा की मलाई की ऊपरी परत निकाल लेते हैं - और व्यक्तिगत बीमा बाज़ार के लिए असंतुलित संख्या में अस्वस्थ लोगों को छोड़ देते हैं। बीमा करने वाले भी अक्सर यह मान लेते हैं कि अगर किसी के पास पहले से ही बीमा नहीं है तो ज़रूर

उसके साथ कुछ गड़बड़ होगी, और पहले से स्वास्थ्य बीमा पॉलिसी न होने पर व्यक्तिगत आवेदक का बीमा करते समय अधिक कड़े मानक लागू करते हैं।

तीसरी और सर्वाधिक महत्वपूर्ण यह कि स्वीकृत होने के बावजूद व्यक्तिगत आवेदकों से कई बार समूह पॉलिसी वाले आवेदकों से अधिक मुनाफ़ा वसूला जाता है। ऐसा कई कारणों से होता है – उनमें से एक है ढेर सारे क़ानून जो व्यक्तिगत पॉलिसीधारक या उसके किसी आश्रित की दीर्घस्थायी समस्या होने पर प्रीमियम बढ़ने से (या पॉलिसी रद्द करने से) रक्षा करते हैं।

अगले उदाहरण में बताया गया है कि यदि एक कर्मचारी (या उसकी संतान) को दीर्घस्थायी समस्या हो जाती है, जिसका ख़र्च हर साल 75,000 डॉलर पर आने लगता है, तो बीमा कंपनी कर्मचारी समूह का प्रीमियम बढ़ा सकती है, ताकि वह अप्रत्याशित भावी ख़र्च को पूरा कर सके।

यदि यही व्यक्ति समूह बीमा पॉलिसी की जगह व्यक्तिगत पॉलिसी धारक होता, तो बीमा कंपनी को प्रीमियम बढ़ाने या बीमा धारक को छोड़ देने की अनुमति नहीं होती।[12] सामान्य रूप में, बीमा कंपनियाँ सभी व्यक्तिगत बीमा धारकों (किसी ख़ास श्रेणी के) का प्रीमियम एक साथ बढ़ा सकती है (जो उसी प्रदेश में रहने वाले व्यक्ति हों)। क़ानूनन, वे किसी बड़े क्लेम वाले ख़ास व्यक्ति के लिए दरें नहीं बढ़ा सकती।

ध्यान दीजिए, हालाँकि यह क़ानूनी सुरक्षा व्यक्ति की व्यक्तिगत स्वास्थ्य बीमा पॉलिसी लेने की क्षमता को सीमित कर सकती है, *यह स्वास्थ्य-आधारित उद्यमी के लिए दीर्घकालिक स्वास्थ्य केंद्रित समाधान ढूँढ़ने में स्वास्थ्य बीमा असमंजस को दूर करने का बड़ा अवसर हो सकती है।* इसकी चर्चा हम सातवें अध्याय में करेंगे।

कई राज्यों ने बीमा धारकों को व्यक्तिगत स्वास्थ्य बीमा पॉलिसी रखने पर विवश करने का असफल प्रयास किया। उदाहरण के लिए,

न्यूयॉर्क राज्य में समूह स्वास्थ्य बीमा की पेशकश करने वाले बीमा एजेंट के लिए यह ज़रूरी है कि वह सभी आवेदकों को गारंटेड-इश्यू कम्यूनिटी-रेटेड व्यक्तिगत बीमा पेश करे। *गारंटेड-इश्यू* का मतलब है कि एजेंट को आवेदक या उसके आश्रितों की सेहत के बारे में सोचने या पूछने की अनुमति नहीं है। पूर्व मौजूद स्थितियाँ सिर्फ़ गर्भावस्था और कुछ अन्य परिस्थितियाँ छोड़कर छह माह के बाद सम्मिलित करना आवश्यक है। *कम्युनिटी-रेटेड* का अर्थ है सभी आवेदकों से समान प्रीमियम वसूलना, फिर भले ही वे 18 वर्षीय हों और बिल्कुल तंदुरुस्त या वे 60 वर्षीय हों और किसी ख़तरनाक बीमारी से ग्रस्त।

न्यूयॉर्क (और कुछ अन्य गारंटेड-इश्यू राज्य[13]) में एकसार अधिनियमों का असर यह हुआ कि बीमा कंपनियाँ व्यक्तिगत पॉलिसियाँ बहुत ऊँची दरों पर ही प्रस्तावित करने लगीं (तीन सदस्यीय परिवार के लिए 800 डॉलर प्रति माह) या बिल्कुल नहीं और वे ऐसे आवेदनों को हतोत्साहित करने लगीं, जिनमें व्यक्तिगत पॉलिसियों पर एजेंसी के बाहर कमीशन देना अस्वीकार्य किया गया हो। समझदार आवेदक और बीमा एजेंट इस तरह की रुकावटों से बचने के लिए बिल्ली और चूहे के खेल खेलने लगे। उदाहरण के लिए, गर्भवती महिला गर्भ के आठवें महीने में पॉलिसी ख़रीदती और बच्चे के जन्म के बाद पॉलिसी रद्द कर देती। बीमा एजेंटों ने निजी मुक्त-एनरोलमेंट "संघ" या "यूनियन" बना ली जो वास्तव में रुकावट वाले समूहों से निपटने के लिए भेष बदले वे संस्थाएँ थीं जो अपेक्षित बिक्री कर सकें और एजेंट्स के लिए "डयूज़" के भेष में कमीशन उगा सकें।

स्वास्थ्य केंद्रित उद्यमियों के लिए निकटवर्ती समाधान

पिछले 20 सालों से, मैंने और बहुत से अर्थशास्त्रियों ने व्हाइट हाउस और कांग्रेस में सिर्फ़ कॉर्पोरेट कर्मचारियों को कर-छूट स्वास्थ्य बीमे की अनुमति के अन्याय के ख़िलाफ़ आवाज़ उठाई है। इन पॉलिसियों का हमारी संपूर्ण स्वास्थ्य बीमा और डिलीवरी तंत्र पर गहरा प्रभाव पड़ा है। कांग्रेस ने सुनना शुरू कर दिया है।

धन्य हो हालिया अधिनियम, जो 2001 में लागू हुआ। इसके मुताबिक़ स्वरोज़गार वाले व्यक्ति को अपनी कर योग्य आय में से 60 प्रतिशत राशि कम करने की अनुमति मिल गई, जो वे स्वास्थ्य बीमा प्रीमियम के रूप में स्वयं, अपने जीवन साथी और अपने आश्रितों पर ख़र्च करते हैं।[14] वह आँकड़ा 2002 में 70 प्रतिशत तक बढ़ गया और 2003 में यह आँकड़ा 100 प्रतिशत तक पहुँच गया।[15]

यह, हाल ही में बने क़ानून से दोगुना हो गया जिसके तहत 2003 तक चिकित्सा बचत खातों (एम.एस.ए.) की अनुमति प्रयोगात्मक तौर पर दी गई और अन्य नए चिकित्सा आयकर छूट, जिनका अध्ययन हम अध्याय 7 में करेंगे, कॉर्पोरेट बीमारी बीमा के एकाधिकार की दीवार में दरार है।

किसी को भी अब तक अनुमान नहीं है कि स्वास्थ्य सेवाओं (और बीमारी) के लिए शॉपिंग करना कितना कारगर या कितना सुखदायक साबित हो सकता है, यदि उपभोक्ता को प्रतियोगी, क़ीमत-पर असर करने वाले प्रदाता के बीच चयन करने की क्षमता दे दी जाए। हम यह पता लगाने ही वाले हैं।

अमेरिका में लगभग 5 करोड़ लोग या तो स्व-रोज़गार वाले हैं या उनकी आय का कुछ हिस्सा स्व-रोज़गार से आता है। सन् 2003 तक, इनमें से कई लोग अपनी चिकित्सा व्यवस्था का कुछ या पूरा हिस्सा लगभग बड़े कॉर्पोरेशन की आर्थिक बराबरी से ख़रीद सकेंगे।[16] ये चतुर उपभोक्ता उस पहले विशाल समूह को बनाएँगे जो किसी और के पैसों के विरुद्ध ख़ुद अपना ही धन स्वास्थ्य देखभाल पर ख़र्च करेगा।

यही नहीं, इनमें से बहुत से लोग अपनी स्व-रोज़गार आय के साथ पारंपरिक या सरकार द्वारा प्रायोजित चिकित्सा लाभ योजनाओं के साथ अपने घरों में रह रहे हैं।

प्रतियोगी ताक़तें धीरे-धीरे पारंपरिक प्रायोजकों को भी उनके

उपभोक्ताओं को ऐच्छिक स्वास्थ्य और बीमारी उत्पाद चुनने की अनुमति देने के लिए दबाव डालेंगी, जो अब तक उन पर क़ीमतें बढ़ाने वाले कॉर्पोरेट नियोक्ता व लॉबी नियंत्रित सरकारी चिकित्सा योजना थोपते थे।

यह कोई नहीं जानता कि हम कितने नवाचारी और सामर्थ्यशाली हो जाएँगे, जब संघीय सरकारें स्वास्थ्य व्यापार के विशाल खंड से बाहर आ जाएँगी और हमारे स्वास्थ्य देखभाल तंत्र के वितरण पहलू पर अच्छी पुरानी यांकी (yankee) चतुराई लागू कर देंगी। पर जब हम इतने सारे अन्य उद्योगों (खाद्य सेवाएँ, यातायात, उपभोक्ता इलेक्ट्रॉनिक्स) की तरक़्क़ी देखते हैं, हमें यह अनुमान मिलने लगता है कि क्या संभव हो सकता है।

घर के बाहर भोजन सेवा का अर्थ था या तो थका हुआ सा कैफ़ेटेरिया या महँगा रेस्तराँ। नवाचारी तकनीक के ज़रिए उद्योग ने क़ीमतें इतनी घटा दी हैं और उत्पाद इतने बढ़ा दिए हैं कि उसके उत्पादों की माँग 1,000 प्रतिशत तक बढ़ गई है। सन् 1950 से 2,000 तक अमेरिकी द्वारा अपने घरेलू खाद्य बजट का घर के बाहर भोजन करने पर ख़र्च 5 प्रतिशत से बढ़कर 50 प्रतिशत हो गया है। 50 साल पहले एक बच्चे के "क्या हम डिनर के लिए बाहर जा सकते हैं?" का जवाब होता था "तुम क्या सोचते हो, हम कोई करोड़पति हैं?" आज, इस तरह के अनुरोध का जवाब होता है "तुम्हें किस तरह का भोजन करना है?" और बाहर खाना लगभग हर किसी के लिए सुखदायक और आसानी से वहन करने वाला अनुभव हो गया है।

इसी तरह के उदाहरण हवाई यात्राओं, छुट्टियों, फ़ैशनेबल कपड़ों, उपभोक्ता इलेक्ट्रॉनिक्स और सैकड़ों अन्य लक्ज़री उत्पादों और सेवाओं के लिए दिए जा सकते हैं जिनके बारे में लोग सोचा करते थे कि वे कभी भी आम बाज़ार के लिए सहज उपलब्ध नहीं हो पाएँगी।

---

5 करोड़ अमेरिकी जो स्व-रोज़गार वाले हैं या अपनी कमाई का कुछ हिस्सा स्व-रोज़गार से प्राप्त करते हैं, 21वीं सदी के सबसे

बड़े उद्यम अवसर यानी स्वास्थ्य उद्योग के सबसे पहले सुपर ग्राहक बनेंगे।

अगले अध्याय में हम इस संभावना को परखेंगे तथा देखेंगे कि उद्यमी अपने और अपने परिवारों के लिए गुणकारी स्वास्थ्य (और बीमारी के लिए) उत्पाद और सेवाएँ किस तरह उपलब्ध करा सकते हैं।

कृपया ध्यान दें : अधिक जानकारी के लिए देखें एपेंडिक्स 'ब', "स्वास्थ्य उद्योग पर स्वास्थ्य देखभाल सुधार।"

अगले अध्याय की ओर बढ़ने से पहले

उद्यमियों, निवेशकों और वितरकों के लिए कार्ययोजना

1. अपनी स्वास्थ्य व्यापार संभावनाओं के तीनों क्षेत्रों में से प्रत्येक पर मौजूदा स्वास्थ्य बीमा तंत्र का विश्लेषण कीजिए। मौजूदा स्वास्थ्य बीमा तंत्र के ध्वस्त होने का आपके चयनित तीनों क्षेत्रों पर क्या असर पड़ेगा?
2. स्वास्थ्य व्यापार संभावनाओं के तीनों क्षेत्रों पर डॉक्टरों के प्रभाव का विश्लेषण कीजिए। चिकित्सा प्रदाताओं की लगातार क़ीमत कम वाली कोशिशों का असर आपके तीनों क्षेत्रों पर क्या होगा?
3. नियोक्ता और कर्मचारी मौजूदा स्वास्थ्य देखभाल नियमों और रुकावटों से निपटने के लिए चूहे-बिल्ली का खेल खेलते रहते हैं। विश्लेषण कीजिए कि स्वास्थ्य व्यापार संभावनाओं के आपके तीनों क्षेत्रों पर ये खेल मददगार साबित होंगे या रुकावट। यदि सरकार द्वारा प्रदत्त मुफ़्त बीमारी में देखभाल हर कोई पाने लगे, तो इसका असर आपके तीनों क्षेत्रों पर क्या होगा? इससे उलट आपके तीनों क्षेत्रों पर क्या असर पड़ेगा यदि मौजूदा नियोक्ता-प्रदत्त

बीमारी कवरेज बहुत ज़्यादा घट जाए?

4. विश्लेषण कीजिए कि स्वास्थ्य व्यापार संभावनाओं के आपके तीनों क्षेत्रों पर 2003 में बने क़ानून का क्या असर पड़ेगा, जिसके तहत स्व-रोज़गार लोग भी स्वास्थ्य बीमा प्रीमियम पर 100 प्रतिशत कर-छूट पा सकते हैं।
5. विश्लेषण कीजिए स्वास्थ्य व्यापार संभावनाओं के आपके तीनों क्षेत्रों पर 2001 के मेडिकल सेविंग अकाउंट्स (एम.एस.ए.) की 2003 तक की बढ़त का क्या असर पड़ेगा और तीनों पर तब क्या असर पड़ेगा जब कांग्रेस एम.एस.ए. कार्यक्रम को 2003 के बाद स्थायी या ख़त्म कर देगी।
6. विश्लेषण कीजिए कि स्वास्थ्य व्यापार संभावनाओं के आपके तीनों क्षेत्रों पर क्या असर पड़ेगा यदि आवश्यक पौष्टिक पूरकों को कर-छूट देने के विचाराधीन क़ानून को हरी झंडी दे दी जाए।
7. विश्लेषण कीजिए कि स्वास्थ्य उद्योग संभावनाओं के आपके तीनों क्षेत्रों पर क्या असर पड़ेगा यदि नियोक्ता अपने हर कर्मचारी को स्वास्थ्य भत्ता या उस पर ख़र्च करने का विकल्प दें।

इन सवालों के आपके जवाबों के आधार पर स्वास्थ्य व्यापार संभावनाओं के अपने तीनों क्षेत्रों में से एक या सबको छोड़ने या बदलने पर विचार कीजिए।

अध्याय-7

स्वास्थ्य बीमा में सोने की खान

स्वास्थ्य बीमा सेहत का वह बीमा है जिसमें बीमारियों (जैसे, वज़न नियंत्रण, विटामिन, अतिरिक्त पूरक पदार्थ और व्यायाम) से बचाव पर होने वाला ख़र्च शामिल होता है। इसमें सालाना कटौती की गई राशि से ऊपर के बड़े चिकित्सकीय ख़र्च भी शामिल होते हैं।[1] हर स्वास्थ्य उद्यमी के लिए स्वास्थ्य बीमा को दो कारणों से समझना ज़रूरी है :

1. *स्वास्थ्य उत्पादों और सेवाओं की अधिकांश ख़रीदारी का स्वास्थ्य बीमा द्वारा भुगतान होगा।*
2. *बीमारी बीमा से स्वास्थ्य बीमा में उपभोक्ताओं के जाने से बहुत बड़ी व्यापारिक संभावना पैदा हुई है।*

आम बिज़नैसमैन भी, जो ख़ुद स्वास्थ्य उद्यमी नहीं बनना चाहते हैं। उन्हें स्वास्थ्य बीमा को समझना बेहद ज़रूरी है। हर बिज़नेसमैन स्वयं या परिवार के लिए स्वास्थ्य बीमा करवाना चाहेगा, और नियोक्ताओं को भी अपने स्वस्थ कर्मचारियों को स्वास्थ्य बीमा का प्रस्ताव देना होगा, ताकि वे उसकी नौकरी छोड़कर प्रतिस्पर्धी के यहाँ न चले जाएँ।

नियोक्ता और स्वास्थ्य बीमा कंपनियाँ कुछ सालों के भीतर ज़रूरी स्वास्थ्य बीमा क़िस्म के उत्पादों का प्रस्ताव रखना शुरू कर देंगी। लेकिन आप आज से ही अपने ग्राहकों के लिए स्वास्थ्य बीमा

उन्हें यह समझाकर ले सकते हैं कि मौजूदा व भविष्य के सेहत निवेश के लिए स्वास्थ्य बीमा पॉलिसी (एच.डी.एच.पी.) को वेलनेस सेविंग्स अकाउंट™ (डब्ल्यू.एस.ए.)[2] के साथ जोड़ सकते हैं।

इस अध्याय में आप तीन बातें सीखेंगे :

1. **लोग व्यक्तिगत तौर पर और नियोक्ता किस तरह अपने भावी स्वास्थ्य के लिए आर्थिक निवेश करें।**
2. **आपके ग्राहक आज स्वास्थ्य बीमा कैसे करवा सकते हैं – 3,000 डॉलर प्रति वर्ष बचाकर जिसे वे बीमारी बीमा पर ख़र्च कर रहे हैं।**
3. **आप किस तरह इस 3,000 डॉलर के कुछ या पूरे हिस्से को अपने स्वास्थ्य उत्पाद या सेवाएँ ख़रीदने पर ख़र्च कर सकते हैं।**

यह अध्याय आप यानी स्वस्थ उद्यमियों के लिए लिखा गया है न कि आपके व्यापारिक साझेदारों या उपभोक्ताओं के लिए। हालाँकि, स्वास्थ्य बीमा के बारे में आपको समझाने के लिए इस पुस्तक के पीछे आपके साझेदारों और उपभोक्ताओं को ध्यान में रखकर दो एपेंडिक्स दिए गए हैं :

1. एपेंडिक्स सी : स्वास्थ्य बीमा का सारांश (आपके व्यावसायिक साझेदारों के लिए)
2. एपेंडिक्स डी : स्वास्थ्य बीमा के बारे में अक्सर पूछे जाने वाले सवाल (आपके ग्राहकों के लिए)

स्वास्थ्य बीमा के बारे में समझना स्वास्थ्य निवेशकों के लिए और उन लोगों के लिए भी बहुत आवश्यक है जो पारंपरिक स्वास्थ्य बीमा कंपनियों में निवेश करते हैं। कुछ स्वास्थ्य कंपनियाँ सिर्फ़ इसलिए भी डगमगा सकती हैं क्योंकि वे अपने उत्पादों के स्वास्थ्य बीमा के अनुसार भली-भाँति संरचना बनाने में असफल रहती हैं। कुछ स्वास्थ्य बीमा कंपनियों को केवल इसलिए फ़ायदा होगा, क्योंकि स्वास्थ्य बीमा उत्पाद प्रस्तुत करने वालों में वे अग्रणी होंगी और कुछ स्वास्थ्य बीमा

कंपनियों को बड़े घाटे का सामना करना होगा, जब उनके स्वस्थ ग्राहक स्वास्थ्य बीमा की तरफ़ चले जाएँगे और अपने पीछे अस्वस्थ बीमा धारकों को ख़तरे से जूझता छोड़ जाएँगे।

अब, आइए हम स्वास्थ्य बीमा में अपनी संभावनाओं को समझना शुरू करें, शुरू करते हैं कि सबसे पहले यह विशाल संभावना पैदा क्यों हुई।

ज़्यादातर अमेरिकी ग्राहक हर साल हज़ारों डॉलर स्वास्थ्य बीमा पर ख़र्च करते हैं

अधिकांश लोग अपनी गाड़ियों का विस्तृत बीमा करवाते हैं। इसके बावजूद, गैसोलिन ख़रीदते समय, कार साफ़ करवाते समय, टायर या ब्रेक बदलवाने पर या ऑइल बदलवाने पर वे बीमा कंपनी पर दावा नहीं करते। बल्कि कोई दुर्घटना हो जाने पर भी वे हर उस लागत के लिए 100 प्रतिशत ज़िम्मेदार होते हैं, जो पॉलिसी की छूट सीमा से नीचे होती है।

ज़्यादातर लोगों का अपने घरों पर मकान मालिक का बीमा होता है। इसके बावजूद जब वे गर्म करने वाला ईंधन ख़रीदते हैं, अपना मकान पुतवाते हैं या नई छत डलवाते हैं तो वे अपनी जायदाद के बीमा का दावा नहीं करते। और यहाँ भी 500 या 1,000 डॉलर प्रति काम से नीचे कोई भी ख़र्च को बीमाधारक ख़ुद उठाता है जो छूट-दर से कम होता है।

कोई भी आर्थिक सलाहकार आपको यह बता देगा कि ऐसी किसी भी चीज़ का बीमा करना मूर्खता है जिसका ख़र्च आप ख़ुद वहन कर सकते हैं। हर लेन-देन की काग़ज़ी कार्रवाई में लगने वाली लागत, साथ ही बीमा पॉलिसी चालू करने और लागू करने पर बीमा कंपनी को आने वाला ख़र्च प्रीमियम को किसी भी बड़े फ़ायदे से बहुत ज़्यादा बढ़ा देता है। बहुत से ग्राहकों ने यह पाया है कि वे अपनी गाड़ी और मकानमालिक पॉलिसी की छूट को बढ़ाकर हर साल सैकड़ों-हज़ारों डॉलर बचा सकते हैं।[3]

मकान मालिक, गाड़ी, जीवन और *एक को छोड़कर* अन्य तरह

के सभी बीमा का उपयोग सिर्फ़ उन आपदाओं पर होने वाले ख़र्च की तैयारी करना होता है जिनका ख़र्च हम ख़ुद वहन नहीं कर सकते। इन मामलों में, बीमा के लिए भरी गई ज़्यादातर प्रीमियम बीमाधारक और उसके परिवार के लिए मूल्यवान कार्य होता है।

स्वास्थ्य बीमा में, ज़्यादातर प्रीमियम का भरा जाना बीमाधारक या उसके परिवार के लिए कोई मूल्यवान कार्यक्रम नहीं होता है।

अधिकांश लोग जो स्वास्थ्य बीमा पॉलिसी लेते हैं, उनमें आकस्मिक रख-रखाव ख़र्च शामिल होते हैं, जिनकी वास्तव में स्वास्थ्य देखभाल उपभोक्ता को कोई ज़रूरत नहीं होती है। आर्थिक रूप से मूर्ख बनाने के साथ यह कवरेज बाईज़ेन्टाइन वितरण प्रणाली और भुगतान तंत्र का समर्थन करता है, जिससे सैकड़ों बिलियन डॉलर हर साल बर्बाद होते हैं। सोचकर देखिए आपके लिए कितना असुविधाजनक होगा जब आपको गाड़ी में गैसोलीन भरवाने या ऑइल बदलवाने पर हर बार बीमा कंपनी में दावा पेश करना पड़े। या गैस ख़रीदने या कार की मरम्मत के लिए किसी निश्चित सर्विस स्टेशन पर ही जाना पड़े जहाँ आपकी बीमा कंपनी ने ऐसी सेवाओं पर रियायत तय कर रखी हो।

कल्पना कीजिए कितना मुश्किल होगा यदि आपको बिल भरने, क़ालीन बदलने या घर को पुतवाने के लिए मकान मालिक की बीमा कंपनी से अनुमति लेना पड़े - और यदि आपको ये वस्तुएँ सिर्फ़ उन्हीं स्टोर से ख़रीदना पड़े, जिसे आपकी बीमा कंपनी ने तय किया हो। और आपको किसी विशेष प्रकार के क़ालीन ख़रीदना पड़ें या बीमा कंपनी द्वारा पहले से तय रंग ही मकान पर पुतवाना पड़े।

कल्पना कीजिए कि थोक व्यापारी और होम डीपो से पेट्समार्ट व स्टैपलर तक में क़ीमतें कितनी कम हो गई हैं और पसंदें कितनी बेहतर हो गई हैं। और कल्पना कीजिए यदि ग्राहक इनमें से हरेक क्षेत्र में ख़रीदारी के लिए स्वतंत्र न हो तो इन रिटेलरों में से किसी का भी अस्तित्व नहीं होगा।

जब आप रुककर इस बारे में सोचें, तो यह समझने में ज़्यादा

वक़्त नहीं लगेगा कि चिकित्सकीय उत्पाद वितरण और सेवाओं के मामले में हम कितने अनाड़ी हैं – और कौन सी बड़ी संभावनाएँ संभवत: छूट रही हैं। लेकिन हमारी चिकित्सा सेवा की वितरण प्रणाली वास्तव में चिकित्सा सेवाओं के बीमा और भुगतान प्रणाली की तुलना में अधिक दक्ष दिखाई देती है।

3,000 डॉलर प्रति परिवार की हाई-डिडक्टिबल हेल्थ पॉलिसी (एच.डी.एच.पी.) संभावना

यदि आप अपनी स्वास्थ्य बीमा कंपनी से आज संपर्क करते हैं और उन्हें बताते हैं कि अब से आप अपने चिकित्सा ख़र्चों का पहला 2,500 डॉलर प्रति वर्ष का भुगतान सीधे करना पसंद करेंगे, तो वे संभवत: आपकी वार्षिक प्रीमियम 3,000 डॉलर तक कम कर दें। यह आपको 500 डॉलर प्रति वर्ष आगे रखेगा, भले ही आपको हर वर्ष चिकित्सकीय आपदा का सामना करना पड़े।

यह भले ही कितना भी तर्कहीन लगे, लेकिन अधिकांश स्वास्थ्य बीमा करने वाले आपका वार्षिक प्रीमियम आपकी वार्षिक छूट में हुई 120 प्रतिशत की बढ़ोतरी के बराबर कम कर देते हैं, यानी आपकी छूट पर 2,500 डॉलर की बढ़ोतरी के लिए सालाना प्रीमियम में लगभग 3,000 डॉलर की बचत होगी। यह आपको 500 डॉलर एक साल में आगे रखेगी, भले ही आप बहुत बीमार हो जाएँ। वजह प्रस्तुत है।

जब आप किसी डॉक्टर या अन्य चिकित्सा सेवा प्रदाता को दिए जाने वाले 50 डॉलर अनचाहे रूप से वहन करते हैं, तो आपकी बीमा कंपनी 75 डॉलर या ज़्यादा का ख़र्च वहन करती है। 50 डॉलर वह डॉक्टर को भुगतान करती है और 25 डॉलर काग़ज़ी कार्रवाई और लेन-देन में होने वाली अतिरिक्त ज़रूरतों पर। यह एक कारण है कि क्यों बीमा कंपनियाँ अपने बीमा धारकों को हेल्थ मैंटेनेंस ऑर्गनाइज़ेशन (एच.एम.ओ.) में नामांकन करवाने के लिए दबाव डालती हैं, जो हर

सेवा के लिए भुगतान करने के बजाय प्रदाता को प्रति मरीज़ एकमुश्त भुगतान (capitation) करता है।

औसतन बीमा कंपनियाँ ऊपरी ख़र्चों पर 20 प्रतिशत ख़र्च करती हैं लेकिन यह औसत संख्या, जो कुछ हो रहा है उसकी सच्ची तस्वीर पर पर्दा डाल देती है। 10,000 डॉलर के अस्पताल बिल को स्वीकृत कराने और भुगतान करने के लेन-देन की लागत कंपनी को 500 डॉलर (5 प्रतिशत) पड़ती है - इसमें अस्पताल से व्यवहार और चेक काटकर देना शामिल है। लेकिन 50 डॉलर का चिकित्सा बिल स्वीकृत कराने और भुगतान करने पर बीमा कंपनी को 25 डॉलर (50 प्रतिशत) या और ज़्यादा का ख़र्च आता है - कई बार तो यह वास्तविक चिकित्सा सेवा की लागत से भी ज़्यादा होता है।

किसी परिवार का पहला 2,500 डॉलर का सालाना चिकित्सा ख़र्च तो 20 से 30 अलग-अलग लेन-देनों की 50 डॉलर से 125 डॉलर की बढ़ोतरी में ही ख़र्च हो जाता है - जिसकी लागत बीमा कंपनी को 500 से 1,500 डॉलर के अतिरिक्त लेन-देन के अलावा 25,000 डॉलर से अधिक पड़ती है।

कोई आश्चर्य नहीं यदि आप अपनी वार्षिक छूट को 2,500 डॉलर तक बढ़ाने राज़ी हो जाएँ, तो बीमा कंपनी आपकी सालाना प्रीमियम 3,000 डॉलर कम कर दे। बल्कि ज़्यादातर कंपनियों ने तो प्रीमियम के प्रकाशित दर पर 120 प्रतिशत या उससे भी ज़्यादा कमी को समाविष्ट करके यह पहले ही कर लिया है।

उदाहरण के लिए, 2001 में, उताह की ब्ल्यू क्रॉस-ब्ल्यू शील्ड ने शून्य छूट वाली व्यक्तिगत स्वास्थ्य पॉलिसी पेश की, जिसका प्रीमियम 415 डॉलर प्रतिमाह या 4,980 डॉलर प्रति वर्ष (35 वर्षीय माता-पिता और तीन स्वस्थ संतानें) था। इसी तरह की वास्तविक पॉलिसी (भारी छूट वाली स्वास्थ्य पॉलिसी या एच.डी.एच.पी.) का प्रीमियम 2,500 डॉलर की छूट के साथ 159 डॉलर प्रति माह या 1,908 डॉलर प्रति वर्ष है - 2,500 डॉलर की सालाना छूट की बढ़त के लिए प्रीमियम में 3,072 डॉलर (123 प्रतिशत) की वार्षिक कमी।

ब्ल्यू क्रॉस-ब्ल्यू शील्ड हेल्थ बीमा पॉलिसी

दो पालक (उम्र 35) और तीन बच्चे

	वार्षिक छूट	वार्षिक प्रीमियम
पारंपरिक पॉलिसी	0 डॉलर	4,980 डॉलर
HDHP पॉलिसी	2,500 डॉलर	1,908 डॉलर
वार्षिक बचत		3,072 डॉलर

इस एच.डी.एच.पी. पॉलिसी के साथ, देश भर में जारी बड़ी चिकित्सा भारी-छूट वाली पॉलिसी की तरह, बीमा धारक अब भी बीमा कंपनी के प्रिफ़र्ड प्रोवाइडर ऑर्गेनाइज़ेशन (पी.पी.ओ.) नेटवर्क में 2,500 डॉलर की छूट से कम पर ख़र्च कर सकता है - बीमा धारक द्वारा इन लेनदेनों का भुगतान करने के बावजूद उसे 15 से 35 प्रतिशत छूट मिलती है।[5]

हालाँकि, पारंपरिक स्वास्थ्य बीमा वाले 78 प्रतिशत लोग चिकित्सा देखभाल पर क़रीब 2,500 डॉलर प्रति वर्ष कहीं भी ख़र्च नहीं करते - ये 78 प्रतिशत अपनी सालाना बीमारी बीमा प्रीमियम पर 4,980 डॉलर से 1,908 डॉलर तक घटा लेंगे - 3,072 की वार्षिक बचत के साथ (वार्षिक चेकअप से कुछ सौ डॉलर कम)।

कुल मिलाकर, अमेरिकी आबादी का 70 प्रतिशत चिकित्सा ख़र्चों पर 150 डॉलर या उससे भी कम ख़र्च करती है।[6]

क्यों 3,000 डॉलर प्रति परिवार एच.डी.एच.पी. संभावना अब भी मौजूद है

जब बीमा कंपनियाँ एच.डी.एच.पी. (भारी छूट वाली हेल्थ पॉलिसियाँ) पर 120 प्रतिशत या उससे ज़्यादा छूट दे रही हैं, तो फिर अधिकांश लोग

शून्य या कम छूट वाली पॉलिसी ही क्यों ख़रीद रहे हैं – ऐसी पॉलिसियाँ जिनकी सेवा उपलब्ध कराने वाली काग़ज़ी कार्रवाई कई बार उसकी वास्तविक लागत से ज़्यादा हो जाती है?

एक सीधा सा कारण है नियोक्ताओं और कर्मचारियों के बीच की सुस्ती, जो सबसे ज़्यादा निजी स्वास्थ्य बीमा ख़रीदते हैं। नियोक्ता (चतुराई से) स्वास्थ्य देखभाल फ़ायदों के प्रबंधन में उतना ही वक़्त और प्रतिभा का इस्तेमाल नहीं करते, जितना कि अपने व्यापार के प्रबंधन में करते हैं। साथ ही, जब मज़दूर प्लांट पर कंपनी के डॉक्टर के साथ काम करते हैं तो उन्हें अपने नियोक्ता से 100 प्रतिशत चिकित्सा लाभ मिलता है। स्वास्थ्य देखभाल के फ़ायदों में बदलाव जो कर्मचारियों के फ़ायदों में भी बदलाव लाते हैं, अक्सर कर्मचारियों के मुझे-तथ्यों-के-साथ-भ्रमित-मत-करो वाले रवैये से टकरा जाता है। यह विशेषकर रोज़गार जगत के निचले स्पेक्ट्रम में होता है, जहाँ नियोक्ताओं के बीच संभावित नियुक्तियों की चिकित्सा फ़ायदों से कई बार वैसी तुलना की जाती है जैसी वे प्रस्तावित तनख़्वाह से करते हैं।

ज़्यादातर लोगों द्वारा यह व्यर्थ की कम या छूटहीन चिकित्सा बीमा पॉलिसी ख़रीदने का कारण है अमेरिकी टैक्स कोड। यदि कोई नियोक्ता समूह पॉलिसी में से 2,500 डॉलर एक वर्ष में प्रति कर्मचारी या परिवार छूट बढ़ा देता है और उनकी 2,500 डॉलर की छूट बराबरी के लिए वह कर्मचारियों को कुछ अतिरिक्त धन ख़र्च करने के लिए राज़ी कर लेता है, तो यह अतिरिक्त भुगतान कर-छूट प्राप्त कर सकता है – कंपनी को अपने कर्मचारियों को दोगुना भुगतान करना होगा, जो पहले राज्य और संघीय कर मिलकर हर कर्मचारी को समान राशि उपलब्ध कराते थे?[7]

लेकिन नियोक्ता अपने कर्मचारियों को अभी भी भारी छूट हेल्थ पॉलिसी का प्रस्ताव नहीं दे रहे हैं इसका सबसे बड़ा कारण है कि वे पूरे समूह को हेल्थ बीमा करवाने में फँस चुके हैं - उन 22 प्रतिशत कर्मचारियों को मिलाकर जो प्रति वर्ष 5,000 डॉलर के चिकित्सा ख़र्चों से अधिक उपभोग कर रहे हैं।

क़रीब 22 प्रतिशत कर्मचारी, जिनके पास नियोक्ता द्वारा भुगतान किया हुआ स्वास्थ्य बीमा है (या उनके किसी आश्रित के पास), पूर्व मौजूद चिकित्सकीय परिस्थिति से पीड़ित होते हैं। यदि वे मौजूदा नियोक्ता छोड़ना चाहें, तो यह परिस्थिति उन्हें निजी व्यक्तिगत स्वास्थ्य बीमा पॉलिसी लेने या कहीं और रोज़गार (जो चिकित्सा ख़र्च भी उठाए) खोजने में रुकावटें पैदा करेगी। ये बदनसीब 22 प्रतिशत अपने नियोक्ता द्वारा भुगतान किए गए 5,000 डॉलर वार्षिक से कहीं अधिक चिकित्सा सेवाओं का प्रयोग करते हैं – उनका औसत इस धन से कोई चार गुना (20,000 डॉलर) प्रति वर्ष होता है।

बीमा कंपनी इन 20,000 डॉलर प्रति वर्ष वाले अस्वस्थ 22 प्रतिशत कर्मचारियों को कवर करने के लिए सिर्फ़ इसलिए राज़ी होती है क्योंकि वे उन 78 प्रतिशत स्वस्थ कर्मचारियों से भी 5,000 डॉलर प्रति वर्ष प्रीमियम प्राप्त कर रहे हैं जिनका लगभग कोई चिकित्सा ख़र्च नहीं है।

स्वास्थ्य और जीवन बीमा का उदय अठारहवीं और उन्नीसवीं शताब्दी के कार्मिक श्रेणी की "दोस्ताना संस्थाओं" से हुआ – जहाँ ख़ुशक़िस्मत लोग कुछ बदक़िस्मत लोगों की देखभाल करने को राज़ी हो गए। इस प्रणाली के मुताबिक़ समूह के किसी भी एक अनजान सदस्य पर आपदा का हमला होने के बराबर-बराबर अवसर हैं। आज स्वास्थ्य देखभाल में ऐसी कोई बात नहीं रह गई है।

आज 27 प्रतिशत स्थूल और 61 प्रतिशत मोटे अमेरिकियों के साथ, आश्चर्यजनक रूप से अधिकांश चिकित्सकीय ख़र्च तो उन लोगों द्वारा ढोए जा रहे हैं जो आसानी से अपनी आहार क्षमता, वज़न या धूम्रपान की आदतों से पहचाने जा सकते हैं।

स्वास्थ्योन्मुख कर्मचारी अपनी आय का कुछ हिस्सा स्वेच्छा से अपने सहकर्मी को देने के लिए राज़ी हो जाएगा जिसके बच्चे पर अचानक ल्यूकेमिया का हमला हुआ। लेकिन, वही कर्मचारी, शायद

अपनी आय का कोई भी हिस्सा स्वेच्छा से उस सहकर्मी के इलाज में देने के लिए राज़ी नहीं होगा जो अपनी खाने की ख़राब आदत से बीमार हुआ है, या उस सहकर्मी को जिसे अपनी भूख के कारण हाइपरटेंशन हुआ है, या उस सहकर्मी को जिसे धूम्रपान न छोड़ने के कारण फेफड़ों की बीमारी हुई हो। हालाँकि, अब तक, अमेरिकी कर नियमों के कारण स्वास्थ्योन्मुखी कर्मचारियों के पास ऐसा कोई विकल्प नहीं है कि वे अपने पैसों को कहाँ ख़र्च करें।

अपने ग्राहकों को बीमारी बीमे से स्वास्थ्य बीमे में परिवर्तित करना

जैसा कि अध्याय 6 में समझाया गया है, सन् 2001 और 2003 से असर में आए अमेरिकी क़ानून ने कॉर्पोरेट और स्व-रोज़गार वाले लोगों के बीच के स्वास्थ्य बीमा खेल के मैदान को पाटने की कोशिश की है। ऐसा स्व-रोज़गार कर्मियों के लिए स्वास्थ्य बीमा कर में छूट देकर किया गया है। यह स्वस्थ स्वास्थ्योन्मुखी लोगों के लिए एक विकल्प (यानी "टूट" चुकी प्रणाली से बाहर होने की इच्छा) उपलब्ध कराता है।

ऐसे स्वस्थ कर्मचारी, जिन्हें पहले से कोई बीमारी नहीं है, के समूह के 78 प्रतिशत लोग नियोक्ता आधारित बीमारी बीमा को छोड़ने का चयन कर सकते हैं, इससे पहले कि वह उन्हें ख़ुद छोड़ दे - वे नियोक्ता द्वारा भुगतान हेल्थ बीमा के एकाधिकार से बाहर निकलने का चुनाव कर सकते हैं।

यह चयन स्वास्थ्योन्मुखी लोगों के परिवार पर वार्षिक बीमारी बीमा पर लगभग 3,000 डॉलर प्रति वर्ष ख़र्च की बचत करा सकता है।

हालाँकि ये लोग आसानी से बचत को अपनी जेब में नहीं रख पाएँगे - वह बचत, जो ये लोग या तो सीधे अर्जित करते हैं या परोक्ष रूप से अपने नियोक्ता से आर्थिक अनुबंध द्वारा अर्जित करते हैं।[8] इनमें से अधिकांश व्यक्ति अपनी 3,000 डॉलर बचत का कुछ हिस्सा अपनी

प्रिय चीज़ यानी स्वास्थ्य और तंदुरुस्ती को बनाए रखने पर ख़र्च करेंगे, और शेष अपने भावी स्वास्थ्य निवेशों के लिए बचाकर रखेंगे।

स्वास्थ्य-बीमा धारक अपने 3,000 डॉलर की वार्षिक बचत का एक हिस्सा स्वास्थ्य यानी विटामिन, फ़िटनेस क्लब, खनिज, वज़न नियंत्रण कार्यक्रम और सैकड़ों अन्य स्वास्थ्य संबंधी या बचाव उपाय करने पर निवेश करेंगे।

स्वस्थ बीमाधारक वार्षिक बचत का बाक़ी हिस्सा ख़ासतौर पर चिह्नित स्वास्थ्य बचत खाते (wellness savings accounts) पर ख़र्च करेंगे। यह वह पैसा होगा जो उनके पास भावी स्वास्थ्य निवेशों और पारिवारिक चिकित्सा आपदा के मामले में अपने एच.डी.एच.पी. की वार्षिक छूट पाने के लिए उपलब्ध रहेगा।

इन दो चमत्कारों का योग हर साल उपभोक्ताओं को स्वास्थ्य उत्पादों और सेवाओं की ख़रीदी के लिए सैकड़ों अरब डॉलर उपलब्ध करवाएगा - विशेषकर वे स्वास्थ्य उत्पाद और सेवाएँ जो उपभोक्ता की डब्ल्यू.एस.ए. की ज़रूरतें पूरी करने के लिए बनाए गए हों।

स्वास्थ्य बीमा : एच.डी.एच.पी. को स्वास्थ्य बचत खाते (डब्ल्यू.एस.ए.) से जोड़ना

यहाँ एक वास्तविक उदाहरण पेश है कि किस तरह स्वास्थ्योन्मुखी व्यक्ति 5,000 डॉलर में से 3,000 डॉलर प्रति वर्ष बीमारी बीमा से मौजूदा या भावी स्वास्थ्य उत्पादों और सेवाओं के प्रति मोड़ सकते हैं।

पहले बताए गए उस परिवार की कल्पना कीजिए जिसने 4,980 डॉलर प्रति वर्ष लागत वाली शून्य-छूट की ब्ल्यू क्रॉस-ब्ल्यू शील्ड पॉलिसी ले रखी है। यह परिवार अपनी 1,908 डॉलर प्रति वर्ष लागत वाली ब्ल्यू क्रॉस-ब्ल्यू शील्ड पॉलिसी को छोड़कर 2,500 डॉलर वाली एच.डी.एच.पी. पॉलिसी पर आ जाता है। इससे उनके वार्षिक प्रीमियम पर 3,072 डॉलर की बचत होती है। इसके बाद वे लोग 3,072 डॉलर

की वार्षिक बचत को स्वास्थ्य बचत खाते में सम्मिलित करते हैं, जिसे वे स्थानीय वित्तीय संस्थान में खोल सकते हैं।

हर महीने यह परिवार 2,500 की वार्षिक छूट योग से कम होने वाले बीमारी ख़र्च को डब्ल्यू.एस.ए. में से निकाल सकता है, साथ ही उन स्वास्थ्य उत्पादों और सेवाओं पर भी ख़र्च कर सकता है जो बीमारी बीमा योजना में शामिल नहीं हैं। चूँकि इनमें से ज़्यादातर स्वास्थ्य ख़रीदी छूट में शामिल नहीं होंगी, इसलिए परिवार को जल्द से जल्द यह 2,500 डॉलर की पूँजी फिर तैयार कर लेना चाहिए। पैसे निकालने की सुविधा के लिए स्थानीय वित्तीय संस्थान उन्हें एक वीज़ा-क़िस्म का डेबिट कार्ड और स्वास्थ्य बचत खाते की चेक-बुक देगा। वीज़ा डेबिट कार्ड पी.पी.ओ. कार्ड के समान भी हो सकता है, जिसका उपयोग वे ब्ल्यू क्रॉस-ब्ल्यू शील्ड नेटवर्क की छूट सेवाओं को पाने के लिए करते थे।

इस कार्यक्रम के साथ पहले साल में वे शायद 400 डॉलर या ऐसा ही कुछ वार्षिक फिज़िकल्स के चिकित्सा ख़र्चों पर व्यय कर सकते हैं और 600 डॉलर स्वास्थ्य उत्पादों और सेवाओं पर, जबकि 2,072 डॉलर अपने स्वास्थ्य बचत खाते में जमा रख सकेंगे, जो कि आपदा आने पर वार्षिक छूट के लिए इस्तेमाल किया जा सके।

प्रथम वर्ष : स्वास्थ्य बचत खाता (डब्ल्यू.एस.ए.)	
प्रारंभिक डब्ल्यू.एस.ए. योग जमा	0 डॉलर
अर्जित ब्याज*	82 डॉलर
वार्षिक डब्ल्यू.एस.ए. योगदान	3,072 डॉलर
चिकित्सा ख़र्चे	(400) डॉलर
स्वास्थ्य ख़र्चे	(600) डॉलर
वर्ष अंत में डब्ल्यू.एस.ए. बचत खाते में शेष	2,154 डॉलर

* औसत जमा पर 8 प्रतिशत चक्रवृद्धि ब्याज मासिक

अगले साल वे अपने पिछले साल के बचे हुए 2,154 डॉलर से

शुरू कर सकते हैं (2,072 डॉलर का योगदान + 82 डॉलर ब्याज के साथ)। इस तरह दूसरे और आगे के सालों में (लगातार 400 डॉलर प्रति वर्ष के चिकित्सा ख़र्चों के साथ) वे 2,672 डॉलर प्रति वर्ष स्वास्थ्य उत्पादों और सेवाओं पर ख़र्च कर सकते हैं – जबकि किसी भी चिकित्सकीय आकस्मिकता आने पर वार्षिक छूट के लिए उनके पास स्वास्थ्य बचत खाते में ज़रूरी न्यूनतम 2,500 डॉलर जमा रहेगा। हालाँकि, आइए हम मान लेते हैं कि अब उन्होंने 50 डॉलर प्रति माह, या 600 डॉलर प्रति वर्ष स्वास्थ्य पर ख़र्च करना शुरू कर दिया है – यानी 2,072 डॉलर की निरंतर वार्षिक बचत उनके डब्ल्यू.एस.ए. में होगी, जो जल्द ही इकट्ठी होकर दसों हज़ार डॉलर बन सकेंगे।

वर्ष 2 : स्वास्थ्य बचत खाता (डब्ल्यू.एस.ए.)	
प्रारंभिक शुरुआती योग शेष	2,154 डॉलर
अर्जित ब्याज*	260 डॉलर
वार्षिक डब्ल्यू.एस.ए. योगदान	3,072 डॉलर
मूल चिकित्सा ख़र्च	(400) डॉलर
मूल स्वास्थ्य ख़र्च	(600) डॉलर
वर्ष के अंत में योग जमा	4,486 डॉलर

*औसत जमा पर 8 प्रतिशत दर से चक्रवृद्धि ब्याज मासिक

यदि यह धन 8 प्रतिशत दर पर निवेश किया जाए, तो 10 वर्षों में अतिरिक्त 31,000 डॉलर जमा हो जाएँगे। इस राशि के सिर्फ़ ब्याज से ही वार्षिक बीमारी बीमा का 1,908 डॉलर का पूरा प्रीमियम भरा जा सकेगा। इस तरह पूरे परिवार को बाक़ी की कामकाजी ज़िंदगी के लिए बिल्कुल मुफ़्त बीमारी बीमा मिल जाएगा। या यह मेडिकेयर कराने के लिए 31,000 डॉलर घोंसले के अंडे साबित हो सकते हैं या इन्हें बच्चों के लिए छोड़ा जा सकता है।

वर्ष 10 : स्वास्थ्य बचत खाता (डब्ल्यू.एस.ए.)	
प्रारंभिक शुरुआती जमा का योग	27,235 डॉलर
अर्जित ब्याज*	2,343 डॉलर
वार्षिक डब्ल्यू.एस.ए. योगदान	3,072 डॉलर
मूल चिकित्सा ख़र्च	(400) डॉलर
मूल स्वास्थ्य ख़र्च	(600) डॉलर
वर्ष अंत में जमा का योग	31,649 डॉलर

*औसत जमा पर 8 प्रतिशत दर से चक्रवृद्धि ब्याज मासिक

बीस के दशक का एक स्वस्थ युगल पचास के दशक में पहुँचते-पहुँचते चौथाई मिलियन डॉलर से अधिक भावी स्वास्थ्य निवेशों के लिए जमा कर चुका होगा।

वर्ष 30 : स्वास्थ्य बचत खाता (डब्ल्यू.एस.ए.)	
प्रारंभिक शुरुआती योग जमा	2,36,084 डॉलर
अर्जित ब्याज*	19,676 डॉलर
वार्षिक डब्ल्यू.एस.ए. योगदान	3,072 डॉलर
मूल चिकित्सा ख़र्च	(400) डॉलर
मूल स्वास्थ्य ख़र्च	(600) डॉलर
वर्ष अंत में योग जमा	2,57,832 डॉलर

*औसत जमा पर 8 प्रतिशत दर से चक्रवृद्धि ब्याज मासिक

पूरे स्वस्थ जीवनकाल के दौरान, यही युगल सत्तर के दशक तक आते-आते अपने भावी स्वास्थ्य निवेशों के लिए 1.3 मिलियन से भी ज़्यादा जमा कर सकता है।

वर्ष 50 : स्वास्थ्य बचत खाता (डब्ल्यू.एस.ए.)	
प्रारंभिक शुरुआती योग जमा	12,62,600 डॉलर
अर्जित ब्याज*	1,04,873 डॉलर
वार्षिक डब्ल्यू.एस.ए. योगदान	3,072 डॉलर
मूल चिकित्सा ख़र्च	(400) डॉलर
मूल स्वास्थ्य ख़र्च	(600) डॉलर
वर्ष अंत में योग जमा	13,69,545 डॉलर

*औसत जमा पर 8 प्रतिशत दर से चक्रवृद्धि ब्याज मासिक

आपके उपभोक्ताओं के लिए यह तस्वीर जहाँ वे अपनी भावी स्वास्थ्य ख़रीदारी के लिए सैकड़ों हज़ारों डॉलर जमा करते थे, आज वास्तव में इन आँकड़ों से भी अधिक बेहतर हो चुकी है।

2001 में लागू हुए क़ानून का धन्यवाद, 31 दिसंबर 2002 से पहले 7,50,000 अमेरिकी परिवारों को 3,800 डॉलर तक की राशि पर पूर्ण आयकर छूट की अनुमति दी गई, जो वे सेवानिवृत्ति तक हर साल एक ख़ास डब्ल्यू.एस.ए. क़िस्म के अकाउंट में जमा करेंगे, जिसे मेडिकल सेविंग अकाउंट (एम.एस.ए.) कहा जाता है। यह 3,800 प्रतिवर्ष की कर-छूट उस राशि के अतिरिक्त होगी, जो वे अपने वार्षिक एच.डी.एच.पी. प्रीमियम की लागत पर छूट ले सकते हैं यदि वे स्व-रोज़गार में हैं।

अगले दस सालों में इन 7,50,000 परिवारों में हर परिवार 58,000 डॉलर[9] कर मुक्त तक अपने मेडिकल सेविंग्स अकाउंट (एम.एस.ए.) में जमा कर लेगा - भावी स्वास्थ्य ख़र्चों के लिए 43 अरब डॉलर से भी ज़्यादा। जब या अगर कार्यक्रम (एम.एस.ए.) आगे बढ़ता है तो कुछ स्व-रोज़गार आय के साथ 5 करोड़ अमेरिकी परिवार इसी तरह अगले दस वर्षों में भावी स्वास्थ्य ख़र्चों के लिए 29 खरब डॉलर तक जमा कर

लेंगे।

स्वास्थ्य उद्यमी पहले से खोज में जुटे हैं कि (एम.एस.ए.) वाले उपभोक्ता निम्न वजहों से स्वास्थ्य उत्पादों और सेवाओं के लिहाज़ से "सुपर कस्टमर्स" हैं :

1. **एम.एस.ए. उपभोक्ता के पास एच.डी.एच.पी. होना आवश्यक है। वे अपनी बुद्धिमानीपूर्ण सेहत चयन और अपने भावी स्वास्थ्य पर निवेश करने के आदी हो जाते हैं।**
2. **एम.एस.ए. उपभोक्ता प्रभावोत्पादक स्वास्थ्य निवेश कर आर्थिक लाभ की फ़सल काटते हैं। वे अपने एम.एस.ए. अकाउंट में बिना ख़र्च हुई राशि को भी रखते हैं, और इसी राशि को 65 वर्ष की आयु के बाद के ग़ैरचिकित्सकीय उद्देश्यों में भी प्रयोग करते हैं।**
3. **एम.एस.ए. उपभोक्ता जानते हैं कि वे अपने भावी बीमारी ख़र्चों की क़ीमत अदा करेंगे, इसलिए उनके पास अपने स्वास्थ्य पर निवेश करने के लिए एक अतिरिक्त प्रेरणास्त्रोत है।**

मेडिकल सेविंग्स अकाउंट (एम.एस.ए.) कैसे काम करता है

कांग्रेस ने प्रयोग के आधार पर 7,50,000 अमेरिकी परिवारों के लिए मेडिकल सेविंग्स अकाउंट खोलने का क़ानूनी अनुमोदन किया था। यह प्रयोग 31 दिसंबर 2003[10] तक ख़त्म हो जाना है, लेकिन ऐसे परिवार जो इस क़ानून का लाभ उठाते हुए 31 दिसंबर 2002 से पहले एम.एस.ए. खोल लेते हैं, उनके एम.एस.ए. के लाभ, और 65 वर्ष की आयु तक भावी योगदान बनाने का अधिकार उनकी बाक़ी ज़िंदगी के लिए वटवृक्ष साबित होते हैं।

एम.एस.ए. पहले वर्णन किए गए डब्ल्यू.एस.ए. के समान ही है। इसमें बस एक अतिरिक्त महत्वपूर्ण विशेषता है : एम.एस.ए. में

किया गया योगदान 100 प्रतिशत कर-छूट योग्य है। यह योगदान समायोजित मूल आय से काटा जा सकता है, यानी स्व-रोज़गार वाले व्यक्तियों को ये कर लाभ पाने के लिए अपने मुनाफ़े का रिकॉर्ड रखने की ज़रूरत नहीं होती है।[11]

एम.एस.ए. अकाउंट खोलने की योग्यता पाने के लिए व्यक्ति को एच.डी.एच.पी. के साथ स्व-रोज़गार वाला होना ज़रूरी है या ऐसे नियोक्ता का कर्मचारी होना आवश्यक है जिसने अपने कर्मचारियों के लिए एच.डी.एच.पी. लिया हुआ हो।

जब तक वे 65 वर्ष की उम्र तक पहुँचेंगे, जिन्होंने 31 जनवरी 2002 के पहले एम.एस.ए. खोल लिए हैं, उन्हें एम.एस.ए. में 3,800 डॉलर प्रति वर्ष तक कर-छूट योगदान की अनुमति होगी (मुद्रा स्फ़ीति के अनुरूप 50 डॉलर की वृद्धि हर वर्ष)।[12] वे आसानी से अपने एम.एस.ए. से वीज़ा-क्रिस्म के डेबिट कार्ड या चेकबुक के माध्यम से चिकित्सा ख़र्चों के भुगतान के लिए राशि निकाल सकते हैं - या फिर वे अपना धन एम.एस.ए. में ही छोड़ सकते हैं, ताकि भावी चिकित्सा ख़र्चों के लिए कर-मुक्त ब्याज पा सकें। हालिया क़ानून से स्व-रोज़गार वालों के लिए स्वास्थ्य बीमा प्रीमियम पर कर-छूट दोगुनी हो गई है, 2003 में शुरू कर उनके एच.डी.एच.पी. के वार्षिक प्रीमियम पर 100 प्रतिशत कर-छूट की अनुमति है। आर्थिक तंगी के मामलों में, जैसे यदि वे बेरोज़गार हो जाते हैं या कोबरा (COBRA) में जाते हैं, उन्हें उनके एम.एस.ए. कर मुक्त फ़ंड से राशि निकालकर चिकित्सा बीमा पॉलिसी के प्रीमियम भरने की अनुमति होगी।

और सबसे अच्छी बात, जब 65 साल की उम्र में वे मेडिकेयर लेंगे, तो उनके एम.एस.ए. में बिना ख़र्च किया पूरा धन किसी भी उद्देश्य के लिए बिना किसी पेनल्टी निकाला जा सकेगा। जैसे आई.आर.ए. में होता है, वे केवल निकाली हुई राशि पर ही आयकर देते हैं, उनके सेवानिवृत्त होने के समय निम्न कर दर पर। लेकिन आई.आर.ए. से भी बेहतर यह है कि वे मेडिकेयर या अन्य स्वास्थ्य बीमा में शामिल न होने वाले चिकित्सकीय ख़र्चों के भुगतान के लिए निकाली हुई राशि पर कोई आयकर जमा नहीं करते हैं।

मेरे और मेरी पत्नी द्वारा पारिवारिक एम.एस.ए. अकाउंट खोलने

के पहले साल के दौरान हमने अधिकतम मंजूरी योग्य राशि जमा की, लेकिन मूर्खतापूर्ण तरीक़े से पूरे साल चिकित्सकीय ख़र्चों के लिए 1,000 डॉलर निकालते रहे। यह मूर्खतापूर्ण इसलिए था क्योंकि भले ही अधिकतम 3,800 डॉलर की राशि जमा करने पर हमें पूरी कर-छूट प्राप्त होती रही, लेकिन हमें कोई भी अतिरिक्त कर-छूट 1,000 डॉलर चिकित्सा ख़र्च के लिए निकालने की वजह से नहीं मिली, जिसे हम अपने अन्य फ़ंडों से भी भर सकते थे। इस कारण हमारा एम.एस.ए. अकाउंट में बैलेंस 1,000 डॉलर कम हो गया, और 8 प्रतिशत कर मुक्त ब्याज की सोचें तो यह अतिरिक्त 1,000 डॉलर 30 वर्षों में बढ़कर 11,000 डॉलर हो सकता था। चूँकि एम.एस.ए. में आई.आर.ए. के सभी फ़ायदे मौजूद हैं, वे उपभोक्ता जो इसे वहन कर सकते हैं उन्हें अधिकतम मंजूरी योग्य राशि प्रति वर्ष अपने एम.एस.ए. में ज़रूर डालनी चाहिए, और फिर उसे आख़िरी परिवार सुरक्षा वाहक की तरह अकेला छोड़ देना चाहिए।

इस तरह अपने एम.एस.ए. का इस्तेमाल करने वाले उपभोक्ता बतौर कर-मुक्त परिवार सुरक्षा वाहक के तौर पर 3,800 डॉलर के बराबर प्रति वर्ष स्वास्थ्य कर-छूट प्राप्त करते हैं।

जब बात लोगों पर अपनी और अपने परिवारों की सुरक्षा की आती है, तो एम.एस.ए. अचूक वाहक साबित होता है। लोगों को अपने लगभग सभी चिकित्सकीय ख़र्चों पर कर-छूट की अनुमति होती है, जैसे उन्होंने किसी विशाल कॉर्पोरेशन में काम किया हो। लोग ख़ुद यह तय करते हैं कि उन्हें अपना धन कहाँ ख़र्च करना है और बाज़ार में वे अपने सौदों पर मोलभाव करने के लिए आज़ाद होते हैं। लोग जो धन आज ख़र्च नहीं कर रहे हैं उसे कल आने वाले चिकित्सकीय ख़र्चों के लिए बचाकर रखते हैं, अपने सेवानिवृत्ति के फ़ंड के लिए या अपने बच्चों की ख़ातिर छोड़ने के लिए।

लेकिन एम.एस.ए. वाले सबसे ज़्यादा लोग ख़ुद के नियमित स्वास्थ्य के लिए बुद्धिमत्तापूर्ण स्वास्थ्य निवेश निर्णय ले सकते

हैं - जैसे आज विटामिन और बेहतर पोषण लेना या बाद में किसी दीर्घस्थायी रोग के इलाज में ख़र्च करना।

एम.एस.ए. वाले व्यक्ति (ज़रूरी एच.डी.एच.पी. के साथ) वास्तव में आपके स्वास्थ्य सुपरकस्टमर्स हैं - इसीलिए एम.एस.ए. और एच.डी.एच.पी. खोलने का ज्ञान उपभोक्ताओं को देना किसी भी स्वास्थ्य व्यापार का मुख्य अवयव है।

कांग्रेस को मेडिकल सेविंग्स अकाउंट का विस्तार क्यों करना पड़ेगा

जब आप अपने व्यापार में धन या समय का निवेश करने के बारे में सोचते हैं, तब एक संभावित निवेशक इस बात पर चिंता कर सकता है कि कांग्रेस इस एम.एस.ए. कार्यक्रम को ख़त्म कर सकती है या 2003 से पहले एम.एस.ए. प्रयोग में प्रवेश के लिए बहुत देर हो सकती है (या जब 7,50,000 एम.एस.ए. अकाउंट खुल चुके होंगे)। यहाँ इन चिंताओं को ख़त्म करने के तरीक़े दिए जा रहे हैं।

पहला, हालाँकि मौजूदा एम.एस.ए. प्रयोग 31 दिसंबर, 2003 को ख़त्म होना तय है, वे लोग जिन्होंने तय समय से पहले एम.एस.ए. खुलवाए हैं, उन्हें अपने एम.एस.ए. अकाउंट के लाभ का आनंद उठाने की अनुमति होगी। उन्हें 65 वर्ष की आयु तक हर वर्ष अतिरिक्त योगदान देने का भी अधिकार होगा।

दूसरा, मुझे पूर्ण विश्वास है कि कांग्रेस एम.एस.ए. अवसर को सबके लिए स्थायी तौर पर उपलब्ध कर देगी। कांग्रेस के पास सचमुच कोई और विकल्प नहीं है, क्योंकि जनता पहले ही बोल चुकी है।

1931 से 1976 के बीच, संघीय क़ानून ने बैंकों के चेकिंग अकाउंट पर ब्याज भुगतान पर रोक लगा दी। सन् 1976 में न्यू इंग्लैंड के एक छोटे से बैंक ने चेकिंग खातों पर ब्याज देना शुरू किया (उसे ब्याज के साथ चेकिंग खाते के बजाय चेक के साथ बचत खाता नाम दिया गया)। प्रतिद्वंद्विता ने इसे ग़लत ठहराते हुए संघीय दख़लंदाज़ी की माँग की। जब तक संघीय सरकार क़दम उठाने के लिए हरकत

में आई, तब तक इतने सारे लोग ऐसे खाते खुलवा चुके थे कि कांग्रेस को सभी चेकिंग खातों पर ब्याज देने की अनुमति का क़ानून पास करने का दबाव डाला गया।[13]

इसी तरह, लगभग 50 सालों तक, संघीय क़ानून खुदरा व्यापारियों को कुछ ब्राण्डेड वस्तुएँ निर्माता की सूची क़ीमत से कम मूल्य पर बेचने से रोकता रहा। जब वॉल-मार्ट और विस्तार होते हुए अन्य खुदरा व्यापारियों ने इस क़ानून को नज़रअंदाज़ करना और ब्राण्डेड वस्तुओं पर छूट देना शुरू किया, तो जनता की प्रतिक्रिया इतनी सकारात्मक थी कि कांग्रेस पर 1975 के फ़ेअर ट्रेड क़ानून को ख़त्म करने का दबाव डाला गया।

शिकारी कुत्ता शिकारियों के आगे बड़ी शान से चलता है। वह अपने पीछे नज़र रखता है कि उसका अनुसरण किया जा रहा है। यदि शिकारी विपरीत दिशा में जाना तय कर लें, तो कुत्ता कूदकर फिर उनके आगे हो जाता है और फिर से ख़ुद को उनका लीडर समझने लगता है। आज के नेता शिकारी कुत्तों की तरह हैं - वे ध्यान से ताज़ा रुझान पर नज़र रखते हैं और देखते हैं कि जनता कहाँ जाना चाहती है, और इसके बाद वे "लीडर" का स्थान हथिया लेते हैं।

आज, एक चीज़ लोग सबसे ज़्यादा चाहते हैं। वह है अपने परिवार की बीमारी और स्वास्थ्य पर पैसा ख़र्च करने के अधिक विकल्प।

इस बात को दरकिनार करते हुए कि कांग्रेस निकट भविष्य में एम.एस.ए. विकल्प को स्व-रोज़गार वाले लोगों के लिए स्थायी रूप से उपलब्ध कराती है कि नहीं, एम.एस.ए. या उसके समकक्ष डब्ल्यू.एस.ए. खातों पर कोई रोक नहीं है। इन पर अंकुश लगाने वाले क़ानून और अधिनियम इतने अनिश्चित और जनता के हितों के विपरीत हैं कि स्व-रोज़गार वाले लोग तथा कुशाग्रबुद्धि उद्यमी डब्ल्यू.एस.ए. जैसे वाहक ख़ुद और आम जनता के उपभोग के लिए स्वयं ही तैयार कर रहे हैं।

जैसा कि अब हम परीक्षण करेंगे, इस बात की परवाह किए

बिना कि कांग्रेस नए क़ानून के माध्यम से स्वास्थ्य बीमा उत्पादों को पारित करती है या नहीं। ये उत्पाद स्व-रोज़गार वाले लोगों और विशाल कॉर्पोरेशन में काम करने वाले कर्मचारियों के लिए उपलब्ध हैं।

स्वास्थ्य बीमा के लिए संभावनाओं का सृजन

स्वास्थ्य उद्यमियों को स्वास्थ्य बीमा को सीमित करने वाले मौजूदा क़ानूनों और नियमों तथा इनके बीच के क़ानूनी रास्तों को समझना होगा। इसके दो महत्वपूर्ण कारण हैं :

1. स्वास्थ्य उद्यमी अपने उपभोक्ताओं को उनकी उत्पाद ख़रीद पर फ़ाइनेंस करने के लिए मालिकाना स्वास्थ्य बीमा वाहक बनाना चाहेंगे।

2. स्वास्थ्य उद्यमी उनके स्वास्थ्य उत्पादों और सेवाओं को थर्ड पार्टी स्वास्थ्य बीमा के माध्यम से ख़रीदने योग्य बनाना चाहेंगे।

अमेरिका में लगभग 5 करोड़ लोग अपनी आय या उसका हिस्सा स्व-रोज़गार से पाते हैं। यहाँ संभावनाओं के तीन उदाहरण दिए जा रहे हैं जिनका लाभ आप इन 5 करोड़ संभावित ग्राहकों के लिए टैक्स-लाभ वाले स्वास्थ्य बीमा गढ़ने में कर सकते हैं। साथ ही यह भी कि आपके उत्पाद स्वास्थ्य बीमा के योग्य हों जो ये ग्राहक थर्ड पार्टी आपूर्तिकर्ता से प्राप्त करेंगे।

यह उदाहरण उन संस्थानों और संस्थाओं पर भी लागू होंगे जो स्व-रोज़गार आय वाले सदस्यों के लिए कर-छूट वाले स्वास्थ्य बीमा उत्पाद बनाना चाहते हैं।

निर्माण संभावना #1 : एच.डी.एच.पी. के लिए कर-छूट बढ़ाना

आंतरिक राजस्व संहिता की धारा 162 के मुताबिक़, कोई स्व-रोज़गार

व्यक्ति स्वास्थ्य बीमा *प्रीमियम* पर कर-छूट सिर्फ़ अपने, अपने जीवनसाथी और अपने आश्रितों के लिए ही ले सकता है।[14] इसमें बीमा प्रीमियम के अलावा होने वाले चिकित्सा ख़र्च शामिल नहीं हैं - जैसे वार्षिक छूट की राशि से नीचे होने वाले सीधे चिकित्सा ख़र्च को वहन करना या हेल्थ बीमा पॉलिसी के दायरे के बाहर की राशि वहन करना।

इसलिए, सन् 2003 में स्व-रोज़गार वाला व्यक्ति 5,000 डॉलर का साधारण स्वास्थ्य बीमा प्रीमियम भरने पर 5,000 डॉलर की प्रीमियम राशि पर पूरी टैक्स छूट पाता है, लेकिन यही स्व-रोज़गार वाला व्यक्ति यदि 2,000 डॉलर के प्रीमियम तथा 2,500 डॉलर सालाना छूट के साथ एच.डी.एच.पी. में चला जाता है और 2,500 डॉलर का अतिरिक्त चिकित्सा ख़र्च वहन करता है, तो 4,500 डॉलर के कुल चिकित्सा ख़र्चों में से सिर्फ़ 2,000 डॉलर के प्रीमियम पर ही कर-छूट प्राप्त होगी।

ख़ुशक़िस्मती से, आई.आर.एस. कोड विशेष रूप से *बीमा* या *प्रीमियम* को परिभाषित नहीं करता है और न ही कर-छूट प्रीमियम प्राप्त करने वाले बीमाकर्ता द्वारा उपलब्ध चिकित्सा भुगतान की राशि सीमा तय करता है।

एच.डी.एच.पी. पेश करने वाली बीमा कंपनी या संस्थान बड़ी आसानी से वार्षिक प्रीमियम 2,000 डॉलर से बढ़ाकर 4,500 डॉलर कर सकते हैं और बीमा-धारक को बीमारी या स्वास्थ्य ख़र्च के लिए 2,500 डॉलर तक का वीज़ा जैसा डेबिट कार्ड और चेकबुक दे सकते हैं - साथ में ख़र्च से बची राशि को प्रति वर्ष बीमा धारक के भावी फ़ायदों में बढ़ा सकते हैं (पूरी ज़िंदगी की बीमा पॉलिसी में नक़द-क़ीमत बढ़त की तरह)।

बीमाधारक को एक ही आर्थिक वाहक में डब्ल्यू.एस.ए. या एम.एस.ए. अकाउंट के सभी फ़ायदे मिलेंगे - और इसमें लघु जीवन बीमा के साथ बेहद अनुकूल कर-नियमों का फ़ायदा उठाते हुए पूरे जीवन की पॉलिसी और वार्षिकी का नियंत्रण भी मिलेगा। इस पर भी,

प्रायोजक बीमा कंपनी या संस्थान अपने पी.पी.ओ. छूट समूह का विस्तार कर स्वास्थ्य और बीमारी ख़र्चों को शामिल कर सकते हैं। ये स्वास्थ्य प्रदाता को पी.पी.ओ. से जोड़कर अपने उपभोक्ताओं को अतिरिक्त ख़रीदारी की शक्ति और ख़ुद के लिए राजस्व का अतिरिक्त स्त्रोत दे सकते हैं।

उच्च 4,500 डॉलर के प्रीमियम पर पूर्ण कर-छूट को निश्चित करने के लिए बीमा कंपनी और बीमा धारक की यह देखने की ज़िम्मेदारी होगी कि उनका 2,500 डॉलर का स्वास्थ्य भत्ता केवल आई.आर.एस. स्वीकृत कर-छूट चिकित्सा ख़र्चों की ख़रीद पर ही जा रहा है।

निर्माण संभावना #2 : स्वास्थ्य निवेशों को कर-छूट योग्य बनाना

आई.आर.एस. के उन्हें रोकने के प्रयासों के बावजूद कर अदालतों ने यह नियम बनाया कि लाइसेंसधारी डॉक्टर द्वारा लिखा गया कोई भी चिकित्सा ख़र्च कर-छूट योग्य होगा। यदि डॉक्टर पर्ची में लक्ज़री क्रूज़ लिख दे, तो वह भी कर-छूट चिकित्सकीय ख़र्च के दायरे में आ सकता है। और आई.आर.एस. ने अब सहचर ख़र्चों पर भी कर-छूट घोषित कर दी है यदि यह डॉक्टर द्वारा चिकित्सकीय दृष्टि से आवश्यक बताया गया हो (जैसे, व्हीलचेयर पर बैठा मरीज़)।

ज़्यादातर डॉक्टर ख़ुशी-ख़ुशी वज़न-घटाने वाले कार्यक्रम, फ़िटनेस प्रशिक्षण, ख़ास विटामिन और खनिजों तथा सभी स्वास्थ्य आधारित उत्पादों व सेवाओं के लिए "प्रिस्क्रिप्शन" लिख देंगे - ख़ासकर जब वह विधिवत विवरणिका के साथ मुहैया कराई जा रही हो, जिसमें प्रार्थनीय उत्पाद व सेवाओं की चिकित्सकीय क्षमता समझाई गई हो।

अभी तक अधिकांश डॉक्टरों द्वारा ऐसे प्रिस्क्रिप्शन नहीं लिखने की एकमात्र वजह यह थी कि उन्हें ऐसा करने के लिए किसी ने

बोला ही नहीं था, न ही उन्हें ज़्यादातर स्वास्थ्य उत्पादों और सेवाओं की क्षमताओं को समझने वाले वैज्ञानिक डाटा मुहैया कराए गए थे। यह पहले इसलिए नहीं हुआ क्योंकि अतीत में ज़्यादातर स्वास्थ्य वस्तुएँ पारंपरिक कंपनी-प्रायोजित बीमारी बीमा योजनाओं द्वारा क्षतिपूर्ति में शामिल नहीं थीं।

स्वास्थ्य उद्यमियों को लाइसेंसधारी डॉक्टर से सलाह लेना चाहिए और अपने उत्पादों और सेवाओं के लिए आसानी से उपलब्ध चिकित्सकीय प्रिस्क्रिप्शन लिखवाना चाहिए।

इस तथ्य के बावजूद कि कोर्ट ने यह नियम बना दिया है कि डॉक्टर द्वारा क़ानूनी रूप से लिखा गया हर प्रिस्क्रिप्शन कर-छूट योग्य होगा, एक मतभेदपूर्ण आई.आर.एस. राजस्व क़ानून कहता है कि सिर्फ़ प्रिस्क्रिप्शन (versus over-the-counter) दवाएँ ही कर-छूट चिकित्सा ख़र्चों के लिए मान्य होंगी।[15] इस क़ानून का सालों से बड़ी दवा कंपनियों ने इस्तेमाल (ग़लत इस्तेमाल) किया है और अपनी ओवर-द-काउंटर दवाओं के लिए अधिक महँगे प्रिस्क्रिप्शन लिखवाए हैं। ऐसा उन्होंने आई.आर.एस. को संतुष्ट करने और नियोक्ता आधारित बीमारी बीमा पॉलिसी का भुगतान लेने के लिए किया। स्वास्थ्य उद्यमी भी इसी क़ानून का ऐसा ही फ़ायदा उठा सकते हैं।

स्वास्थ्य उद्यमियों को अपने उत्पादों और सेवाओं के ख़ास रूपांतर तैयार करने चाहिए, जो सिर्फ़ डॉक्टर के प्रिस्क्रिप्शन पर ही उपलब्ध हों - मौजूदा कर-क़ानूनों का लाभ उठाने और पारंपरिक बीमारी बीमा प्रायोजकों से उत्पादों की क्षतिपूर्ति लेने में अपने उपभोक्ताओं की मदद करने के लिए।

यदि आप किसी आहार-पूरक का सिर्फ़ प्रिस्क्रिप्शन-रूपांतर बनाने की सोच रहे हैं, तो पहले 2001 में प्रस्तुत सीनेटर टॉम हार्किन (डेमोक्रेट, आयोवा) और औरिन हैच (रिपब्लिकन, उताह) के डाइएटरी

सप्लीमेंट टैक्स फ़ेअरनेस एक्ट का हश्र देख लीजिए। यह बिल, यदि पास हो जाता, तो आहार पूरकों को अमेरिकी टैक्स कोड के तहत प्रिस्क्रिप्शन दवाई की समानता प्रदान कर देता और आहार पूरकों के प्रिस्क्रिप्शन-मात्र रूपांतरों को बनाने की संभावनाओं को सीमित कर देता। लेकिन यदि यह पास हो जाता तब भी, स्वास्थ्य प्रदाता अपने उत्पादों के प्रिस्क्रिप्शन-मात्र रूपांतर के प्रस्ताव ज़रूर देते, ताकि उनके उपभोक्ता पारंपरिक बीमारी बीमा प्रदाताओं से (जो विशेषकर प्रिस्क्रिप्शन दवाएँ ही शामिल करते हैं) क्षतिपूर्ति ले सकते।

निर्माण संभावना #3 : स्वास्थ्य बीमा जो सिर्फ़ आपके उत्पादों और सेवाओं को शामिल करता हो

कई मामलों में, स्वास्थ्य बीमा मुहैया करने वाले संस्थान ख़ुद ही स्वास्थ्य बीमा प्रायोजित करेंगे। उदाहरण के लिए, विटामिन बनाने वाली एक नेटवर्क मार्केटिंग कंपनी अपने वितरकों के लिए स्वास्थ्य बीमा प्रायोजित कर सकती है। ऐसे मामलों में, प्रतिद्वंद्विता के चलते विटामिन या अन्य उत्पादों पर बीमा प्रस्तावित करना मूर्खता होगी।

जिस तरह पारंपरिक स्वास्थ्य बीमा कंपनियों ने अपने उपभोक्ताओं को चिकित्सा प्रदाताओं और दवाओं के चयन में सीमित कर रखा है, नवाचारी स्वास्थ्य बीमा प्रायोजक भी स्वास्थ्य बीमा पेश कर सकते हैं, जो सिर्फ़ उनके निश्चित स्वास्थ्य उत्पाद और सेवाओं को शामिल करता हो।

इस तरह की सीमाएँ उपभोक्ताओं के लिए नुक़सानदायक नहीं होना चाहिए। ऐसे मामलों में जहाँ स्वास्थ्य प्रदाता इन सीमाओं को कर-छूट वाले उत्पाद के साथ जोड़ देता है (जैसा निर्माण संभावना #2 में समझाया गया है), वहाँ स्वास्थ्य कंपनी अपने वितरकों के लिए स्वास्थ्य उत्पादों को विलक्षण बनाकर छूट युक्त बना सकती है। या स्वास्थ्य कंपनी, स्वास्थ्य बीमा का इस्तेमाल कर रहे सदस्यों को अपने या अपने से जुड़े किसी अन्य मालिक के उत्पादों की ख़रीदी पर छूट का प्रस्ताव दे सकती है।

जिल किन्नी के क्लब वन की तरह फ़िटनेस संस्थान भी स्वास्थ्य बीमा प्रायोजित कर सकता है, जो स्वतः ही अपना मासिक सदस्यता शुल्क जोड़ लेगा। इस तरह ऐसे देय शुल्क को एच.डी.एच.पी. प्रीमियम के साथ जोड़कर कर-छूट के दायरे में लाया जा सकता है। फ़िटनेस संस्थान आहार पूरकों की निजी लेबल्ड लाइन पर भी छूट दे सकते हैं।

एक नेटवर्क मार्केटिंग कंपनी अपने आहार पूरकों की ख़रीद के लिए 200 डॉलर प्रति माह भत्ते वाला स्वास्थ्य बीमा भी प्रायोजित कर सकती है, जिसमें मासिक सदस्यता और किसी स्थानीय या राष्ट्रीय क्लब में प्रशिक्षण भी शामिल है।

निर्माण संभावनाओं के ये सिर्फ़ तीन उदाहरण हैं जिन्हें आप और आपकी स्वास्थ्य कंपनी अपने उपभोक्ताओं की बेहतर सेवा के लिए मौजूदा टैक्स नियमों का फ़ायदा उठाने में इस्तेमाल कर सकते हैं। ध्यान रखें कि ये उदाहरण सिर्फ़ बड़े स्वास्थ्य उद्यमियों पर ही लागू नहीं होते। एक अकेला/अकेली स्वास्थ्य वितरक भी अपने नियमित उत्पादों का प्रिस्क्रिप्शन पैकेज बना सकता/सकती है। एक वकील स्वास्थ्य उद्यमी अपने स्वास्थ्य बीमा उत्पाद को तैयार करने और मार्केट करने का काम कर सकता/सकती है। (जैसे : एक साधारण ट्रस्ट समझौते को ऑफ़-द-शेल्फ़ एच.डी.एच.पी. उत्पाद और जमा खाते से जोड़ना)।

कॉर्पोरेट कर्मचारियों के आश्रितों के लिए स्वास्थ्य बीमा प्राप्त करना

आपके कई संभावित ग्राहक कॉर्पोरेट कर्मचारी होंगे, जो स्वतः ही नियोक्ता की समूह चिकित्सा बीमा पॉलिसी में शामिल हैं। जबकि इसमें से 78 प्रतिशत जो स्वस्थ हैं और समूह योजना से बाहर निकलना तथा अपना स्वास्थ्य बीमा ख़रीदना चाहेंगे, ऐसा नहीं कर सकेंगे; उन्हें बाहर निकलने के लिए संभवतः कोई अतिरिक्त भरपाई राशि नहीं मिलेगी और समूह चिकित्सा योजना के लिए उनकी योग्यता उन्हें

लाभकारी स्वास्थ्य बीमा प्राप्त करने की क्षमता से सीमित कर देगी। एम.एस.ए. अकाउंट खोलने और नए स्व-रोज़गार कर-छूट के फ़ायदे लेने की आवश्यक योग्यताओं में से एक है - उस वक़्त आवेदक किसी अन्य समूह चिकित्सा बीमा का सदस्य न हो।

यह नियम अतिरिक्त समय में स्व-रोज़गार से आमदनी करने वाले कई लोगों को एम.एस.ए. खोलने और एच.डी.एच.पी. प्राप्त करने लायक़ होने से रोकेगा।

हालाँकि, चूँकि अधिकतर कॉर्पोरेट पॉलिसियों में अब जीवनसाथी और आश्रितों को खुले रूप में शामिल नहीं किया जाता है, इसलिए बड़े कॉर्पोरेशनों के लिए काम करने वाले लोग अपने जीवनसाथी और बच्चों के लिए स्वास्थ्य बीमा योजनाओं का लाभ उठा सकते हैं।

नियोक्ता अपने कर्मचारियों *और* उनके जीवनसाथी तथा आश्रितों के लिए पूर्ण स्वास्थ्य बीमा प्रीमियम का भुगतान करते रहे हैं। हालाँकि अधिकांश निजी नियोक्ताओं ने हाल ही में *सिर्फ़* अपने कर्मचारियों की पूरी प्रीमियम भरने की नीति में बदलाव किया है। जीवनसाथी और आश्रित विशेष रूप से कंपनी समूह पॉलिसी में भाग लेने के लिए तभी अनुमति पा सकते हैं, जब अतिरिक्त प्रीमियम का कुछ या पूरा हिस्सा कर्मचारी अदा करे।

चूँकि ज़्यादातर नियोक्ता वाली समूह स्वास्थ्य बीमा पॉलिसी कम-छूट प्रकार की होती हैं, इसलिए अक्सर कर्मचारी के लिए अपने जीवनसाथी या आश्रित के लिए एच.डी.एच.पी. लेना न सिर्फ़ उसे पैसे की बचत करवाता है वरन् जीवनसाथी या आश्रित के जीवन का स्वास्थ्य बीमा पुनर्जीवित होने और लेने योग्य भी बनाता है।

जैसा कि अध्याय 6 में समझाया गया है, बीमा कंपनियाँ क़ानूनन किसी विशेष श्रेणी में अलग-अलग पॉलिसियों के लिए

एकसमान प्रीमियम बढ़ा सकती हैं न कि ऐसे किसी ख़ास व्यक्ति के लिए जो महज़ चिकित्सा देखभाल के लिए बड़ा दावा करता है।

स्वस्थ जीवनसाथी या बच्चे को नियोक्ता समूह पॉलिसी से व्यक्तिगत एच.डी.एच.पी. में ले जाना कम महँगा पड़ता है क्योंकि किसी भी समूह में लगभग 22 प्रतिशत कर्मचारियों (या उनके आश्रितों) में पहले से मौजूद महँगी पूर्व चिकित्सा परिस्थितियाँ होती हैं।

हो सकता है कि आपके ग्राहक का कोई आश्रित उस 22 प्रतिशत के बदनसीब समूह में हो, लेकिन यदि उनके जीवनसाथी या बच्चे आज उस स्वस्थ 78 प्रतिशत में हैं, तो आप इन्हें जल्द से जल्द एच.डी.एच.पी. लेने में मदद कर सकते हैं। आप परिवार को धन बचाने में सहायता करते वक़्त अपने स्वास्थ्य उत्पादों और सेवाओं के लिए एक सुपरकस्टमर तैयार कर रहे होते हैं। लेकिन उससे भी अधिक महत्वपूर्ण, उनमें से किसी एक का आश्रित एच.डी.एच.पी. के लिए भावी सदस्यता की स्थिति विकसित कर सकता है और इस तरह अपने भावी रोज़गार का विकल्प भी।

यदि आप एच.डी.एच.पी. या किसी अन्य हेल्थ बीमा पॉलिसी की क़ीमत अदा करने के लिए किसी बीमा एजेंट की सेवाओं का इस्तेमाल करते हैं, तो यह ध्यान में रखें कि एच.डी.एच.पी. पर कमीशन के बजाय कम या शून्य छूट पॉलिसी पर कमीशन कई गुना अधिक होता है - हालाँकि एजेंट को अक्सर समान मात्रा में ही प्रदर्शन करना पड़ता है।

एम.एस.ए. खाते और एच.डी.एच.पी. अपनी अपेक्षा के अनुरूप नहीं बिक रहे हैं। इसकी एक बहुत बड़ी वजह यह है कि वह बीमा दलालों की बेईमानी भी है क्योंकि ज़्यादा छूट वाली पॉलिसियों पर अपने उपभोक्ताओं को लाने पर भी उन्हें बहुत कम कमीशन प्राप्त होता है।[16]

यह ध्यान में रखें कि अधिकतर अमेरिकी बीमा *लिए जाने* के बजाय *बेचे* जाते हैं। उपभोक्ता एजेंट द्वारा प्रस्तुत सर्वश्रेष्ठ पॉलिसी ख़रीदते हैं बजाय कि बाज़ार में उनकी ख़ास ज़रूरतों के हिसाब से उपलब्ध सर्वश्रेष्ठ पॉलिसी। कुछ एजेंट तो अधिक कंपनियों की पॉलिसी रखते हैं, और कभी-कभार तो जो पॉलिसियाँ एजेंट को अधिक कमीशन का भुगतान करवाती हैं। वे उपभोक्ता को सबसे कम पैसा मुहैया करती हैं।

यदि आप एक लाइसेंसधारी बीमा एजेंट हैं, तो स्वास्थ्य बीमा व्यापार को स्वास्थ्य वितरण व्यापार के साथ जोड़ना बहुत अच्छी संभावना है : अपने स्वस्थ उपभोक्ता के जिस धन की बचत आप स्वास्थ्य बीमा के ज़रिए करवा रहे हैं उसे आप अपने स्वास्थ्य उत्पाद और सेवाओं के निवेश में निर्देशित करवा सकते हैं।

इस अनुमान के मुताबिक़ 6.7 करोड़ अमेरिकियों के पास अपने जीवनसाथी या अभिभावक के नियोक्ता से लिया हुआ स्वास्थ्य बीमा है। इस तरह लगभग 5.2 करोड़ जीवनसाथी तथा आश्रित (इस 6.7 करोड़ के स्वस्थ 78 प्रतिशत) एच.डी.एच.पी. की ओर रुख़ कर अपना धन बचा सकते हैं और अपनी कुछ बचत का प्रयोग स्वास्थ्य उत्पादों और सेवाओं में कर सकते हैं। ऐसे मामलों में जहाँ रोटी कमाने वाला नियोक्ता से ख़ुद के लिए निःशुल्क समूह स्वास्थ्य बीमा प्राप्त करता है लेकिन उसे पारिवारिक बिज़नेस से भी अतिरिक्त आय है, तो वह यह अतिरिक्त आय अपने जीवनसाथी के नाम कर परिवार की नए स्व-रोज़गार स्वास्थ्य बीमा कर-छूट को अधिकतम कर सकता है और एम.एस.ए. खाता खोलने के लिए पूरी तरह योग्य बन सकता है।

क्यों बड़े नियोक्ता अंततः स्वास्थ्य बीमा प्रस्तावित करेंगे और स्वास्थ्य उद्यमियों के लिए इसके क्या मायने हैं

अंततः नियोक्ताओं को उनके स्वास्थ्य बीमा प्रस्तावों को पुनर्निर्मित करना होगा, ताकि कर्मचारी अपनी इच्छा से नियोक्ता के स्वास्थ्य बीमा

योगदान के ख़र्च करने के क्षेत्र का चयन कर सकें - और अधिकांश कर्मचारी अपने तथा आश्रितों के लिए स्वास्थ्य भत्तों के साथ एच.डी.एच.पी. का चयन करेंगे। इस पुनर्निर्माण की गति मुक़दमेबाज़ी से बढ़ेगी और उन 22 प्रतिशत कर्मचारियों के लिए इसके बहुत ख़तरनाक असर होंगे जो पूर्व मौजूद परिस्थितियों के कारण कहीं और स्वास्थ्य बीमा नहीं करवा सकते।

चिकित्सा की लागत और बीमारी बीमा प्रीमियम आसमान छूने लगी हैं। ये सिर्फ़ 2001 में ही 12 प्रतिशत तक बढ़ी हैं। इसके विपरीत नियोक्ताओं ने अपनी समूह बीमा पॉलिसियों में शामिल बहुत सी चिकित्सा सुविधाओं की कटौती करना शुरू कर दिया है, ऐसी सुविधाएँ जिनमें अधिक महँगी जाँचें और पूर्व-हस्तक्षेप उपचार शामिल थे। कर्मचारियों को ऐसी जाँचें और पूर्व-हस्तक्षेप उपचार न मिलने की वजह से होने वाले गंभीर नुक़सानों का ख़र्च उठाने के मामलों में नियोक्ताओं की ज़िम्मेदारी को क़ानूनी रूप से आवश्यक बनाने में याचिकाओं को सफलता हासिल हुई। विडंबना देखिए कभी अधिकांश बीमारी ख़र्चों का भुगतान कर परोपकार कर रहे नियोक्ता आज कुछ बीमारी ख़र्चों का वहन नहीं करके, करोड़ों डॉलर के मुक़दमे झेल रहे हैं।

इस क़ानून का परिणाम यह निकला कि अब नियोक्ता उन निर्णयों से पीछे हटने की माँग कर रहे हैं जिनके तहत उनके कॉर्पोरेट चिकित्सा बीमा में क्या शामिल हो और क्या नहीं यह तय किया जाता है। इस मुश्किल का एकमात्र हल है, जो कई नियोक्ता पहले ही खोज चुके हैं। वह है कैफ़ेटेरिया-क़िस्म की योजना, जिसमें नियोक्ता एक तयशुदा और समान राशि हर कर्मचारी के चिकित्सा बीमा के लिए देता है और कर्मचारी को एक सूची पकड़ा देता है कि इस राशि को कैसे ख़र्च करना है। आजकल ये नए कर्मचारी ख़र्च विकल्प कुछ सीमित हो गए हैं और उनमें से अधिकांश एक ही बीमा कंपनी से आ रहे हैं - क्योंकि बीमाकर्ता 22 प्रतिशत बदक़िस्मत लोगों का वहन सिर्फ़ तभी कर सकता है जब उसके पास 78 प्रतिशत स्वस्थ लोगों का बिना प्रयुक्त हुआ प्रीमियम हो। हालाँकि, स्वास्थ्य उत्पादों और सेवाओं की बढ़ती माँग के परिणामस्वरूप यह 78 प्रतिशत स्वस्थ लोगों के हक़ में तेज़ी से बदल रहा है।

नया व्यापार शुरू करने वाले उद्यमी पहले से स्वास्थ्य बीमा कैफ़ेटेरिया विकल्प इस्तेमाल में ला रहे हैं – यानी 2,000 डॉलर प्रति वर्ष के स्वास्थ्य ख़र्च भत्ते के साथ एच.डी.एच.पी.। जैसा कि पहले बताया जा चुका है विधिवत निर्माण के साथ यह कर-मुक्त स्वास्थ्य भत्ता फ़िटनेस क्लब सदस्यता, पौष्टिक पूरकों या स्वास्थ्य-विमर्श में ख़र्च किया जा सकता है। ऐसे स्वास्थ्य बीमा का प्रस्ताव करने वाले नियोक्ताओं के पास अक्सर तंदुरुस्त स्वास्थ्योन्मुखी लोगों के ही आवेदन आते हैं – क्योंकि नियुक्त होने वाले ये संभावित लोग 2,000 डॉलर के वार्षिक स्वास्थ्य लाभ को 4,000 डॉलर की क़ीमत के टैक्स पूर्व तनख़्वाह के रूप में देखते हैं। कम स्वस्थ लोग (या पूर्वमौजूद परिस्थितियों वाले आश्रितों वाले व्यक्ति) कंपनी के 2,500 डॉलर या ज़्यादा छूट वाले बीमारी ख़र्चों द्वारा विमुख कर दिए जाते हैं।

अंततः फ़ायदेमंद स्वास्थ्य उत्पादों और सेवाओं के लिए अधिकांश कर्मचारी 2,000 डॉलर का कर मुक्त वार्षिक स्वास्थ्य ख़र्च भत्ता पाने लगेंगे। आज के लगभग 200 अरब डॉलर के स्वास्थ्य उद्योग को सन् 2010 तक 10 खरब डॉलर या उससे भी ज़्यादा ऊँचाइयों तक पहुँचाने का यह अकेला इतना बड़ा आर्थिक कारण होगा।

अधिकांश बड़े कॉर्पोरेशनों द्वारा कैफ़ेटेरिया विकल्प योजना तेज़ी से अपनाई जा रही है। यह नियोक्ताओं के उस समूह स्वास्थ्य बीमा प्रणाली के टूटने की शुरुआत है जिसमें 78 प्रतिशत स्वस्थ कर्मचारी अस्वस्थ 22 प्रतिशत के लिए भुगतान करते हैं। कांग्रेस के पास जल्द ही स्वास्थ्य देखभाल सुधारों के कटु सत्य तथ्यों का सामना करने के अलावा कोई चारा नहीं होगा :

- स्वस्थ अमेरिकियों को कर-छूट आधार पर अधिक स्वास्थ्य विकल्प चाहिए, और आज स्वास्थ्य निर्णय लेने पर उन्हें अधिक आर्थिक सहयोग चाहिए, जो कल हर किसी का धन बचा सके।
- निजी नियोक्ताओं से उनके अल्पसंख्यक कर्मचारियों के असीमित ख़र्चों का भुगतान करते जाने (करते जाने और करते जाने) की

अपेक्षा नहीं की जा सकती – विशेषकर इसलिए कि यह सरकार की स्वास्थ्य के बनिस्बत बीमारियों को सब्सिडी देने की नीतियों का हिस्सा हो।

कांग्रेस पहले ही मेडिकल सेविंग्स अकाउंट (एम.एस.ए.) प्रयोग की स्थापना के समय इनमें से कुछ मुद्‌दों पर विचार कर चुकी है।

छोटे व्यापार (यानी आमतौर पर 50 कर्मचारियों या कई बार 200 कर्मचारियों तक) को अब कंपनी-प्रायोजित एम.एस.ए. खोलने की इजाज़त है, जहाँ नियोक्ता हर कर्मचारी के व्यक्तिगत एम.एस.ए. खाते में कर-छूट योगदान करता है। कर्मचारी रोज़गार से मुक्त होने की हालत में अपना एम.एस.ए. जारी रखने या किसी अन्य कंपनी में स्थानांतरित करने के लिए स्वतंत्र होगा।

यही वह सटीक योजना है जिसकी माँग यूनियनकर्मी और विशाल कंपनियों के कर्मचारी करेंगे – विशेष रूप से तब, जब उन्हें मालूम होगा कि छोटी कंपनियाँ अपने कर्मचारियों को नियोक्ता-प्रायोजित एम.एस.ए. के माध्यम से यह बचत विकल्प उपलब्ध करा रही हैं। जैसा पहले देखा जा चुका है, 31 दिसंबर 2003 से पहले एम.एस.ए. खाते खोलने वाले लोगों और कॉर्पोरेशनों को अपनी बाक़ी बची कामकाजी ज़िंदगी के लिए एम.एस.ए. योगदान जारी रखने की अनुमति है।

अध्याय-8

स्वास्थ्य वितरण में अपनी क़िस्मत बनाना

समूचे इतिहास में किसी ख़ास वायदा के निर्माण या नियंत्रण में तक़दीर बनी और बिगड़ी है। हालाँकि सतत सफलता नवीनतम तकनीक के विस्तार और वितरण से ही आई है।

आज के संदर्भ में यह ख़ासतौर पर सच है क्योंकि अधिकांश उत्पादों और सेवाओं की खुदरा क़ीमत का 70 प्रतिशत वितरण में जाता है। यही नहीं, स्वास्थ्य उत्पादों के लिए यह वितरण मूल्य खुदरा मूल्य का 80 प्रतिशत हो जाता है।

ख़ैर इससे पहले कि हम स्वास्थ्य वितरण में संभावनाओं की तरफ़ रुख़ करें, स्वास्थ्य उद्यमियों के लिए यह ज़रूरी है कि वे *असीमित संपदा* के जीव वैज्ञानिक विचार को समझ लें, जिसकी बदौलत ये अधिकांश संभावनाएँ पैदा हुईं।

असीम संपदा : आधुनिक अर्थशास्त्र के पीछे का जीववैज्ञानिक सिद्धांत

यहाँ एक अभ्यास दिया गया है, जो मैं अपने विद्यार्थियों को असीम संपदा की अवधारणा समझाने के लिए करवाता था। मैं छात्रों से कहता कि वे कल्पना करें कि वे एक रेगिस्तानी द्वीप पर बिना किसी संसाधन के फँस गए हैं। जीवित रहने के लिए उन्हें एक समाज गठित करना होगा और विशेषताओं के आधार पर अलग-अलग कार्य बाँटने होंगे - जैसे, भोजन इकट्ठा करना, रहने के लिए स्थान बनाना, लकड़ियाँ इकट्ठा करना आदि।

शुरुआत में इस समाज में सभी छात्र विभिन्न कार्यों को प्रजातांत्रिक तरीक़े से बारी-बारी करने का प्रयास करते हैं, लेकिन बड़ी जल्दी वे समझ जाते हैं कि हर एक को किसी एक काम में महारत हासिल करना अधिक बेहतर होगा।

जो लड़की सोमवार को सेब लेने जाती है, वह न सिर्फ़ सेब लेकर वापस आती है, बल्कि उसे मालूम होता है कि मंगलवार को सेब कहाँ से लाना हैं। बुधवार तक उसे न सिर्फ़ यह पता होता है कि सेब कहाँ ढूँढ़ना है, बल्कि वह उसके लिए ज़रूरी साज़ो-सामान जैसे, कोई थैला या हाथ गाड़ी आदि भी वह बना लेती है ताकि, सभी सेब एक साथ एक ही बार में ला सके। गुरुवार तक वह ऊँचाई तक पके सेब तोड़ने के लिए औज़ार बना लेती है। शुक्रवार तक वह यह सारा काम पिछले दिन के मुक़ाबले एक घंटे से भी कम समय में कर लेती है इसलिए बाक़ी समय में सेब का मुरब्बा बनाना और उसे संरक्षित करना सीख लेती है।

धीरे-धीरे, जीने के लिए आवश्यक सभी कार्य (भोजन ढूँढ़ना, घर, ईंधन आदि) बहुत कम समय और बहुत कम लोगों द्वारा पूरे कर लिए जाते हैं। इससे समाज के ख़ाली बैठे सदस्य नई खोज के लिए स्वतंत्र हो जाते हैं - जैसे नए औज़ार बनाना या मनोरंजन करना।

जैसे-जैसे समाज विकसित होता है, सामान की विविधता और तादाद बढ़ती जाती है जिससे एक नई ज़रूरत पैदा होती है - इन सब

सामान और सेवाओं का वितरण करना। जल्द ही कुछ लोग पुरज़ोर तरीक़े से वितरण में लग जाते हैं, जिनका मुख्य काम होता है सबको यह बताना कि दूसरे क्या कर रहे हैं और क्या उपलब्ध है। ये वितरक या व्यापारी इस द्वीप समाज के सबसे अधिक संपन्न व्यक्ति बन जाते हैं क्योंकि वे सबसे अधिक जीवनमूल्य जोड़ते हैं – ख़ासतौर पर तब, जब द्वीप समाज का सामना दूसरे द्वीप समाज से होता है और व्यापारी अधिक उत्पाद तथा औज़ारों का व्यापार शुरू कर देते हैं। इस पाठ से मेरे विद्यार्थी आधुनिक अर्थशास्त्र के असीम संपदा के दो प्रमुख सिद्धांत समझते हैं।

पहला : समय बीतने पर विशेषज्ञता से हासिल होने वाली आधुनिक तकनीक का इस्तेमाल कर असीमित व्यक्ति किसी एक माल या सेवा (जैसे कि *असीम संपदा*) को असीमित मात्रा में उत्पन्न कर सकता है।

दूसरा : किसी समाज की कुल संपदा वितरण द्वारा ही सीमित होती है : अर्थात् समाज के वे व्यक्ति जो अपने विशिष्ट उत्पाद और तकनीक इस्तेमाल कर सकें और उन्हें बेच सकें।[1]

अमेरिका की आर्थिक ताक़त कुछ हद तक उसके वितरण क़ानून पर आधारित है, जिसने शुरुआत में इसे दुनिया में उत्पाद और सेवा का सबसे बड़ा बाज़ार बनाया। अमेरिकी संविधान आमतौर पर हर राज्य को स्वशासन का अधिकार देता है, सिर्फ़ एक सशक्त विरोधाभास को छोड़कर : कोई भी राज्य ऐसा क़ानून या नियम नहीं बना सकता, जो उसके नागरिकों को दूसरे राज्य के साथ स्वतंत्र व्यापार न करने दे।

इसी प्रकार, विकसित देशों – पश्चिमी यूरोप, उत्तरी अमेरिका, जापान और दूसरे एशियाई शेर (ताईवान, दक्षिणी कोरिया, सिंगापुर आदि) की आर्थिक ताक़त 1 अरब या अधिक नागरिकों के बीच प्रभावी स्वतंत्र व्यापार पर ही आधारित है।

---

1 अरब नागरिकों का यह व्यापारिक समूह – पश्चिमी यूरोप,

उत्तरी अमेरिका, जापान और दूसरे एशियाई शेर – अंतर्राष्ट्रीय स्वास्थ्य बाज़ार का त्वरित भविष्य हैं।

राजनीतिक दृष्टि से, विकासशील देशों के सामने चुनौती यह है कि किस प्रकार वे अपने 5 अरब नागरिकों को इस स्वतंत्र व्यापार का हिस्सा बनने दें, जबकि घरेलू मोर्चे पर राजनीतिक अस्थिरता के कारण आर्थिक बदलाव बड़ी तेज़ी से होते हैं।

किस तरह वितरण अवसरों ने उत्पादन अवसरों को पछाड़ा

1967 की एक फ़िल्म द *ग्रेजुएट* में नायक डस्टिन हॉफ़मैन को आर्थिक सफलता के लिए आत्मविश्वासी एक शब्द का हल सुझाया जाता है : "प्लास्टिक।" इससे पहले कच्चे माल की अल्पावधि की कमी, जो 1970 में शीर्ष पर थी, के कारण कई लोगों ने चीज़ें बनाने के लिए सस्ते तरीक़े खोजे, जो उनकी आर्थिक सफलता का ज़रिया बने।

हालाँकि, आज के दौर में, प्लास्टिक और अन्य चीज़ें बनाने के दूसरे तरीक़ों का धन्यवाद, लेकिन आर्थिक सफलता इन चीज़ों को बनाने में नहीं रह गई है। आज के दौर के हमारी अर्थव्यवस्था के सबसे ज़्यादा अवसर वितरण क्षेत्र में उपलब्ध हैं।

1967 में, एक बना हुआ उत्पाद, जो 300 डॉलर में बिकता था, उदाहरण के लिए कैमरा या फ़ैशनेबल ड्रेस के निर्माण की लागत लगभग 150 डॉलर और वितरण लागत लगभग 150 डॉलर पड़ती थी। उत्पादन मूल्य कुल खुदरा मूल्य का 50 प्रतिशत होता था, इसलिए उत्पादन लागत कम करके मुनाफ़ा बढ़ाना आसान होता था। 1967 के दशक में उत्पादन लागत में 10 से 20 प्रतिशत कमी आने से खुदरा मूल्य 15 डॉलर से 30 डॉलर तक कम किया जा सकता था।

1960 के दशक में उद्यमी तक़दीर उन लोगों ने बनाई जिन्होंने उत्पादन लागत (उदाहरण के लिए 150 डॉलर से 30 डॉलर तक या कम) काफ़ी हद तक घटाने के तरीक़े खोज लिए।

इसके लिए उन्होंने प्लास्टिक का इस्तेमाल किया या फिर उत्पादन सुविधाओं को दूसरे देशों में स्थानांतरित किया।

आज, 35 साल बाद, उसी गुणवत्ता का वही उत्पाद 100 डॉलर में मिलने लगा है। (हालाँकि आमतौर पर लोगों को ऐसा नहीं लगता क्योंकि वे अब उच्च गुणवत्ता के उत्पाद ख़रीदने लगे हैं।) उसी गुणवत्ता की चीज़ के दामों में यह दो-तिहाई की कमी सिर्फ़ इसलिए है क्योंकि उन्नत उत्पादन तकनीक से उत्पादन मूल्य 150 डॉलर से 30 डॉलर तक या इससे भी कम तक पहुँच गया है।

उसी उत्पाद की वितरण लागत 150 डॉलर से लगभग 70 डॉलर तक कम हुई है, और 100 डॉलर खुदरा मूल्य वाले उत्पाद का वितरण मूल्य लगभग 70 प्रतिशत है।

उत्पाद के ख़ुदरा मूल्य में गिरावट	1967		2002	
उत्पादन लागत	**150 डॉलर**	**50%**	**30 डॉलर**	**30%**
वितरण लागत	**150 डॉलर**	**50%**	**70 डॉलर**	**70%**
कुल खुदरा मूल्य	**150 डॉलर**	**50%**	**70 डॉलर**	**100%**

संबंधित वितरण मूल्य में उत्पादन मूल्य के मुक़ाबले ज़्यादा कमी नहीं आई। यह इसलिए हुआ क्योंकि उत्पादन तकनीक के मुक़ाबले वितरण के क्षेत्र में नवाचार बहुत कम हुआ है।[2]

आज, एक 100 डॉलर खुदरा मूल्य के उत्पाद के लिए उत्पादन लागत सिर्फ़ क़रीब 30 डॉलर है, इसलिए उत्पादन लागत 10 से 20 प्रतिशत कम करने पर भी खुदरा मूल्य सिर्फ़ 3 डॉलर से 6 डॉलर तक ही कम हो पाता है।

लेकिन आज, एक 100 डॉलर खुदरा मूल्य के उत्पाद में 70 डॉलर वितरण लागत होती है। इसलिए वितरण मूल्य में 10 से 20 प्रतिशत कमी लाने से 100 डॉलर खुदरा मूल्य के उत्पाद में 7 डॉलर

से 14 डॉलर की कमी आ सकती है। वितरण लागत में 50 प्रतिशत या इससे अधिक की कमी से 100 डॉलर खुदरा मूल्य में 35 डॉलर या इससे अधिक तक की कमी आ सकती है। कभी-कभी यह वितरण शृँखला की एक कड़ी हटाने से भी हो सकता है।

खुदरा मूल्य में वितरण के इस बढ़ते लागत प्रतिशत के कारण जो उत्पादन सुविधाएँ दूसरे देशों में स्थानांतरित की गई थीं, वापस अमेरिका आने लगी हैं। अमेरिका में बिकने वाली ज़्यादातर विदेशी कारें अब अमेरिका में ही बनती हैं। विश्व का सबसे बड़ा ऑटो होंडा एकॉर्ड प्लांट मैरिसविले, ओहियो में है जो अपने ज़्यादातर उत्पाद जापान को निर्यात करता है और मर्सीडिज़ एस.यू.वी. के सबसे नए मॉडल, अलबामा में बनाए जाते हैं।

वितरण लागत के बढ़ते प्रतिशत के कारण पिछले तीस दशकों में ज़्यादातर वे ही लोग ख़ूब अमीर हुए, जिन्होंने उत्पादन के बेहतर तरीक़े की बजाय वितरण के बेहतर तरीक़ों पर ध्यान दिया।

1992 में वॉल-मार्ट के सैम वॉल्टन, जो 44 वर्ष की आयु में बिज़नेसमैन बने, विश्व के सबसे अमीर व्यक्ति बन गए। सैम ने अपनी ज़िंदगी में कभी किसी चीज़ का उत्पादन नहीं किया, और अपने नियमों के तहत वॉल-मार्ट ने सिर्फ़ ब्राण्डेड नाम वाली दूसरी कंपनियों की बनाई वस्तुओं को वितरित किया। 1980 में ई.डी.एस. के रॉस पेराट, सिर्फ़ दूसरी कंपनियों के हार्डवेअर और सॉफ़्टवेअर वितरण का नया तरीक़ा खोजकर अरबपति बन गए। 1970 के दशक में फ़ेडरल एक्सप्रेस के फ्रेड स्मिथ एक ऐसी एयरलाइन बनाकर अरबपति बन गए, जो सिर्फ़ माल वितरण करती थी। यह सूची अंतहीन है।

और ताज़ा मिसालें भी खोजी जा सकती हैं, जिनमें Amazon.com के इंटरनेट बिलियनेअर जेफ़ बेज़ोस हैं, जिन्होंने बेतहाशा दौलत कमाई। उन्हें टाइम मैग्ज़ीन ने 1999 में मैन ऑफ़ द ईयर चुना। इन साइबर कारोबारियों ने चीज़ों के प्रभावी वितरण के लिए नए औज़ार (इंटरनेट) का इस्तेमाल किया।

इक्कीसवीं शताब्दी में वितरण किस तरह बदल गया

अगर हम हाल ही में अमीर हुए लोगों पर क़रीब से नज़र डालें, तो देखेंगे कि वितरण अवसरों के स्वभाव में बदलाव आया है।

वितरण वास्तव में दोहरी प्रक्रिया है :

1. **ग्राहक को उत्पाद और सेवा के बारे में शिक्षित करना, जो उनकी ज़िंदगी को सुधारेगा।**
2. **ग्राहक तक उत्पाद या सेवा का भौतिक स्वरूप पहुँचाना।**

सैम वॉल्टन, फ्रेड स्मिथ और बीसवीं शताब्दी के अन्य वितरण अरबपतियों ने अपनी संपत्ति ग्राहक तक उत्पाद पहुँचाने का बेहतर और सस्ता तरीक़ा ढूँढ़कर बनाई। अरबपति पहले से जानते थे *कि ग्राहक क्या चाहता है।*

दूसरी ओर, जेफ़ बेज़ोस और इक्कीसवीं शताब्दी के वितरण अरबपति उपभोक्ता को नए उत्पाद और सेवाओं की जानकारी देकर अमीर बन रहे थे – ख़ासतौर पर वे उत्पाद और सेवाएँ, जिनके बारे में *उपभोक्ता जानता ही नहीं था।*

स्वास्थ्य उद्योगपतियों और निवेशकों के लिए यह समझना ज़रूरी है कि वितरण की प्रकृति में इस प्रकार का फेरबदल पहले भी एक बार देखा जा चुका है।

उन्नीसवीं शताब्दी के पहले वितरण का काम (तैयार उत्पाद का) मुख्य तौर पर उपभोक्ता को उस उत्पाद या सेवा की उपयोगिता और गुण समझाने का होता था। बड़े दुकानदार और फेरी वाले दोनों ही इसमें माहिर होते थे और उनका काफ़ी समय उपभोक्ता को जानकारी देने में जाता था।

उन्नीसवीं शताब्दी में ये फेरीवाले और दुकानदार डिपार्टमेंट स्टोर चलाने लगे, जो बीसवीं शताब्दी में वितरण का विशेष गुण बनकर उभरा। जैसे 1865 में शिकागो के मार्शल फ़ील्ड से 1881 में बोस्टन के

फ़ीलेन तक सब तकनीक प्रगति (क्रेडिट का केंद्रीयकरण, रियल एस्टेट और ख़रीदी आदि) के कारण हुआ। छोटी दुकानों और फेरीवालों की जगह डिपार्टमेंटल स्टोर ने ले ली।

इन डिपार्टमेंट स्टोर ने बेचे जाने वाले सामान की लागत कम करने में तकनीक की मदद लेने से बढ़कर बहुत कुछ किया। ये छोटे रिटेलर के लिए भी उपभोक्ता सेवा देने लगे। इसने कभी न ख़त्म होने वाली उपभोक्ता माँग को जन्म दिया, जिसने सालों से स्थापित आर्थिक तंत्र को हरा दिया। ऐसे में उपभोक्ता डिपार्टमेंटल स्टोर सिर्फ़ अपनी ज़रूरत का सामान लेने के बजाय यह भी देखने जाने लगे कि ऐसी कौन सी चीज़ है जिसके बारे में उन्हें पता नहीं, लेकिन एक बार इस्तेमाल करने के बाद वे उसके बग़ैर जी नहीं सकेंगे (जैसे- बिजली के लैंप, डिशवॉशर, आइसमेकर आदि)।

जब टेलीविज़न और मास मीडिया का आविष्कार नहीं हुआ था, उन दिनों डिपार्टमेंट स्टोर आज के वितरण के हिसाब से दो महत्वपूर्ण काम करते थे। वे पहले उपभोक्ता को उनके जीवन में बेहतरी लाने वाले उत्पाद की *शिक्षा* देते थे फिर उन्हें ज़रूरत के अनुसार उत्पाद खोजने और ख़रीदने में सहायता करते थे। वे उत्पाद को भौतिक रूप से फ़ैक्ट्री से सीधे उपभोक्ता तक *वितरित* करते थे।

यहाँ से हम दो विशेष शब्दों का इस्तेमाल करेंगे, ये हैं *बौद्धिक वितरण* और *भौतिक वितरण*।

बौद्धिक वितरण बनाम भौतिक वितरण

बौद्धिक वितरण वह प्रक्रिया है जिससे उपभोक्ता को उत्पाद और सेवाओं के बारे में जानकारी दी जाती है। ख़ासतौर पर ऐसे उत्पाद जिनके बारे में या तो वे जानते नहीं या उन्हें यह नहीं पता कि वे अब उनकी पहुँच में हैं।

भौतिक वितरण उपभोक्ता की भौतिक रूप से उत्पाद और सेवा प्राप्त करने की वह प्रक्रिया है, जिसके बारे में वे पहले से जानते हैं और उसकी चाहत रखते हैं।

स्वास्थ्य उद्यमी को भी आज के दूसरे बिज़नेस की तरह अपने

उपभोक्ता के लिए वितरण के ये दोनों कार्य करना ही होंगे।

सन् 1950 से 2000 के बीच पारंपरिक डिपार्टमेंट स्टोर में गिरावट आ गई, क्योंकि नए शॉपिंग मॉल और क्रेडिट कार्ड सुविधाओं के कारण उनकी पुरानी सुविधाएँ पीछे रह गईं।

लेकिन डिपार्टमेंटल स्टोर ज़्यादातर इसलिए पिछड़े क्योंकि वे अपनी भौतिक वितरण व्यवस्था को बौद्धिक वितरण व्यवस्था के समकक्ष नहीं रख पाए।

जैसे ही उपभोक्ता की खुदरा मुद्रा पारंपरिक स्थायी उत्पादों (बड़े फ़र्नीचर, एप्लाएंस) से हटकर अधिक खपत वाले उत्पाद (जैसे, पेपर टॉवेल, बैटरी, क्लीनर) पर गई, उसे इन उत्पादों की आवश्यकता नियमित रूप से होने लगी और समय से उनकी आपूर्ति की आवश्यकता बढ़ी। पारंपरिक डिपार्टमेंट स्टोर का भौतिक स्वरूप इसमें आड़े आया और स्टोर्स ने इसमें बदलाव लाने में काफ़ी समय लगाया। हममें से कई याद कर सकते हैं कि पुराने स्टोर में फ़िल्म का एक रोल ख़रीदने गए ग्राहक को सिर्फ़ इसलिए बीस मिनट खड़े रहना पड़ता था कि रोल देने वाला व्यक्ति किसी और को नए कैमरे की ख़ूबियाँ बताने में लगा था।

इस कमी ने सैम वॉल्टन जैसे उद्योगपतियों को "मास मर्केंडाइज़ स्टोर" खोलने पर मजबूर किया, जो भौतिक बनाम बौद्धिक वितरण को समर्पित थे। ये स्टोर ग्राहक को ठीक वही और सटीक सामान बेचते, जो वह स्टोर में प्रवेश से पहले सोचता था। इन स्टोर्स में कम समय और कम क़ीमत पर उत्पाद मिलने से नए स्टोर्स ने पारंपरिक स्टोर को पछाड़ दिया।

रेडियो और टेलीविज़न के विकास से भी बहुत फ़ायदा पहुँचा। मास मीडिया ने विस्तारित अपील वाले उत्पादों के निर्माताओं को पारंपरिक डिपार्टमेंट स्टोर से आगे निकलने का मौक़ा दिया और वे इन माध्यमों से ग्राहकों से सीधे बात करने लगे। आज बहुत से उद्योग प्रसार माध्यमों के ज़रिए उपभोक्ता से सीधे "हाथ" मिलाते हैं और बचे हुए अधिकांश उत्पादों के रिटेलर कम क़ीमत पर सही तरीक़े से उत्पादों का भौतिक वितरण कर रहे हैं जैसे वॉल-मार्ट, कमार्ट और टार्गेट स्टोर।

उपभोक्ता की वफ़ादारी रिटेलर (सीअर्स, मेसी आदि) से हटकर व्यक्तिगत निर्माता (सोनी, लेविस, प्रॉक्टर एंड गैम्बल आदि) पर आ गई है।

30 साल पहले जब यह चलन शुरू हुआ तो एक शिकायत यह थी कि उपभोक्ता को उत्पाद के बारे में बेचने वाले से अधिक जानकारी होती थी। आज अधिकतर रिटेल उपभोक्ता यह मानकर चलता है कि *उसे* उत्पादों के बारे में सेल्स क्लर्क से अधिक जानकारी है।

यह बड़े स्टोर्स के धराशायी होने की इस कहानी में स्वास्थ्य उद्यमियों के लिए महत्वपूर्ण सबक़ है।

आपको अपनी भौतिक वितरण सेवा अपनी बौद्धिक वितरण सेवा के समकक्ष रखनी होगी। और इसका विपरीत भी सच है। इसके साथ ही और वितरण अवसरों में आने वाले फेरबदल पर लगातार नज़र रखना होगी।

व्यापारिक इतिहास के सबक़ लागू करना

व्यापारिक इतिहास जैसे डिपार्टमेंट स्टोर और मास मर्केंडाइज़ की इस कहानी से स्वास्थ्य उद्यमी बहुत कुछ सीख सकते हैं। हालाँकि, जब आप इन कहानियों का अध्ययन करेंगे और स्वास्थ्य उत्पाद तथा सेवाओं के वितरण पर लागू करना चाहेंगे, तो आपको ऐसा एक बहुत महत्वपूर्ण नियम के साथ करना होगा :

पहले जो बदलाव 50 से 100 या अधिक साल में होते थे, वे ही अब 5 से 10 या कम साल में होने लगे हैं।

सन् 1981 में शुरू इलेक्ट्रॉनिक फ़्यूल इंजेक्शन को 70 साल पुराने कार्बुरेटर उद्योग का स्थान लेने में सिर्फ़ सात साल लगे। इसी तरह 1985 में शुरू हुई कॉम्पेक्ट डिस्क को 50 साल पुराने फ़ोनोग्राफ़ रिकॉर्ड का स्थान लेने में पाँच साल लगे। 1995 में शुरू ई-मेल ने सिर्फ़ तीन साल में 30 साल पुरानी फ़ैक्स मशीन की जगह ले ली।

पुराने समय की जानकारी लेते समय, आपको भविष्य के स्वास्थ्य व्यापार पर हल लागू करते हुए वक़्त को थोड़ा कम कर लेना चाहिए - क्योंकि जो बदलाव अभी 5 साल में होते हैं, वे जल्द ही पाँच माह या इससे भी कम समय में होने लगेंगे।

कैटेगरी बस्टर : एक विशाल स्वास्थ्य अवसर

हाल ही में एक नया चलन उभरा है – "*कैटेगरी बस्टिंग*", जिसने मास मर्केंडाइज़र के भौतिक वितरण के फ़ायदों की सुरक्षा की है और पारंपरिक डिपार्टमेंट स्टोर के बौद्धिक वितरण के फ़ायदे भी सुरक्षित किए हैं।

ये कैटेगरी बस्टर जिनमें होम डिपो, पेट्स मार्ट, कोम्प यू.एस.ए., टॉइज़. "आर." अस, और बेबीज़ "आर." अस जैसे स्टोर शामिल हैं, प्रभावी रूप से एक ही कैटेगरी में मास मर्केंडाइज़र हैं। ये अपनी कैटेगरी के सबसे ज़्यादा उत्पाद कम क़ीमत पर एक जगह रखते हैं। इसी वजह से उपभोक्ता बड़ी दूरी से भी उनके स्टोर तक पहुँचता है और इसकी बदौलत कैटेगरी बस्टर अपना स्टोर तथा बड़ा, सस्ता तथा सुविधाजनक बनाते जाते हैं।

चूँकि वे अपना ध्यान एक ही तरह के उत्पाद पर केंद्रित करते हैं, इसलिए वे उन्हीं कामगारों को आकर्षित करते हैं जिन्हें उस उत्पाद में रुचि होती है। साथ ही ज़्यादातर "कैटेगरी बस्टर" अपने कर्मचारियों के लिए विशेष "ऑन-साइट" कक्षाएँ चलाते हैं और इच्छुक उपभोक्ताओं को उनके उत्पाद के बारे में ज़्यादा बताने के लिए शामिल करते हैं। "कैटेगरी बस्टर्स" अपने उत्पाद और उपभोक्ता की ज़रूरत के बारे में निर्माता से भी ज़्यादा जानते हैं।

"कैटेगरी बस्टर" का यह ज्ञान और उनकी ख़रीदने-बेचने की शक्ति ने रीटेलिंग में एक नया तथ्य उजागर किया है। ब्राण्डेड उत्पाद अपने औसत उत्पादन मूल्य से भी कम रीटेल क़ीमत पर बिक रहे हैं। ऐसे रीटेल उत्पाद हैं जो थोक मूल्य से भी कम पर बिक रहे हैं।

यहाँ एक उदाहरण दिया गया है कि यह व्यवस्था कैसे काम करती है।

सन् 1992 में किसी कंपनी ने एक एयर कम्प्रेशर 300 डॉलर थोक क़ीमत में बेचा (2,00,000 यूनिट/वर्ष), जो 600 डॉलर की खुदरा क़ीमत पर हार्डवेअर व औज़ार दुकानों में बिका। कंपनी इस उत्पाद को 200 डॉलर/यूनिट बनाती थी जिसमें 50 डॉलर लेबर व सामान की लागत और 150 डॉलर डिज़ाइन, औज़ार, डाई मूल्य आदि के थे। 5 साल तक 10 लाख यूनिट के उत्पादन के लिए कंपनी को 150 मिलियन डॉलर प्लांट, रिसर्च, टूल डाई, इंजीनियरिंग डिज़ाइन आदि पर (150 डॉलर/यूनिट) ख़र्च करना पड़ा।

सन् 1993 में होम डिपो ने अनुमान लगाया कि वह 600 डॉलर से बहुत कम क़ीमत 200 डॉलर के खुदरा मूल्य पर 5,00,000 यूनिट बेच सकती है। उसने 100 डॉलर की क़ीमत पर 5,00,000 यूनिट कंपनी से ख़रीदने की पेशकश की। पहले तो कंपनी ने यह कहकर इंकार कर दिया कि उन्हें उत्पादन में ही दोगुनी लागत लगती है, पर बाद में कंपनी को समझ आया कि प्रस्ताव से तकनीकी रूप से उन्हें कुछ मुनाफ़ा तो होगा ही, और अगर वे प्रस्ताव स्वीकार नहीं करेंगे तो होम डिपो प्रतियोगी के पास पहुँच जाएगा जो उच्च क्षमता वाला प्लांट लगाकर उन्हें व्यापार से बाहर कर देगा। कंपनी ने प्रस्ताव स्वीकार किया और 'होम डिपो' ने 8,00,000 यूनिट बेचे। इसी के साथ-साथ निर्माता ने उत्पादन तकनीक में सुधार कर लागत को 50 डॉलर प्रति यूनिट तक कम कर लिया।

इस पूरी कहानी में उपभोक्ता सबसे फ़ायदे में रहा, जिसे 600 डॉलर वाला उत्पाद 200 डॉलर में मिल रहा था – वास्तविक थोक मूल्य 300 डॉलर से 50 प्रतिशत कम मूल्य पर।

इसी तरह के नवाचारों से (जैसे मंदी के समय या निर्माता के बुरे समय में ख़रीदी आदि) "कैटेगरी बस्टर्स" और "मास मर्केंडाइज़र" उत्पादों को लगातार कम क़ीमत पर बेचने में सफल हो रहे हैं।

कासको जैसे कुछ स्टोर किसी एक आइटम को लगातार नहीं बेचते। कासको ऐसे ब्राण्ड्स को 'खुला प्रस्ताव' देते हैं जिनके पास तैयार उत्पाद रखा होता है और काम मंदा होता है चूँकि निर्माता को तैयार उत्पाद को रखने में वैसे भी लेबर और दूसरे ख़र्च उठाने पड़ते हैं इसलिए वे आम थोक मूल्य से कम क़ीमत के इस प्रस्ताव को मान लेते हैं। कासको सप्लायर को कम समयसीमा में नहीं बिके सामान को निर्माता को वापस कर देते हैं, इसलिए कासको इस बात के लिए निश्चिंत रहते हैं कि उनके पास फ़ैशनेबल और ऊँची गुणवत्ता वाला उत्पाद ही रहता है।

'कैटेगरी बस्टर' खुदरा बाज़ार की दुनिया का बेहतरीन उदाहरण है। यहाँ भौतिक वितरण और उपभोक्ता जागरूकता या बौद्धिक वितरण का सही ताल-मेल है जिससे उत्पादों को थोक मूल्य से भी कम में बेचा जा सकता है। लेकिन अब तक स्वास्थ्य उद्योग में कोई 'कैटेगरी बस्टर' अवतरित नहीं हुआ है।

यह स्वास्थ्य के एक महान अवसरों में से एक है : एक बड़ा अवसर है। बहुत से स्वास्थ्य उत्पाद और सेवाओं के लिए एक ऐसी विशाल दुकान या फिर एक मॉल खोलना, जहाँ बेहतरीन बौद्धिक और भौतिक वितरण सेवाएँ हों।

यही नहीं, जैसा हम अब परीक्षण करेंगे, स्वास्थ्य उद्योग के लिए 'कैटेगरी बस्टर' का अवसर बहुत आकर्षक इसलिए हो सकता है, क्योंकि कई स्वास्थ्य उत्पाद अपने आप में विशेष हैं।

ज़ीरो मारजिनल उत्पाद मूल्य का नया युग

आर्थिक परिदृश्य के महाबदलाव की बदौलत ही 'कैटेगरी बस्टर्स' श्रेष्ठ गुणवत्ता के उत्पाद थोक मूल्य से कम मुनाफ़े पर भी बेच लेते हैं।

हम प्रभावी *ज़ीरो* मारजिनल उत्पादन और भौतिक वितरण लागत के युग में प्रवेश कर रहे हैं।

यह कथन हर उद्योग के आपूर्तिकर्ता और खुदरा विक्रेता के लिए अत्यंत प्रभावी है, लेकिन ख़ासतौर से (स्वास्थ्य) उद्योग के लिए, क्योंकि अधिकांश स्वास्थ्य उत्पाद और सेवाएँ ज़ीरो मारजिनल लागत के होते हैं (जैसे - विटामिन, पूरक पोषक तत्व और फ़िटनेस क्लब सदस्यता आदि)।

हर यूनिट पर लगने वाले कच्चे माल और मेहनताने का मूल्य इतना गिर गया है कि प्रति उत्पाद उसके शोध और विकास (आर. एंड डी.) लागत तथा प्रति उत्पाद मार्केटिंग लागत ही कई उत्पादों के लिए मायने रखती है।

कच्चा माल चार स्तरों से गुज़रकर तैयार होता है :

1. रिसर्च एंड डेवलपमेंट (आर. एंड डी.)
2. भौतिक निर्माण उत्पादन
3. बौद्धिक वितरण
4. भौतिक वितरण

पारंपरिक तौर पर, उत्पादन और सेवाओं में सबसे अधिक लागत प्रति-यूनिट भौतिक निर्माण लागत (स्तर-2) और भौतिक वितरण लागत (स्तर-4) में लगती थी। महँगा कच्चा माल और हस्त-चलित लेबर पर ख़र्च हर यूनिट (या 1000 यूनिट) पर घटता-बढ़ता रहता था। इसी तरह भंडारण और स्थानांतरण का ख़र्च भी घटता-बढ़ता रहता था।

लेकिन आज मार्केटिंग प्रोडक्ट और सेवाओं में अधिकतम ख़र्च शोध और विकास (आर. एंड डी.) लागत स्तर-1 पर किया जाता है और बौद्धिक वितरण लागत (स्तर-3) पर किया जाता है। यही बात नए उत्पादों और सेवाओं जैसे सॉफ़्टवेअर, मनोरंजन, संचार और ख़ासतौर से स्वास्थ्य-उत्पाद पर 100 प्रतिशत लागू होती है, क्योंकि यहाँ पर उत्पाद का मूल्य पूरी तरह से शोध व विकास और मार्केटिंग ख़र्च पर निर्भर करता है। यह कुछ हद तक पारंपरिक उत्पादों जैसे कैमरा, कपड़े और दूसरी उपभोक्ता वस्तुओं पर भी लागू होता है।

इस प्रकार उत्पादन और वितरण के क्षेत्र में अवसर की प्रकृति बदल रही है - ख़ासतौर पर उन उत्पादों के लिए जिनकी उत्पादन और

भौतिक वितरण लागत बेहद कम है जैसे स्वास्थ्य उत्पाद और सेवाएँ।

उत्पादन क्षेत्र में अवसर अब उत्पाद के आविष्कार और डिज़ाइन में है न कि प्रति यूनिट भौतिक उत्पादन की क़ीमत कम करने में। और वितरण के अवसर अब बौद्धिक वितरण बनाम भौतिक वितरण हो गए हैं।

मास मर्चेंट्स पहले रिटेलर थे, जिन्होंने सबसे पहले बदलाव महसूस किया। करोड़ों उपभोक्ता आज यह खोज रहे हैं कि घर का सामान ऑनलाइन ख़रीदना ज़्यादा प्रभावी है या किसी अन्य ऑटोमैटिक, सीधे या फ़ैक्ट्री से घर पहुँच तंत्र के ज़रिए। थोक ख़रीदी और जहाज़ के ज़रिए सीधे निर्माता से माल ख़रीदने में मूल्य कम हो जाता है, साथ ही इस सीधी डिलीवरी की क़ीमत, रीटेल स्टोर तक जाने के समय और पैसे से कम पड़ती है।

और यह शुरुआती बचत तो बस शुरुआत है। जैसे-जैसे उपभोक्ता में घर पहुँच सेवा की चाहत बढ़ेगी, निर्माता अपना अधिकतर माल सीधे उपभोक्ता तक पहुँचाने का प्रयास करेंगे और बीच की कड़ियों जैसे थोक व्यापारी आदि से बचेंगे। इससे क़ीमतें और कम हो जाएँगी।

इस नए चलन के चलते हम अपने घरों में काँच के दरवाज़े वाला सामने का एक पोर्च बनाएँ, जिसमें डिलेवरी देने वाला व्यक्ति उत्पाद उस समय भी रख सके जब घर पर कोई नहीं हो। इन कमरों में फ़्रिज, हीटर, ड्राईक्लीन के लिए हैंगिंग रॉड और इलेक्ट्रॉनिक कैमरा हो जो किसी के मौजूद होने पर तस्वीरें खींच ले। इस तरह के इलेक्ट्रॉनिक बरामदों, जिसमें मैगनेटिक कार्ड एंट्री हो शायद भविष्य के घरों का ज़रूरी हिस्सा बन जाएँ।

बीसवीं शताब्दी की शुरुआत में तैयार उत्पाद और कच्चे माल के वितरण का प्रमुख ज़रिया रेल लाइन थी। फिर ट्रांसपोर्ट उद्योग के कारण यह महत्व कम हो गया। वे उपभोक्ता से सीधे संबंध बनाने में पिछड़ गए और बहुत से थोक व्यापारी यह ग़लती दोहराना नहीं चाहते।

वॉल-मार्ट, कासको और अन्य व्यापारी जो भौतिक वितरण में माहिर हैं, तेज़ी से साइबर स्टोर बना रहे हैं, जैसे Wal-mart.com और

Costco.com. वे इसके ज़रिए उस तकनीक समयचक्र को हराने का प्रयास कर रहे हैं जो उन्हें भविष्य में बाज़ार से बाहर करने का भय दिखा रही हैं। लेकिन वे ऊपरी चोटी की लड़ाई लड़ रहे हैं, क्योंकि वे अब भी भौतिक वितरण के सिकुड़ते अवयव पर ही ध्यान दे रहे हैं। आज और निकट भविष्य में खुदरा अवसर बौद्धिक वितरण में हैं।

बौद्धिक वितरण में सबसे अधिक उद्यम अवसर स्वास्थ्य उत्पाद और सेवाओं में ही हैं- क्योंकि उपभोक्ता को यह पता भी नहीं है कि ये उत्पाद मौजूद भी हैं और कई स्वास्थ्य उत्पादों तथा सेवाओं की उत्पादन लागत कम या प्रभावी ज़ीरो मारजिनल यूनिट है।

हाई टच और हाई टेक को एक करने का महत्व

नए उत्पादों और सेवाओं के लिए हमेशा रूबरू होकर ग्राहक को शिक्षा देने की ज़रूरत पड़ती है जिसे सिर्फ़ उस उत्पाद का प्रशिक्षित उपयोगकर्ता ही दे सकता है। "हाई टच" शब्द "हाई टेक" के साथ जुड़ा है। इनमें से कुछ चीज़ें हैं 1970 में वी.सी.आर., 1980 में टेलीफ़ोन आन्सरिंग मशीन और 1990 में बेहतर विटामिन तथा पोषक भोजन।

पिछले दशकों में हर साल ऐसे ही नए उत्पादों और सेवाओं पर उपभोक्ता व्यय बढ़ता रहा है। फिर भी, 'कैटेगरी बस्टर्स' के बढ़ते प्रभाव के बाद ऐसी बहुत कम जगह है जहाँ उपभोक्ता यह सीख सके कि नए उत्पाद उपलब्ध हैं, उनका उपयोग तो दूर की बात है।

हाई टच और हाई टेक का ज़रूरी सफल जोड़ नए उत्पादों ख़ासतौर पर नई तकनीक और स्वास्थ्य के क्षेत्र में, सीधे व्यक्ति से व्यक्ति को बेचने वाली कंपनियों के विकसित होने का कारण है।

1980 के दशक में एमवे वितरकों ने एम.सी.आई. के साथ

अनुबंध कर लंबी दूरी की उपभोक्ता डिस्काउंट टेलीफ़ोन सेवा और एमवे प्रोप्रिएटरी 'एमवोक्स सर्विस' के माध्यम से घर पर, 'वॉइस मैसेजिंग' सेवाएँ शुरू कीं।

1990 के दशक के सबसे सफल विटामिन और पोषक पूरक पदार्थ सीधे मार्केटिंग कंपनियों के ज़रिए बाज़ार में उतारे गए। प्रसिद्ध पूरक उत्पादों की कई दवा श्रेणियाँ जैसे इफेड्रा (वज़न कम करने के लिए), पाइक्नोजेनोल (एंटीऑक्सिडेंट) और इकोनेशिया (सर्दी और फ़्लू) स्टोर्स में आने से पहले केवल सीधे मार्केटिंग कंपनी से उपलब्ध होती थीं।

स्वास्थ्य उत्पाद और नई तकनीक के चलते डायरेक्ट सेलिंग कंपनियों की बिक्री हाल ही में 50 फ़ीसदी बढ़ी है। यह 1995 के 17 अरब डॉलर से 2000 में 26 अरब डॉलर हो गई। यह पारंपरिक रिटेल की प्रगति से लगभग दोगुना था।

इस 50 प्रतिशत वृद्धि के बावजूद, डायरेक्ट सेलिंग कंपनियों को अभी संतुष्टि की स्थिति में पहुँचने से पहले उन्हें बहुत तरक़्क़ी करना है। जैसा कि दूसरी कंपनियाँ महसूस कर रही हैं।

अमेरिका में डायरेक्ट सेलिंग का बाज़ार आज 30 अरब डॉलर वार्षिक का है, जो अमेरिकी रिटेल स्टोर की बिक्री 30 खरब डॉलर (3000 अरब डॉलर) के एक प्रतिशत से भी कम है। एक ही मास मर्चेंट वॉल-मार्ट की सन् 2000 में आय 165 अरब डॉलर से अधिक थी।

डायरेक्ट सेलिंग और 'कैटेगरी बस्टर्स' दोनों की वृद्धि के बावजूद, हर साल, बचे हुए लेकिन उपयोगी माल का "बैकलॉग" बढ़ता जा रहा है। हर घर, जो बेहतर उपभोक्ता उत्पाद जैसे नवीनतम डिजिटल कैमरे से शिक्षण सॉफ़्टवेअर और पोषण पूरक व स्वास्थ्यवर्धक भोजन तक इस्तेमाल करता है, उसके बावजूद ऐसे बहुत से उत्पाद और सेवाएँ हैं जिनके बारे में उपभोक्ता को अब तक पता नहीं है।

इसलिए, अभी और निकट भविष्य में उपभोक्ता को उत्पादों और सेवाओं के बारे में जानकारी देना सर्वाधिक फ़ायदेमंद

उद्यमशीलता है।

कुछ सीधे विपणन करने वाली कंपनियाँ अपने काम को ही पूरी तरह नहीं समझतीं। वे अभी भी जिसे उत्पाद बेचती हैं यानी उत्पाद के अंतिम उपयोगकर्ता को *कस्टमर* और उन उत्पाद को उन्हें शिक्षित करने वाले को *क्लाइंट* कहती हैं।

डायरेक्ट सेलिंग के वितरकों को बेचने और जानकारी देने तथा भौतिक और बौद्धिक वितरण के बीच अंतर करना सीखना होगा, जिससे वे पारंपरिक रिटेलर्स पर 'हाई टच' फ़ायदे का सही इस्तेमाल कर सकें।

इंटरनेट और डॉट कॉम कंपनियों का असर

आज के हर बिज़नेसमैन को इंटरनेट के प्रभाव का लोहा मानना ही होगा। उन्हें यह मानना ही होगा कि किस प्रकार उनके व्यापार में इंटरनेट का उपयोग हो सकता है और कैसे वह इंटरनेट व्यापार में प्रतियोगी बन सकता है।

स्वास्थ्य उद्यमियों को ख़ासतौर पर इंटरनेट के इतिहास और वितरण में इसकी कार्यप्रणाली को समझना होगा, जिससे वे उसका उपयोग अपनी व्यापार कार्ययोजना में कर सकें और अपने निवेशकों तथा व्यापार सहयोगियों को उनके सवालों के जवाब दे सकें।

आज के इंटरनेट को पेंटागन के हथियार शोधकर्ताओं ने 1960 में एक ऐसी संचार प्रणाली के रूप में विकसित किया था, जो नाभिकीय हमले की स्थिति में भी काम कर सके। इसी प्रणाली को बिना किसी केंद्रीय स्थान के, अलग-अलग स्थानों को आपस में जोड़ने के लिए विकसित किया गया था। इस तरह हमले के वक़्त सुरक्षित रहने वाला यह सिस्टम लगातार काम कर सके, भले ही आप नष्ट हो जाएँ।[6]

हर 'सेंडर' और 'रिसीवर' को एक अनूठे क्लाइंट/सर्वर या मेनफ्रेम की तरह महत्व देने के गुण के कारण ही इंटरनेट का विकास आज के प्रजातांत्रिक माध्यम के रूप में उभरा - और इसी की बदौलत दुनिया और आर्थिक शक्ति का ध्यान संस्थानों से हटकर व्यक्ति पर आ गया।

सन् 1969 में कैलिफ़ोर्निया यूनिवर्सिटी, लॉस एंजिल्स (यू.सी.एल.ए.) में इंटरनेट की पहली नोड इंस्टॉल की गई, इसके द्वारा यू.सी.एल.ए. को स्टैनफ़ोर्ड रिसर्च इंस्टीट्यूट के कंप्यूटर से जोड़ा गया। जल्द ही 'सांता बारबरा' और 'उताह यूनिवर्सिटी' में दो और नोड्स जोड़े गए। मूल रूप से पेंटागन के सहयोग से शुरू हुए इस नेट को आर्पनेट (ARPANET) नाम दिया गया, जिसने जल्द ही पूरी दुनिया के हज़ारों वैज्ञानिकों और यूनिवर्सिटियों को आपस में जोड़ दिया। सन् 1983 में संवाद के नए मानक टी.सी.पी./आई.पी. (TCP/IP) बनाए गए।

हालाँकि मूल रूप से विभिन्न सरकारी एजेंसियों के सहयोग से शुरू किए इंटरनेट को सिर्फ़ रक्षा संबंधी वैज्ञानिकों के बीच जोड़ा गया, लेकिन 1985 में एक निर्णय लेकर इसे कैंपस में मौजूद प्रत्येक शिक्षित उपयोगकर्ता से जोड़ दिया गया, भले ही वे किसी भी फ़ैकल्टी के थे। इसी से इंटरनेट की रीढ़ कम्युनिकेशन लाइन के निजीकरण का नौ वर्षीय प्रोग्राम आरंभ हुआ। इससे पहले हाई-स्पीड की रीढ़ यानी कम्युनिकेशन लाइन्स को एक यूनिवर्सिटी से दूसरी यूनिवर्सिटी जोड़ा गया था। बाद में जब इंटरनेट का निजीकरण पूरा कर लिया गया, तब तक यह विकसित होकर, सभी सातों महाद्वीपों और ब्रह्मांड में 50,000 से भी अधिक नेटवर्क स्थापित कर चुका था। फिर भी इंटरनेट जैसा हम आज जानते हैं तब तक शुरू नहीं हुआ था।

सन् 1995 में ऐतिहासिक निर्णय लेकर प्रत्येक व्यक्ति को ख़ुद का इंटरनेट अकाउंट खोलने की अनुमति दी गई। ये ऐसे अकाउंट थे जो उनकी यूनिवर्सिटी संबद्धता या जिस संस्थान में वे काम करते हैं, उससे अलग थे।

हमने पहले देखा कि खुदरा मूल्य प्रतिशत बढ़ने से पिछले तीन

दशकों में वितरण लागत बढ़ी है। 1960 के अंत में 50 प्रतिशत से बढ़कर आज 70 प्रतिशत के क़रीब हो गई है, और इसीलिए इसी दौरान सबसे अधिक मुनाफ़ा उन लोगों ने कमाया जो उत्पादों को बेहतर बनाने के बजाय बेहतर वितरण में नवीनता लाए। इन अग्रणी वितरकों ने इलेक्ट्रॉनिक माध्यमों से रीटेलर्स को निर्माताओं और सप्लायरों से जोड़कर सफलता पाई। उदाहरण के लिए वॉल-मार्ट, जिसका डाटाबेस, पेंटागन के बाद दूसरे नंबर पर है,[7] ने इसका उपयोग करके न सिर्फ़ अपना वितरण ख़र्च कम किया बल्कि उपभोक्ता सेवाओं को भी सुधारा क्योंकि वे उपभोक्ताओं को जो, जब और जहाँ चाहे सेवाएँ उपलब्ध करा सकते थे।

1990 की शुरुआत में यह समयानुकूल तकनीक सिर्फ़ बड़ी कंपनियों के पास थी, जो अपने और सप्लायरों के मुख्य कंप्यूटर्स के बीच उपयुक्त संवाद प्रणाली स्थापित कर सकती थी। 90 के दशक में इस तेज़ संचार माध्यम की चिंगारी ने आर्थिक विस्तार को भी अग्नि दी। 1995 के व्यक्तिगत इंटरनेट खाता खोलने की अनुमति देने वाले ऐतिहासिक निर्णय ने इस दिशा में क्रांति ला दी।

रातोरात बाज़ार में उपलब्ध सभी जीवनोपयोगी उत्पादों की जानकारी सभी को मिलने लगी और छोटे उद्योगपति तथा फ़ॉरचून 500 कंपनियों के बीच की दूरी पट गई। जिन कंपनियों ने स्वयं का कम्युनिकेशन सिस्टम बनाया हुआ था, उन्हें दोबारा शुरू करना पड़ा, क्योंकि उन्हें पता था कि उपभोक्ता (उनका अंतिम ग्राहक), और हज़ारों दूसरे छोटे सप्लायर्स स्वयं भी इंटरनेट पर मौजूद थे।

इस निर्णय के परिणाम अब मुख्य धारा में दिखने लगे हैं, बस के इंतज़ार से लेकर खाद्य पदार्थों की ख़रीदारी तक। बस स्टॉप को इलेक्ट्रॉनिक डिसप्ले से जोड़ दिया गया है, इसलिए ड्राइवर तभी उस रोड पर जाते हैं, जब यात्री इंतज़ार कर रहे हों। ग्राहकों को पैन्ट्री क्लोसेट (अलमारी) के पास अपनी ज़रूरत के सामान (पेपर टॉवल, दूध, अंडे आदि) पहले से ही तैयार मिलेंगे, जब वे सुपरमार्केट पहुँचेगे या फिर सब्ज़ियाँ सीधे उनके घर पर ही डिलीवर कर दी जाएँगी।

लेकिन इस निर्णय के परिणाम 'वॉल-स्ट्रीट' पर 'स्मार्ट मुद्रा' के रूप में दिख रहे हैं और जल्द ही 'मेन स्ट्रीट' पर भी देखे जा सकेंगे।

वर्तमान में किसी भी टॉप 10 या टॉप 100 वॉल-स्ट्रीट लिस्ट में

शामिल सबसे ज़्यादा मार्केट पूँजी (यानी कुल मूल्य) वाली अधिकांश कंपनियाँ उच्च तकनीक की "टूल मेकर" हैं। ये टूल मेकर कंपनियाँ उपभोक्ता द्वारा सीधे उपयोग में लाई जाने वाली एक भी चीज़ जैसे खाना, कपड़ा, घर, दवा आदि नहीं बनातीं।

इसके बजाय टूल मेकर ऐसे औज़ार बनाती हैं, जिनकी मदद से दूसरी कंपनियाँ उपभोक्ता के सीधे काम आने वाले उत्पाद और बेहतर तरीक़े और गुणवत्ता के साथ बना सकें। इसी कारण टूल मेकर कंपनियाँ अपनी उपभोक्ता कंपनियों से अधिक महत्व रखती हैं। अमेरिकी स्टॉक मार्केट में सबसे अधिक मूल्य वाली दस कंपनियाँ (सिस्को, माइक्रोसॉफ़्ट, इंटेल, ऑरेकल और वोडाफ़ोन) ऐसी हैं जिनका बीस साल पहले तक अस्तित्व भी नहीं था, लेकिन जिनकी संयुक्त कुल क़ीमत 10 खरब डॉलर तक पहुँच गई है।

यह इंटरनेट डॉट कॉम कंपनियों का सबसे ग़लत समझा जाने वाला हिस्सा है : ये और हज़ारों अन्य तकनीक आधारित डॉट कॉम कंपनियाँ टूल मेकर हैं। ये उपभोक्ता की ज़रूरत या उत्पाद नहीं बनातीं बल्कि ये ऐसे उत्पाद बनाने वाली या वितरित करने वाली कंपनियों को क़ीमतें कम करने और बेहतर सेवाएँ देने में सहायक होती हैं।

धीरे-धीरे निर्माता और वितरक, जो उपभोक्ता से सीधे संपर्क रखेंगे निर्णायक साबित होंगे। 2001 के आरंभ में 'वॉल मार्ट' अमेरिका में सबसे अधिक सेल्स और सबसे ज़्यादा कर्मचारियों[9] वाली कंपनी बन गई, क्योंकि जैसा जॉन मेनार्ड कीनेस ने एक बार कहा था "सभी आर्थिक गतिविधियों का लक्ष्य उपभोग (consumption) है।"

कई उद्यमियों और निवेशकों ने इंटरनेट को व्यापार मानने की ग़लती की है। इंटरनेट एक ऐसा साधन है जिसे दूसरे व्यापारों और अवसरों को आगे बढ़ाने में इस्तेमाल किया जा सकता है।

किसी भी इंटरनेट आधारित व्यापार, ख़ासतौर पर 'स्वास्थ्य व्यापार' का भविष्य प्रमुख रूप से उत्पादों और उपभोक्ताओं पर ही निर्भर करेगा।

अगले अध्याय की ओर बढ़ने से पहले

उद्यमियों, निवेशकों और वितरकों के लिए कार्ययोजना

1. जो बदलाव पहले सदियों में आते थे वे अब दशकों में आ जाते हैं, और जो बदलाव अभी सालभर में आता है वह भविष्य में महीनों में आएगा। इस बात का विश्लेषण कीजिए कि बदलाव की यह गति आपके स्वास्थ्य व्यापार अवसर की तीनों व्यक्तिगत व्यापार संभावनाओं पर क्या प्रभाव डालेगी।
2. तीनों स्तरों (निर्माण, बौद्धिक वितरण, भौतिक वितरण) पर आप उपभोक्ता को किस प्रकार जानकारी देंगे? इस पर आने वाले ख़र्च का विश्लेषण कीजिए। क्या इस तरह की जानकारी देने में आप राजस्व कमाते हैं या यह आपके व्यापारिक ख़र्च में जुड़ता है? अगर यह ख़र्च आपके व्यापार से जुड़ा है तो क्या आप इसे वहन कर सकते हैं?
3. *बौद्धिक वितरण* वह प्रक्रिया है जिसके द्वारा आप उपभोक्ता को उन उत्पादों और सेवाओं की जानकारी देते हैं जिनके बारे में उन्हें या तो पता ही नहीं है, या फिर वे सोचते हैं कि यह उनकी पहुँच में आ चुकी है। *भौतिक वितरण* उपभोक्ता तक उस उत्पाद या सेवा को पहुँचाना है जिसके बारे में उसे पता है कि वे उसे चाहिए। अपने स्वास्थ्य व्यापार के तीनों स्तरों पर वितरण अवसरों को विश्लेषित कीजिए। यह ध्यान रखें कि आज के बेहतरीन वितरण अवसर भौतिक वितरण के बजाय बौद्धिक वितरण में हैं।
4. मान लीजिए कि 'कैटेगरी बस्टर्स' जैसे 'होम डिपो' या पेट्समार्ट यदि स्वास्थ्य व्यापार में उतर जाएँ। विश्लेषण कीजिए कि यह किस प्रकार आपके व्यापार में तीनों स्तरों को प्रभावित करेगा। क्या आप इस प्रतिस्पर्धा का सामना कर सकेंगे? क्या आप स्वास्थ्य 'कैटेगरी बस्टर्स' के लिए

प्रदाता का काम कर सकेंगे?

5. आपके स्वास्थ्य व्यापार अवसर के तीनों व्यक्तिगत क्षेत्रों के लिए प्रत्येक उत्पाद की 'मार्जिनल लागत' क्या है? क्या यह 'शून्य' तक पहुँच सकती है? क्यों और क्यों नहीं? क्या कोई दूसरा सप्लायर उसी उत्पाद या सेवा को आपसे बहुत कम क़ीमत पर उपलब्ध करा सकता है? अगर हाँ तो आप किस प्रकार स्वयं ऐसे सप्लायर बन सकते हैं।

6. स्वास्थ्य व्यापार अवसर के तीनों व्यक्तिगत क्षेत्रों में प्रत्येक के लिए इंटरनेट क्या भूमिका निभा सकता है? विश्लेषण कीजिए कि आप किस प्रकार इस ताक़तवर माध्यम या साधन का प्रत्येक क्षेत्र के लिए उपयोग कर सकते हैं? क्या ऐसा कोई दूसरा व्यापार या व्यक्ति है जो आपके उपभोक्ता को आपूर्ति करने में इंटरनेट का बेहतर उपयोग कर सकता है? अगर हाँ, तो आप ऐसा व्यक्ति या व्यापार बनाने के लिए क्या कर सकते हैं?

इन सवालों के जवाबों के आधार पर, स्वास्थ्य व्यापार अवसरों के तीनों स्तरों को बदलने या छोड़ने पर विचार कीजिए। अपने नोट्स दोबारा पलटिए, और पहले के सातों अध्याय की कार्ययोजना पढ़िए, जितने भी शक्तिशाली व्यापारिक अवसरों के बारे में आपने सोचा था उन पर पुनर्विचार कीजिए।

अध्याय 9 पर पहुँचने से पहले, 'आपके स्वास्थ्य व्यापार अवसर' के तीन संभावनाशील स्तरों में से सर्वश्रेष्ठ को चुनिए। अगले अध्याय को पढ़ते समय हर उदाहरण और अवसर पर विचार कीजिए, कि वह किस प्रकार आपके चुने हुए संभावित स्तर या अवसर पर लागू होता है। अगर आप अब भी, दूसरे अवसरों या स्तरों के बारे में विचार करना चाहते हैं, तो अध्याय 9 को नए सिरे से पढ़कर ऐसा कीजिए, और इस बार उस दूसरे अवसर या स्तर को ध्यान में रखते हुए पढ़िए।

अध्याय-9

अपने दावे को दाँव पर लगाना

इस खरबों डॉलर के उद्योग में प्रवेश के लिए सँकरी होती इन संभावनाओं के साथ संभवत: आप लगातार ख़ुद से पूछ रहे होंगे - इस उभरते अविश्वसनीय प्रदर्शन वाले 10 खरब डॉलर उद्योग में मेरे लिए वह कौन सी सर्वश्रेष्ठ जगह है, जहाँ मैं अपना दावा करूँ?

क्या आपको स्टीव डेमॉस (सिल्क सोयामिल्क) या पॉल वेनर (गार्डनबर्गर) जैसा स्वास्थ्य उत्पाद निर्माता बनना चाहिए? क्या आपको जिल किन्नी (क्लब वन) या डॉ. फ्रैंक यानोविट्ज़ (द फ़िटनेस इंस्टीट्यूट) जैसा स्वास्थ्य सेवा प्रदाता बनना चाहिए? क्या आपको स्वास्थ्य सलाह विशेषज्ञ बनना चाहिए जो आपके दोस्तों और सहकर्मियों को सर्वश्रेष्ठ स्वास्थ्य उत्पाद वितरित कर सके - जो बौद्धिक और शारीरिक वितरण पर केंद्रित हो? क्या आपको निवेशक बनना चाहिए, या इस उभरते शानदार उद्योग के लिए विशेष रूप से बना निवेश बैंकर बनना चाहिए? या आपको डॉ. टॉड कूपरमैन (ConsumerLab.com) की तरह इस और अन्य स्वास्थ्य पेशों में प्रवेश करने वालों के लिए उपकरण प्रबंधक बनना चाहिए? इनमें से एक से अधिक संभावनाओं को एक साथ आज़माने के बारे में आपका क्या ख़्याल है?

व्यक्तिगत स्तर पर आपको इन सवालों के जवाब मैं उसी तरह नहीं दे सकता जिस तरह एक सर्जन आपकी व्यक्तिगत जाँच से पहले ही आपको यह नहीं बता सकता कि आपको कौन सा ऑपरेशन करवाना चाहिए। लेकिन मैं कुछ आम मानदंड प्रस्तुत कर सकता हूँ, जो आपको आपके अनुभव से पहले आपके सवालों के जवाब खोजने में मदद करेंगे।

सबसे पहले यह समझना महत्वपूर्ण है कि स्वास्थ्य उद्योग एक तरह से हमारी अर्थव्यवस्था के हर क्षेत्र को सम्मिलित करता है - जो भोजन हम खाते हैं और जिस चिकित्सा देखभाल की हमें तमन्ना है, से वह हवा जिसमें हम साँस लेते हैं या वह बिस्तर जिस पर हम रात में सोते हैं। आपको स्वास्थ्य की स्वर्ण दौड़ के लिए प्रत्यक्ष तौर पर स्वास्थ्य उद्योग (मतलब भोजन या दवाएँ) में रहना ज़रूरी नहीं है।

स्वास्थ्य में बहुत सी क़िस्मत बैंकरों, वकीलों, अकाउंटेंट, मार्केटिंग एक्ज़ीक्यूटिव, वितरक, बीमा दलाल और हज़ारों अन्य उन पेशेवरों द्वारा बनाई जाएगी, जो स्वास्थ्य उद्योग को साधन और सेवाएँ मुहैया कराएँगे।

स्वास्थ्य उद्योग को साधन और सेवाएँ उपलब्ध कराना

सन् 1876 से *स्वर्ण दौड़* वह नाम बन गया है जो "नए और फ़ायदेमंद क्षेत्र में अचानक से ढेर सारा धन कमाने" के दावे पर अपना दाँव लगाने के लिए सभ्य रूप से बोला जाता है।[1] लेकिन कैलिफ़ोर्निया की स्वर्ण दौड़ में जो भाग्य चमके, वे सभी खदान से सोना निकालने में नहीं बने थे - बल्कि वे उन व्यापारियों ने बनाए, जो स्वर्ण दौड़ उद्योग के लिए सेवाएँ उपलब्ध कराते थे। हेनरी वेल्स और डेनियल फ़र्गो कैलिफ़ोर्निया के स्वर्ण दौड़ उद्योग के दो पर्यायवाची हैं, हालाँकि दोनों में से एक ने भी कभी एक औंस स्वर्ण नहीं खोदा। दोनों ही बफ़ेलो के पश्चिम में जहाज़ से माल की ढुलाई के लिए सन् 1850 में अमेरिकन एक्सप्रेस कंपनी स्थापित करने से पहले पश्चिमोत्तर न्यूयॉर्क में माल

ढुलाई एजेंट थे।[2] 1852 में उन्होंने तय किया कि वे अपनी जहाज़ी निपुणता को अपने उपभोक्ताओं यानी कैलिफ़ोर्निया खदान मालिक के समूह की ज़रूरतों पर केंद्रित करेंगे। इस तरह उन्होंने वेल्स फ़र्गो एंड कंपनी स्थापित की। आगे के सालों में स्टेजकोच के साथ संबंध, सोने के परिवहन और खदान मालिकों को फ़ायनेंस करने की अनूठी ख़ूबी से वे सामान्य बैंकिंग, ट्रैवल और बीमा के लीडर बन गए - उन्होंने (और उनकी पीढ़ियों ने) सन् 1882 में अमेरिकन एक्सप्रेस मनी ऑर्डर, सन् 1891 में अमेकिन एक्सप्रेस ट्रैवल चेक और सन् 1975 में अमेरिकन एक्सप्रेस ट्रैवल डिपार्टमेंट शुरू किया। अमेरिकन एक्सप्रेस तो सन् 1970 तक वास्तव में माल-ढुलाई के व्यापार से संबद्ध रही।

खदान मालिकों को क़र्ज़ देने, उनके उत्पाद को जहाज़ पर लादने और बैंकिंग सेवाएँ उपलब्ध कराते-कराते वेल्स फ़र्गो स्वर्ण खदान उद्योग के बारे में किसी सफल स्वर्ण खदान ग्राहक से ज़्यादा जानने लगे।

इसी अंदाज़ में, आज स्वास्थ्य उद्योग को सेवाएँ मुहैया कराने वाले कुछ प्रदाता आज स्वास्थ्य पेशेवरों के रूप में उभर चुके हैं, जबकि वे ख़ुद किसी स्वास्थ्य उत्पाद का निर्माण या वितरण नहीं करते हैं।

ऐसे ही एक प्रसिद्ध पेशेवर हैं वीडियो प्लस, इंक. के स्टुअर्ट जॉनसन। जॉनसन का स्वास्थ्य और व्यक्तिगत विकास से पहला सामना 15 वर्ष की उम्र में अल्बामा के फ़ेअरहोप में हुआ। उन्हें विटामिन, पूरक पदार्थों और अन्य घरेलू देखभाल उत्पाद बनाने वाली कंपनी ओल्ड वर्ल्ड, इंक. में वितरक के काम के लिए रखा गया था। यह पहली बार था जब उनसे कहा गया "तुम जो चाहो, वह बन सकते हो" और कि "तुम और तुम्हारी पसंद तुम्हारी क़िस्मत बनाते हैं, न कि तुम्हारी पृष्ठभूमि।" जॉनसन ने काम स्वीकार कर लिया, और 16 वर्ष की उम्र तक पहुँचने तक वे एक महीने में 5,000 डॉलर के उत्पाद खपा रहे थे - अतिरिक्त समय की आय के रूप में 1,000 डॉलर से अधिक बना रहे थे। वे ख़ासतौर पर उन चुनौतियों और पुरस्कारों को पसंद करते थे,

जो उन्होंने ख़ुद के दम पर सीखे थे।

21 वर्ष की उम्र में, कुछ दोस्त उनके पास आए, जो किसी दूसरी स्वास्थ्य कंपनी यूनाइटेड साइंसेज़ ऑफ़ अमेरिका के लिए वितरक का काम करते थे। उन्होंने अपने भावी वितरकों को देने के लिए उनके उत्पादों और सेवाओं का विवरण देने वाले विभिन्न साधन, ऑडियो टेप्स और ब्रोशर्स बनाए।

जॉनसन ने तत्काल यह समझ लिया कि ये सभी साधन एक पैकेज में किए जा सकते हैं। जॉनसन ने इसे नाम दिया "लंबी दूरी की प्रायोजक किट" - एक ऐसा संगतपूर्ण पैकेज जिसे एक नेटवर्क मार्केटर दूसरों को प्रायोजित करने के लिए शहर या देश से बाहर उनके साथ व्यक्तिगत रूप से काम किए बिना इस्तेमाल कर सकता था। एक बार उनके नए वितरकों की तरह प्रायोजित होते ही, उन्हें और प्रशिक्षण की ज़रूरत पड़ेगी यानी उन्हें अपना कारोबार जमाने के लिए अधिक साधनों की ज़रूरत पड़ेगी।

जॉनसन ने नेटवर्क मार्केटिंग छोड़कर सन् 1987 में वीडियो प्लस, इंक. बनाई। वीडियो प्लस ने प्रायोजक किट बनाए और सीधे बिक्री और नेटवर्क मार्केटिंग कंपनियों को उपलब्ध कराए, जिनमें से अधिकांश स्वास्थ्य उद्योग से जुड़ी हुई थीं। वीडियोप्लस ने प्रायोजित किट बनाए, नेटवर्क मार्केटिंग कंपनी की तरफ़ से टेलीफ़ोन के जवाब दिए और वास्तविक किट जहाज़ के ज़रिए सीधे कंपनी के ग्राहकों को भेजने लगे। यह ज़्यादा तेज़ ज़रिया था और कंपनी या व्यक्तिगत वितरक की अपेक्षा कम क़ीमत पर था। वीडियोप्लस द्वारा दफ़्तर के ऊपरी काम सँभालने के कारण ग्राहक कंपनियों के पास और अधिक वितरक बनाने और उन्हें प्रशिक्षित करने का ज़्यादा वक़्त मिलने लगा। जल्द ही, वीडियो प्लस न सिर्फ़ नेटवर्क मार्केटिंग कंपनियों द्वारा बनाए उत्पादों का निर्माण और उन्हें भेजने का काम करने लगी, बल्कि वह स्वास्थ्य और सीधे बिक्री वाले व्यापारों के लिए कुछ सर्वश्रेष्ठ मौलिक सामान्य वर्ग के लिए प्रेरणास्त्रोतों और शैक्षणिक साधनों का निर्माण करने लगी।

आज वीडियो प्लस नेटवर्क मार्केटिंग और स्वास्थ्य उद्योग के

लिए सबसे बड़ा साधन प्रबंधक है; जो हर साल 1.2 करोड़ ऑडियो और वीडियो टेप्स की नक़ल बना रहा है और लंबी दूरी के 10 लाख से ऊपर वितरकों को प्रायोजक किट भेजता है। हालाँकि ख़ुद नेटवर्क मार्केटर न होने के बावजूद अगस्त 2000 में जॉनसन *नेटवर्क मार्केटिंग लाइफ़स्टाइल* मैग्ज़ीन के मुखपृष्ठ पर थे। लेख में जॉनसन को "*नेटवर्क मार्केटिंग* का ई.एफ़. ह्यूटन" बताया गया और कहा गया, "जब स्टुअर्ट बोलते हैं, तो औद्योगिक लीडर सुनते हैं।" वीडियोप्लस के ग्राहकों में, 1.2 अरब डॉलर सालाना से ऊपर की बिक्री के साथ दुनिया की अग्रणी सीधी बिक्री करने वाली स्वास्थ्य कंपनियाँ शामिल हैं, जिनमें एवॉन, फ्रीलाइफ़, मैनटेक, न्यू इमेज, निक्केन, एन.एस.ए., न्यूट्रीशन फ़ॉर लाइफ़, शैकले और एसेस बिज़नेस ग्रुप (पहले एमवे) का बड़ा हिस्सा।

आज 37 वर्ष की उम्र में स्टुअर्ट अपने किसी भी ख़्वाब से बहुत ज़्यादा सफल हैं। वे डायरेक्ट सेलिंग एसोसिएशन के बोर्ड सदस्य हैं; वे यंग एंट्रेप्रेन्योर्स ऑर्गेनाइज़ेशन (वाई.ई.ओ.) के सबसे कम उम्र के स्थापना बोर्ड सदस्य हैं। वे फ़्लोरिडा, सरासोता के सागर पर अपनी पत्नी और दो बच्चों के साथ रहते हैं। लेकिन वे महसूस करते हैं कि उन्होंने तो बस शुरुआत की है और उनके जीवन का मुख्य उद्देश्य हर 15 वर्ष के किशोर को व्यक्तिगत विकास का संदेश देना है, जिसे कभी यह नहीं कहा गया "तुम जो चाहो, वह बन सकते हो" और "तुम और तुम्हारी पसंद तुम्हारी क़िस्मत बनाते हैं, न कि तुम्हारी पृष्ठभूमि।" इस छोर पर, वे द राइट स्टफ़ फ़ाउंडेशन के सहसंस्थापक हैं, तो आज के युवा के लिए सकारात्मक-व्यक्तिगत विकास का संदेश देने वाले समकालीन संगीत का निर्माण करती है।

जब आप अपना स्वास्थ्य व्यापार शुरू करते हैं, चाहे यह नेटवर्क मार्केटिंग में हो या स्वास्थ्य निर्माण में, अपनी चुनौतियों को ज़रूर लिखें और ख़ुद से पूछें कि क्या इसी राह पर चल रहे दूसरे लोगों के सामने भी यही चूनौतियाँ हैं? यदि जवाब "हाँ" हो, तो उन साधनों की सूची बनाइए जिन्हें आप इस राह की सफलता पर अपनी और अन्य लोगों की सहायता के लिए विकसित कर सकते हैं।

संभवत: आपको भी वैसा ही महसूस हो, जैसा स्टुअर्ट जॉनसन को लगा था कि आप दूसरे लोगों की किसी प्रकार के स्वास्थ्य व्यापार शुरू करने में मदद करके ज़्यादा सफल हो सकते हैं, बजाय कि उसी क़िस्म का व्यापार ख़ुद करने के।

स्वास्थ्य फ़ाइनेंस (वित्त पोषण) में अपने दावे को दाँव पर लगाना

वित्तीय रूप से जागरूक लोगों के लिए, गृहस्थों को बीमारी से स्वास्थ्य बीमे में तब्दील करने की उद्यमी संभावना स्वयं संपूर्ण स्वास्थ्य व्यापार की संभावना जितनी ही विशाल है। आज यह अवसर 20 साल पहले आर्ट एल. विलियम्स द्वारा पहचाने गए अवसर के बराबर है, एक ऐसा आम आदमी जिसने जीवन बीमा उद्योग की शक्ल बदल दी, जो आज क़रीब 40 करोड़ डॉलर का उद्योग है।[3]

हाई स्कूल फ़ुटबॉल कोच का बेटा आर्ट एल. विलियम्स जॉर्जिया के वेक्रॉस में पैदा हुआ और पिता के पदचिह्नों पर चलते हुए बड़ा हुआ। त्रासदपूर्ण तरीक़े से जब आर्ट कॉलेज में फ़ुटबॉल कोच बनने की पढ़ाई कर रहा था, उसके पिता परिवार को ग़रीब और छोटे से जीवन बीमा के साथ छोड़कर हृदयाघात से चल बसे। बाद के सालों में अपनी हाई स्कूल प्रेमिका से विवाह करने और ख़ुद का परिवार शुरू करते हुए विलियम ने तय किया कि वह अपने पिता की तरह ग़लती नहीं करेगा।

जब आर्ट विलियम सामान्य ग्राहक बनकर जीवन बीमा ख़रीदने गए, तो उन्हें यह देखकर आश्चर्य हुआ कि उपभोक्ता जीवन बीमा उद्योग का कैसा लाभ ले रहे हैं।

सन् 1950 और 1990 के बीच बड़ी-बड़ी जीवन बीमा कंपनियों ने अधिकांश संपूर्ण जीवन बीमा पॉलिसी बेची। शुरुआत में उन्होंने कामकाजी लोगों और महिलाओं को पॉलिसी बेची। उन दिनों, जीवन

बीमा कंपनियाँ अपने उत्पाद बेचने के लिए ऐसे लोगों को भर्ती करती थीं, जो स्थानीय और जातीय समाज में दोस्तों और पड़ोसियों को पॉलिसी बेच सकें। अपने संपूर्ण जीवन उत्पादों की आर्थिक ख़ूबियाँ प्रचारित कर बेचने की बजाय एजेंट को भावना के आधार पर बेचना सिखाया जाता था। इसका अर्थ है प्रॉस्पेक्ट्स के किचन टेबल पर बैठकर जीवनसाथी को बताना – "यदि वे आपको प्यार करते हैं और उन्हें कुछ हो जाता है, तो वे आपकी और आपके बच्चों की सुरक्षा के लिए यहाँ तुरंत दस्तख़त कर देंगे।" जो बात एजेंट प्रॉस्पेक्ट्स को नहीं बताता था वह यह थी कि बहुत कम अंतर के ख़र्च से समान या बेहतर सुरक्षा भी मिल सकती है और एजेंट को भी पहले पूरे साल के भुगतान के बराबर या अधिक कमीशन मिल रहा है।

एक पूर्ण-जीवन बीमा पॉलिसी असरकारक तौर पर एक आम अवधि बीमा पॉलिसी है जिसमें कम-ब्याज वाला बचत खाता आवश्यक है। उदाहरण के लिए, एक 30 वर्षीय स्वस्थ पुरुष के लिए 1,00,000 डॉलर मृत्यु-लाभ सावधि या आम जीवन बीमा पॉलिसी की क़ीमत 1,400 डॉलर प्रतिवर्ष जीवन पॉलिसी की विशिष्ट रूप से लागत 1,400 डॉलर के क़रीब पड़ती है। इसी राशि के लिए पूर्ण जीवन बीमा पॉलिसी क़रीब 5,000 डॉलर प्रतिवर्ष पड़ती है – 1,400 डॉलर सावधि या मृत्यु-लाभ अंश और 3,600 डॉलर "पूर्ण" अंश के लिए जिसके ख़र्च का एक हिस्सा पॉलिसी की नक़द क़ीमत वहन करती है। सैद्धांतिक रूप से, बीमा धारक 5,000 डॉलर प्रति वर्ष के भुगतान पर 1,400 डॉलर प्रति वर्ष सावधि बीमा मृत्यु के बाद प्राप्त कर सकता है, और जीवित रहने तक हर वर्ष 3,600 डॉलर के अतिरिक्त भुगतान पर "नक़द क़ीमत बढ़ोतरी" प्राप्त कर सकता है। अंततः 25 वर्ष बाद, पॉलिसी की नक़द क़ीमत 1,00,000 डॉलर तक हो सकती है और पॉलिसी ख़ुद फ़ंड कर सकती है – अर्थात बीमाधारक को और वार्षिक प्रीमियम भरने की ज़रूरत नहीं, उन्हें मृत्यु पर 1,00,000 डॉलर मिलते रहेंगे।

यह सिद्धांत है। वास्तव में, (1) पहले एक या दो सालों में दरअसल कोई नक़द मूल्य बढ़ोतरी नहीं होती थी, क्योंकि बीमा कंपनियों को सेल्समैन का कमीशन 3,600 डॉलर और 7,200 डॉलर तक देना पड़ता था; (2) इसके बाद 3,600 डॉलर का केवल कुछ

प्रतिशत ही हर वर्ष के नक़द मूल्य पर लागू होता था; और (3) उपार्जित नक़द मूल्य पर बहुत कम ब्याज राशि (2-3 प्रतिशत तक) भुगतान किया जाता था। जो बात बीमा सेल्स एक्ज़ीक्यूटिव निशंकित प्रॉस्पेक्ट्स को कभी नहीं बताते थे (और शायद वे ख़ुद भी नहीं जानते थे) वह यह थी कि प्रॉस्पेक्ट्स इसी कंपनी से 1,400 डॉलर प्रति वर्ष समान राशि का सावधि या सादा जीवन बीमा ख़रीद सकते हैं और एक संघीय बीमाकृत बैंक अकाउंट में 3,600 डॉलर जमा कर सकते हैं - और ऐसा करने से यही 5,000 डॉलर प्रतिवर्ष 25 वर्षों में लगभग 2,00,000 डॉलर तक बढ़ सकते हैं। यह अमेरिकी संघीय सरकार द्वारा गारंटी के विपरीत है कि किसी निजी बीमा कंपनी द्वारा गारंटीड 25 वर्षों में 1,00,000 डॉलर मिले।[4]

जब यही चीज़ आर्ट एल. विलियम्स को उनके एक कज़िन ने समझाई, तो वे न सिर्फ़ सावधि पॉलिसी ख़रीदकर और अंतर को निवेश कर एक चतुर उपभोक्ता बन गए, बल्कि अतिरिक्त समय में दोस्तों और पड़ोसियों को सावधि बीमा बेचना भी शुरू कर दिया।

विलियम्स ने एक सीधी-बातचीत विकसित की "सावधि ख़रीदो और अंतर को निवेश करो" और अपने उपभोक्ताओं को शिक्षित करने के लिए उनके पास पहुँचे। यह इतना कारगर साबित हुआ कि उन्होंने हाईस्कूल फ़ुटबॉल कोच की अपनी नौकरी छोड़ दी और पूर्णकालिक बीमा सेल्समैन बन गए।

सन् 1977 में 85 समान विचारों वाले बीमा एजेंटों के साथ उन्होंने अपने "सावधि ख़रीदो और अंतर का निवेश करो" फ़लसफ़े को आगे बढ़ाने के लिए ए.एल. विलियम्स एंड एसोसिएट्स शुरू की। उन्होंने जल्द ही हज़ारों एकाउंटेंट, वकील और वित्तीय सलाहकारों को अपने एजेंट्स के रूप में भर्ती किया।

सन् 1990 तक, विलियम्स एंड एसोसिएट्स की बिक्री फ़ौज 2,25,000 की थी और वे अमेरिका में व्यक्तिगत जीवन बीमा

के सबसे बड़े विक्रेता थे। विलियम की बिक्री अपने दोनों निकटतम प्रतिद्वंद्वियों (न्यूयॉर्क लाइफ़ और प्रूडेन्शिअल) के संयुक्त रूप से दोगुनी थी।

अंततः सभी बड़ी जीवन बीमा कंपनियों को अपनी भ्रमित करने वाली बिक्री योजनाओं को ख़त्म करना पड़ा और ए.एल. विलियम्स की वित्तीय योजनाओं से टक्कर लेते उत्पादों की पेशकश करनी पड़ी। 300 अरब डॉलर की जीवन बीमा से भी अधिक फ़ौज के साथ 1990 में विलियम्स ने अपनी कंपनी प्रिमेरिका को बेच दी।[5]

ए.एल. विलियम्स सफल हुए, क्योंकि आँकड़े स्पष्ट रूप से "सावधि ख़रीदो और अंतर का निवेश करो" बात को प्रमुखता से प्रदर्शित करते थे - उन मामलों में भी जहाँ प्रॉस्पेक्ट्स को मौजूदा पूर्व जीवन बीमा पॉलिसी पर हर्ज़ाना भरना पड़ता या कम नक़द मूल्यों पर उन्हें ख़त्म कर देना पड़ता। ए.एल. विलियम्स के एजेंटों के सफल होने की दूसरी वजह यह थी कि उनके ग्राहक यह जानने के बाद कि हर साल वे कितने धन की बचत कर रहे हैं, वे यह धन विलियम्स एंड एसोसिएट्स के वार्षिक और अन्य उत्पादों में निवेश करते थे - ऐसे उत्पाद जिन पर आम सावधि जीवन बीमा से अधिक कमीशन का भुगतान किया जाता था।

जैसा कि अध्याय 7 में उदाहरण दिया गया था, चूँकि अधिकांश लोगों को बीमारी बीमा की राशि, जो आज उनके पास है की निकट समय में ज़रूरत नहीं होती, ऐसी स्थिति में यही संभावना स्वास्थ्य बीमा में भी मौजूद होती है "एच.डी.एच.पी. ख़रीदो और अंतर का निवेश करो।"

हालाँकि, आज उपभोक्ता अपने एच.डी.एच.पी. पर 3,000 डॉलर प्रति वर्ष की बचत करते हैं, उन्हें अपने परिवार के लिए कुछ ऐसी चीज़ पर निवेश करने के लिए 3,000 डॉलर तक मिल जाते हैं जो धन से सचमुच कुछ ज़्यादा ही होता है - यानी उनका निरंतर स्वास्थ्य। स्वास्थ्य उत्पाद वितरक अपने स्वस्थ ग्राहकों को एच.डी.एच.पी. प्रस्तुत कर

सकते हैं और फिर उन्हें समझा सकते हैं कि वे किस तरह अपने स्वास्थ्य उत्पादों और सेवाओं से होने वाली वार्षिक बचत का पूरा या कुछ हिस्सा सेहतमंद बने रहने पर निवेश कर सकते हैं।

वित्त पोषण में "एच.डी.एच.पी. ख़रीदो और अंतर का निवेश करो" की संभावना संभवतः शुरुआत में मौजूदा बीमा दलाल समुदाय स्वीकार न करें। इसके बजाय एक नई बीमा वितरण प्रणाली या कंपनी इस उत्पाद के वितरण के लिए शायद उभर आए।

इसकी वजह वही है जो अधिकांश मामलों में होती है जब कोई नई तकनीक सामने आती है, तो उसका पहले से स्थापित कंपनियों द्वारा विरोध किया जाता है, क्योंकि उनके पास खोने को बहुत कुछ होता है - अपना घाटा रोकने के लिए वे अक्सर व्यर्थ साबित होने वाले प्रयास करती हैं, वे अपने सिर बालू में इतने गहरे धँसा लेती हैं जब तक बहुत देर नहीं हो चुकी होती है। 5,000 डॉलर प्रीमियम वाली शून्य छूट स्वास्थ्य बीमा पॉलिसी, जो 1,000 डॉलर के कमीशन का भुगतान करती है, बेचने वाले कई एजेंट 2,000 डॉलर वाले एच.डी.एच.पी., जो केवल 400 डॉलर का कमीशन देती हैं, को करवाने से बचते हैं। अंततः उन्हें अपने संकीर्ण नज़रिए की क़ीमत चुकानी होगी, जब उनके भ्रमित उपभोक्ता उनका पूरा बीमा व्यापार हथिया लेंगे - हेल्थ, जीवन, वाहन और मकान मालिक कहीं भी।

यह "एच.डी.एच.पी. ख़रीदो और अंतर का निवेश करो" की संभावना शायद बीमा उद्योग के बाहर से किसी स्वास्थ्य उत्पाद कंपनी द्वारा पकड़ ली जाए, जिसे शायद अपने प्रयासों के लिए भुगतान भी ना मिले, क्योंकि केवल लाइसेंसधारक बीमा एजेंटों को ही कमीशन प्राप्त करने या बाँटने की अनुमति होती है।

स्वास्थ्य वितरक अपने उपभोक्ताओं को स्वास्थ्य बीमा के बारे में शिक्षित करने से भी लाभ कमा सकते हैं - क्योंकि एच.डी.एच.पी. से जुड़ने वाले उपभोक्ताओं के पास 3,000 प्रति वर्ष की

अतिरिक्त आय है जिससे वे अन्य स्वास्थ्य उत्पाद और सेवाएँ ख़रीद सकते हैं।

शुरुआत करना

अब तक आपने यहाँ उल्लेखित प्रत्येक स्वास्थ्य उद्यमी के करियर में एक रुझान देखा होगा। इनमें प्रत्येक के जीवन में चीज़ें एक साथ आने और स्वास्थ्य के रूप में करियर शुरू करने से पहले हर एक की विभिन्न शैक्षणिक पृष्ठभूमि, कार्य अनुभव और निजी संघर्ष रहे थे। वैसे भी, और अधिक महत्वपूर्ण भी।

अधिकांश स्वास्थ्य उद्यमी अपना व्यापार शुरू करने से पहले ग्राहक थे और उन्होंने यह पाया था कि उनकी स्वास्थ्य ज़रूरतें पूरी नहीं हो रही थीं।

स्टीव डेमॉस स्वादिष्ट शाकाहारी प्रोटीन उत्पाद प्राप्त नहीं कर सके, इसलिए उन्होंने टोफ़ू बनाना शुरू किया और इसी कच्चे माल से क़िस्मत चमकाने वाले सिल्क सोयामिल्क की खोज से पहले एक शाकाहारी तैयार भोजन की शृँखला चलाई। पॉल वेनर का शाकाहारी रेस्तराँ विफल साबित हुआ और उन्होंने गार्डनबर्गर इंक. सिर्फ़ तभी स्थापित की, जब उसके उपभोक्ताओं को उनके रेस्तराँ पर मिलने वाले शाकाहारी बर्गर मिलने बंद हो गए। डॉ. टॉड कूपरमैन ने उपभोक्ता की स्वास्थ्य देखभाल योजना के मूल्यांकन के लिए कंपनी खोली, जिसने उन्हें पौष्टिक पूरकों के मूल्यांकन के लिए ConsumerLab.com खोलने की राह दिखाई। फ़िटनेस इंस्टीट्यूट के लिए ख़ुद को प्रतिबद्ध करने से पहले डॉ. फ्रैंक यानोविट्ज़ की ख़ुद निजी स्वास्थ्य मुश्किलें थीं। एक श्रेष्ठ एथलीट के नाते, जिल किन्नी जानती थीं कि व्यक्तिगत सार्वजनिक फ़िटनेस क्लब खोलने से *पहले* वे फ़िटनेस क्लब में क्या चाहती थीं और फिर बड़े नियोक्ताओं के लिए निजी फ़िटनेस क्लब प्रबंधन में अपनी क़िस्मत चमकातीं।

पिछले दो दशकों के दौरान सॉफ़्टवेअर उद्योग में बहुत सी क़िस्मत

उन व्यापारियों की चमकी जिन्होंने ख़ुद अपनी कंपनियों के लिए कंप्यूटरीकृत ऑपरेटिंग प्रणाली बनाने की पहल की और फिर पाया कि वे अपने मूल व्यापार को चलाने से अधिक धन अपने प्रतिद्वंद्वियों के लिए ऑपरेटिंग प्रणाली बेचकर कमा सकते हैं। इसी तरह स्वास्थ्य में भी बहुत सी क़िस्मतें उन स्वास्थ्य उपभोक्ताओं की चमकेंगी, जो यह पता लगने पर कि उनकी कोई स्वास्थ्य ज़रूरत बाज़ार में पूरी नहीं होगी, ख़ुद एक कंपनी खोल लेंगे जो उसी समस्या वाले लोगों की ज़रूरतों को पूरा करेगी। जैसा ए.एल. विलियम्स ने मूल्य-प्रभावी जीवन बीमा करके किया।

सबसे महत्वपूर्ण चीज़ यह है कि स्वास्थ्य उद्योग के किसी भी क्षेत्र में अभी शुरू कीजिए और देखिए आपके पूर्व अनुभव और ज्ञान आपको कहाँ ले जाते हैं।

हो सकता है यह वास्तव में आपकी सोच से भी ज़्यादा आसान निकले, क्योंकि आप जो कुछ आज तक करते आ रहे थे उसके आधार पर एक शानदार शुरुआत कर चुके हैं। हालाँकि स्वास्थ्य संभावनाएँ ए से ज़ेड तक हर पेशे में अपनी पैठ बना चुकी हैं।

जहाँ सभी पेशों और स्वास्थ्य क्रांति का संगम होता है

एक *अकाउंटेंट* या बैंक वाला एच.डी.एच.पी. और स्वास्थ बीमा के ग्राहकों को बदलने के अवसर को स्वास्थ्य वितरण व्यवसाय से जोड़ सकता है।

एक *रसोइया* यह सीखकर कि लोकप्रिय व्यंजनों का स्वास्थ्य रूपांतर कैसे बनाया जा सकता है, स्वास्थ्य रेस्तराँ खोल सकता है, स्वास्थ्य कैटरिंग कंपनी शुरू कर सकता है, या स्वास्थ्य खाद्य निर्माता बन सकता है।

दंतचिकित्सक अपने ही पेशे के भीतर और सेवाएँ बेचने के लिए स्वास्थ्य संभावनाओं पर ध्यान केंद्रित कर सकते हैं - दंतचिकित्सक वैसे भी चिकित्सा उद्योग से बहुत आगे हैं क्योंकि

उनका अधिकांश अभ्यास बचाव पर आधारित है।

एक *अर्थशास्त्री,* मेरी तरह, उभरते 10 खरब डॉलर के स्वास्थ्य उद्योग के रुझान को पहचानने पर ध्यान केंद्रित कर सकता है और फिर इस ज्ञान को अन्य स्वास्थ्य पेशेवरों के साथ बाँट सकता है।

किसानों, या घरेलू बागवानों को भी, जैसा अध्याय 4 में देखा गया था, एडमामे जैसी पौष्टिक फ़सलें उगाना शुरू कर देना चाहिए और अपने उपभोक्ताओं को उसके प्रयोग के तरीक़ों के बारे में समझाना चाहिए।

हेयरड्रेसरों को अपने अभ्यास में बेहतर स्वास्थ्यवर्धक उत्पादों का इस्तेमाल शुरू कर देना चाहिए। फिर ये उत्पाद अपने उपभोक्ताओं को बेचने के लिए वे स्वास्थ्य वितरण व्यवसाय शुरू कर सकते हैं।

बीमा एजेंटों को भी आर्ट विलियम्स की मिसाल का अनुसरण करते हुए अपने मुख्य उपभोक्ताओं को स्वास्थ्य बीमा के लिए प्रेरित करना चाहिए और फिर जब वे एक बार उनका विश्वास जीत लें तो अन्य अधिक लाभदायक बीमा उत्पाद भी मार्केट कर सकते हैं (जैसे, वाहन, घर, जीवन)।

एक *पत्रकार* स्वास्थ्य उत्पादों और स्वास्थ्य कंपनियों पर ध्यान देकर, उद्योग पर ऐसी रिपोर्ट देने के महारथी के रूप में प्रसिद्ध हो सकता है, जिसके बारे में आने वाले दशकों के लोग सुनने के लिए उत्सुक हों।

इसी तरह से *वकील* भी स्वास्थ्य या स्वास्थ्य फ़ाइनेंस उद्योगों के सैकड़ों भिन्न पहलुओं में से किसी एक पर ध्यान केंद्रित कर, इतनी महारत हासिल कर सकते हैं कि जिससे वे अधिक क्लाइंट्स आकर्षित कर सकते हैं।

मसाज थैरेपिस्ट तो स्वास्थ्य शिक्षा और अपने उपभोक्ताओं को स्वास्थ्य उत्पादों के वितरण में इस वक़्त ज़्यादा आदर्श स्थान पर हैं।

नर्सें अपनी सेवाओं को बीमारी के लक्षणों के उपचार के बजाय बचाव के प्रति पुनर्भिमुख कर सकती हैं और अपनी

पुनर्भिमुखीकृत सेवाओं को स्वास्थ्य वितरण या स्वास्थ्य सलाह व्यापार से जोड़ सकती हैं।

इसी तरह एक *नेत्र विशेषज्ञ* भी उम्र के प्रभावों और नज़रों की ख़राबी से पहले के उपचारों पर ध्यान केंद्रित कर सकता है और उस अध्ययन को नए उपभोक्ता पाने या इसे संबंधित स्वास्थ्य वितरण व्यापार शुरू करने में प्रयोग कर सकता है।

डॉक्टर तो इस वक़्त स्वास्थ्य उद्योग के लगभग हर क्षेत्र में ख़ुद को अद्यतन करने की बेहतरीन स्थिति में हैं - प्रोएक्टिव रूप से स्वस्थ लोगों को देखने से शुरू करके वे उन्हें मरीज़ होने से बचने की शिक्षा दे सकते हैं।

सेल्समैन या तो ख़ुद स्वास्थ्य उत्पादों का वितरण कर सकते हैं या फिर बस नवीनतम स्वास्थ्य तकनीकों से ख़ुद को लैस कर सकते हैं क्योंकि यही उनके लिए सबसे रुचिकर जानकारी होगी - हर क्षेत्र की सफल बिक्री ग्राहक की आँखों में सपने जगाने से शुरू होती है।

इसी तरह *अध्यापकों* के लिए भी यह जानना बहुत ज़रूरी है कि उनके छात्रों के लिए सबसे महत्वपूर्ण क्या है - और, जैसा कि अध्याय 8 में समझाया गया है, भौतिक वितरण से बौद्धिक वितरण की हालिया तब्दीली के कारण, अध्यापक स्वास्थ्य वितरण के करियर में भी ख़ास योग्य हो सकते हैं।

अंत में, *पशुचिकित्सक* अपने उपभोक्ताओं के मानव स्वास्थ्य के स्तर और मरीज़ों के पशु स्वास्थ्य स्तर को सुधारने में अद्भुत योगदान दे सकते हैं। वास्तव में, पशु चिकित्सक पोषण और अतिरिक्त पोषक पदार्थों के मामले में डॉक्टर से अधिक योग्य होते हैं। चिकित्सा विद्यालयों के विपरीत पशु-चिकित्सा विद्यालय में हमेशा से पोषण महत्व के बारे में पढ़ाया जाता है, और पशु-चिकित्सा विद्यालय ने ऐसे कई मानव पोषक पदार्थों की खोज का पथप्रदर्शन किया है जिन्हें आज हम इस्तेमाल कर रहे हैं (जैसे, ग्लूकोसैमीन और मुख्य खनिज)।

स्वास्थ्य में निवेशक बनिए

स्वास्थ्य में निवेशक बनने के बारे में जो सर्वश्रेष्ठ सलाह मैं आपको दे सकता हूँ वह यह है कि जिस कंपनी में आप निवेश करना चाहते हैं पहले उसके उपभोक्ता बनें।

सच कहें, तो जब किसी कंपनी की दीर्घावधि संभावनाओं का मूल्यांकन करना हो, तो ख़ुद उस उत्पाद का इस्तेमाल करने के अलावा कोई विकल्प नहीं है। जब आप अपने पसंदीदा उत्पाद वाली कंपनी में निवेश कर देते हैं, तब आपको समय-समय के अंतराल पर प्रतिद्वंद्वी कंपनी के उत्पादों का मुआयना भी करना चाहिए। तकनीक इतनी तेज़ी से बदल रही है कि आज का वॉल-मार्ट अक्सर कल का डब्ल्यू.टी. ग्रांट[6] हो जाता है।

यदि आप एक डॉक्टर हैं, स्वास्थ्य वितरक हैं, बीमा एजेंट हैं या स्वास्थ्य उद्योग के किसी पहलू से जुड़े हैं तो आप अपने उस ख़ास उद्योग के दायरे की कंपनियों के उत्पादों के बारे में लगातार लिखते रहें और उन्हें मूल्यांकित करते रहें। आप वास्तव में स्वास्थ्य उद्योग के भीतर क्या कर रहे हैं, उस आधार पर आप पहले ही जान जाएँगे यदि कंपनी किसी परेशानी में फँसने वाली होगी या कोई महत्वपूर्ण नया उत्पाद लाने वाली होगी।

मान लीजिए आप नेत्र शल्य चिकित्सक हैं, जो अपने मरीज़ की आँखों की लेसिक सर्जरी कर रहे हैं। इसके लिए आपको न सिर्फ़ अपने मरीज़ों के लिए बाज़ार में बेहतर लेज़र पर नज़र रखनी चाहिए, बल्कि हर लेज़र निर्माण और उसे बनाने वाली कंपनी के बारे में आपके विचारों की एक फ़ाइल बनानी चाहिए - उनके उत्पादों की गुणवत्ता से लेकर उनके बिक्री प्रदर्शनों और सेवाओं तक। ऐसा करने से, आप यह पहले ही जान सकेंगे कि आपके क्षेत्र की कौन सी कंपनियाँ आगे बढ़ रही हैं और कौन सी कंपनी ख़राब प्रबंधन या नई प्रतिद्वंद्विता के कारण धराशायी हो रही हैं। यदि आप स्वयं इन कंपनियों के बारे में लिखने में सक्षम नहीं हों, तो किसी ऐसे निवेश पेशेवर के साथ टीम बना लें, जो कंपनी की स्टॉक वैल्यू के मूल्यांकन

के आपके प्राथमिक उपभोक्ता अनुभव का उपयोग करने में अधिक सक्षम हो। यह बात दिमाग़ में रखें कि आपका सिर्फ़ इसलिए किसी कंपनी में निवेश करना पर्याप्त वजह नहीं है कि उसके उत्पाद आपको पसंद हैं। जिस उत्पाद को आप पसंद करते हैं, हो सकता है कंपनी में उसका बिक्री प्रतिशत बहुत कम हो और इसलिए उसका कंपनी के कुल प्रदर्शन पर बहुत कम असर पड़ता हो।

मेरे शौक़ों में से एक है पर्सनल कंप्यूटर सॉफ़्टवेअर और हार्डवेअर - मुझे अपने कंप्यूटर पर खट-पट करते रहना पसंद है और लगभग हर हफ़्ते एक नया पीसी या उससे संबंधित उपकरण ख़रीदता रहता हूँ। मुझे "नवीनतम या महानतम" नए पीसी गैजेट खोजते रहने में ख़ासा मज़ा आता है और फिर उसकी सर्वश्रेष्ठ उपलब्ध क़ीमत पता करने में। 1990 के दशक में एक बड़ी फ़र्म मुझे लगातार उनके निवेश पेशेवरों को उस महीने मेरे द्वारा ख़रीदे गए नए पीसी खिलौनों के बारे में बोलने के लिए आमंत्रित करती रही कि मैंने क्यों वही ख़ास वस्तु या ब्राण्ड ख़रीदा, या मैंने उसे कहाँ से ख़रीदा। वे मुझे बताते थे कि मेरी उत्पादों की प्राथमिकी और ख़रीदी अनुभव उनके लिए सैकड़ों विश्लेषकों द्वारा किए गए सर्वेक्षणों से अधिक क़ीमती है।

एक अर्थशास्त्री के तौर पर मेरे लिए यह हमेशा आश्चर्यजनक होता है कि वकीलों, डॉक्टरों, इंजीनियरों, वैज्ञानिकों और अन्य पेशेवरों को धन कमाने के लिए कितनी अधिक मेहनत करनी पड़ती है - सिर्फ़ यह नुक़सान देखने के लिए कि जब वे बिना सोचे-समझे किसी "निवेश पेशेवर" की ओर मुड़ते हैं जो यह "जानने" का दावा करता है कि कौन से स्टॉक की क़ीमतें बढ़ने वाली हैं। यदि ऐसा कोई व्यक्ति है जो वास्तव में यह जानता हो कि कौन से स्टॉक्स ख़रीदने चाहिए, तो वह ख़ुद ही उनमें निवेश क्यों नहीं करता, और वे लोग अपनी जानकारी आपके साथ बाँटकर अपनी मेहनत पर पानी क्यों फेरना चाहते हैं?

व्हॉर्टन का रहस्य

हालाँकि 1973 तक स्नातक कर रहे भौतिकी छात्र के रूप में, मुझे इस तरह का कोई विश्वास नहीं था। इसके बाद मैंने अमीर बनने के लिए बिज़नेस पढ़ने का निश्चय किया। स्नातक होने के बाद मैंने एम.बी.ए. करने के लिए प्रसिद्ध व्हॉर्टन ग्रेजुएट स्कूल ऑफ़ बिज़नेस में प्रवेश लिया। जब व्हॉर्टन पहुँचा तो मैंने सुना कि स्टॉक मार्केट के बारे में जानने और बहुत तेज़ी से धनी बनने के लिए पक्का वैज्ञानिक तरीक़ा सीखने के लिए स्पेक्यूलेटिव मार्केट्स नामक कोर्स होता है। यह विषय इतना लोकप्रिय था कि आपको इस क्लास में प्रवेश पाने के लिए ग्रेजुएशन से पहले अंतिम सेमेस्टर तक इंतज़ार करना पड़ता है।

स्पेक्यूलेटिव मार्केट्स की क्लास के मेरे पहले दिन प्रोफ़ेसर ने हमें कहा कि जो बात मैं तुम्हें बताने जा रहा हूँ वह तुम किसी से नहीं कहना - एक ऐसा रहस्य जो 26 सालों तक मेरे भीतर दबा रहा। सबसे पहले उन्होंने समझाया कि वास्तव में स्टॉक्स के माध्यम से तुरंत कोई भी अमीर नहीं बन सकता जब तक कि आप इनसाइडर ट्रेडिंग क़ानून की अपराध-संहिता को तोड़ने की इच्छा न रखते हों। लेकिन जब हम व्हॉर्टन से स्नातक होते हैं, तो वॉल स्ट्रीट के बहुत से धनी लोग बाहर यह ग़लत सोचते हैं कि हमारे जैसे व्हॉर्टन डिग्रीधारक तुरत-फुरत अमीर बनने के लिए कौन से स्टॉक ख़रीदना चाहिए, जानते हैं। फिर उन्होंने समझाया कि वॉल स्ट्रीट के नए स्टॉक दलाल के रूप में अमीर बनने के लिए इस परिस्थिति का लाभ हम व्यक्तिगत रूप से कैसे उठा सकते हैं।

स्टॉक ब्रोकर के रूप में अपने पहले दिन तुम 10,000 अमीर लोगों की उनके फ़ैक्स नंबर सहित एक सूची ख़रीदो। तुम 5,000 लोगों को यह कहते हुए एक फ़ैक्स भेजो : "मैं जॉन डोए हूँ, और मैं जानता हूँ कि कल जनरल मोटर्स (जी.एम.) स्टॉक *ऊपर* जाने वाला है, इसलिए मैं आपको सलाह देता हूँ कि 1,000 डॉलर लो और इन विकल्पों को ख़रीदो।" इसके साथ ही, तुम अन्य 5,000

लोगों को यह कहते हुए फ़ैक्स भेजो कि इसके विपरीत होने वाला है : "मैं जॉन डोए हूँ, और मैं जानता हूँ कि कल (जी.एम.) स्टॉक *नीचे* जाने वाला है, इसलिए मैं आपको सलाह देता हूँ कि 1,000 डॉलर लीजिए और इस विकल्प को ख़रीदिए।" अगले दिन अंत में, इस बात के आधार पर कि जी.एम. किस ओर गया, आप ग़लत सलाह प्राप्त करने वाले 5,000 लोगों की सूची फाड़ दीजिए।

फिर आप शेष 5,000 लोगों में से 2,500 को यह कहते हुए फ़ैक्स भेजिए : "मैं जॉन डोए हूँ। यदि आपने मेरी कल की जी.एम. संबंधी राय को माना था, तो आपके अपने 1,000 डॉलर के निवेश की क़ीमत अब 2,000 डॉलर हो गई होगी। मैं जानता हूँ कि कल फ़ोर्ड *ऊपर* जाने वाला है, तो मैं आपको सलाह देता हूँ कि अपने 2,000 डॉलर लीजिए इस विकल्प को ख़रीद लीजिए।" आप अन्य 2,500 लोगों को फ़ैक्स भेजिए कि फ़ोर्ड *नीचे* जाने वाला है। ऑफ़िस से अगले दिन आप 2,500 में से 1,250 को, जिन्हें सही सलाह मिली थी, फ़ैक्स भेजिए कि "मैं जॉन डोए हूँ। यदि कल आपने फ़ोर्ड संबंधित मेरी राय मानी हो, तो आपके 2,000 डॉलर निवेश की क़ीमत 4,000 डॉलर हो गई होगी। मैं जानता हूँ कि कल क्रिसलर *ऊपर* जाने वाला है, इसलिए मैं आपको 4,000 डॉलर लेकर इस विकल्प को ख़रीदने की सलाह देता हूँ।" अन्य 1,250 लोग क्रिसलर के *नीचे* जाने वाली सलाह प्राप्त करेंगे। और यह इसी तरह चलता जाएगा, जब तक कि आपके पास 78 लोग बचें, जिनके पास इस बात का अकाट्य प्रमाण हो कि आप *जानते हैं* कि कौन सा स्टॉक ख़रीदना है। फिर आप इन 78 धनाढ्यों के साथ लंच के एपॉइंटमेंट बनाइए और तय कीजिए कि आपको इनके साथ क्या करना है जो यह मानते हैं कि आप वॉल स्ट्रीट में अब तक के सर्वाधिक चतुर व्यक्ति हैं – और जो शायद लगभग हर आधार पर अपने मकान गिरवी रखने और अपने जीवनभर की कमाई आपको देने को तैयार हो जाएँ, यदि आप उनके लिए निवेश करने को राज़ी हो जाएँ तो।

काम के दिन	संपन्न ग्राहकों की संख्या	उनके 1,000 डॉलर की क़ीमत यदि उन्होंने आपकी सलाह मानी हो
1	10,000	$ 1,000
2	5,000	$ 2,000
3	2,500	$ 4,000
4	1,250	$ 8,000
5	625	$ 16,000
6	312	$ 32,000
7	156	$ 64,000
8	78	$1,28,000

इस कहानी से यह शिक्षा मिलती है कि जैसा कि मेरे प्रोफ़ेसर ने समझाया, यदि आप किसी ऐसे व्यक्ति से मिलते हैं जो आपको यह बताता/बताती है कि तेज़ी से अमीर बनने के लिए आपको कौन से स्टॉक ख़रीदने चाहिए, तो आप इसी तरह की घटनाओं की किसी श्रृँखला के अंत में मौजूद 10,000 लोगों के उन 78 में से एक हैं (1 प्रतिशत से भी कम)। वॉल स्ट्रीट में पैसा बनाने के लिए, किसी कंपनी के बारे में अच्छे शोध के आधार पर लंबे समय तक डटे रहने के अलावा कोई विकल्प नहीं है - उसकी मैनेजमेंट टीम, उसकी पूँजीगत संरचना, और सबसे महत्वपूर्ण, उसके उत्पाद। और उन उत्पादों के बारे में जानने का सबसे बेहतरीन तरीक़ा है ऐसे क्षेत्र में निवेश करना जिसके उत्पादों के बारे में आपको पहले से ही समझ हो - आपका अपना चयनित पेशा।

अपने धर्म के माध्यम से अपने दावे को दाँव पर लगाना

कुछ पाठक संभवत: व्यापारिक परिक्षेत्र के बाहर अपने दावे को दाँव पर लगाना चाहें। संभवत: वे अपने चर्च, मस्जिद या सिनागूज (यहूदी

प्रार्थनागृह) के माध्यम से स्वास्थ्य का प्रचार करना चाहें। इन पाठकों को यह समझने की ज़रूरत है कि स्वास्थ्य हमेशा से हमारे महान धर्म का हिस्सा रहा है और किस तरह से कई समुदायों ने इसे पहले ही आत्मसात कर लिया है। पाठक, पुरोहित, चर्च अधिकारियों के लिए स्वास्थ्य और धर्म के बीच संबंध को समझना ज़रूरी है।

सभी स्वास्थ्य उद्यमियों को स्वास्थ्य और धर्म के बीच संबंध को समझने की ज़रूरत है, ताकि वे अपने उपभोक्ताओं को बेहतर जीवनचर्या चुनने और अपनाने के लिए प्रेरित करें। साथ ही हो सकता है कुछ स्वास्थ्य उद्यमी लाभ कमाने वाले स्वास्थ्य व्यापार उद्योग के साथ अपने चर्च के माध्यम से स्वास्थ्य प्रचार को जोड़ना चाहें।

दुनिया के धर्म अपने समुदायों की धर्मनिरपेक्ष ज़रूरतों को अपनाकर भी महान बने हैं। आज, हालाँकि आहार और व्यायाम की एक स्वस्थ जीवनशैली अपनाना बड़ी धर्मनिरपेक्ष ज़रूरत है, लेकिन इसे अधिकांश धर्म और धार्मिक संस्थाएँ अनदेखा कर रही हैं। यह इसलिए हुआ क्योंकि तंदुरुस्त और स्वस्थ शरीर की ईश्वर से सामीप्य वाली मान्यता मध्ययुग में ग्रीक और रोमन अत्याचारियों द्वारा बाहरी दिखावे और सुंदरता पर ज़ोर डालने की प्रतिक्रिया स्वरूप भुला दी गई। फिर भी अधिकांश धर्मों के स्थापत्य सबूतों से पता चलता है कि ईश्वर हमें स्वस्थ देखना चाहते हैं।

सभी धर्मों में सर्वाधिक आम बाइबल की कहानी, ईडन का बगीचा, बताती है कि कैसे भगवान ने बनाया "हर वृक्ष जो देखने में सुहाना हो और खाने में अच्छा हो।"[7] यह तथ्य सौंदर्य विशेषता से कहीं अधिक मायने रखता है - बाइबल में सुझाई गई भोजन की क़िस्में और प्रकार, स्वास्थ्य के लिए आवश्यक सभी विटामिनों, खनिजों और प्रोटीन से युक्त हैं।

हमारे समय में, हम "नए" प्राचीन प्राकृतिक उपचारों की खोज में जुटे हैं - खाई को पाटने के लिए गिंग्को (चीनी धार्मिक वृक्ष) से लेकर संत जॉन की जड़ी-बूटियों तक अपनी यादों को खंगाल रहे हैं। ये

खोजें निरंतर यहूदी तंत्रवेत्ता के प्रसिद्ध कथन को रोशन कर रही हैं : "ईश्वर ने व्याधि भेजने से पहले उसका उपचार बनाया।"[8]

मूरिश स्पेन में बारहवीं शताब्दी के रब्बी और डॉक्टर मोज़ेस मैमोनाइड्स को यहूदी, ईसाइयों और मुस्लिमों द्वारा महानतम ब्रह्मज्ञानी के तौर पर बराबरी से पूजा जाता है। मैमोनाइड्स ने ग्रीक सिद्धांतवाद और पुराने व नए टेस्टामेंट की संगत से यह सार निकाला कि स्वस्थ रहने का हमारा कर्तव्य एक धार्मिक कर्तव्य है, सृजनकर्ता को जानने की अभिलाषा में हमारी सबसे पहली प्राथमिकता।[9]

कुछ धार्मिक संस्थाएँ समुदायों को अपना आहार नियंत्रित करने के तरीक़े सिखाती हैं। सर्वाधिक सफल कार्यक्रम, द वेट डाउन डाइट अधिक खाने और भुक्खड़पन को पाप मानने वाले सिद्धांत पर आधारित है। आज 30,000 वज़न कम करने की कार्यशालाएँ हैं, जो अधिकांश अमेरिकी चर्चों में हैं, जो अपने लाखों भाग लेने वालों के जीवन पर सचमुच एक बदलाव ला रही हैं।[10]

द वेट डाउन डाइट और इसी तरह के कार्यक्रम अधिक भोजन के नकारात्मक या पापपूर्ण रवैये पर दबाव डाल रहे हैं। हालाँकि इन कार्यक्रमों के नतीजे अच्छे निकल रहे हैं, मुझे लगता है कि अधिकांश अमेरिकियों के स्वास्थ्य का जवाब अधिक सकारात्मक प्रयास में छुपा है।

मैं एक यहूदी परिवार में पला-बढ़ा, जहाँ धार्मिक आहार नियमों का पालन किया जाता था। हम ग़ैरकौशर भोजन जैसे केकड़ा, झींगा या सुअर नहीं खाते थे - वे नियम मैंने कॉलेज के लिए घर छोड़ते ही तोड़ दिए। सालों बाद जब मैंने इज़राइल में समय व्यतीत करना शुरू किया तब मुझे समझ में आया कि मैंने युवा होने के दौरान क्या खोया। इज़राइल में ज्ञानी रिश्तेदारों द्वारा, सिर्फ़ बाइबल क़ानूनों में सुझाए गए भोजन को ही खाने की ज़रूरत किसी हानि के तौर पर नहीं समझी जाती थी बल्कि, इसे ईश्वर की सबसे बड़ी सौगात माना जाता था। वे भोजन के पहले और बाद में इस ज्ञान के लिए अपनी प्रार्थनाओं से ईश्वर को धन्यवाद देते हैं। उनके लिए, कौशर भोजन खाना जीवन के महानतम *सत्कार्यों* में से एक है।

जिस तरह मैंने युवावस्था में कौशर रखने के उद्‌देश्य को ग़लत समझा, कई लोग आज ग़लत तरह से यह सोच रहे हैं कि स्वस्थ जीवनशैली उन चीज़ों को निरंतर न कहने की सीख देती है जिनका वे आनंद लेते हैं। लेकिन स्वास्थ्य के प्रति जागरूक व्यक्ति ख़ुद अपनी देखभाल कर पाने के ज्ञान के लिए प्रसन्न रहते हैं और ईश्वर की सराहना करने हैं। रोज़ाना भोजन के छोटे और अर्थपूर्ण सदाचार के माध्यम से एक स्वास्थ्य जागरूक व्यक्ति, एक रूढ़िवादी यहूदी और इस्लाम का पालन करने वाला एक व्यक्ति सभी एक विशिष्टता, अद्‌भुतपन और ईश्वर से सामीप्य का अनुभव करते हैं।

धार्मिक विश्वास दुनिया की सर्वोच्च प्रेरणादायी ताक़त है। स्वास्थ्य उद्यमी स्वास्थ्य व्यापार को अपने धर्म से जोड़ सकते हैं - अपने उपभोक्ताओं को आस्था के ज़रिए पौष्टिक भोजन करने और नियमित व्यायाम करने वाली जीवनशैली अपनाने तथा उस पर डटे रहने के विश्वास को प्रेरित कर सकते हैं।

अध्याय-10

उपसंहार : असीमित स्वास्थ्य

"यह कितना दुःखदायी है!" अपने ख़ुद के पोर्ट्रेट पर अभी तक आँखें गड़ाए डोरियान ग्रे बुदबुदाए। "यह कितना दुःखदायी है! मैं बूढ़ा, डरावना और भयानक हो जाऊँगा। लेकिन यह तस्वीर हमेशा युवा बनी रहेगी। काश यह इसके उलट होता! यदि यह मैं होता जो हमेशा युवा रहता और यह तस्वीर बूढ़ी हो जाती! इसके लिए - इसके लिए - मैं कुछ भी दे देता! हाँ, पूरी दुनिया में ऐसा कुछ भी नहीं जो मैं नहीं दे सकता! इसके लिए मैं अपनी आत्मा भी दे सकता हूँ!"

–ऑस्कर वाइल्ड, द *पिक्चर ऑफ़ डोरियान ग्रे (1891)*

स्वास्थ्य असीमित क्यों है

हमारे शरीर की प्रत्येक कोशिका सतत रूप से मरती और ख़ुद को बदलती रहती है।[1] कोशिकीय स्तर पर, सर्वाधिक स्वास्थ्य गतिविधियों का जैवरासायनिक स्तर पर उद्देश्य यही होता है कि इन कोशिकाओं को अनुकूलतम स्तर पर अपने पुनर्निर्माण के लिए आवश्यक सभी ज़रूरी पदार्थ - प्रोटीन, विटामिन और खनिज - मिलते रहें।

लेकिन इंसान के जीवन में किसी बिंदु पर "कुछ है" जो प्रत्येक शारीरिक अंग की हर कोशिका को ख़ुद को पुनर्निर्मित करने से रोकता है। इस वजह से स्वाभाविक बुढ़ापा, बीमारियाँ और अंततः मृत्यु होती है। कई बार, जब कोई कोशिका या अंग जैवरासायनिक कमी से नहीं जूझ रहा होता है, तब भी "कुछ होता है" जो किसी अंग में अस्वाभाविक कोशिकाओं को अनियंत्रित तौर पर गुणित होकर तब तक बढ़ने के लिए प्रेरित करता है, जब तक कि वह उस अंग की कार्यप्रणाली अवरुद्ध नहीं कर देता (जैसे - कैंसर)। आज, हम जानते हैं कि यह "कुछ है" जो जीवन के जेनेटिक कोड के कई और जटिल संकेतों में से एक है, जिसे डीएनए या डीऑक्सीरिबोन्यूक्लिक एसिड कहते हैं। डीएनए सभी कोशिकाओं में पाया जाने वाला एक कार्बनिक यौगिक है जिसमें आनुवंशिक विशेषताएँ और प्रतिकृतियों के जेनेटिक कोड मौजूद होते हैं।

हमारा जेनेटिक कोड 3 अरब से अधिक विभिन्न अक्षरों वाली मानवीय "पुस्तक" है - जो पूरी तरह से चार वर्णों (ए, टी, सी और जी) से लिखी गई है, जिसमें कोई स्थान या विराम चिह्न नहीं है। हालाँकि वास्तविक पदार्थ जिसे अब हम डीएनए कहते हैं, 1869 में खोजा गया था, लेकिन आनुवंशिकता में इसकी भूमिका बीसवीं शताब्दी के उत्तरार्ध में देखी गई, और मानव जीनोम का पूर्ण मानचित्र इस शताब्दी की शुरुआत तक भी पूरा नहीं हो सका था।[2]

स्वास्थ्य आधारित उत्पादों और सेवाओं के लिए हमारी माँग मुख्यतः जेनेटिक कोड की एक कार्यप्रणाली से प्रभावित है, वह जिसके कारण बुढ़ापा आता है - हमारे शरीर पर दिखाई देने वाली झुर्रियों से लेकर हमारे अंगों के चरम विघटन तक।

दीर्घकाल के दौरान, इस जेनेटिक कोड की समझ और अंततः फेरबदल में ही स्वास्थ्य उद्योग के सबसे बड़े वादे निर्भर हैं।

किसी व्यक्ति के डीएनए, जो उसके मुँह के छोटे से अंश या जीभी से लिया जा सकता है, की जाँच से यह बता पाना पहले ही संभव हो चुका है कि उस व्यक्ति में कोई विशेष बीमारी होगी या नहीं।

जल्द ही, हाल ही में पूरे हुए मानव जीनोम मैपिंग के आधार पर, हर बीमारी या हालत का पूर्वानुमान लगाया जा सकेगा जो बाहरी (जैसे आहार और व्यायाम) कारण से नहीं होती हैं।

वैज्ञानिक सन् 2010 तक इस तरह के परीक्षणों के ज़्यादा इस्तेमाल किए जाने का अनुमान लगा रहे हैं।[3] सिर्फ़ अगले कुछ ही सालों में इस जानकारी का इस्तेमाल करके किसी विशेष परिस्थिति के विकसित होने की भविष्यवाणी की जा सकेगी। और इसके प्रयोग कर स्वास्थ्य वितरक कोई विटामिन या आवश्यक पूरक पदार्थ आधारित थैरेपी की सलाह दे सकेगा।

उदाहरण के लिए, किसी व्यक्ति के जेनेटिक रुझान से ओस्टियोपोरोसिस विकसित होने का अनुमान लगने पर उसे युवावस्था से ही कैल्शियम आधारित आवश्यक पूरक पदार्थ लेने की सलाह दी जा सकती है, या किसी व्यक्ति के जेनेटिक रुझान में प्रोस्टेट समस्या की आशंका होने पर उसे जवानी में ही सॉ पालमेटो दिया जा सकता है।

इस उभरती हुई डीएनए आधारित तकनीक को सबसे पहले अपनाने वाले स्वास्थ्य उद्यमी, ख़ासकर पौष्टिक भोजन और आहार पूरकों के क्षेत्र वाले, नए उपभोक्ताओं के साथ अपने व्यापार को जगमगाते देखेंगे।

जैसे-जैसे तकनीक तरक़्क़ी करेगी, इस्तेमाल होने वाले विटामिन और आवश्यक पूरक जेनेटिक पदार्थ हस्तक्षेप से संभवतः उखाड़ फेंक दिए जाएँ। यदि ऐसा होता है, तो यह बीमारी विकसित करने वाली प्रवृत्ति के समस्याग्रस्त जीन का सुधार या वास्तविक नवीनीकरण होगा। वैज्ञानिक कई दशकों से इस तरह के हस्तक्षेप की उम्मीद भी नहीं कर रहे हैं, जो जेनेटिक कारणों से होने वाली बीमारियों में पूरे स्वरूप के उपचार में असरकारक हो।[5]

आज और अगले कुछ दशकों में हमारे जेनेटिक कोड और इससे होने वाले बुढ़ापे से स्वास्थ्य उत्पाद और सेवाओं की असीमित माँग निकलेगी, जो लगातार बनी रहेगी। जेनेटिक आधारित स्वास्थ्य

उत्पाद और सेवाओं के क्षेत्र में हर आविष्कार उम्र बढ़ने की प्रक्रिया को धीमा करेगा और अधिक स्वास्थ्य की माँग को बढ़ाएगा, क्योंकि संतुष्ट उपभोक्ता अधिक सेहतमंद होने की खोज में होंगे तथा मौजूदा उपभोक्ता स्वास्थ्य उत्पादों और सेवाओं का अधिक उपभोग करने के लिए लंबे समय तक जीवित रहेंगे।

अविश्वसनीय अच्छा करने का अवसर

स्टीव डेमॉस या जिल किन्नी जैसे कुछ स्वास्थ्य उद्यमी हमारी नई शताब्दी के बिलियनेयर और मीडिया के चहेते बनकर उभरेंगे। सैकड़ों हज़ार अधिक स्वास्थ्य उद्यमी मिलियनेयर बन जाएँगे - अगले पाँच सालों में लगभग 25 लाख नए अमेरिकी लखपति बनेंगे, जिनमें से कई स्वास्थ्य में अपनी क़िस्मत बनाएँगे।[3]

यह पुस्तक उन रणनीतियों पर केंद्रित है, जिनका इस्तेमाल कुछ स्वास्थ्य उद्यमी अमीर बनने के लिए कर रहे हैं और आप कैसे उनकी सफलता को अपने जीवन में दोहरा सकते हैं। लेकिन जब आप अमीर हो जाएँगे, तो आपके बैंक खाते में बढ़ोतरी होने से भी कुछ अधिक महत्वपूर्ण इस समाज में होगा।

आर्थिक दृष्टि से, हम अपने स्वास्थ्य की कमी को डॉलरों और आबादी में आँकते हैं। अमेरिका में हम हर साल 15 खरब डॉलर बीमारी पर ख़र्च करते हैं यानी हमारी कमाई के हर डॉलर का सातवाँ हिस्सा। लगभग 7.7 करोड़ अमेरिकी या हमारी कुल आबादी के 27 प्रतिशत लोग बुरी तरह से स्थूलकाय हैं। और 18.4 करोड़ अमेरिकी यानी 61 प्रतिशत अधिक वज़न वाले और अस्वस्थ हैं। ये आँकड़े पिछले कुछ दशकों में दोगुने हो गए हैं और पिछले 5 सालों में तो 10 प्रतिशत बढ़ गए हैं।

हमारे स्वास्थ्य की ज़रूरत की वास्तविक लागत खरबों डॉलर या लाखों लोगों में नहीं आँकी जा सकती।

7.7 करोड़ लोगों में से कई जो स्थूलकाय हैं, ग़लत तरीक़े के जीवन जीने का प्रतिनिधित्व करते हैं। इन लोगों में अपने जीवन, अपने काम और अपने परिवारों का पूरी तरह से आनंद लेने लायक़ ऊर्जा भी नहीं है। ये अपने जीवन का एक अहम हिस्सा अपने चिकित्सकीय हिंडोले में ही बिता रहे हैं, जो उनके लक्षणों की न्यूनतम मात्रा का उपचार करता है – बस, उन्हें काम करने लायक़, अधिक अपौष्टिक भोजन तथा अधिक से अधिक बीमारी उत्पादों व सेवाओं का उपभोग करने लायक़ रखने के लिए।

10.7 करोड़ अधिक वज़न वाले, लेकिन मोटे नहीं, लोग अमेरिका में अक्सर थकान, घबराहट, सिरदर्द, विभ्रम और मांसपेशियों की कमज़ोरी की हद तक कुपोषित हैं। जब वे मदद के लिए अपने चिकित्सा समुदाय की तरफ़ रुख़ करते हैं, तो उन्हें कहा जाता है कि ये बढ़ती उम्र के सामान्य लक्षण हैं।

हालाँकि ऐसा तब तक ही होता है जब तक कि ये बदक़िस्मत लोग आपसे और आपके स्वास्थ्य व्यापार से नहीं मिल लेते।

जब आप हर रोज़ अपने स्वास्थ्य उत्पाद और सेवाओं का प्रचार करने बाज़ार जाते हैं तो आप वास्तविक उत्पाद और सेवा से भी अहम एक संदेश भी ले जाते हैं। हर स्वास्थ्य उत्पाद की पिच के पीछे यही भावना होती है कि आपके उपभोक्ता अपने जीवन का नियंत्रण ले सकें और स्वास्थ्य की राह पर बढ़ना शुरू कर सकें।

विशिष्ट रूप से, कोई नया उत्पाद ख़रीदने या किसी नई सेवा को आज़माने से पहले उपभोक्ता कम से कम दो बार उसे ख़रीदने का निर्णय ले चुका होता है और फिर ऐसा करना भूल चुका होता है। आख़िरकार उस ख़रीद के तीन निश्चयात्मक निर्णय लेने से पहले उस उत्पाद की ख़बर को वास्तव में कई प्रलोभनों की ज़रूरत होती है। इसी वजह से, नए उत्पाद को बाज़ार में उतारते वक़्त विज्ञापन एजेंसियाँ अपने ग्राहकों को वास्तविक बिक्री की उम्मीद लगाने से रोकती हैं, जब तक कि उपभोक्ता का उस संदेश से कई बार सामना नहीं हो जाता।

हर बार जब आपका स्वास्थ्य संदेश किसी संभावित स्वास्थ्य

उपभोक्ता के पास पहुँचता है, तो आप उपभोक्ता को उसके स्वास्थ्य के लिए निर्णय लेने वाले तीन निश्चयात्मक निर्णयों के एक क़दम नज़दीक ले आते हैं। भले ही उपभोक्ता आपके उत्पाद या सेवा को सकारात्मक प्रतिक्रिया न दे। इस तरह, सभी स्वास्थ्य उद्यमी सहकर्मी हैं, क्योंकि अगर आपको लगता है कि आप असफल हो गए हैं, तो भी आप संभावित उपभोक्ता को निर्णय पर पहुँचने के एक क़दम नज़दीक लाने में सफल हो चुके होते हैं, जो उसका जीवन बदल सकता है।

जैसा कि हमने अध्याय 2 में पढ़ा, जब आप उपभोक्ता को अपना स्वास्थ्य उत्पाद आज़माने के लिए राज़ी करने में सफल हो जाते हैं, और उन्हें सकारात्मक स्वास्थ्य अनुभव होता है, तो वे आपके तथा आपके प्रतिद्वंद्वियों द्वारा निर्मित या वितरित उत्पादों और सेवाओं के अधिक स्वास्थ्य उत्पादों तथा सेवाओं के दीवाने उपभोक्ता बन जाते हैं :

- **एक बच्चे की माँ जिसका 35 पौंड वज़न कम हो गया हो और अब वह अधिक ऊर्जा के लिए फ़िटनेस क्लब से जुड़ना चाहती हो।**
- **नई विटामिन नियमावली से अधिक ऊर्जा पा चुका एक लड़का अब बेहतर पोषण के बारे में जानना चाहता है और अपना आहार भी बदलना चाहता है।**
- **चुंबकीय थैरेपी से दर्द से छुटकारा पा चुका पिता अब बेहतर विटामिनों के बारे में जानना चाहता है।**
- **उस लड़की के माता-पिता, जिसे एकिनेशिया लेने के बाद सर्दी से छुटकारा मिल गया हो, अब अपने अन्य बच्चों के लिए भी उपलब्ध उपायों के बारे में जानना चाहते हैं।**
- **ग्लूकोसैमीन का सेवन कर धावक रह चुका व्यक्ति अब फिर से साइक्लिंग करने लगा है और अब अपनी याददाश्त बढ़ाने के लिए कुछ चाहता है।**
- **सॉ पालमेटो से ठीक होने वाला प्रोस्टेट मरीज़ अब अपने नेचुरोपैथिक अनुभव का अपना संदेश प्रसारित करना चाहता है।**

अपनी योजना से चिपके रहने का महत्व

मुझे उम्मीद है कि आप आज अपने विशेष स्वास्थ्य व्यवसाय में अपनी छाप छोड़ेंगे और इस अविश्वसीय उद्योग के लीडर बनेंगे। आप जितनी जल्दी शुरुआत करेंगे, आपको उतनी ही जल्दी प्रभावी पुरस्कार मिलेगा। लेकिन जितनी जल्दी शुरुआत करेंगे उतनी जल्दी इस बात की आशंका अधिक है कि जल्द से जल्द सफलता न मिलने से आप हतोत्साहित हो जाएँ। अधिकांश उपभोक्ताओं को अब भी अपना पहला सकारात्मक स्वास्थ्य अनुभव मिलना बाक़ी है - वह जो उन्हें अधिक स्वास्थ्य उत्पादों व सेवाओं का उपभोक्ता बना दे - तो इसलिए स्वास्थ उपभोक्ताओं के ब्रह्मांड ने तो बस अभी उदय होना ही शुरू किया है। हो सकता है आप एक सफल उत्पाद या सेवा विकसित कर लें, लेकिन महसूस करने से पहले ही आप पर्याप्त उपभोक्ता न मिलने के कारण तुरंत छोड़ दें।

अपने उत्पाद या सेवा के लिए आपको प्रारंभिक सफलता मिलने पर यह महत्वपूर्ण होगा कि आपके पास पहाड़ सा धैर्य हो और इतने आर्थिक संसाधन हों कि आप ज़्यादा से ज़्यादा उपभोक्ताओं तक इसका प्रचार-प्रसार कर सकें, जब तक कि स्थिर खड़े होने लायक़ आँकड़े न इकट्ठे कर लें और अपने परिणामों का सारगर्भित विश्लेषण कर सकें।

आवृत्ति (frequency) की गणितीय संकल्पना कि कोई एकल घटना किसी तय पैटर्न का अनुसरण नहीं करती, लेकिन समय के साथ कई घटनाएँ मिलकर एक तय पैटर्न का अनुसरण करती हैं, समझना कई बार मुश्किल हो जाता है, विशेषकर नए उद्यमियों को। यहाँ एक प्रयोग दिया गया है, जिसका इस्तेमाल आप आवृत्ति को बेहतर तरीक़े से समझने में या अपने सहयोगियों को आवृत्ति की विचारधारा समझाने में कर सकते हैं।

एक सिक्के को दस बार उछालें और परिणामों को लिखें। आप यह जानकर चकित रह जाएँगे कि चित (या पट) 50 प्रतिशत की

अपेक्षा के विपरीत 80–90 प्रतिशत बार दिखाई देता है। फिर इसी सिक्के को सौ बार उछालें। जब आप ऐसा करेंगे तो लगभग हमेशा चित या पट 47 से 53 प्रतिशत बार दिखाई देंगे। इसीलिए आपको सिर्फ़ कुछ घटनाओं के परिणामों से कभी भी हतोत्साहित नहीं होना चाहिए। *कई* घटनाओं या *आवृत्ति* का विश्लेषण हमेशा बेहतर भविष्यसूचक साबित होता है।

अपने स्वास्थ्य उत्पादों या सेवाओं को बेचने के लिए आप कोई विशेष रणनीति बना सकते हैं, जो अंततः 50 प्रतिशत प्रॉस्पेक्ट्स के साथ सफल हो सकती है, लेकिन आपके 10 शुरुआती प्रॉस्पेक्ट्स में से पहली 8 या 9 असफल हो जाएँ। इससे उलट आपको पहले कुछ बिक्री कॉल्स में ही सफलता मिल जाए और फिर वह तेज़ी से बढ़े, इससे पहले कि आप अपनी रणनीति को परिष्कृत करने के बारे में सोचें।

यदि आपको अपने हार मानने की इच्छा रखने वाले सहयोगियों को आवृत्ति समझाने में मुश्किल आए, तो आप बिल्कुल हतोत्साहित न हों, अल्बर्ट आइंस्टाइन जैसे महान वैज्ञानिकों को भी यह विचार समझने में मुश्किल आई थी।

भगवान ने आवृत्ति का सृजन क्यों किया

मेरे पिता एक धार्मिक इंसान थे। वे दृढ़ता से सच्चाई में विश्वास करते थे और भगवान में भी, जिनके पास हर चीज़ की कोई वजह होती है। यहाँ तक कि जब वे कैंसर से मर रहे थे, तब भी अपने विश्वासों से कभी नहीं डगमगाए कि उनकी अपनी चिकित्सकीय परिस्थिति और समाज की आर्थिक समस्याएँ दोनों ही भगवान द्वारा दिए गए औज़ारों का सदुपयोग करने में असफलता का परिणाम है। वे पूरे विश्वास से अल्बर्ट आइंस्टाइन का उल्लेख करते हुए कहते थे, "भगवान ब्रह्मांड के साथ पाँसे फेंककर नहीं खेलता।"

हालाँकि मेरे पिता इस प्रेरक वचन से प्रोत्साहित होते थे, लेकिन

वास्तव में आइंस्टाइन ने यह कहते समय बहुत बड़ी ग़लती की।[6,7] आइंस्टाइन एक सिद्धांत की खोज में थे, जिसे बाद में यूनिफ़ाइड फ़ील्ड थ्योरी कहा गया। यह एक सिद्धांत था जो ब्रह्मांड के सबसे छोटे इलेक्ट्रॉन से लेकर सबसे बड़े ग्रह तक हर चीज़ का व्यवहार समझाती थी। इस खोज के दौरान आइंस्टाइन यह स्वीकार नहीं कर पाए कि अकेला परमाण्विक कण भी बेतरतीबी से पाँसे की तरह घूमता दिखाई देता है, लेकिन जब उसे भी पर्याप्त आवृत्तियों के साथ देखा जाए, तो कणों की क्रियाएँ संभाव्यता के स्थापित नियम का अनुसरण करती हैं।

आज, क्वांटम मैकेनिक्स का विज्ञान, जो मूल कणों के संभाव्य व्यवहार पर आधारित है, परमाणु ऊर्जा से पर्सनल कंप्यूटर तक हर चीज़ का विश्लेषण करता है। आइंस्टाइन जो चीज़ समझ पाने में असफल रहे, वह यह थी कि भगवान ने पाँसे का आविष्कार किया और भगवान ने ही पाँसे की कार्यप्रणाली समझाने के लिए आवृत्ति की संकल्पना विकसित की, ताकि उसके परिणामों के आधार पर हम निर्णय ले सकें।[8]

एक प्रबंधक, अध्यापक, अभिभावक और अस्थायी-गुरु होने के नाते युवा अक्सर मुझसे पूछते हैं कि फलाँ-फलाँ प्रयास का अपेक्षित प्रतिफल क्यों नहीं मिला। जब मैं उन्हें सांत्वना देने की कोशिश करता हूँ, तो मैं भी मायूस हो जाता हूँ कि भले ही भगवान ने बड़े नियमों और व्यवस्था से यह दुनिया बनाई, लेकिन भगवान ने ही वह दुनिया भी बनाई, जहाँ ये नियम बिल्कुल लागू नहीं होते (जैसे आवृत्ति)। मुझे विश्वास है भगवान ने यह दुनिया इसलिए ऐसी बनाई, ताकि हमें लगातार चुनौतियाँ मिलती रहें, हमारी शक्ति यानी आस्था मज़बूत होती रहे। ऐसी दुनिया जहाँ हर चीज़ *हर समय* काम नहीं करती, लेकिन ऐसी दुनिया जहाँ हर चीज़ *समय* के साथ काम कर जाती है - ख़ासतौर पर हममें से उन लोगों के लिए, जो जॉब जैसे हैं, जिसके पास हमारी योजनाओं पर डटे रहने के लिए पर्याप्त विश्वास है, फिर चाहे जितनी बार विपरीत परिस्थितियों का अनुभव ही क्यों न करना पड़े।

> इसलिए **ईश्वर** ने जॉब को उसके आरंभ से अधिक अंत में आशीर्वाद दिया : क्योंकि उसके पास चौदह हज़ार भेड़ें, छः हज़ार

ऊँट, भैंसों के एक हज़ार जोड़े और एक हज़ार गधियाँ थीं ... इसके बाद जॉब एक सौ चालीस साल तक जिया और उसने अपने बेटे, और उनके बेटों के बेटे यानी चार पुश्तों को देखा। इस तरह जॉब बूढ़ा होकर और भरपूर जीवन जीकर मरा।[9]

स्वास्थ्य के पीछे "अदृश्य हाथ"

सन् 1996 में, जब मैंने इस पुस्तक के लिए शोध आरंभ किया, मुझे उम्मीद नहीं थी कि मैं स्वास्थ्य की हमारी ज़रूरत के लिए कोई हल खोज पाऊँगा। हालाँकि मैंने अपने जीवनकाल में साम्यवाद का लगभग अवसान और दुनिया में भूख तथा रंगभेद की लड़ाई में उल्लेखनीय विकास देखा, फिर भी मुझे लगा कि हम स्वास्थ्य के प्रति अपने "बीमार प्रतिगामी" रवैये के चंगुल से नहीं निकल सकेंगे।

मेरी हताशा का कारण यह था कि हमारे देश का बुरा स्वास्थ्य समाज की सबसे मज़बूत शक्ति की देन था : वह थी अर्थव्यवस्था।

जॉन मेनार्ड कीन्स ने एक बार कहा था,

> अर्थशास्त्रियों के विचार ... आम समझ से कहीं अधिक शक्तिशाली होते हैं। निश्चित रूप से, दुनिया किसी और छोटी चीज़ से ही चलती है। व्यावहारिक पुरुष, जो ख़ुद को किसी भी बुद्धिजीवी प्रभाव से मुक्त मानते हैं, आमतौर पर किसी पुराने अर्थशास्त्री के ग़ुलाम होते हैं।[10]

हमारे थुलथुल मोटे और अस्वस्थ नागरिक 10 खरब डॉलर के खाद्य उद्योग और 15 खरब डॉलर के बीमारी उद्योग की साझा आर्थिक महत्वाकांक्षाओं के ग़ुलाम बन चुके हैं।

सन् 2001 में, जब मुझे पता चला कि स्वास्थ्य उद्योग पहले ही 200 अरब डॉलर तक पहुँच चुका है, और सन् 2010 तक 10 खरब डॉलर तक पहुँचने की ओर अग्रसर है, मैं समझ सकता था

कि अर्थव्यवस्था द्वारा विशाल रूप में रचित बीमारी की समस्या का आर्थिक हल स्वास्थ्य उद्योग ही है।

सन् 1776 में, एडम स्मिथ की द *वेल्थ ऑफ़ नेशन्स* में बताया गया था कि लोगों की अपनी स्वार्थी महत्वाकांक्षाओं की बेलगाम खोज पूरे समाज की भलाई को बढ़ाने की ओर ले जाएगी। जितना गहरे स्मिथ अर्थशास्त्र के कामों में डूबते गए, उतना अधिक वे उस "अदृश्य हाथ" की ओर आकर्षित होते गए, जो लोगों को उन्नत सामाजिक संपदा की ओर ले जाने वाले कामों का मार्गदर्शन करता था। हालाँकि, स्मिथ ने, जो एक धर्मनिरपेक्ष और जागृत काल के विकासशील वैज्ञानिक थे, *ईश्वर* शब्द का प्रयोग करने से परहेज़ किया। उनके मूल काम को पढ़ने से यह स्पष्ट हो जाता है कि एडम स्मिथ जानते थे कि इस काम के पीछे किसका अदृश्य हाथ है।

आज, भगवान का हाथ काम पर होने का इससे बेहतर उदाहरण नहीं हो सकता कि वह उभरते स्वास्थ्य उद्योग के पीछे है और उस स्वास्थ्य क्रांति के पीछे काम करने वाली सकारात्मक आर्थिक ताक़तों के साथ भी जो बस अब होने ही वाली है।

परिशिष्ट : अ

वसा : यह क्या है, हमें कैसे मिलता है, और हम इसे कैसे परिभाषित कर सकते हैं?

***मशविरा :** इस परिशिष्ट को पहली बार एक उपभोक्ता के नज़रिए से पढ़ें और फिर दूसरी बार स्वास्थ्य उद्यमी के नज़रिए से पढ़ें - उन सलाहों पर निशान लगाते चलें, जिनका आप प्रभावशाली स्वास्थ्य व्यापार संभावनाओं के तौर पर भविष्य में विश्लेषण करना चाहें।*

वसा क्या है?

बाइबल में *वसा* शब्द का इस्तेमाल पशु के सबसे क़ीमती हिस्से के रूप में बताया गया है - इतना क़ीमती कि उसे वास्तव में ऊपर वाले (god) के सामने वेदी पर बलि के दौरान जलाने के लिए बचाकर रखा जाता है। ऐतिहासिक रूप से, वसा प्रचुरता, बाहुल्य, तगड़ेपन, उर्वरता या बाहरी सफलता के प्रतीक के रूप में दर्शाया जाता रहा है।

हमारे समय में शब्द *वसा* विशेष रूप से निंदात्मक हो चुका है – जो आलस, ज़िल्लत, फूहड़पन, लालच और भुक्खड़पन के साथ जुड़ा है।

लेकिन वास्तव में वसा है क्या, और क्यों यह इतना नकारात्मक गुणसूचक हो गया है?

जीवविज्ञानी भाषा में कहें तो, वसा पोषक तत्वों की *लिपिड* नामक श्रेणी का उपसमूह है। लिपिड यौगिकों के समूह का ऐसा रासायनिक नाम है जिसमें वसा, तेल और कोलेस्टेरॉल होते हैं। लिपिड को सामान्य तौर पर *वसा* कहा जाता है यदि यह कमरे के तापमान पर ठोस ही रहे और ऑइल कहा जाता है यदि यह कमरे के तापमान पर तरल रूप में हो। वसा और तेल वनस्पति तथा पशु उत्पादों से मिलते हैं जबकि कोलेस्टेरॉल *सिर्फ़* पशु उत्पाद (जैसे मांस, पोल्ट्री, दूध और चीज़) से ही मिलता है।

कोलेस्टेरॉल

कोलेस्टेरॉल एक गंधहीन, सफ़ेद, चिकना, पाउडर जैसा पदार्थ होता है, जो हमारे शरीर की हर कोशिका में पाया जाता है। यह कोशिका भित्ति, हॉर्मोन और विटामिन डी के लिए आवश्यक निर्माण खंड है। यह वसा के कैलोरिक ऊर्जा पाचन में भी मदद करता है। जब डॉक्टर "अच्छे" या "बुरे" कोलेस्टेरॉल के बारे में बात करते हैं, तो वे दरअसल लिपोप्रोटीन्स के बारे में बात कर रहे होते हैं।

लिपोप्रोटीन वसा और प्रोटीन का संयोजन होता है (लिपिड और प्रोटीन), जो प्रत्येक वसा और कोलेस्टेरॉल अणु को चारों और लिपटकर उन्हें पूरे शरीर में पहुँचाता है और वसा के पाचन में सहायता करता है। दो मुख्य प्रकार के लिपोप्रोटीन हैं निम्न घनत्व लिपोप्रोटीन (एल.डी.एल.) और उच्च घनत्व लिपोप्रोटीन (एच.डी.एल.)। एच.डी.एल. कण जो हमारे शरीर के क़रीब 70 प्रतिशत कोलेस्टेरॉल का वहन करते हैं, "बुरा" कोलेस्टेरॉल कहलाता है क्योंकि ये हमारी धमनियों की दीवारों से चिपक जाते हैं, जिससे ब्लॉकेज, लकवा और हृदयाघात का ख़तरा बढ़ जाता है। एच.डी.एल. कण "अच्छा" कोलेस्टेरॉल माना जाता है,

क्योंकि यह पूरे शरीर में घूम-घूमकर मृतप्राय कोशिकाओं और अन्य स्त्रोतों से कोलेस्टेरॉल इकट्ठा करता है।

आपके शरीर में कोलेस्टेरॉल की मात्रा का पता कई कारकों से चलता है, जो आपके जीन से लेकर आपकी उम्र और आपकी शारीरिक गतिविधियों तक शामिल है। उदाहरण के लिए, धूम्रपान करने वालों में उच्च कोलेस्टेरॉल होता है, क्योंकि धूम्रपान से धमनियों की दीवारें कमज़ोर हो जाती है और यह पृष्ठीय झिल्ली को वसा और कोलेस्टेरॉल जमा होने के लिए अधिक ग्राही बना देता है।

लेकिन आपके शरीर में कितना बुरा कोलेस्टेरॉल है, यह सबसे ज़्यादा इससे तय होता है कि आपका वज़न कितना है या विशेषतः आपके शरीर में कितना अतिरिक्त वसा मौजूद है।

संतृप्त और असंतृप्त वसा

वसा के तीन मुख्य प्रकार हैं : *पॉलीअनसेचुरेटेड वसा, मोनोअनसेचुरेटेड वसा* और *सेचुरेटेड वसा*। आसान बनाने के उद्देश्य से हम पहले दोनों वसाओं को *अनसेचुरेटेड फ़ैट्स (असंतृप्त वसा)* कहेंगे।

बुनियादी रूप से, संतृप्त वसा (जैसे चर्बी, सुअर की चर्बी, मक्खन, मांस का वसा) रक्त कॉलेस्टेरॉल बढ़ाने वाले मुख्य आरोपी हैं - ये प्राकृतिक रूप से हाइड्रोजन अणुओं के साथ संतृप्त होते है। संतृप्त वसा सामान्य तौर पर कमरे के तापमान पर ठोस होते हैं। संतृप्त वसा युक्त भोजन असंतृप्त वसा वाले भोजन की तुलना में लंबे समय तक सुरक्षित रहते हैं।

जैतून का तेल और कनोला तेल जैसे असंतृप्त वसा वास्तव में रक्त कोलेस्टेरॉल कम करते हैं। असंतृप्त वसा सामान्य तापमान पर तरल होते हैं, लेकिन ठंडे होने पर धीरे-धीरे ठोस होने लगते हैं। यही वजह है कि जैतून के तेल से सजे हुए सलाद पर फ्रिज में धुँधलापन छा जाता है। मछली में मांस की तुलना में ज़्यादा असंतृप्त और कम संतृप्त वसा होता है जो उनके शरीर को ठंडे पानी के भीतर जमने से बचाता है।

खाद्य निर्माता अपने उत्पादों का जीवन बढ़ाने के लिए असंतृप्त वसाओं में हाइड्रोजन मिलाते हैं। यह प्रक्रिया *हाइड्रोजनीकरण* कहलाती है। यह प्रक्रिया प्रभावी रूप से असंतृप्त वसा को संतृप्त वसा में बदल देती है। इसी प्रकिया से अच्छे वसा को बुरे वसा में भी बदल सकते हैं, जिन्हें *ट्रांस-फ़ैटी एसिड्स* कहा जाता है। इसीलिए यदि आप कोलेस्टेरॉल घटाने की कोशिश कर रहे हैं, तो हाइड्रोजनीकृत तेल से परहेज़ करना ज़रूरी है।

बिना हाइड्रोजनीकृत तेल में बना भोजन उपलब्ध कराने में एक त्वरित व्यापारिक संभावना है - विशेषकर उन उपभोक्ताओं के लिए जो हृदय रोगों को लेकर चिंतित हैं। इन उत्पादों का जीवन कम ज़रूर होता है, लेकिन अंततः ये सभी के पसंदीदा उत्पाद बन सकते हैं क्योंकि उपभोक्ता भी संतृप्त और असंतृप्त वसा के बीच का अंतर समझने लगेंगे।

हम वसा के लिए लालायित क्यों रहते है

बाइबल काल में वसा को कई कारणों से वरदान माना जाता था। उस समय अधिकांश लोगों में वसा की कमी होती थी और उन्हें मौलिक कैलोरी भी बमुश्किल मिल पाती थी। मोटा होना अक्सर संपन्नता की निशानी माना जाता था। छह पोषण श्रेणियों में से सर्वाधिक ऊर्जा (9 कैलोरी/ग्राम) वसा में ही होती है, जिसे ध्यान में रखकर ही लोग भोजन संग्रहित करते थे। वे सफ़र के दौरान खाने के लिए और फ़सलों के बीच में जीवित रहने के लिए इसी को चुनते थे। लेकिन उस समय वसा को इतना बड़ा वरदान मानने की (और अभी भी) संभवतः सबसे बड़ी वजह थी इसका बेहद स्वादिष्ट होना।

हमें जैविक रूप से इस तरह बनाया गया है कि हम वसा के स्वाद को पसंद करें। कृषि प्रचुरता की दुनिया में हमारी यही बनावट हमें मार रही है।

पुराने ज़माने के वसा के वरदान माने जाने और कमी होने के विपरीत आज किसी को "मोटा" कहना बहुत बड़ा अपमान माना जाता है।

लेकिन वसा खाना सीधे तौर पर आपको मोटा नहीं बनाता। जितनी कैलोरी आप जलाते हैं, उससे अधिक कैलोरी खाने से आप मोटे होते हैं। या ज़्यादा सही यह है कि यह आपको अधिक वज़न वाला बनाती है। परोक्ष रूप से वसा खाने से आप मोटे होते हैं, क्योंकि वसा में प्रोटीन या कार्बोहाइड्रेट की तुलना में प्रति ग्राम कैलोरी दोगुनी होती है। ग़ैरज़रूरी कैलोरीज़ खाने के अलावा भी, बहुत ज़्यादा वसा खाना बुरी बात है क्योंकि वसा में धमनियों पर जमने वाला कोलेस्टेरॉल होता है।

अधिक वज़न और मोटापे को परिभाषित करना

जब किसी व्यक्ति का वज़न बढ़ जाता है, तो उसका अतिरिक्त वसा, जैसा कि पहले बताया जा चुका है, पुरुषों में अक्सर पहले पेट और शरीर के ऊपरी भाग में दिखाई देने लगता है जबकि स्त्रियों में जाँघ व शरीर के निचले भागों में दिखाई देने लगता है। ऊपरी शरीर का स्थूलपन (android obesity) पुरुष पैटर्न का लक्षण है जिससे हृदय रोग, हाइपरटेंशन और डायबिटीज़ जैसी बीमारियाँ होती हैं। यह निचले शरीर के स्थूलपन (gynecoid obesity) से ज़्यादा ख़तरनाक है, जो कि स्त्रियों में होने वाला लक्षण है और यह भी सेहत के लिए ख़तरनाक है।

कितना वसा बहुत ज़्यादा होता है? इस सवाल का जवाब देने से पहले *अधिक वज़न* और *मोटापे* शब्द को परिभाषित करना बहुत ज़रूरी है। हालाँकि ये अक्सर एक-दूसरे के स्थान पर प्रयुक्त होते रहते हैं। *अधिक वज़न* का अर्थ पूरे शरीर का वज़न बढ़ने से लगाया जाता है। (सभी शारीरिक ऊतकों को मिलाकर), जबकि मोटापे या *ओबेस* (obese) का अर्थ केवल शारीरिक वसा बढ़ने से लगाया जाता है। बिना मोटे हुए भी शरीर का अधिक भारी होना संभव है, जैसा कि पहलवान के मामले में होता है जिसके पास बहुत ज़्यादा मांसपेशीय

वज़न होता है। बिना अधिक वज़न भी मोटा होना संभव है जैसा कि स्थिर रहकर काम करने वाले लोगों के साथ होता है, जिनका शारीरिक वसा तो ज़्यादा होता है, लेकिन मांसपेशीय वज़न कम होता है।

आज अधिक भार या मोटापे को परिभाषित करने के लिए चार संकल्पनाएँ इस्तेमाल की जाती हैं - शारीरिक वसा का प्रतिशत, कमर और नितंबों का अनुपात, शारीरिक वज़न सूचक (बी.एम.आई.), और क़द-वज़न सूची।

पहला और सबसे सटीक तरीक़ा है आपके शरीर का प्रतिशत यानी वसा का प्रतिशत मापना। पुरुषों के शरीर में वसा का प्रतिशत (percentage body fat) 13 से 25 प्रतिशत होना चाहिए और स्त्रियों के शरीर में वसा का प्रतिशत 17 से 29 प्रतिशत होना चाहिए। इन आँकड़ों से ज़्यादा होना मोटापा कहलाता है और बहुत ख़तरनाक होता है।

शरीर के वज़न में वसा का प्रतिशत मापने का सबसे अच्छा तरीक़ा है व्यक्ति के वज़न की तुलना पानी के भीतर के वज़न से की जाए। यह कारगर तरीक़ा है क्योंकि वसा पानी में तैरता है और यह शारीरिक ऊतकों से कम घना होता है। बदक़िस्मती से यह तरीक़ा बेहद महँगा तथा जटिल है और आमतौर पर सिर्फ़ शोध के लिए ही प्रयुक्त होता है।[1] दूसरा तरीक़ा विशेष क़िस्म के कैलिपर्स का प्रयोग करके त्वचा की मोटाई नापना - यह काफ़ी सही होता है यदि प्रशिक्षित पेशेवर से कराया जाए, क्योंकि व्यक्ति के शरीर का आधा वसा उसकी त्वचा के ठीक नीचे जमा होता है। शरीर के वज़न में वसा का प्रतिशत स्वयं मापने के लिए बायोइलेक्ट्रिकल इम्पिडेंस (impedance) का प्रयोग भी किया जा सकता है।

अधिक वज़न और/या मोटापे को मापने का एक अन्य तरीक़ा है कमर-नितंब का अनुपात मापना। इसे कमर की इंच में माप को नितंब की परिधि से भाग देने पर निकाला जाता है। मसलन 30 इंच कमर और 40 इंच नितंब की परिधि वाले व्यक्ति का कमर-नितंब का अनुपात 0.75 होगा। मोटापा तब माना जाता है जब महिलाओं में यह माप 0.8 से ज़्यादा और पुरुषों में 1.0 से ज़्यादा हो। यह विधि ऊपरी शरीर (android) के मोटापे का पता लगाने के लिए निश्चित ही अच्छी है, लेकिन कई मामलों में ग़लत साबित हो सकती है,

ख़ासकर किसी निचले भाग (gynecoid) वाले मोटे व्यक्ति के लिए।

अधिक वज़न और/या मोटापे को मापने का तीसरा तरीक़ा है शारीरिक वज़न सूचक बी.एम.आई., जिसे फ़्राँसिसी गणितज्ञ एडोल्फ़ क्वेटले ने 1835 में विकसित किया। *होम मोयेन* या औसत पुरुष की धारणा को विकसित करने के लिए आँकड़ों के मॉडल का प्रयोग करते हुए, उन्होंने क्वेटले सूचक विकसित किया जो आज बी.एम.आई. के नाम से जाना जाता है :

$$\text{बी.एम.आई.} = \frac{(\text{वज़न किलोग्राम में})}{(\text{मीटर में क़द})^2}$$

उदाहरण के लिए, 170 पौंड वज़न और 5 फ़ीट 9 इंच वाले व्यक्ति का बी.एम.आई. लगभग 25 आएगा, जिसे नीचे दिए गए तरीक़े से मापा गया है :

पहले 170 पौंड को किलो में परिवर्तित कीजिए (2.2 पौंड= 1 किग्रा.)

$$\frac{170 \text{ पौंड}}{2.2} = 77.27 \text{ किग्रा.}$$

फिर 5 फ़ीट 9 इंच (5.75 फ़ीट) को मीटर (3.28 फ़ीट=1 मीटर) में परिवर्तित कीजिए :

$$\frac{5.75}{3.28} = 1.75 \text{ मी.}$$

आख़िर में, अपनी संख्याओं को बी.एम.आई. समीकरण में भरिए :

$$\text{बी.एम.आई.} = \frac{77.27 \text{ किग्रा}}{(1.75)^2} = 25.2$$

बी.एम.आई. निकालने का एक छोटा तरीक़ा भी है। बस अपने वज़न को, जो पौंड में है, 704.5 से गुणा कीजिए, फिर उस

संख्या को इंचों में क़द से विभाजित कर दीजिए, फिर इस परिणाम को एक बार फिर लंबाई से भाग दे दीजिए :

$$\text{बी.एम.आई.} = \frac{170 \times {}^{704.5}/_{69}}{69} = 25.2$$

अधिकांश देश और लोक प्राधिकरण आज बी.एम.आई. का इस्तेमाल पैमाने के रूप में करते हैं। नेशनल इंस्टीट्यूट ऑफ़ हेल्थ के मुताबिक़ सन् 2000 में 61 प्रतिशत अमेरिकी आबादी अत्यधिक वज़न वाली थी (उनका बी.एम.आई. 25 या इससे अधिक है), और क़रीब 27 प्रतिशत अमेरिकी आबादी मोटी (उनका बी.एम.आई. 30 या इससे अधिक है) थी।

हालाँकि हो सकता है ये आँकड़े सामूहिक रूप से सही हों (किसी भी सार्वजनिक स्थान पर जाएँ और उन लोगों का प्रतिशत निकालें, जो अधिक वज़न वाले या मोटे दिखाई दे रहे हों), लेकिन आप उसे किसी ख़ास व्यक्ति पर लागू करेंगे, तो वे दुःखद रूप से ग़लत निकलेंगे। बी.एम.आई. सूत्र स्त्री और पुरुष दोनों के लिए समान है : 5 फ़ीट 9 इंच की एक 170 पौंड वज़न वाली महिला स्वाभाविक रूप से समान वज़न और 5 फ़ीट 9 इंच क़द वाले पुरुष से अलग होगी, हालाँकि दोनों को अधिक भार वाला माना जाएगा। बी.एम.आई. सूत्र विभिन्न लोगों के लिए भी अलग-अलग नहीं है। उदाहरण के लिए, भारोत्तोलकों की अधिक मांसपेशियाँ होती हैं, जिनका वज़न वसा से अधिक होता है और बुज़ुर्गों का मांसपेशी वज़न कम होता है।

अंत में, चौथा तरीक़ा, क़द-वज़न टेबल का प्रयोग है जिससे अधिकतर लोग परिचित हैं क्योंकि यह अमेरिकी चिकित्सा पेशे में दशकों से इस्तेमाल हो रहा है। मशहूर "डिज़ायरेबल हाइट-वेट टेबल" मेट्रोपोलिटन लाइफ़ इंश्योरेंस कंपनी ने 1959 में विकसित की थी। यह उनकी बीमित आबादी (अधिकांश उच्च और मध्यमवर्गीय श्वेत पुरुष) के बीच मृत्युदर के सबसे निचले सम्पात से क़द और वज़न के आँकड़ों के संबंध को दर्शाती थी। *डिज़ायरेबल* शब्द मृत्युदर के सबसे निचले सम्पात के लिए प्रयुक्त होता था न कि बीमारी के सबसे निचले सम्पात के लिए और इसे 1983 में टेबल के नाम से हटा दिया गया। हालाँकि

हाइट–वेट टेबल बी.एम.आई. की तुलना में अधिक सही है क्योंकि इसमें लिंग के हिसाब से भिन्नता है। इसमें ज़्यादातर वही कमियाँ मौजूद हैं और इसलिए इसे किसी व्यक्तिगत हालात के लिए निर्णायक नहीं माना जा सकता। साथ ही, मौजूदा मेट्रोपोलिटन लाइफ़ हाइट–वेट टेबल में बहुत सा डाटा मनगढ़ंत है – फ्रेम आकार का विचार (जो कोहनी की चौड़ाई से जाना जाता है) सहारे के लिए किसी भी अनुभवजन्य डाटा से नहीं जोड़ा गया है।

इस बात से कोई फ़र्क़ नहीं पड़ता कि हम अपनी आबादी के अधिक वज़न वाले और स्थूल लोगों के प्रतिशत को जानने के लिए कौन सा तरीक़ा अपनाते हैं, यह स्पष्ट है कि हमारी समस्या एक महामारी के अनुपात में है।

परिशिष्ट : ब

अमेरिकी स्वास्थ्य देखभाल सुधारों का स्वास्थ्य उद्योग पर प्रभाव

कुछ पाठक, ख़ासतौर पर 22 प्रतिशत समूह वाले लोग जिनके परिवार में, पहले से कोई न कोई बीमार है, को यह विचार परेशान कर सकता है। उन्हें इस समस्या पर मेरी बिना लाग-लपेट समझाइश काफ़ी कठोर लग सकती है। यदि आप इन पाठकों में से एक हैं, मैं आपका कृपाप्रार्थी हूँ। मैं एक बुरी ख़बर आपको बता रहा हूँ, इसका पक्ष नहीं ले रहा। इस परिशिष्ट में मैं उन विचारों को आपसे बाँटूँगा कि किस तरह मुझे लगता है कि हमारी सरकार को इस पहले से बीमार 22 फ़ीसदी आबादी, बच्चे और बड़े दोनों ही, की देखभाल करना चाहिए और उसे यह करना ही होगा।

बच्चों के स्वास्थ्य का ख़र्च सरकार को उठाना होगा

आज अमेरिका में जीवन के बारे में सबसे अच्छी चीज़ों में से एक है मेडिकेयर - संघीय सरकार का कार्यक्रम जो 65 वर्ष से ऊपर की उम्र

वाले 4 करोड़ अमेरिकी नागरिकों के अधिकांश चिकित्सा ख़र्चों का भुगतान करता है। सन् 1965 में जबसे यह शुरू हुआ, मेडिकेयर ने वरिष्ठ नागरिकों और उनके परिवारों को ढेरों सामाजिक फ़ायदे दिए हैं। मेडिकेयर और सोशल सिक्योरिटी से पहले तक सेवानिवृत्ति लोगों को अक्सर सीधे ग़रीबी की ओर ले जाती थी।

आज अमेरिका में जीवन के बारे में सबसे बुरी चीज़ कोई संघीय कार्यक्रम न होना है, जो 18 वर्ष से कम उम्र के 7 करोड़ अमेरिकी नागरिकों के अधिकांश चिकित्सा ख़र्च का भुगतान करे।

आर्थिक ज़ुबान में बोलें तो यह अविश्वसनीय है कि हमारा समाज वरिष्ठ नागरिकों के चिकित्सा ख़र्चों के लिए तो सैकड़ों अरब डॉलर का भुगतान करता है, लेकिन यह एक तरह से अधिकांश बच्चों के चिकित्सकीय ख़र्च के लिए कुछ भी भुगतान नहीं करता।[1]

हर बार जब कोई वरिष्ठ नागरिक चिकित्सा ख़र्च लेता/लेती है, उसका जीवन बढ़ जाता है, और सरकार को भविष्य में ऐसे ही और ख़र्चों के लिए आश्वासन मिल जाता है।[2] जब बच्चे बीमारी के बचाव या इलाज के लिए चिकित्सा ख़र्च लेते हैं, उनकी भावी आर्थिक उत्पादकता बेहतर होती है, और हमारा समाज उस ख़र्च की क़ीमत से कई गुना वापस पाता है।

यह ख़ासतौर पर सच है क्योंकि बाल चिकित्सा अमेरिकी चिकित्सा का ऐसा क्षेत्र है जिसने बीमारी के बचाव और स्वास्थ्य के लिए ख़ुद को साबित किया है। बच्चों के टीकाकरण और नियमित जाँच के दौरान पाई गई बीमारी के आरंभ में ही इलाज के लिए ख़र्च किए गए चंद पैसे भविष्य के सैकड़ों डॉलर क़ीमत का चिकित्सा ख़र्च बचाते हैं, और मरीज़ को एक उत्पादक, करदाता वयस्क बनाकर अपनी अर्थव्यवस्था व सरकारी ख़ज़ाने में हज़ारों डॉलर जोड़ते हैं।

मुझे विश्वास है कि कांग्रेस इन तथ्यों को जल्द ही पहचान लेगी और 18 वर्ष से कम उम्र के अमेरिकी नागरिकों के लिए बीमारी

और अंततः स्वास्थ्योन्मुखी मेडिकेयर जैसा कार्यक्रम शुरू करेगी।

इस तरह का कार्यक्रम बच्चों को अधिक उत्पादक करदाता वयस्क बनने में मदद करने के एक-दो दशकों के भीतर ही ख़ुद का ख़र्च उठाने लगेगा। अभी-बोओ-बाद-में-काटो वाले हेड स्टार्ट और संघीय सरकार के स्कूल में नाश्ता देने जैसे बाल-विकास कार्यक्रमों की सफलता के बाद, बाल-स्वास्थ्य कार्यक्रम अगला स्वाभाविक क़दम होगा।

आख़िरकार जब संघीय सरकार को बच्चों के स्वास्थ्य कार्यक्रम को आर्थिक मदद देने वाले आर्थिक लाभों का एहसास होगा, तब एक संपूर्ण बाल विशेषज्ञों का स्वास्थ्य उद्योग उभर आएगा। इस उद्योग में विशेष स्वास्थ्य उत्पाद और सेवाएँ उपलब्ध कराने वाले उद्यमियों के लिए अविश्वसनीय अवसर होंगे।

किस तरह अमेरिकी स्वास्थ्य देखभाल प्रणाली ने श्रमिक आपूर्ति को नष्ट किया है

औसत अमेरिकी घर कर चुकाने के बाद सालाना क़रीब 40,000 डॉलर कमाता है और उसका लगभग सातवाँ हिस्सा (5,500 डॉलर) चिकित्सा ख़र्चों पर (प्रत्यक्ष या परोक्ष रूप से नियोक्ता द्वारा) व्यय करता है। दुःख की बात है कि 17,050 डॉलर सालाना आय वाले अमेरिकी घरेलू भी चिकित्सा ख़र्चों पर उतना ही 5,500 डॉलर व्यय करते हैं। जब किसी परिवार की आय ग़रीबी रेखा के नीचे आ जाती है (मौजूदा व्यवस्था में चार लोगों के परिवार के लिए लगभग 17,050 डॉलर), तब उनके सभी चिकित्सकीय ख़र्चे सरकारी मेडीकेड बीमा कार्यक्रम द्वारा उठाए जाते हैं।

अक्सर वरिष्ठ नागरिक और ग़रीबी रेखा से थोड़ा ऊपर वाले अपने ग़रीब पड़ोसियों के स्वास्थ्य बीमा लाभ से कुढ़ते हैं - ख़ासकर मेडीकेड द्वारा उनकी प्रिस्क्रिप्शन दवा के शत-प्रतिशत भुगतान के लिए। यहाँ तक कि मेडिकेयर वाले वरिष्ठ नागरिकों को भी प्रिस्क्रिप्शन दवाओं का ख़र्च ख़ुद भरना पड़ता है, जो कि सेवानिवृत्त दंपत्ति वाले घर

के लिए अक्सर सबसे बड़ा मासिक ख़र्च साबित होता है।

लगभग 22 प्रतिशत डॉक्टरों के प्रिस्क्रिप्शन क़ीमतों के कारण नहीं भरे जाते और करोड़ों (अधिकांश) वरिष्ठ नागरिकों को रोज़ाना अपने भोजन या दवाओं की रोज़ाना ख़रीदी में से किसी एक का चयन करना पड़ता है।

यहाँ समाधान मेडीकेड लाभों की कटौती से नहीं, बल्कि यही लाभ बढ़ाने में है। ये लाभ 40,000 डॉलर राष्ट्रीय औसत से कम आय वाले वरिष्ठ नागरिकों और मध्यम वर्गीय अमेरिकी परिवारों को भी देना होगा जिसमें जेनेरिक प्रिस्क्रिप्शन दवाओं का ख़र्च भी शामिल हो।

गंभीर बीमारी से ग्रस्त सदस्यों वाले कुछ परिवारों को मेडिकेड स्वास्थ्य बीमा, ख़ासकर प्रिस्क्रिप्शन ड्रग्स कवरेज के दायरे में रहने के लिए जान-बूझकर बेरोज़गार रहना पड़ता है। पुरानी बीमारी वाले कुछ कर्मचारियों को मजबूरी में अपनी वर्तमान नौकरी ही करना पड़ती है। इस बीमारी की वजह से नई नौकरी नहीं ढूँढ़ सकते, जो उन्हें ज़्यादा तनख़्वाह दे और उनकी सेवाओं का अच्छा उपयोग कर सके, जिससे सबको लाभ हो।

ये और कार्यस्थल की अन्य अयोग्यताएँ अमेरिकी श्रमिक आपूर्ति में व्यवधान डाल रही हैं, जो कि आख़िरकार 100 खरब डॉलर की अर्थव्यवस्था पैदा करते हैं, पर जिन्हें हमारे 15 खरब डॉलर के चिकित्सा ख़र्चों का भुगतान करना पड़ता है।

व्यापक आधारभूत बीमारी बीमा स्वास्थ्य का विस्तार करेगा

मुझे विश्वास है कि आख़िर कांग्रेस बेरोज़गारी से असंबंधित एक आधारभूत बीमारी, चिकित्सालयीन और प्रिस्क्रिप्शन दवाओं के लिए बीमा कार्यक्रम शुरू करेगी - पहले वरिष्ठ नागरिकों, फिर बच्चों और फिर सभी अमेरिकी नागरिकों के लिए।

यदि सही तरीक़े से लागू किए गए, तो राष्ट्रीय बीमारी कार्यक्रम वास्तव में अमेरिकी करदाताओं के धन की बचत करवा सकेंगे और उभरते स्वास्थ्य उद्योग को नई गति प्रदान कर सकेंगे।

सरकार व्यापक स्तर पर *सभी* चिकित्सा ख़र्चों का भुगतान *नहीं* कर सकती। बिना नज़र रखे चिकित्सा क़ीमतें हदें पार कर देंगी। लगभग हर अपूर्ण विकसित जन्मे भ्रूण और मौत की कगार पर खड़े मरीज़ को तकनीकी संसाधनों की मदद से जीवित रखा जा सकता है – ख़ासतौर पर जब उस जीवन की गुणवत्ता पर कोई ध्यान नहीं दिया जाएगा। यहाँ तक कि स्वस्थ लोग भी असीमित मात्रा में नए उभरते उपचारों का उपभोग करेंगे, सैक्स पॉवर बढ़ाने के लिए वियाग्रा से लेकर बाल झड़ने से रोकने के लिए रोगैन लेने तक।

इसकी जगह, सही रूप में लागू होने वाला राष्ट्रीय बीमारी बीमा कार्यक्रम बच्चों की सभी बीमारी व स्वास्थ्य ख़र्चे वहन करेगा (यदि पहले वाले बाल स्वास्थ्य क़ानून में शामिल नहीं हैं तो), और इसमें वयस्कों के सिर्फ़ कुछ बीमारी ख़र्च ही शामिल होंगे। मेडिकेयर और "आम एवं रूढ़िगत" भुगतान के स्तरों को अपनाने वाले आज के निजी बीमा कार्यक्रमों की तर्ज़ पर हर उपचार के लिए केवल एक निश्चित राशि का ही भुगतान हो सकेगा। मरीज़ की उम्र के हिसाब से भी यह कार्यक्रम कुछ ख़ास प्रक्रियाओं पर सीमा तय करेगा (जैसे, नब्बे साल से ऊपर के बुज़ुर्ग की हार्ट सर्जरी इसमें शामिल नहीं होगी)।

ऐसी व्यापक आधारभूत बीमारी सेवाओं को कुल अमेरिकी अर्थव्यवस्था में आर्थिक रूप से तटस्थ रहना होगा। आज की तारीख़ में बिना हेल्थ बीमा के अमेरिकी पहले से ही कुछ आधारभूत बीमारी लाभ प्राप्त कर रहे हैं – हालाँकि इन्हें प्राप्त करने के लिए, उपचार के अयोग्य लोगों को अस्पताल के आपातकालीन कक्षों से पहले कल्याण केंद्र जाना पड़ता है या अपने काम छोड़ देने पड़ते हैं। हेल्थ बीमा वाले अमेरिकियों के लिए, ऐसे कार्यक्रम उनके मौलिक बीमारी बीमा की ज़िम्मेदारियाँ नियोक्ता से सरकार के हाथों में चली जाएँगी, और समय के साथ इसकी क़ीमतें भी बदल जाएँगी। प्रदाता के पक्ष से, व्यापक आधारभूत बीमारी राशि बाज़ार में अतियोग्य प्रदाताओं के प्रवेश को जन्म देगी –

वॉल मार्ट या मैकडोनल्ड जितनी ही योग्य कंपनियाँ सुविधाजनक स्थानों पर विशिष्ट बीमारी उद्योग प्रक्रियाओं के प्रस्ताव लेकर क़तार में खड़ी हो जाएँगी।

यह पूर्व परिस्थितियों वाले परिवार के 22 प्रतिशत बदक़िस्मत समूह के अधिकांश कर्मचारियों की मदद करेगा, और अंततः नियोक्ताओं को भी उन पर अन्यायपूर्ण रूप से थोपे गए बीमारी सुरक्षा जाल के रखरखाव से मुक्ति मिलेगी।

लेकिन अधिकांश अमेरिकियों के लिए असल फ़ायदे होंगे निजी क्षेत्रों से उभरने वाले बीमारी और स्वास्थ्य बीमा कार्यक्रमों का अतिरिक्त प्रीमियम।

अधिकांश अमेरिकी कर्मचारी सरकार के बुनियादी बीमारी बीमा कार्यक्रम से संतुष्ट नहीं हैं जो हर बीमारी उपचार पर ख़र्च की जाने वाली राशि को सीमित कर देता है। वे बीमारी उद्योग की सेवाएँ पाने के लिए अतिरिक्त पूरक बीमा ख़रीद सकते हैं – अस्पताल के निजी कक्षों से लेकर, जाँच परीक्षणों तक। सर्वाधिक महत्वपूर्ण ऐसे अतिरिक्त पूरक बीमा कार्यक्रम स्वास्थ्य उद्योग उत्पादों और सेवाओं को भी शामिल करेंगे।

यह हेल्थ बीमा उद्योग के पुनर्निर्माण का मार्ग प्रशस्त करेगा – बीमाकर्ता और बीमाधारक के बीच मौजूद कटुतापूर्ण रिश्ते से लेकर उनके आपसी फ़ायदों में से एक तक।

एक बार असीमित आपदाग्रस्त बीमारियों और पूर्वमौजूद चिकित्सकीय परिस्थितियों के ख़र्च से मुक्त होने के बाद बीमा कंपनियाँ पूरे उत्साह से अपनी ऊर्जा स्वास्थ्य पर केंद्रित कर पाएँगी – क्योंकि, पूरक बीमारी बीमाकर्ताओं के रूप में, वे क्षमतावान स्वास्थ्य निर्णयों से होने वाले लाभों में हिस्सा पा सकेंगे। बिलकुल वैसे ही जैसे दुर्घटना बीमाकर्ता अक्सर अपने बीमाधारकों के प्लांट की जाँच-पड़ताल करने जाते रहते हैं और उसे अधिक सुरक्षित करने के मशविरे देते रहते हैं, स्वास्थ्य बीमा कंपनियाँ अपने बीमाधारकों को स्वास्थ्य तकनीक और सेवाओं में होने

वाले नए विकासों के बारे में निरंतर अवगत कराती रहेंगी।

अधिकांश नियोक्ता आज भत्ते बढ़ाकर अपने कर्मचारियों को हेल्थ बीमा लाभ मुहैया कराने के विकल्प से बाहर आने के मौक़े का फ़ायदा उठा रहे हैं। जब सरकार सभी के लिए आधारभूत बीमारी सुरक्षा लेकर आगे आएगी, नियोक्ता चिकित्सा व्यापार से बाहर निकलने में सक्षम हो सकेंगे और उस काम पर पूरा ध्यान केंद्रित कर पाएँगे जो वे बेहतरीन कर सकते हैं : ख़ुद अपना व्यापार चलाना।

परिशिष्ट : स

स्वास्थ्य बीमा का सारांश

नोट : यह परिशिष्ट आपको अपने व्यापारिक सहयोगियों को स्वास्थ्य बीमा के बारे में समझाने के लिए तैयार किया गया है।

स्वास्थ्य बीमा एक नया हेल्थ बीमा कार्यक्रम है जो वार्षिक छूट की सीमा से ऊपर बीमारियों (जैसे वज़न नियंत्रण, विटामिन, पूरक पदार्थों और व्यायाम) को रोकने के साथ बड़े चिकित्सा ख़र्चों को वहन करता है। पारंपरिक सेहत या "बीमारी" बीमा सिर्फ़ तभी चिकित्सा ख़र्चों का भुगतान करता है जब आप बीमार होते हैं, और यह अधिकतर बीमारी के लक्षणों के इलाज के लिए भुगतान करता है न कि बीमारियों से बचाव के लिए। लोग आज अपने स्वास्थ्य पर निवेश करने के लिए मेडिकल सेविंग्स खाते (एम.एस.ए.) या वेलनेस सेविंग्स अकाउंट (डब्ल्यू.एस.ए.) के साथ ऊँची छूट दर वाली हेल्थ पॉलिसी (एच.डी.एच.पी.) प्राप्त कर सकते हैं। यहाँ संक्षिप्त में यह बताया गया है कि हर योग्य स्वस्थ व्यक्ति को स्वास्थ्य बीमा से क्यों जुड़ना चाहिए :

1. *क़ीमत की बचत* – आम ग़ैर या न्यूनतम छूट दरों वाली पारिवारिक हेल्थ बीमा पॉलिसी लगभग 5,000 डॉलर प्रति वर्ष में पड़ती है।

2,500 डॉलर वार्षिक छूट वाली पारिवारिक एच.डी.एच.पी. की लागत 2,000 डॉलर प्रति वर्ष पड़ती है। इसमें पूरे 3,000 डॉलर की वार्षिक बचत होती है। यदि बीमाधारक बहुत बीमार पड़ जाता है और छूट वाले पूरे 2,500 डॉलर ख़र्च कर देता है तब भी वह एच.डी.एच.पी. में आने के बाद अगले वर्ष के लिए 500 डॉलर प्रतिवर्ष के हिसाब से आगे रहेगा/रहेगी।

2. *स्वास्थ्य निवेश* – चूँकि एच.डी.एच.पी. अपनाने वाले लोग स्वस्थ हैं इसलिए किसी परिवार के एच.डी.एच.पी. से जुड़ने में उनके 3,000 डॉलर प्रतिवर्ष (2,500 डॉलर प्रतिमाह) की बचत होगी, जिससे उन्हें स्वास्थ्य (विटामिन, पूरक पदार्थ, व्यायाम) पर ख़र्च करने के लिए अतिरिक्त राशि उपलब्ध होगी। आज अमेरिका में निजी हेल्थ बीमा पॉलिसी वाले सिर्फ़ 78 प्रतिशत ही लोग ऐसे हैं जो स्वस्थ हैं और एच.डी.एच.पी. लेने के योग्य हैं।

3. *जीवनपर्यंत गारंटेड सुरक्षा* – एक बार जब कोई व्यक्तिगत (समूह के विपरीत) एच.डी.एच.पी. ले लेता है, तो इस बात से कोई फ़र्क़ नहीं पड़ता कि वह कितना बीमार है या आश्रित है या किन परिस्थितियों में पड़ जाता है। ऐसी स्थिति में भी न उनकी पॉलिसी ख़त्म की जा सकती है और न ही इस वजह से उसका प्रीमियम बढ़ाया जा सकता है।[1] इस वजह से एच.डी.एच.पी. बीमाधारक नए काम पर जाने या अपना व्यापार शुरू करने के लिए स्वतंत्र रहता है, और उस पर अपने परिवार में किसी सदस्य के बीमार होने की भी कोई बंदिश नहीं होती (बशर्ते ऐसी स्थिति पहली व्यक्तिगत एच.डी.एच.पी. पॉलिसी लेने के बाद उत्पन्न हुई हो)।

4. *एच.डी.एच.पी. आयकर लाभ* – 2002 में शुरू होने के समय से, स्वरोज़गार वाले व्यक्ति अपनी कर योग्य आय से 70 प्रतिशत की छूट अपने हेल्थ बीमा प्रीमियम की बिनाह पर ले सकते थे। यह छूट 2003 और आगे के लिए बढ़कर 100 प्रतिशत हो गई।

5. *एम.एस.ए. आयकर लाभ* – मेडिकल सेविंग्स अकाउंट (एम.एस.ए.) वाले लोग 3,800 डॉलर प्रतिवर्ष तक कर–छूट ले सकते हैं (वार्षिक रूप से 50 डॉलर की मुद्रास्फ़ीति के हिसाब

से बढ़ोतरी के साथ) जिसे वे 65 वर्ष की आयु तक अपने एम.एस.ए. खाते में जमा करते हैं। इस निवेश का रिटर्न भी कर-मुक्त होगा। यह राशि कभी भी चिकित्सा ख़र्च के लिए, जैसा कि आई.आर.ए. के मामले में होता है, या 65 वर्ष की आयु के बाद किसी भी उद्देश्य से निकाली जा सकती है जो कि कर मुक्त होगी। हालाँकि कांग्रेस ने एम.एस.ए. सिर्फ़ 2003 तक के लिए बढ़ाया है, इसलिए हर वह व्यक्ति जो इससे पहले एम.एस.ए. खोलता है, उसे इसका लाभ जीवन भर मिलेगा - 65 वर्ष की आयु तक भावी योगदान करने के अधिकारों के साथ। कांग्रेस द्वारा 2003 में इस कार्यक्रम को रद्द करने की स्थिति में भी (जैसा होने की कोई उम्मीद नहीं है)।

6. *सुपरकस्टमर्स* - एक स्वास्थ्य प्रदाता स्वास्थ्य बीमा के डब्ल्यू.एस.ए. अवयव के साथ स्वास्थ्य उत्पाद को जोड़कर सुपरकस्टमर की श्रेणी तैयार कर सकता है, जिनके पास अपने स्वास्थ्य पर निवेश करने के लिए राशि उपलब्ध हो, ख़ासतौर से कर-लाभ के आधार पर।

7. *आश्रित सुरक्षा* - अपने नियोक्ता से समूह हेल्थ बीमा प्राप्त करने वाले अधिकांश कर्मचारी आज आश्रित सुरक्षा के लिए अनुदान की माँग कर रहे हैं। अपने आश्रितों के लिए एच.डी.एच.पी. लेकर वे विशेष रूप से उनके प्रीमियम में 60 प्रतिशत बचत करेंगे *और* अपने परिवार के सदस्यों के जीवन के लिए इच्छित सुरक्षा भी निश्चित करा पाएँगे - इससे फिर कोई फ़र्क़ नहीं पड़ता कि उनके काम का क्या होता है या भविष्य में उनके आश्रितों के साथ कैसी चिकित्सकीय परिस्थितियाँ विकसित होती हैं।

परिशिष्ट : द

स्वास्थ्य बीमा के बारे में अक्सर पूछे जाने वाले सवाल

नोट : यह परिशिष्ट *स्वास्थ्य बीमा* के संभावित उपभोक्ताओं के लिए लिखा गया है।

1. स्वास्थ्य बीमा क्या है?

स्वास्थ्य बीमा[1] वह हेल्थ बीमा है, जो वार्षिक कटौती से ऊपर बड़े चिकित्सकीय ख़र्च के साथ बीमारी के बचाव में होने वाला ख़र्च - जैसे वज़न नियंत्रण, विटामिन, पूरक पदार्थ और व्यायाम - वहन करता है। पारंपरिक स्वास्थ्य "बीमारी" बीमा केवल तभी चिकित्सा ख़र्चों का भुगतान करता है जब आप बीमार हों, और अधिकांशतः बीमारियों के बचाव के बजाय उसके लक्षणों के उपचार के लिए ही पैसा मुहैया कराता है।

2. मैं आज स्वास्थ्य बीमा कैसे करा सकता हूँ?

नियोक्ता और हेल्थ बीमा कंपनियाँ तो स्वास्थ्य बीमा का विकल्प

कई वर्षों के बाद देंगी, लेकिन आप अपने एच.डी.एच.पी. को डब्ल्यू.एस.ए. के साथ जोड़कर आज से ही स्वास्थ्य बीमा करा सकते हैं। डब्ल्यू.एस.ए. जैसा कि यहाँ आगे बताया गया है, आपके स्वास्थ्य ख़र्च के भुगतान के लिए बनाया गया खाता है। डब्ल्यू.एस.ए. किसी स्वास्थ्य प्रदाता या किसी अन्य वित्तिय संस्थान के साथ भी स्थापित किया जा सकता है।

3. हाई डिडक्टिबल हेल्थ इंश्योरेंस पॉलिसी (एच.डी.एच.पी.) क्या है?

एच.डी.एच.पी. सामान्य से कुछ अधिक वार्षिक छूट वाली एक आम हेल्थ पॉलिसी है – जिसमें आप चिकित्सकीय ख़र्च के लिए इकट्ठी हुई वार्षिक राशि के ऊपर अनुदान विशिष्ट रूप से 2,000 डॉलर से 4,000 डॉलर प्रतिवर्ष तक ले सकते हैं। लेकिन आप आमतौर पर अपने वार्षिक हेल्थ बीमा प्रीमियम में इस राशि को बचाकर रखते हैं।

4. मुझे एच.डी.एच.पी. की ज़रूरत क्यों है?

एच.डी.एच.पी. के साथ आप ख़ुद तय कर सकते हैं कि अपने आरंभिक कुछ हज़ार डॉलर आप बिना किसी की इजाज़त या बहस के बाद की प्रतिपूर्ति के परिवार की चिकित्सकीय देखभाल में ख़र्च कर सकते हैं। आप अपनी मर्ज़ी से किसी हेल्थ मैंटेनेंस ऑर्गेनाइज़ेशन (एच.एम.ओ.) या प्रिफ़र्ड प्रोवाइडर ऑर्गेनाइज़ेशन (पी.पी.ओ.) से जुड़ सकते हैं – हालाँकि अधिकांश एच.डी.एच.पी. प्रदाता बिना किसी अतिरिक्त शुल्क के पी.पी.ओ. सदस्यता उपलब्ध कराते हैं। आप अपनी डिस्काउंट फ़ार्मेसी योजना, चश्मा योजना, विटामिन और पूरक पदार्थ योजना, फ़िटनेस क्लब सदस्यता या कोई भी अन्य आम स्वास्थ्य या बीमारी सेवाओं का चयन कर सकते हैं। यदि आप स्वस्थ हैं, तो आप हज़ारों डॉलर बचा सकते हैं जिसका निवेश आप अपने स्वास्थ्य को बनाए रखने में कर सकते हैं।

5. एच.डी.एच.पी. से मैं कितनी बचत कर सकता हूँ?

एच.डी.एच.पी. के साथ वार्षिक प्रीमियम बचत आमतौर पर वार्षिक छूट राशि के बराबर या कम ही होती है। उदाहरण के

लिए, एक आम कम-या-बिना छूट वाली हेल्थ बीमा पारिवारिक पॉलिसी 5,000 डॉलर प्रति वर्ष पड़ती है, जबकि इसी बीमा कंपनी की यही पॉलिसी 2,500 डॉलर प्रति व्यक्ति वार्षिक छूट के साथ केवल 2,000 डॉलर प्रतिवर्ष की पड़ सकती है - यानी वार्षिक प्रीमियम पर 3,000 डॉलर की बचत। इस एच.डी.एच.पी. के साथ, अगर आपके परिवार का कोई सदस्य बहुत बीमार पड़ जाए और आपको तुरंत 2,500 डॉलर के चिकित्सा ख़र्च का भुगतान करना पड़ जाए, तब भी आपको 500 डॉलर प्रतिवर्ष मिलेंगे। और यदि आप सभी स्वस्थ रहते हैं, तो आपके पास हर वर्ष अपने स्वास्थ्य को बनाए रखने पर निवेश करने और भावी स्वास्थ्य ख़र्चों की ख़ातिर सुरक्षित रखने के 3,000 डॉलर अतिरिक्त होंगे।

6. 3,000 डॉलर तक ऐसी एच.डी.एच.पी. कम महँगी क्यों है?

इसके दो कारण हैं : (1) किसी परिवार के चिकित्सा देखभाल के पहले 2,000 डॉलर प्रति वर्ष तो 25 लेन-देनों में 100 डॉलर बढ़ोतरी में ख़र्च हो जाते हैं - और बीमा कंपनी को हर लेन-देन की काग़ज़ी कार्रवाई की पूरी प्रक्रिया में 30 डॉलर या अधिक का ख़र्च आता है (2,500 डॉलर चिकित्सकीय लागत + 750 डॉलर प्रक्रिया लागत = 3,350 डॉलर)। (2) एच.डी.एच.पी. के लिए सिर्फ़ वे ही लोग योग्य हो सकते हैं जिन्हें पहले से कोई बीमारी न हो - बीमा कंपनियाँ आमतौर पर लगभग 22 फ़ीसदी एच.डी.एच.पी. आवेदकों को इसलिए ख़ारिज कर देती हैं क्योंकि उनको या उनके परिवार के किसी सदस्य को पहले से कोई बीमारी होती है।

7. मैंने पहले कभी एच.डी.एच.पी. के बारे में क्यों नहीं सुना?

इसके तीन कारण हैं :

अ. यदि आपके पास समूह हेल्थ बीमा पॉलिसी है, तो आपका नियोक्ता नहीं चाहेगा कि आप समूह को छोड़कर जाएँ, क्योंकि आपके पाँच हज़ार की वार्षिक प्रीमियम से समूह के कम स्वस्थ लोगों को सहारा मिल रहा है।

ब. बीमा दलाल सक्रिय रूप से व्यक्तिगत पॉलिसी का प्रचार-प्रसार

नहीं करते क्योंकि ग़ैर–एच.डी.एच.पी. पॉलिसी के 0.4 कमीशन के मुक़ाबले इसमें उन्हें केवल एक तिहाई कमीशन ही मिलता है।

स. यदि कोई बीमा कंपनी एच.डी.एच.पी. के लिए प्रचार करने का प्रयास करती है, तो अधिकांश आवेदन अस्वस्थ लोगों के ही आते हैं। इन आवेदनों की प्रक्रिया महँगी पड़ती है और ये बीमा कंपनी के लिए नियामक समस्याएँ खड़ी करती है क्योंकि अधिकांश ख़ारिज हो जाती हैं।

8. क्या हो यदि मेरे परिवार का कोई सदस्य दीर्घस्थायी बीमार हो जाए?

यह एच.डी.एच.पी. का सबसे अच्छा हिस्सा है। एक बार जब कोई व्यक्तिगत एच.डी.एच.पी. ले लेता है, तो इस बात से कोई फ़र्क़ नहीं पड़ता कि वह या उसका आश्रित कितना बीमार पड़ जाता है, या उसके साथ कैसी परिस्थिति उत्पन्न हो जाती है। एक बार एच.डी.एच.पी. लेने के बाद पॉलिसी रद्द नहीं की जा सकती और न ही इस वजह से प्रीमियम की दरें बढ़ाई जा सकती हैं।[2] एच.डी.एच.पी. वाला व्यक्ति (नियोक्ता द्वारा उपलब्ध समूह हेल्थ बीमा के विपरीत) अपना काम बदलने या स्वयं या आश्रित की किसी भी पूर्व मौजूद चिकित्सकीय परिस्थिति के बावजूद व्यापार करने के लिए स्वतंत्र होता है।

9. क्या हो यदि मुझे अपने नियोक्ता से मुफ़्त हेल्थ बीमा प्राप्त हो?

यदि आपको अपने नियोक्ता से मुफ़्त हेल्थ बीमा मिल रहा हो, तब भी आपको अपने आश्रितों और संभव हो तो अपने लिए एच.डी.एच.पी. लेने पर विचार करना चाहिए। अधिकांश निजी नियोक्ता कर्मचारियों से उन आश्रितों की भी राशि लेते हैं, जो कंपनी की समूह पॉलिसी में शामिल होते हैं – और यदि आपका परिवार स्वस्थ है तो उनके लिए एच.डी.एच.पी. ख़रीदना आपके लिए बहुत कम महँगा पड़ेगा। यदि आपके परिवार में किसी प्रकार की बीमारी हो जाती है, या आप नौकरी बदलते हैं या आपकी कंपनी आपको निकालने की योजना बनाती है, तो यह आपके परिवार की सुरक्षा की गारंटी लेता है। साथ ही, अपने नियोक्ता से आपके काम को

पुनर्नियोजित करने के लिए कहें (जैसे स्वतंत्र कॉन्ट्रैक्टर जैसी श्रेणी में रखने के लिए, जिसे कंपनी की समूह पॉलिसी से बाहर निकलने पर अतिरिक्त भुगतान किया जाता है)।

10. मेरे अपने हेल्थ बीमा के भुगतान के लिए क्या कर नियम लागू होंगे?

हाल के संघीय क़ानून का धन्यवाद, जो 2001 में लागू हुआ। इसके तहत स्वरोज़गार व्यक्ति अपनी करयोग्य आय की 60 प्रतिशत राशि छूट के साथ हेल्थ बीमा पर ख़र्च कर सकता है। यह आँकड़ा 2002 में 70 प्रतिशत तक बढ़ गया, 2003 और उसके बाद यह 100 प्रतिशत तक हो जाएगा। इस क़ानून के पहले, अक्सर अपना ख़ुद का स्वास्थ्य बीमा कराना फ़ायदेमंद नहीं होता था क्योंकि टैक्स-डॉलर के बाद ख़ुद के लिए ख़रीदा हुआ हेल्थ बीमा नियोक्ता द्वारा कराए गए हेल्थ बीमा पर 2:1 अनुपात में आयकर की छूट मिलती थी।

11. वेलनेस सेविंग अकाउंट (डब्ल्यू.एस.ए.) क्या है?

वेलनेस सेविंग अकाउंट (डब्ल्यू.एस.ए.)[3] एक ऐसा खाता है जिसे आप स्वास्थ्य प्रदाता या अन्य किसी वाणिज्यिक संस्था के साथ खोल सकते हैं जिसमें एच.डी.एच.पी. लेने से बचत की गई राशि का निवेश किया जाता है। यह राशि आपके मौजूदा स्वास्थ्य ख़र्चों और यदि आप बीमार हैं तो आपके एच.डी.एच.पी. की छूट राशि के भुगतान में इस्तेमाल होती है। हर एच.डी.एच.पी. धारक को हमेशा कम से कम वार्षिक छूट राशि (जैसे 2,500 डॉलर) की बचत बनाकर रखनी चाहिए, ताकि आप या परिवार के किसी सदस्य के गंभीर रूप से बीमार होने पर इलाज किया जा सके।

12. मेडिकल सेविंग्स अकाउंट (एम.एस.ए.) क्या है?

यह 2003 तक के लिए प्रयोगात्मक रूप से कांग्रेस द्वारा प्राधिकृत विशेष क़िस्म का डब्ल्यू.एस.ए. है। यह आई.आर.ए. की तरह ही है, जिसमें एम.एस.ए. में राशि जमा करने पर आपको आयकर से 3,800 डॉलर प्रति वर्ष तक की कर-छूट मिलती है। इसमें ब्याज और लाभांश भी कर मुक्त होते हैं और 65 वर्ष की आयु

के बाद आप बिना किसी हर्ज़ाने के ग़ैर-चिकित्सकीय उद्देश्य के लिए भी यह राशि निकाल सकते हैं। लेकिन आई.आर.ए. से बेहतर, आप अपने चिकित्सा ख़र्चों के लिए 65 वर्ष की आयु से पहले या बाद में किसी भी समय कर-मुक्त राशि निकाल सकते हैं।

13. मैं एम.एस.ए. खाता किस तरह खुलवा सकता हूँ?

एम.एस.ए. खाता खुलवाने के लिए सबसे पहले आपको 3,050 डॉलर से 4,600 डॉलर तक की वार्षिक संचित पारिवारिक छूट के साथ एम.एस.ए. द्वारा अधिसूचित एच.डी.एच.पी. खुलवाना होगा। इसके बाद आप इस छूट राशि का 75 प्रतिशत (2,300 डॉलर से 3,800 डॉलर) प्रति वर्ष अपने एम.एस.ए. में निवेश करने योग्य हो जाएँगे। ये सभी आँकड़े मुद्रास्फ़ीति के साथ सालाना 50 डॉलर बढ़ेंगे। अकेले (अपारिवारिक) व्यक्तियों को मोटे तौर पर इन राशियों के आधे की अनुमति है। एम.एस.ए. के योग्य होने के लिए आपको किसी भी अन्य बड़ी चिकित्सा योजना में शामिल होने की इजाज़त नहीं है।[4]

14. 2003 के बाद मेरे एम.एस.ए. का क्या होगा?

कांग्रेस ने सन् 2003 तक सिर्फ़ 7,50,000 लोगों को एम.एस.ए. खोलने की अनुमति दी है - इस वर्ष तक यदि कोई नया क़ानून बना तो इस कार्यक्रम को ख़त्म कर दिया जाएगा। हालाँकि यदि कार्यक्रम ख़त्म कर दिया जाता है, तो 31 दिसंबर 2002 से पहले एम.एस.ए. खोलने वाले किसी भी व्यक्ति को ये लाभ उसके बाक़ी जीवनकाल में मिलते रहेंगे, जिसमें उसे 65 वर्ष की उम्र तक 3,800 डॉलर या ज़्यादा के निरंतर सालाना योगदान के अधिकार रहेंगे। अधिकांश राजनीतिक विश्लेषकों को यह उम्मीद है कि 2003 के पहले एम.एस.ए. कार्यक्रम को बढ़ाकर और विस्तृत कर दिया जाएगा।

15. सुपर-एम.एस.ए.™ क्या है?

सुपर-एम.एस.ए.[5] ऐसा एम.एस.ए. है जो 75,000 डॉलर प्रति वर्ष से ऊपर पारिवारिक आय के साथ उच्च-करदाताओं के लिए बनाया

गया है। आप अपने एम.एस.ए. के लिए प्रति वर्ष अधिकतम राशि देते हैं, लेकिन आपातकालों को छोड़ आप हर वर्ष उसमें से राशि निकालने की योजना नहीं बनाते हैं। आपके सुपर एम.एस.ए. का धन सर्वोच्च दीर्घावधि वापसी के लिए निवेश किया जाता है और कर-मुक्त ब्याज और लाभांश संचित किया जाता है। चूँकि आज करदाता अपने एम.एस.ए. खातों में धन जमा करने पर आयकर की पूरी छूट पा रहे हैं (इसके विपरीत चिकित्सा राशि ख़र्चों के लिए निकालने पर भी), इसलिए सेवानिवृत्ति से पहले कुछ भी राशि निकालने के लिए कोई आर्थिक इंसेंटिव नहीं मिलता है - बशर्ते उनके पास एच.डी.एच.पी. छूट से नीचे के चिकित्सा ख़र्च के लिए अलग से राशि हो। एम.एस.ए. से मिलने वाला ब्याज कर मुक्त होता है और एम.एस.ए. में आई.आर.ए. वाले सभी लाभ होते हैं और फिर कुछ - इस तरह किसी भी कर दाता परिवार के पास पहला बचत खाता होना ही चाहिए जो उनका सुपर-एम.एस.ए. होगा।

16. क्या नियोक्ता अपने कर्मचारियों को एम.एस.ए. और एच.डी.एच.पी. का प्रस्ताव देंगे?

हाँ। 50 कर्मचारियों तक वाले नियोक्ता अपने कर्मचारियों को एच.डी.एच.पी. के साथ एम.एस.ए. का प्रस्ताव दे सकते हैं। यदि नियोक्ता के 50 कर्मचारियों से ऊपर हो जाते हैं, तब उसे सभी कर्मचारियों को एम.एस.ए. देने की अनुमति है। हालाँकि सन् 1996 के बाद से कर्मचारियों की औसत संख्या 200 से कम होना चाहिए। नियोक्ता सभी कर्मचारियों के लिए एक समूह एच.डी.एच.पी. लेता है और हर कर्मचारी के एम.एस.ए. में बराबर योगदान कर सकता है - जो नियोक्ता के लिए कर-छूट और कर्मचारी के लिए कर-मुक्त होगी। नियोक्ता द्वारा प्रायोजित एम.एस.ए. कार्यक्रम से स्वस्थ कर्मचारियों को 3,800 डॉलर तक टैक्स पश्चात बोनस (7,600 डॉलर की क़ीमत के पूर्व टैक्स भरने के बराबर) या वर्तमान स्वास्थ्य पर ख़र्च करने या भावी चिकित्सकीय ख़र्चों के लिए, प्रस्तावित करते समय समूह हेल्थ बीमा पर नियोक्ता के धन की बचत भी होती है।

नोट्स

प्रस्तावना : अगला बड़ा परिवर्तन

1. *मरियम-वेबस्टर्स कॉलेजियेट डिक्शनरी* : स्प्रिंगफ़ील्ड, एम.ए. : ज़ेन पब्लिशिंग इंक. और मरियम-वेबस्टर्स, इंक. 1996।
2. पूर्वोक्त।
3. अधिकांश उद्यमियों की तरह फ़ोर्ड पहली बार में सफल नहीं हुए थे। उन्होंने सन् 1899 में अपनी पहली मोटर कंपनी की स्थापना की - लेकिन वह सफल नहीं हो सकी। उन्होंने सन् 1901 में दूसरी कंपनी स्थापित की, लेकिन वह भी सफल नहीं हुई। और जिस कंपनी को आज हम फ़ोर्ड मोटर कंपनी के नाम से जानते हैं (इसे उन्होंने सन् 1903 में शुरू किया था) 1906 में लगभग डूब गई थी क्योंकि आम आदमी की पहुँच वाली मॉडल टी बनाने का निर्णय लेने से पहले वे बहुत ज़्यादा महँगी मोटर बनाने लगे थे।
4. "पुटिंग अमेरिका ऑन व्हील्स," द *इकोनॉमिस्ट*, 31 दिसंबर 1999।

अध्याय 1 : हमें क्रांति की ज़रूरत क्यों है

1. मरियम-वेबस्टर्स कॉलेजिएट डिक्शनरी, 10वाँ संस्करण, स्प्रिंगफ़ील्ड, एम.ए. : ज़ेन पब्लिशिंग, इंक. और मरियम-वेबस्टर्स, इंक. 1996।

2. *एन्साइक्लोपीडिया ब्रिटेनिका,* www.Britannica.com.
3. पूर्वोक्त।
4. पूर्वोक्त।
5. सन् 1971 में, जब मैंने कॉलेज जाना शुरू किया, आधी दुनिया पर साम्यवाद छाया था और दुनिया भर के नेता उन्मुक्तता से पूँजीवादी बनाम साम्यवादी प्रणाली की अच्छाइयों पर बहस करते थे। अमेरिका में लोग इस मुद्दे पर बँटे हुए थे कि डाक से लेकर फ़ोन सेवा और ट्रेन यात्रा जैसी सेवाओं का विशिष्ट प्रबंधन सरकार को करना चाहिए या निजी क्षेत्र को।
6. सन् 1845 में, इंग्लैंड के भावी प्रधानमंत्री बेंजामिन डिज़राइली ने अपने देश के "दो देशों" में विभाजन के ख़तरे से आगाह किया था, मानो वे दो भिन्न इलाक़ों या ग्रहों के वासी हों।
7. *प्रिवलेंस ऑफ़ ओवरवेट एंड ओबेसिटी अमॉन्ग एडल्ट्स : यूनाइटेड स्टेट्स,* 1999, नेशनल सेंटर फ़ॉर हेल्थ स्टैटिस्टिक्स, सेंटर्स फ़ॉर डिज़ीज़ कंट्रोल (सी.डी.सी.)।
8. होस्टेस ट्विन्कीज़, ओरियो और मैकडोनल्ड्स हैप्पी मील्स क्रमशः इंटरस्टेट बेकरीज़ कॉर्पोरेशन, नेबिस्को, इंक. और मैकडोनल्ड्स कॉर्पोरेशन के रजिस्टर्ड ट्रेडमार्क हैं।
9. तस्वीरों में हमारी एक साल की बेटी मिरियम हमेशा हाथ में कोई-न-कोई सब्ज़ी या फल पकड़े दिखाई देती है। वास्तव में हर कुछ मिनटों बाद उसके हाथों में खाने की कोई अलग चीज़ होती थी, क्योंकि उसकी स्वाद ग्रंथियाँ (और आकर्षण) कुछ देर पहले ली गई चीज़ से तुरंत ऊब जाती थी।
10. शब्द *विटामिन* की सबसे पहले सन् 1912 में बायोकेमिस्ट कैसिमिर फ़ंक ने कल्पना की थी। फ़ंक ने पाया था कि ये पदार्थ जीवन के लिए आवश्यक (vital) थे और शुरुआत में उन्होंने सोचा कि ये सभी अमोनिया आधारित उत्पाद हैं - इसलिए इनका नाम पड़ा *वाइटल अमीन* या *विटामिन* (vital amine or vitamin)। बाद में, जब वैज्ञानिकों ने मानव जीवन के लिए आवश्यक 13 विटामिनों की पहचान की, तो उन्होंने पाया कि

सभी अमोनिया आधारित नहीं थे।

11. इन कमियों की एक और वजह यह है कि हम जितना अधिक प्राकृतिक भोजन को प्रसंस्करित करते हैं – अधिकांशतः विभिन्न ब्राण्डों की तरह उसे अलग-अलग करने और उसकी सड़न अवधि को बढ़ाने के लिए – विटामिन की दक्षता उतनी ही कम होती है। साथ में, कुछ विटामिन कुछ विशेष प्रकार के भोजन के साथ लेना चाहिए, ताकि उनका पाचन ठीक तरह से हो सके।

12. ओरियो, रिट्ज़ और लाइफ़ सेवर्स नैबिस्को होल्डिंग्स, इंक. के ट्रेडमार्क हैं।

13. ऑस्कर मैयर बैकन और फिलाडेल्फिया ब्राण्ड क्रीम चीज़ क्राफ़्ट फ़ूड्स इंक. के ट्रेडमार्क हैं।

14. 3.90 करोड़ में से लगभग 3.40 करोड़ मरीज़ों को डॉक्टरी सलाह की दवा की राशि नहीं मिलती। आमतौर पर मेडीकेयर लेने वाले 50 लाख मरीज़ों को डॉक्टरी सलाह की दवा के लिए राशि मिल जाती है, वह भी इसलिए क्योंकि प्रिस्क्रिप्शन दवाओं की राशि पाने वाले 5 लाख मेडिकेयर प्राप्तकर्ताओं ने इस दायरे में आने के लिए कम मानक स्तर की देखभाल करवाई।

15. डिलर, लॉरेंस एच., एम.डी., "बस, रिटेलिन को हाँ कहिए! अभिभावकों पर स्कूलों द्वारा बच्चों का इलाज करवाने का दबाव डाला जा रहा है या अंजाम भुगतने की चेतावनी दी जा रही है," *न्यूयॉर्क टाइम्स,* 24 सितंबर 2000।

16. विभिन्न श्रेणियों के बीच इतना ज़्यादा घालमेल है कि मैंने जानबूझकर प्रत्येक की बिक्री के मौजूदा आँकड़ों की सूची नहीं बनाई। उदाहरण के लिए, विटामिन उद्योग 70 अरब डॉलर की बिक्री का दावा करता है – लेकिन जाँच करने पर पता चलता है कि इस आँकड़े में आम भोजन में मिलाए गए विटामिन और पूरक पदार्थ भी शामिल हैं। इसी तरह, 12 अरब डॉलर की फ़िटनेस क्लब आय में उस राशि को अलग नहीं किया गया है जिसका भुगतान क्लब प्रशिक्षकों के नाम पर ख़ुद को करते हैं।

17. हार्टफ़ोर्ड, कनेक्टीकट की विटकोवर प्रेस, इंक. ने *आर्थराइटिस*

एंड कॉमन सेन्स पुस्तक प्रकाशित की और अपने विज्ञापनों में दावा किया कि यह जोड़ों के दर्द और गठिया पीड़ितों की मदद करेगी। सन् 1954 में एफ़.टी.सी. ने विटकोवर प्रेस को आदेश दिया कि वह "परोक्ष या अपरोक्ष रूप से अविलंब अपनी पुस्तक का पुनर्प्रकाशन रोक दे और ख़त्म करें, क्योंकि यह जोड़ों के दर्द और गठिया पीड़ितों को राहत देने में सही, असरकारक और विश्वसनीय थी।" विटकोवर प्रेस ने आदेश माना और मामले के लिए अपील नहीं की। बड़े प्रकाशक प्रेन्टिस हॉल ने भी ऐसे ही मामले में एफ़.टी.सी. के आदेश को स्वीकार कर लिया क्योंकि वह संघीय सरकार के साथ महँगे क़ानूनी दाँवपेंच में फँसना नहीं चाहता था। (पिल्ज़र, पॉल ज़ेन, "रोडेल प्रेस बनाम द फ़ेडरल ट्रेड कमीशन : ए कॉम्प्रिहेन्सिव एनालिसिस," सीनियर थीसिस, लेहाई यूनिवर्सिटी, बेथलेहम, पी.ए. 21 मई 1974)।

18. एफ़.टी.सी. एक्ज़ामिनर के समक्ष इस मामले की वास्तविक सुनवाई में, असहमत एफ़.टी.सी. कमिश्नर फ़िलिप एलमैन ने उस क़दम का पूर्वाभास दे दिया था जो एफ़.टी.सी. उठाने वाला था। उन्होंने लिखा था : "कांग्रेस ने इस कमीशन को पुस्तकों में दिए गए ग़ैररूढ़ीवादी विचारों और सिद्धांतों को सेंसर करने के लिए नहीं बनाया है। भले ही वे पुस्तकें राजनीति के बारे में हों या स्वास्थ्य के बारे में। हमें यह नहीं भूलना चाहिए कि दोनों ही क्षेत्रों में आज का पाखंड कल का सिद्धांत बन सकता है।" (पूर्वोक्त।)

19. कैनेडी द्वारा नियुक्त और सुप्रीम कोर्ट के जज फ़ेलिक्स फ़ैंकफ़र्टर के पूर्व क़ानूनी लिपिक एफ़.टी.सी. कमिश्नर ऐलमैन ने अपना विरोध जताते हुए लिखा : "यह मुक्त समाज की शान है कि बिना किसी 'ठोस सबूत' या 'प्रमाण' के एक इंसान कोई भी पुस्तक लिखकर महज़ कुछ लोगों या एजेंसी की संतुष्टि के लिए यह दावा कर सकता है कि पृथ्वी चपटी है या चंद्रमा ग्रीन चीज़ का बना है या भगवान मर चुके हैं। ज्ञान के किसी भी क्षेत्र में यह मान लेना दुःसाहस है, चाहे मामला स्वास्थ्य से जुड़ा हो या किसी और चीज़ से।" (पूर्वोक्त।)

20. जब अधिकांश कीमियागर (alchemists) स्वर्ण बनाने की खोज और जीवन के लिए अमृत खोजने में असफल हो गए, तो उनमें से कई ने आधुनिक विज्ञान (फ़ार्मेसी, चिकित्सा, धातु शोधन, भौतिकी, रसायन शास्त्र आदि) की नींव रखी, जो आज उसी उद्देश्य को पूरा कर रहे हैं जिसे कीमियागर पाना चाहते थे : असीमित संपन्नता के लिए फ़ार्मेसी और चिकित्सा पूरे सामर्थ्य का साथ हो।

21. हालाँकि पोन्से डे लेयोन बहामास के बिमिनि द्वीप पर यौवन का झरना खोजने में असफल रहे, लेकिन अप्रत्याशित रूप से मार्च 1513 में फ़्लोरिडा की खोज कर लेने पर उन्हें अपने अभियान से अधिक पैसा दिया गया। ठीक उसी तरह, जिस प्रकार कई कीमियागर अंततः स्वर्ण की बजाय रसायन शास्त्र की खोज कर सफल हुए।

22. बाद के शोध से पता चला कि 13 ऐसे जटिल पदार्थ होते हैं, जिनमें सभी अमोनिया आधारित पदार्थ नहीं होते। लेकिन *विटामिन* शब्द परिवर्तित स्पेलिंग के साथ शोध में बना रहा।

23. चेचक रोकने के लिए एडवर्ड जेनर द्वारा काऊपॉक्स वैक्सिन की खोज की कहानी सभी जानते हैं। लेकिन इस बात की जानकारी बहुत कम लोगों को है कि टीकाकरण की वास्तविक प्रक्रिया (जानबूझकर किसी के शरीर को उसी बीमारी से संक्रमित करना जिस बीमारी से उसे बचाना है) पूर्व में सैकड़ों साल पहले विकसित हो गई थी और जेनर के समय में सभी इससे परिचित थे।

24. बेहे, माइकल जे., *डार्विन'स ब्लैक बॉक्स : द बायोकेमिकल चैलेंज टु इवोल्युशन*। द फ़्री प्रेस, 1996, p 10।

अध्याय 2 : स्वास्थ्य की माँग को समझना और नियंत्रित करना

1. 40 की उम्र से पहले तक मैं बिना यह जाने कि मेरे शरीर को विटामिन

और खनिज तत्व की न्यूनतम मात्रा मिल रही थी या नहीं, अपनी कैलोरी कम करने के लिए भोजन छोड़ दिया करता था। इस वजह से मुझे नियमित तौर पर जुकाम रहने लगा, ठंड में श्वसन संक्रमण रहने लगा और मैं अपनी पूरी क्षमता से काम नहीं कर पाता था। इन सबसे बुरा यह हुआ कि चूँकि मैंने यह सब अपनी जवानी के दौर में किया था, इसलिए मुझे तब तक ज़रा भी नहीं पता चला कि मैं क्या खो रहा हूँ। यह राज़ तब खुला जब मैंने पूरे दिन पौष्टिक भोजन खाना, नियमित व्यायाम और विटामिन व पूरक लेने शुरू किए।

2. यही परिस्थिति पश्चिमी यूरोप में थी, जहाँ सन् 1946 और 1964 के बीच जन्मी आबादी में एक उभार है। यही नहीं, वहाँ सन् 1960 के बाद तेज़ी से घटने वाली जन्म-दर, द्वितीय विश्व युद्ध के बाद तेज़ी से बढ़ी हुई जन्म-दर की तुलना में अधिक है।

3. *विपरीत* – "संबंधित, पुनः क्रियाशील होना, या शैली बन जाना या ख़ासतौर पर पुराना फ़ैशन : फ़ैशन-परस्त या पुराने फ़ैशन वाला (विपरीत दिखने वाला)।"

©1996 ज़ेन पब्लिशिंग, इंक. और मरियम-वेबस्टर, इंक.

4. रसेल, चेरिल, द *बेबी बूम : अमेरिकन्स एज्ड 35 टु 54,* दूसरा संस्करण, न्यू स्ट्रैटेजिस्ट पब्लिकेशन, इंक., 1999, 2000, प्रस्तावना।

5. अधिकांश लोग सोचते हैं कि अपने समय में केनेस का गहरा प्रभाव था, जितना कि वास्तव में वे थे। 1930 और 40 के दशक में केनेस की सलाह पर चल रहे बहुत से सरकारी कार्यक्रम दरअसल एक विशाल परिदृश्य - अर्थव्यवस्था में सरकार का सक्रिय दख़ल - का हिस्सा थे और अपने निरंतर दबदबे को न्यायोचित ठहराने के लिए बहुत कम केन्स की *जनरल थ्योरी* का इस्तेमाल किया गया। तीस के दशक के वास्तविक न्यू डील कार्यक्रम तो *जनरल थ्योरी* के सालों बाद किए गए।

6. बिजली से चलने वाली पहली वॉशिंग मशीन का आविष्कार सन् 1910 में अल्वा जे. फ़िशर ने किया, लेकिन यह तब तक आसानी से उपलब्ध नहीं हुई, जब तक कि सन् 1922 में हॉवर्ड सिंडर ने बिजली से चलने वाले वॉशर का आविष्कार नहीं कर लिया।

7. यू.एस. डिपार्टमेंट ऑफ़ कॉमर्स, ब्यूरो ऑफ़ सेन्सस, स्टैटिस्टकल एब्स्ट्रेक्ट ऑफ़ द यूनाइटेड स्टेट्स : 1991 (वॉशिंगटन : गवर्नमेंट प्रिंटिंग ऑफ़िस, 1991), पृष्ठ 1272, 1275।

8. बदक़िस्मती से, जैसा हम अध्याय 4 में देखेंगे, कृषि में लाभ संभावनाएँ पौष्टिक खाद्य उत्पादन (गेहूँ, दूध, फल) से खिसककर ऐसे खाद्य पदार्थों के अधिक निर्माण करने पर आ गई, जो अत्यधिक अपौष्टिक ब्राण्ड फ़ूड बनाने के काम आते हैं (जैसे, अनाज, मसाले, प्रसंस्करित चीज़, डिब्बाबंद खाद्य पदार्थ, फ्रोज़न फ़ूड और जंक या स्नैक फ़ूड)। इन सब पदार्थों की उम्र बहुत ज़्यादा थी।

9. आज यह भयानक बीमारी, आम तौर पर खाए जाने वाले भोजन में विटामिन डी को शामिल कर लगभग पूरी तरह से ख़त्म की जा चुकी है।

10. बेरी-बेरी रोग के कारण की खोज सन् 1912 में कौसिमिर फ़ंक ने की थी। इसे मैदे में विटामिन बी$_1$ या थाइमिन मिलाकर ख़त्म किया गया।

11. विटामिन्स में प्रत्यक्ष रूप से कोई ऊर्जा नहीं होती है, लेकिन जीवन को बनाए रखने के लिए आवश्यक सैकड़ों रासायनिक क्रियाओं के लिए इन्हें उत्प्रेरक की आवश्यकता होती है। चूँकि आमतौर पर ये शरीर द्वारा नहीं बनाए जाते, इसलिए इन्हें रोज़ाना अन्य स्त्रोत से लेना ज़रूरी होता है।

12. हमारा शरीर एक समय बाद बूढ़ा हो जाता है या इसका क्षय होने लगता है। यह *मुक्त कणों* (free radicals) के कारण होता है। इनके कारण इनका ऑक्सीकरण होने लगता है या "ज़ंग" लगने लगती है। कुछ विटामिन्स ऑक्सीकरण की इस प्रक्रिया को धीमा कर सकते हैं या टाल सकते हैं।

अध्याय 3 : आपको भोजन के बारे में क्या जानने की ज़रूरत है

1. जेनेसिस 2:9 किंग जेम्स बाइबल।

2. प्रोटीन का सामान्य तौर पर ऊर्जा में पाचन नहीं होता, क्योंकि इनका पाचन सबसे मुश्किल होता है और शरीर को अपने अंगों को लगातार बदलने के लिए इनकी ज़रूरत पड़ती है।
3. आँकड़े Healthstatus.com से एकत्रित किए गए हैं (http://www.healthstatus.com)।
4. "अतीत में आगे बढ़ना : इस तरह खाना, जैसे हमारे पूर्वज खाया करते थे," *ईटिंग फ़ॉर हेल्थ* www.obesity.com.
5. जेनेसिस 2:9 किंग जैम्स बाइबल।
6. किसी उत्प्रेरक का रासायनिक संयोजन किसी प्रतिक्रिया से नहीं बदली जा सकती और इसलिए एक उत्प्रेरक अणु बार-बार प्रयुक्त किया जा सकता है। इससे पता चलता है कि हमें प्रत्येक विटामिन की केवल बहुत कम मात्रा क्यों चाहिए होती है- हालाँकि हमें रोज़ इन विटामिनों का कम-कम मात्रा में सेवन करना होता है, क्योंकि अधिकांश विटामिन पाचन तंत्र में शेष नहीं बचते हैं।
7. पाश्चुरीकरण गर्म करने का एक अनुप्रयोग है जो "विषाणु (बीमारी पैदा करने वाले) सूक्ष्म जीवों को नष्ट करता है, नुक़सान पहुँचाने वाले एंज़ाइम को निष्क्रिय करता है और ख़राब सूक्ष्म जीवों को कम करता या नष्ट करता है" ("फ़ूड प्रिज़र्वेशन," *एनसाइक्लोपीडिया ब्रिटेनिका,* 2000), www.britannica.com.
8. "बेट्चा कान्ट ईट जस्ट वन" लेज़ आलू चिप्स के टेलीविज़न विज्ञापन का नाम है। इसे महान बेसबॉल खिलाड़ी काल रिपकेन (www.ripkenbaseball.com/pr_frito_lay.shtml) के साथ 2 अप्रैल 2001 को पुनर्प्रसारित किया गया।
9. मैक डोनल्ड्स कॉर्पोरेशन, www.mcdonalds.com.
10. स्क्लोस्सर, एरिक, *फ़ास्ट फ़ूड नेशन : द डार्क साइड ऑफ़ द ऑल अमेरिकन मील,* न्यूयॉर्क : हॉफ़टन मिफ़लिन कंपनी, p 6।
11. लिन, बिंग-ह्वान, जोअन गूर्थी, और एलिज़ाबेथ फ्रज़ाओ, "न्यूट्रीएंट कॉन्ट्रीब्यूशन ऑफ़ फ़ूड अवे फ्रॉम होम," *अमेरिकाज़ ईटिंग हेबिट्स : चेंजेस एंड कॉन्सिक्वेन्सेस*। एलिज़ाबेथ फ्रज़ाओ, फ़ूड एंड रूरल इकॉनोमिक्स डिवीज़न, इकॉनोमिक रिसर्च सर्विस,

यू.एस. डिपार्टमेंट ऑफ़ एग्रीकल्चर द्वारा संपादित। एग्रीकल्चर इन्फ़ॉर्मेशन बुलेटिन नं. 750 (ए.आई.बी.-750), www.ers.usda.gov.

अध्याय 4 : खाद्य सामग्री में अपनी क़िस्मत चमकाना

1. पारंपरिक सात पाप हैं : (1) शेख़ीबाज़ी या घमंड, (2) लालच, (3) कामुकता जिसे अमर्यादित या अनुचित कामवासना के रूप में समझा गया है, (4) ईर्ष्या, (5) भुक्खड़पन, जिसमें आमतौर पर नशे में धुत होना भी शामिल होता है, (6) क्रोध और (7) आलस। इन्हें ईसाई मठवाद के आरंभिक इतिहास के दौरान पहचाना गया और संत ग्रिगोरी महान ने छठी शताब्दी में इन्हें संकलित किया। (*मरियम-वेबस्टर्स एनसाइक्लोपीडिया ऑफ़ लिटरेचर,* ज़ोन पब्लिशिंग, इंक., और मरियम वेबस्टर्स, इंक., 1996।)
2. इस 45 बिलियन डॉलर में से लगभग 20 बिलियन डॉलर यू.एस.डी.ए. के ज़रिए उन लाखों किसानों को खेती न करने के लिए दिए गए। 1,000 ट्रिलियन डॉलर में ये 45 बिलियन डॉलर शामिल नहीं हैं। या तो ये निर्यात हो जाते हैं या अन्य श्रेणियों का उपअवयव बना दिया जाता है।
3. 8/03/01 के मुताबिक़, नेशनल रेस्टोरेंट एसोसिएशन ने देश के 8,44,000 रेस्तराँ की 2001 की बिक्री का अनुमान 399.2 बिलियन डॉलर लगाया था (www.restaurant.org/research/index.asp)।
4. इस 70 बिलियन डॉलर का लगभग आधा उस उत्पाद में शामिल है जो फ़ूड प्रोसेसिंग करने वालों को दिए जाते हैं, इसलिए हो सकता है दो बार गिन लिए गए हों।
5. ये 1990 के राज्य आबादी आँकड़े हैं। अमेरिका के सांख्यिकीय निष्कर्ष, 2000।
6. स्पैरी पीटर, "हाऊ 'इमरजेंसी' फ़ार्म स्पेंडिंग स्क्वांडर्स द सरप्लस," द हेरिटेज फ़ाउंडेशन एक्ज़ीक्यूटिव मेमोरेंडम, 3 सितंबर 1999।
7. बेकर, एलिज़ाबेथ, "कॉर्पोरेट वेलफ़ेयर फ़्यूल्स बिग फ़ार्म्स," द

न्यूयॉर्क टाइम्स, 14 मई, 2001।

8. अमेरिका में पहली माहवारी की उम्र पिछले कुछ दशकों में तेज़ी से नीचे गिरती जा रही है। अब यह कई लड़कियों में 10 साल की उम्र में शुरू होने लगी है। जिन सभ्यताओं में मंदगति से वृद्धि करने वाले हॉर्मोन का इस्तेमाल नहीं किया जाता, उनमें आमतौर पर माहवारी 15 वर्ष में शुरू हो जाती है। (योफ़, एमिली, "गॉट ओस्टियोपोरोसिस? मे बी ऑल देट मिल्क यू हेव बीन ड्रिंकिंग इज़ टु ब्लेम," *स्लैट मैगज़ीन,* www.slate.com, 2 अगस्त 1999।)
9. ई.पू. 2853 में चीन के सम्राट रोंग-नुंग ने पाँच पवित्र पेड़ों का नामकरण किया था : सोयाबीन, चावल, गेहूँ, जौ और बाजरा। (नॉर्थ कैरोलिना सोयाबीन प्रोड्यूसर्स एसोसिएशन, www.ncsoy.org.)
10. अरबाना की इलिनोइस यूनिवर्सिटी में हुए एक धमाकेदार शोध अध्ययन से पता चला है कि सोयाबीन आइसोफ़्लोवेनेस के सेवन से हड्डियों में खनिज की मात्रा बढ़ती है और उसका घनत्व भी बढ़ता है। छह महीने तक रोज़ सिर्फ़ 40 ग्राम सोयाबीन से भी मेनोपॉज़ पश्चात् महिलाओं के समूह में सकारात्मक परिणाम दिखाई दिए हैं। दो औंस के सोया से निकले प्रोटीन में 40 ग्राम सोया प्रोटीन पाया जाता है। (www.united soyabeanboard.com)।
11. *मरियम-वेबस्टर्स कॉलेजिएट डिक्शनरी,* ©1996 ज़ेन पब्लिशिंग इंक., और मरियम-वेबस्टर्स, इंक.।
12. सोया-शराब की मार्केटिंग करने वालों ने एन.एम.पी.एफ़. की शिकायत से तीन साल पहले ही एफ़.डी.ए. में *सोयामिल्क* शब्द के इस्तेमाल पर याचिका दायर कर दी थी। एफ़.डी.ए. ने याचिका पर आदेश नहीं देने का निर्णय लिया, जिसने सोयामिल्क निर्माताओं को सुरक्षा तले काम करने की अनुमति मिल गई। ऐसा तब तक के लिए था, जब तक वे अपने लेबल और विज्ञापनों में जनता को धोखा देने का प्रयास नहीं करते। (फ़्रैंक, पाउला, "सोया का क्रमिक विकास," www.foodproduction.com.)
13. वित्तीय वर्ष 31 मार्च को ख़त्म होता है।
14. असली गार्डनबर्गर में सोया नहीं था क्योंकि वेनर को उसका स्वाद

पसंद नहीं था और उन्होंने सोचा कि बहुत से उपभोक्ताओं के सोया आधारित उत्पादों के प्रति नकारात्मक विचार होंगे। आज, अधिकांश गार्डनबर्गर क़िस्मों (असल शैली के लिए छोड़कर) में प्रति पैटी 12 से 14 ग्राम सोया प्रोटीन होता है।

15. वेनर, पॉल, *गार्डन क्विज़ीन : हील योरसेल्फ़ थ्रू लो-.फ़ैट मीटलैस ईटिंग,* फ़ायरसाइड, न्यूयॉर्क, 1998।
16. वेनर द्वारा स्थापित की गई वास्तविक कंपनी का नाम व्होलसम एंड हार्टी फ़ूड्स, इंक. था। 1992 में कंपनी में आम लोगों की हिस्सेदारी होने पर इसका नाम बदलकर गार्डनबर्गर इंक. कर दिया गया।
17. नस्दक में इसके शेयर की क़ीमत 5 डॉलर से नीचे रहने के परिणामस्वरूप।
18. रेस्टोरेंट इंडस्ट्री फ़ोरकास्ट, नेशनल रेस्टोरेंट एसोसिएशन (www.restaurant. org)।
19. 1999 में घर से बाहर खाए जाने वाले भोजन पर औसत घरेलू ख़र्च 35 से 54 वर्ष के लोगों के लिए 2,583 डॉलर था। जबकि 65 वर्ष और इससे बूढ़े लोगों के लिए 1,245 डॉलर था। (रेस्टोरेंट इंडस्ट्री फ़ोरकास्ट, नेशनल रेस्टोरेंट एसोसिएशन, www.restaurant.org.)

अध्याय 5 : दवा में अपनी तक़दीर बनाना

1. बेहे, माइकल जे., डार्विन्स *ब्लैक बॉक्स : द बायोकेमिकल चैलेंज टु इवोल्युशन* द फ्री प्रेस, 1996।
2. प्रागैतिहासिक काल की आर-पार भिदी हुई खोपड़ियाँ ब्रिटेन, फ्रांस, यूरोप के दूसरे हिस्सों और पेरू में पाई गई थीं। उनमें से कई खोपड़ियाँ उपचार और मरीज़ के बचने की संभावना का प्रमाण थीं। यह प्रक्रिया अभी भी अल्जीरिया के कुछ भागों और मेलानेसिया के आदिमानवों के बीच मौजूद है (www.britannica.com)।
3. हालाँकि कहा जाता है हिप्पोक्रेट्स का जन्म 460 ई.पू. में हुआ था और कई महान पुस्तकों में उनका नाम मिलता है। आधुनिक विद्वान अनुमान लगाते हैं कि बहुत से लेखक उनके नाम से पुस्तकें लिखते

रहे हैं।

4. *थ्योरी ऑफ़ नेचुरल सिलेक्शन* और हाल ही में आई *थ्योरी ऑफ़ इंटेलिजेंट डिज़ाइन* दोनों इस बात पर ज़ोर देती हैं कि सभी सजीव जीवों का उद्‌भव पहले से मौजूद जंतुओं के डी.एन.ए. में बदलावों के कारण हुआ है। नेचुरल सिलेक्शन की वकालत करने वाले इस बात पर विश्वास करते हैं कि ये बदलाव सांख्यिकीय रूप से बेतरतीब हुए परिवर्तन से हुए, जिसने जीव के जीवित रहने के अवसर बढ़ा दिए (जैसे दुश्मन को धोखा देने के लिए तेंदुओं के शरीर पर धब्बे)। आख़िरकार अपरिवर्तनशील जीव विलुप्त हो गए और परिवर्तनशील जीव जीवित रह गए। इंटेलिजेंट डिज़ाइन की वकालत करने वाले मानते हैं कि ये बदलाव बेतरतीब नहीं थे, वरन् पूरे भूमंडल में एक साथ प्रजाति के सभी सदस्यों में पहले से डी.एन.ए. में लिखे किसी कोड की वजह से हुए थे (जैसे 5 लाख ई.पू. सभी तेंदुओं के शरीरों पर धब्बे उभर आए थे)।
5. बेहे, माइकल जे., *डार्विन्स ब्लैक बॉक्स : द बायोकेमिकल चैलेंज टु इवोल्युशन,* द फ्री प्रेस, 1996।
6. बेहे, माइकल जे., डार्विन्स ब्लैक बॉक्स : द *बायोकेमिकल चैलेंज टु इवोल्युशन,* द फ्री प्रेस, 1996 पेज 10।
7. कार्ल एस. (सैम) रेहनबोर्ग के साथ निजी साक्षात्कार, पीएच.डी., कार्ल एफ़. रेहनबोर्ग के बेटे, सितंबर 7, 2001।
8. लेखक और डॉ. टॉड कूपरमैन के बीच 10 अगस्त, 2001 को टेलीफ़ोन साक्षात्कार।
9. *इंट्राप्रिन्योर* वह उद्यमी है, जो विशाल संगठन के भीतर काम करता है।
10. *एक्ज़ीक्यूटिव हेल्थ प्रोग्राम,* ब्रोशर, एन.डी.एस. अस्पताल स्थित फ़िटनेस इंस्टिट्यूट साल्ट लेक सिटी, यूटी।
11. एडम्स, फ़िशर, हैन्सन और यानोविट्ज़, *मैंटेनिंग द मिरेकल : एन ऑनर्स मैनुअल फ़ॉर द ह्यूमन बॉडी।*
12. डॉ. यानोविट्ज़ उस समय भी ख़ुशी से चमक उठते हैं जब वे

पियानोइस्ट के रूप में प्रस्तुति देने के बारे में बात करते हैं। वे एक एल.पी. और बहुत सी सीडी रिकॉर्ड करा चुके हैं। इनमें न सिर्फ़ उनके जैज़ के अंश हैं, बल्कि उनका अपना वास्तविक संगीत भी है।

13. "फिज़िकल एक्टिविटी एंड पब्लिक हेल्थ," *जनरल ऑफ़ द अमेरिकन मेडिकल एसोसिएशन,* 1 फ़रवरी, 1995, वॉल्यूम 273, नं. 5।

14. वी, क्रिस्टीना सी., एम.डी., एम.पी.एच., "फिज़िकल एक्टिविटी काउंसलिंग इन प्राइमरी केयर," *जनरल ऑफ़ द अमेरिकन मेडिकल एसोसिएशन,* 8 अगस्त, 2001, वॉल्यूम 286, नं. 6।

15. "जिल स्टीवन्स कैनी – अमेरिका की अव्वल महिला क्लब उद्यमी," *क्लब इनसाइडर न्यूज़,* मई 1999, वॉल्यूम 6, नं. 5।

अध्याय 6 : स्वास्थ्य बीमा के बारे में आपको क्या जानना चाहिए

1. वेलनेस इंश्योरेंस™, (अगले अध्याय का विषय है) ऐसा स्वास्थ्य बीमा है, जो बीमारी से बचाव पर होने वाले ख़र्च का भुगतान करता है – जैसे वज़न नियंत्रण, विटामिन, पूरक पदार्थ और व्यायाम। यह साथ ही वार्षिक छूट के दायरे से बाहर बड़े चिकित्सकीय ख़र्च भी वहन करता है। पारंपरिक स्वास्थ्य या "बीमारी" बीमा सिर्फ़ तभी आपके चिकित्सकीय ख़र्च का भुगतान करता है, जब आप बीमार हों और अधिकांशतः इसमें बीमारी के लक्षणों के इलाज के लिए पैसा दिया जाता है न कि बीमारी के बचाव के लिए। वेलनेस इंश्योरेंस वेलनेस सर्विसेज़, इंक. का ट्रेडमार्क है।

2. यह इसलिए हुआ क्योंकि आय में एक अतिरिक्त डॉलर भी कुछ करदाताओं को उनकी सकल आय के ऊपरी स्तर तक ले जा सकता है।

3. हम जल्द ही 2003 में पूरी तरह से लागू हो जाने वाले नए कर नियम का परीक्षण करेंगे, जो कुछ स्व-रोज़गार वाले व्यक्तियों के लिए

स्तर बनाना शुरू कर देगा।

4. आई.आर.एस. रेव. नियम 68-433, 1968-2 सी.बी. 110 कहता है कि दवाओं के लिए बीमा प्रीमियम की भरपाई स्वास्थ्य बीमा के ख़र्च के तौर पर हो सकती है लेकिन केवल ऐसा तभी हो सकता है जब दवाएँ *डॉक्टर ने लिखी* हों। कुछ चतुर दवा कंपनियों ने अपनी सामान्य दवाओं के ज़्यादा महँगे "प्रिस्क्रिप्शन" स्वरूप बनाकर इस नियम की धज्जियाँ उड़ा दीं।
5. बग़ैर पी.पी.ओ. वाले मरीज़ या वे जो कभी कभार पैसों का भुगतान करते हैं, को कभी डॉक्टर से मुलाक़ात का वक़्त नहीं मिलता। ऐसा इसलिए होता है क्योंकि आमतौर पर यह मान लिया जाता है कि वे किसी भी चीज़ का कोई भुगतान नहीं कर सकते।
6. हेल्थ मैंटेनेंस ऑर्गेनाइज़ेशन (एच.एम.ओ.) में प्रदानकर्ता को प्रत्येक सेवा के बदले राशि देने के बजाय प्रति मरीज़ एकमुश्त सालाना राशि दे दी जाती।
7. बहुत से राज्यों ने अधिक नुक़सान के अनुभव के चलते "छोटे कर्मचारियों" (आमतौर पर 50 कर्मचारी या इससे कम) के लिए बीमा वाहकों को प्रीमियम बढ़ाने की क्षमता पर रोक लगाई है या उन्होंने छोटे कर्मचारी समूह के लिए ऐसी प्रीमियम का आकार सीमित कर दिया है।
8. तकनीकी रूप से, 1966 का फ़ेडरल हेल्थ इंश्योरेंस पोर्टेबिलिटी एंड अकाउंटेबिलिटी एक्ट (एच.आई.पी.ए.ए.) बीमा कंपनियों को नए कर्मचारियों पर पुरानी मौजूदा परिस्थितियाँ लागू न करने से रोकता है। ऐसा तभी हो सकता है, जब उस कर्मचारी की पिछले नियोक्ता के दौरान भी यही स्थिति लागू रही हो और उसकी हेल्थ केयर सुरक्षा में 63 दिनों से ज़्यादा की देरी न हुई हो। एच.आई.पी.ए.ए. ने एक बिल्ली-चूहे का खेल बनाया, जहाँ बीमा कंपनियाँ एच.आई.पी.ए.ए. और अन्य संघीय नियमों का पालन करते हुए समूह पॉलिसीधारकों को अपनी पॉलिसी छोड़ने पर मजबूर कर सकती थीं। उदाहरण के लिए, एच.आई.पी.ए.ए. को चाहिए था कि बीमा कंपनियाँ पूर्व समूह याचिकाकर्ताओं को व्यक्तिगत पॉलिसी

प्रस्ताव करें, लेकिन उन्होंने दरें तय नहीं की थीं। व्यक्तिगत पॉलिसी का प्रस्ताव देने वाली बीमा कंपनियाँ ऊँची दरों की विशेष रूप से अनुमति ले लेती थीं, इतनी महँगी पॉलिसी बहुत कम लोग ले पाते थे, और फिर, एच.आई.पी.ए.ए. के नियमानुसार, यह अति महँगी पॉलिसी पूर्व मौजूद परिस्थितियों के एच.आई.पी.ए.ए. याचिकाकर्ताओं को प्रस्तावित की जाती थी।

9. यह 22 प्रतिशत का आँकड़ा मौखिक अनुमानों के आधार पर है, जो मैंने बीमा अधिकारियों और बिचौलियों से साक्षात्कार करते हुए जुटाए। मोटे तौर पर अमेरिका में कोई 22.5 करोड़ लोगों के पास स्वास्थ्य बीमा है, जो प्रतिशत इस तरह से विभाजित है : 2.3 करोड़ मेडिकेयर (जिसमें 80 प्रतिशत पूरक पॉलिसी ख़रीदते हैं), 1.5 करोड़ मेडीकेड और 18.7 करोड़ कर्मचारी/18.7 करोड़ के इस आँकड़े में 4 करोड़ बड़े कॉर्पोरेशन हैं, जो स्व-बीमाधारक हैं और 14.7 करोड़ बड़े (और छोटे) बिज़नेस हैं जो थर्ड पार्टी स्वास्थ्य बीमा ख़रीदते हैं (इनमें 1.6 करोड़ लोग पॉलिसी ख़रीदने वाले भी हैं जिन्होंने 2.4 करोड़ के व्यक्तिगत हेल्थ बीमा करवाए हैं)।
10. कोबरा (COBRA) पारित होने के छह साल बाद हुए एक अध्ययन से पता चला कि केवल 21 प्रतिशत कर्मचारी ही कोबरा की नियमित सुरक्षा पाने के लिए चयनित हो पाए। (मार्क सी बर्जर, डैन ए. ब्लैक, फ़्रैंक ए. स्कॉट, कैरोलिन लूफ़ और सहयोगी, हेल्थ इंश्योरेंस कवरेज ऑफ़ द अनएम्प्लॉइड फ़ाइनल रिपोर्ट, 17 अप्रैल, 1996, पेंशन और कल्याण फ़ायदों के लिए तैयार की गई, यू.एस. डिपार्टमेंट ऑफ़ लेबर, वॉशिंगटन डी.सी.)।
11. अमेरिकी नागरिक 65 साल की उम्र में मेडिकेयर के क़ाबिल हो जाते हैं, हालाँकि इस मामले में मेडिकेयर उनके 65 वर्ष से कम उम्र के आश्रितों को शामिल नहीं करता।
12. कुछ राज्य ऐसी व्यक्तिगत प्रीमियम सुरक्षा छोटे नियोक्ता समूहों पर लागू करते हैं (2 से 50)।
13. आमतौर पर गारंटीड-इश्यू माँगने वाले प्रदेश हैं न्यूयॉर्क, न्यू जर्सी, मैसाचुसेट्स, वॅरमॉन्ट, न्यू हैम्पशायर, माइन और केंटुकी। वॉशिंगटन

और ओरेगॉन ने हाल ही में अपनी गारंटीड इश्यू की माँग पर फिर अपील की है।

14. एक स्व-रोज़गार व्यक्ति (जैसा कोड सेक्शन 401 [c] [1] में बताया गया है) अपने, अपने जीवनसाथी और अपने आश्रितों (कोड सेक्शन 162 [1] [1]) के चिकित्सा बीमा पर ख़र्च राशि की व्यापार ख़र्च की तरह कटौती कर सकता है।
15. यह देखते हुए कि बड़े कॉर्पोरेशनों के पास हमेशा 100 प्रतिशत कटौती की अनुमति होती है, सन् 1999 में कांग्रेस ने एच.आर. 2488 टैक्सपेयर रिफ़ंड एंड रिलीफ़ एक्ट पारित किया, जिसमें स्व-रोज़गार व्यापारियों को 100 प्रतिशत तुरंत कटौती की अनुमति थी। इसे राष्ट्रपति क्लिंटन ने प्रतिबंधित कर दिया।
16. आई.आर.एस. कोड ने स्व-रोज़गार वालों की कुल आय में से हेल्थ बीमा कटौती को सीमित कर दिया (किसी कॉर्पोरेशन द्वारा भरे गए हेल्थ बीमा प्रीमियम में ऐसी कोई पाबंदी नहीं है)।

अध्याय 7 : स्वास्थ्य बीमा में सोने की खान

1. पारंपरिक हेल्थ या "बीमारी" बीमा सिर्फ़ तभी आपके चिकित्सकीय ख़र्चों का भुगतान करता है, जब आप बीमार हों। अधिकांशतः आपकी बीमारी को रोकने का भुगतान करने के बजाय ये बीमारी के लक्षणों के उपचार का भुगतान करते हैं। वेलनेस इंश्योरेंस, वेलनेस सर्विसेज़, इंक. का ट्रेडमार्क है और इसे इजाज़त लेने के बाद इस्तेमाल किया गया है।
2. वेलनेस सेविंग्स अकाउंट और डब्ल्यू.एस.ए. वेलनेस सर्विसेस कॉर्पोरेशन, इंक. के ट्रेडमार्क हैं।
3. किसी वाहन पॉलिसी पर कटौती को 500 डॉलर से 1,000 डॉलर तक (मान लीजिए) बढ़ाने से उसकी वार्षिक प्रीमियम 500 डॉलर या अधिक तक घट जाती है। बीमा कराने वाला सालभर में बमुश्किल 500 डॉलर बचा पाता है और सालभर में एक से ज़्यादा बड़ा एक्सीडेंट होने पर वह यह राशि भी गँवा देता है। इस परिस्थिति में

एक व्यक्ति निश्चित तौर पर घाटे में होता है और वह है बीमा एजेंट – जिसे कुल प्रीमियम पर कमीशन अदा किया जाता है और कई बार उसे अधिक छूट वाले बीमा जैसे कम लाभ उत्पादों में कम प्रतिशत का भुगतान होता है।

4. लगभग 20 प्रतिशत हेल्थकेयर बीमा प्रीमियम सिर के ऊपर से जाते हैं।

5. असल में, बीमा कंपनी चाहती है कि बीमाधारक पी.पी.ओ. का प्रयोग करें ताकि 2,500 डॉलर की वार्षिक सीमा तक पहुँचने वाली छूट के भीतर ख़र्च की गई राशि का रिकॉर्ड रखा जा सके और एक स्वीकृति प्रक्रिया का पालन किया जा सके।

6. 8,50,000 लोगों वाली कैलिफ़ोर्निया की ब्लू क्रॉस यूनिट के समूह अध्यक्ष मार्क वेनबर्ग के मुताबिक़ "किसी भी आबादी के सत्तर प्रतिशत लोग हर वर्ष स्वास्थ्य की देखभाल पर 150 डॉलर या इससे कुछ कम ख़र्च करते हैं।" ("कंज़्यूमर फ़ेसिंग शार्प राइज़ इन हेल्थ कॉस्ट्स," *न्यूयॉर्क टाइम्स, 10 दिसंबर 2000*।)

7. कुशाग्र हेल्थकेयर बेनेफ़िट मैनेजर्स को इस आयकर अवरोध से बचने का रास्ता खोजना चाहिए। नियोक्ता प्रति कर्मचारी प्रीमियम पर बचत किए गए 3,000 डॉलर में 2,500 डॉलर बीमाकर्ता को देकर उससे प्रार्थना कर सकता है कि बीमाकर्ता स्वयं कर्मचारी को 2,500 डॉलर प्रति वर्ष तक "छूट के भीतर" क्लेम का भुगतान करे (बिना किसी प्रक्रिया के)। लेकिन, जैसा कि हम कुछ ही देर में देखेंगे, यह समूह पॉलिसी के माहौल में काम नहीं कर पाएगा, क्योंकि विशिष्ट रूप से 22 प्रतिशत कर्मचारी, अधिक-छूट कम-प्रीमियम हेल्थ बीमा के योग्य नहीं हो पाएँगे।

8. इस तरह की परोक्ष वित्तीय व्यवस्था, कर्मचारी को ख़ुद अपने लाभों के भुगतान के लिए अधिक भुगतान वाले कॉन्ट्रेक्टर के लाभ के साथ बदलने पर मजबूर कर सकती है। या, जैसा कि हम बाद में परीक्षण करेंगे, शायद यह बस कर्मचारी को अपने जीवनसाथी और बच्चों को स्वास्थ्य बीमा से जोड़ने के लिए भी प्रेरित कर सकती है।

9. 3,800 डॉलर प्रति वर्ष का निवेश 8 प्रतिशत प्रति वर्ष की दर

से हर माह चक्रवृद्धि गणना करने पर 10 सालों में 58,000 डॉलर के लगभग हो जाएगा।

10. सन् 1997 में पारित एम.एस.ए. प्रयोग के लिए मूल क़ानून का 31 दिसंबर 2000 में ख़त्म होना तय था, लेकिन दिसंबर सन् 2000 में उसे 31 दिसंबर, 2003 तक के लिए बढ़ा दिया गया।
11. ऐसे मामलों में चिकित्सा बीमा ख़र्च पिछले या अगले अन्य - कर भुगतान वर्षों में जोड़ दिया जाता है।
12. ऐसा अनुमान है कि एम.एस.ए. खोलने वालों का अब तक का अकेला सबसे बड़ा वर्ग डॉक्टरों का है। अधिकांश इंश्योरेंस एक्ज़ीक्यूटिव आज करदाताओं द्वारा कम संख्या में एम.एस.ए. खोले जाने से आश्चर्यचकित हैं। ये एक्ज़ीक्यूटिव व्यापक तौर पर इसके लिए बीमा दलालों को ज़िम्मेदार मानते हैं। यह बात ग़ौर करने लायक़ है कि एक परिवार के शून्य छूट से अधिक छूट वाली पॉलिसी में स्थानांतरित होने पर दलाल का कमीशन कम होता है। यह 850 डॉलर (5,000 डॉलर का 17 प्रतिशत) से 340 डॉलर पर (2,000 डॉलर का 17 प्रतिशत) हो जाता है।
13. शुरुआत में, कांग्रेस ने सिर्फ़ न्यू इंग्लैंड फ़ेडरल रिज़र्व डिस्ट्रिक्ट के लिए, ऐसे ब्याज वाले बचत खातों को अधिकृत करने के लिए क़ानून पारित किया, वे तब नाऊ (NOW) खाते (नेगोशिएबल ऑर्डर ऑफ़ विथड्रॉअल) कहलाते थे। कुछ साल बाद इस क़ानून को पूरे देश में लागू कर दिया गया।
14. 2001 में 60 प्रतिशत, 2002 में 70 प्रतिशत तथा 2003 और आगे 100 प्रतिशत।
15. आई.आर.एस. रेव. नियम 68-433-1968-2 सी.बी. 110।
16. ऊपर बताए गए उदाहरण में, शून्य छूट से 2,500 डॉलर छूट वाले एच.डी.एच.पी. में परिवर्तन के लिए एजेंट कमीशन 996 डॉलर (4,980 डॉलर प्रीमियम का 20 प्रतिशत) से 380 डॉलर (1,908 डॉलर प्रीमियम का 20 प्रतिशत) तक घटा दिया है। स्वास्थ्य बीमा पॉलिसियों पर एजेंट कमीशन पहले साल के प्रीमियम का क़रीब 20 प्रतिशत होता है।

अध्याय 8 : स्वास्थ्य वितरण में अपनी क़िस्मत बनाना

1. इस बिंदु पर मैंने कक्षा से भी पूछा कि यदि द्वीप के पास से गुज़र रहे जहाज़ के 50 असहाय विदेशियों को अपने यहाँ आकर रहने और अपनी नई विकसित संपदा बाँटने के लिए आमंत्रित किया जाए तो कैसी आर्थिक उलझनें पैदा होंगी? इस मुद्दे पर बहस के दौरान छात्रों ने ख़ुद ही महसूस किया कि वे तथा नए मेहमान दोनों ही ज़्यादा अमीर हो जाएँगे, यदि नवागंतुक अपने द्वीप समाज में खुली बाँहों से आमंत्रित किया जाए।
2. मेरी पिछली पुस्तकों के पाठक ध्यान रख सकते हैं कि मैंने सन् 1990 में वितरण क़ीमत 80 प्रतिशत का अनुमान लगाया था। (यह आज 70 प्रतिशत हो चुकी है)। यह इसलिए हुआ क्योंकि खुदरा बिक्री का प्रतिशत 1960 के दशक में इंटरनेट (या रियल टाइम जानकारी बाँटना) के आ जाने से गिरा है, लेकिन इंटरनेट के आने से निर्माण लागत और भी तेज़ी से कम हुई है।
3. हर डिपार्टमेंट स्टोर मालिक इस बदलाव से अनजान नहीं है। एक सदी पुराने डेटन-हडसन कॉर्पोरेशन (जैसे मार्शल फ़ील्ड, मर्विन्स, डेटन हडसन) ने अपने मौजूदा डिपार्टमेंट स्टोर नई फ़ैशनेबल वस्तुओं से सफलतापूर्वक पुनर्सज्जित कर लिए हैं। साथ ही सन् 1962 के अवशेषों से दुनिया के सबसे बड़े आम-वस्तुओं के टारगेट स्टोर्स में से एक का निर्माण भी किया है। वास्तव में, वे इतने सफल थे कि सन् 1999 में टारगेट डिवीज़न ने अपने 33 अरब डॉलर की 78 प्रतिशत से ज़्यादा बिक्री की थी, और कंपनी ने 2000 में अपना नाम बदलकर टारगेट कॉर्पोरेशन रख लिया।
4. गृह मंत्रालय ने तबसे ऐसे नवीनीकरण को 'संस्थानिक' कर दिया। इसके तहत मौजूदा फेरी वालों को हर साल एक योजना सुझानी होती है कि वे क़ीमतें कैसे कम करेंगे या 20 प्रतिशत गुणवत्ता कैसे बढ़ाएँगे। यदि मौजूदा फेरीवाले इन निर्देशों का पालन नहीं कर पाते हैं, तो उनका पूरा नाता अन्य फेरीवालों के साथ प्रतिस्पर्धी बोली के लिए खुला होता है। यह निर्माताओं को लगातार नवीनीकृत करने के

लिए बाध्य करता है बनिस्बत जब-तक-तो-बहुत-देर-हो-चुकी-हो वाले हालात के इंतज़ार के।

5. अमेरिकी खुदरा बिक्री 1995 में 2,359 बिलियन डॉलर के 27 प्रतिशत से बढ़कर 1999 के 2,995 बिलियन डॉलर तक पहुँच गई थी। (स्टैटिस्टिकल्स एब्स्ट्रैक्ट ऑफ़ द यूनाइटेड स्टेट्स, 1999 यू.एस. सेंसस ब्यूरो।)
6. यह जानना सचमुच आकर्षक है और लगभग अलौकिक भी कि 1960 के दशक की शुरुआत में पेंटागॉन ने जब इंटरनेट के विचार पर काम शुरू करने के लिए तीन विभिन्न समूहों को एम.आई.टी. पर, रैण्ड पर, ब्रिटेन में (एन.एल.पी. पर) नियुक्त किया तो क्या हुआ। जब वे सन् 1968 में एक मानक पर राज़ी होने के लिए एक साथ वॉशिंगटन आए, तब पैकेट्स और स्वतंत्र ग्राहक/सर्वर को लेकर वे सभी एक ही हल के साथ पहुँचे थे, जबकि तीनों ने एक-दूसरे के काम के बारे में जाने बग़ैर, बहुत कड़े सुरक्षा निर्देशों के तहत काम किया था।
7. हालाँकि, उन्हें इस तरह बहुत कम याद किया जाता है। सैम वॉल्टन सचमुच सूचना युग के पहले सी.ई.ओ. थे। 1962 में 44 साल की उम्र में अपनी क़ीमत शुरू करने के बाद 1966 में वॉल्टन कंप्यूटर शिक्षा वाले एक आई.बी.एम. स्कूल गए, ताकि कक्षा के सबसे समझदार व्यक्ति को वे नियुक्त कर सकें।
8. इसे अलग तरह से कहें, तो आज अधिकांश तैयार माल का आर्थिक मूल्य या क़ीमत उसे बनाने में इस्तेमाल किए गए औज़ारों में निहित है, न कि उसके पारंपरिक श्रम या कच्चे माल की क़ीमत पर।
9. कौफ़मैन, लेज़ली, "एज़ बिगेस्ट बिज़नेस, वॉल-मार्ट प्रोपेल्स चेंजेस एल्सवेअर" *न्यूयॉर्क टाइम्स,* 22 अक्टूबर, 2000।

अध्याय 9 : अपने दावे को दाँव पर लगाना

1. *मरियम-वेबस्टर्स कॉलेजिएट डिक्शनरी,* ज़ेन पब्लिशिंग इंक. और मरियम-वेबस्टर्स इंक., 1996।

2. सन् 1843 में बफ़ेलो व एलबनी के बीच मालढुलाई के लिए लिविंगस्टन वेल्स और पॉमरॉय एक्सप्रेस की सह स्थापना तथा डेनियल फ़र्गो को एजेंट के रूप में नियुक्त करने से पहले हेनरी वेल्स न्यूयॉर्क एलबनी में मालवाहक एजेंट के रूप में काम करते थे।

3. क्रोनेन, कार्ल, "आर्ट द रेवेलैटर," *द बिज़नेस जर्नल ऑफ़ टम्पा बे, 28 सितंबर, 1998।*

4. संघीय बीमाकृत 5.25 प्रतिशत ब्याज वाले बचत खाते में 300 डॉलर प्रति माह (3,600 डॉलर प्रति वर्ष) जमा करने पर आपको 25 साल बाद 1,84,474.03 डॉलर की जमा राशि मिलेगी। 7 प्रतिशत ब्याज दर, जो उसी बीमा कंपनी द्वारा जारी दीर्घावधि बॉण्ड की दरों के बराबर हो सकती है, की स्थिति में जमा राशि 2,43,021.51 डॉलर होगी। जारी दीर्घावधि बॉण्ड की दरों के बराबर हो सकती है, यह जीवन बीमा कंपनी द्वारा दी जाने वाली जीवनभर की पॉलिसी की राशि से 1,00,000 डॉलर ज़्यादा है।

5. तबसे वे एक परोपकारी और पीछे से साथ देने वाले कोच के रूप में सक्रिय हैं : सन् 1998 में विलियम्स ने 11.70 करोड़ डॉलर में टाम्पा लाइटनिंग हॉकी टीम ख़रीद ली और लिबर्टी यूनिवर्सिटी को 7 करोड़ डॉलर दान कर दिए। (क्रोनेन कार्ल, "आर्ट द रिवेलेटर," द *बिज़नेस जर्नल ऑफ़ टाम्पा बे,* 28 सितंबर, 1981।)

6. 1960 के दशक में सैम वॉल्टन (वॉल मार्ट के संस्थापक) अक्सर कहा करते थे कि वे डब्ल्यू.टी. ग्रांट के कितने बड़े प्रशंसक हैं – जो उस समय अमेरिका में डिपार्टमेंट स्टोर की सबसे बड़ी शृँखला और क्षमता व तरक़्क़ी की मिसाल था। सन् 1975 में जब डब्ल्यू.टी. ग्रांट ने ख़ुद को दिवालिया घोषित किया, तब उनके 1,073 स्टोर्स बंद हो गए, 80,000 लोग बाहर कर दिए गए और क्रेडिटर्स को लगभग 33.40 करोड़ डॉलर के बुरे क़र्ज़ और ऋणों को बट्टे खाते में डालना पड़ा। इस बड़ी असफलता का ख़ामियाज़ा समूहों और छोटे व्यापारियों को पूरी दुनिया में आने वाले कई सालों तक भोगना पड़ा।

7. जेनेसिस 2:9 (किंग जेम्स बाइबल)।

8. ज़ोहर आई, 196ए।
9. "शरीर को स्वस्थ व बलशाली रखकर व्यक्ति ईश्वर की राह पर चलता है - इसलिए बीमारी के दौरान परमपिता परमात्मा का ज्ञान और बोध असंभव है - यह मानव का कर्तव्य है कि वह शरीर को ज़ख़्म लगने से बचाए और ऐसी आदतें डाले, जिनसे शरीर स्वस्थ व तंदुरुस्त बन सके।" (मोज़ेस मैमोनाइड्स (1136-1204), मिशनाह तोराह।)
10. मीड, रेबेका, "स्लिम फ़ॉर हिम : गॉड इज़ वॉचिंग व्हॉट यू आर ईटिंग," द *न्यू यॉर्कर,* 15 जनवरी, 2001।

अध्याय 10 : उपसंहार : असीमित स्वास्थ्य

1. हमारा शरीर प्रतिदिन 200 अरब लाल रक्त कोशिकाएँ बनाता है और प्रत्येक 120 दिनों में शरीर का पूरा रक्त बदल देता है। प्रत्येक एक से तीन महीने में पुरानी त्वचा की जगह नई त्वचा आ जाती है। पुरानी हड्डी को टूटने और उसकी जगह नई हड्डी बनने में 90 दिन लगते हैं।
2. डी.एन.ए. की खोज के लिए वॉटसन और क्रिक को सन् 1953 में नोबेल पुरस्कार मिला और सेलेरा कॉर्पोरेशन के डॉ. जे. क्रैग वेन्टर ने घोषणा की कि 6 अप्रैल, 2000 को उन्होंने मानव जीनोम की मैपिंग पूरी कर ली।
3. रॉबर्ट बज़ेल, "साइंटिस्ट्स मैप ह्यूमन क्रोमोज़ोम," 1 दिसंबर 1999, एन.बी.सी. *नाइटली न्यूज़*।
4. पूर्वोक्त।
5. सन् 2000 में क़रीब 50 लाख अमेरिकी गृहस्थ लोगों की कुल आय 10 लाख डॉलर से ऊपर जा रही थी और 2005 तक यह क़रीब 50 प्रतिशत बढ़ने की संभावना थी।
6. यह ग़लती एक युवा के लिए "निष्फल खोज साबित होगी, जिसमें उसकी पूरी ज़िंदगी बर्बाद हो जाएगी।" (अल्बर्ट आइंस्टाइन, *एनसाइक्लोपीडिया ब्रिटेनिका, 2000*।)

7. हालाँकि आइंस्टाइन की खोजें एक भौतिकशास्त्री के रूप में इस बिंदु के आगे निष्फल रहीं, लेकिन निश्चित ही उन्होंने ख़ुद की पहचान एक राजनीतिज्ञ और विश्वशांति के विजेता के रूप में बनाई। आइंस्टाइन का अन्य अग्रणी भौतिकविज्ञानियों ने पेशेवराना तरीक़े से बहिष्कार कर दिया था, क्योंकि उन्होंने क्वांटम मैकेनिक्स के संभावना सिद्धांत (probebilistic laws) को मनाने से इंकार कर दिया था - हालाँकि उन लोगों ने बाद में द्वितीय विश्वयुद्ध के दौरान सफलतापूर्वक आइंस्टाइन के राजनीतिक संबंधों और प्रसिद्धि का फ़ायदा उठाया। उन्होंने आइंस्टाइन को बुलवाया, ताकि वे परमाणु बम बनाने के लिए मैनहट्टन प्रोजेक्ट पर राष्ट्रपति रूज़वेल्ट का समर्थन हासिल कर सकें, लेकिन इसकी प्रगति से आइंस्टाइन को तब तक अँधेरे में रखा गया जब तक कि वास्तव में हिरोशिमा पर बम नहीं गिरा दिया गया।

8. मेरे दोस्त और सहकर्मी नॉर्मन बेल मुझसे असहमत हैं कि आइंस्टाइन इस बात पर ग़लत थे। बेल तर्क करते हैं कि निर्णय लेने के लिए सांख्यिकी का इस्तेमाल सिर्फ़ तभी किया जाता है जब हमारे पास सही जवाब नहीं होता है - जैसा कि मौसम विज्ञान में 'बारिश की 28 प्रतिशत संभावना' का अनुमान लगाने के लिए सांख्यिकी का इस्तेमाल करते हैं, उस पर भी बारिश होने या न होने के बराबर योग होते हैं। बेल को लगता है आइंस्टाइन कहना चाहते थे कि हमें तटस्थ क्षेत्र सिद्धांत की खोज से हार मानकर सांख्यिकी पर भरोसा नहीं करना चाहिए, बल्कि हमें खोजते रहना चाहिए। सांख्यिकी पर विश्वास उन हालात में करना चाहिए, जब हमारी उम्मीदें ख़त्म हो गई हों।

9. जॉब 42:12-17 किंग जेम्स बाइबल।

10. केन्स, जॉन मेनार्ड, द *जनरल थ्योरी ऑफ़ एम्प्लॉयमेंट, इंटरेस्ट एंड मनी* (सैन डियागो - हारकोर्ट ब्रास जोवानोविच, 1964), पृष्ठ 383। केन्स का महान काम सबसे पहले सन् 1936 में इंग्लैंड में प्रकाशित हुआ।

परिशिष्ट अ : वसा : यह क्या है, हमें कैसे मिलता है और हम इसे कैसे परिभाषित कर सकते हैं?

1. पानी के भीतर और सूखे में वज़न करने के साथ, विस्थापित हुए पानी की मात्रा को समायोजित करना भी ज़रूरी है (आर्कमिडीज़ का सिद्धांत), पानी का तापमान, पानी के घनत्व और फेफड़ों की क्षमता (हीलियम का प्रयोग करके)।

परिशिष्ट ब : अमेरिकी स्वास्थ्य देखभाल सुधारों का स्वास्थ्य उद्योग पर प्रभाव

1. अमेरिका में बहुत ग़रीब लोगों को मेडीकैड प्राप्त होता है। यह 200 अरब डॉलर का एक कार्यक्रम है, जो 65 वर्ष से कम उम्र के उन सभी अमेरिकी नागरिकों के चिकित्सा ख़र्चों का भुगतान करता है, जो ग़रीबी रेखा से नीचे आते हैं।
2. इस पर एक ईमानदार बहस हो सकती है कि वरिष्ठ नागरिकों को ये सभी विशेष सुविधाएँ मिलना चाहिए, क्योंकि ये वही वरिष्ठ नागरिक हैं, जिन्होंने यह महान अर्थव्यवस्था तैयार की, जो अब उनके चिकित्सकीय ख़र्च का भुगतान कर रही है।
3. सन् 2000 का अमेरिकी जनगणना ब्यूरो यह स्पष्ट करता है कि 48 संलग्न राज्यों (अलास्का में 21,320 डॉलर और हवाई में 19,610 डॉलर) में 17,050 डॉलर कमाई वाला चार सदस्यीय परिवार "ग़रीबी रेखा" से नीचे कहलाएगा। इसमें हर सदस्य संख्या बढ़ने या घटने पर 2,900 डॉलर प्रति व्यक्ति बढ़ोतरी या कमी की जाएगी। ("द 2000 एच.एच.एस. पॉवर्टी गाइडलाइन्स," यू.एस. डिपार्टमेंट ऑफ़ हेल्थ एंड ह्यूमन सर्विसेज़।)

परिशिष्ट स : स्वास्थ्य बीमा का सारांश

1. कुछ राज्यों में उनका अगली उच्च श्रेणी में एक नियंत्रित (जैसे 10 प्रतिशत, 15 प्रतिशत) बढ़े हुए प्रीमियम के साथ वार्षिक रूप से

पुनर्मूल्यांकन भी किया जा सकता है।

परिशिष्ट द : स्वास्थ्य बीमा के बारे में अक्सर पूछे जाने वाले सवाल

1. वेलनेस इश्योरेंस™ वेलनेस सर्विसेज़ इंक. का ट्रेडमार्क है। सर्वाधिकार सुरक्षित।
2. कुछ राज्यों में उनका अगली उच्च श्रेणी में एक नियंत्रित (जैसे 10 प्रतिशत, 15 प्रतिशत) बढ़े हुए प्रीमियम के साथ वार्षिक रूप से पुनर्मूल्यांकन किया जा सकता है।
3. वेलनेस सेविंग अकाउंट™ वेलनेस सर्विसेज़ इंक. का ट्रेडमार्क है। सर्वाधिकार सुरक्षित।
4. यह नियम निम्न स्वास्थ्य योजनाओं पर लागू नहीं होता : दुर्घटनाएँ, अपंगता, दंत चिकित्सा, नेत्र देखभाल, दीर्घावधि देखभाल, श्रमिकों के क्षतिपूर्ति क़ानूनों से जुड़े लाभ, क्षति दायित्व या मालिकाना हक़ या जायदाद का इस्तेमाल, कोई विशेष रोग या बीमारी, अस्पताल में भर्ती होने पर प्रतिदिन (या कुछ अन्य समयावधि तक) एक नियत राशि।
5. सुपर-एम.एस.ए.™ वेलनेस सर्विसेज़ इंक. का ट्रेडमार्क है। सर्वाधिकार सुरक्षित।

उपसंहार

द *वेलनेस रिवोल्यूशन* के सन् 2002 में प्रकाशित पहले संस्करण के बाद से बहुत कुछ हो चुका है।

स्वास्थ्य भोजन की बिक्री कई गुना तेज़ी से बढ़ रही है – जिस सोयामिल्क निर्माता के लिए मैंने सन् 2002 में 14 करोड़ डॉलर बिक्री का अनुमान लगाया था, वह वास्तव में 28 करोड़ डॉलर की बिक्री का आनंद ले रहा है। अस्वास्थ्यकर भोजन पर तो जैसे पहाड़ टूट पड़ा है। फ़ास्ट फ़ूड कंपनियों पर जानबूझकर नशीले और अस्वास्थ्यकर उत्पाद बेचने से हो रहे नुक़सानों को देखते हुए एक मामला दायर किया गया था।

स्वास्थ्य आधारित आर्थिक सुधार मेरे अनुमान से भी ज़्यादा तेज़ी से बढ़े हैं। व्यक्तिगत रूप से खोले गए चिकित्सा बचत खाते सन् 2003 में ख़त्म हो जाना थे, लेकिन सन् 2002 में कांग्रेस ने इसकी मियाद बढ़ा दी। कर्मचारियों के लिए आई.आर.एस. ने कॉर्पोरेट चिकित्सकीय योजनाओं के नियमों को संशोधित कर दिया। नए नियमों के मुताबिक़ स्वस्थ कर्मचारी अपने बीमारी फ़ंड को भविष्य के स्वास्थ्य के लिए संचित कर सकते थे।

पुस्तक के पहली बार प्रकाशित होने के तुरंत बाद, सैकड़ों पाठकों ने इस उभरते हुए 10 खरब डॉलर उद्योग में उपभोक्ता के नाते हुए अपने अनुभव लिख भेजे। सैकड़ों और लोगों ने किसी ख़ास स्वास्थ्य उत्पाद और व्यापारिक संभावनाओं के बारे में सवाल लिख

भेजे। इन पूछताछों की बौछारों और उनमें से कुछ सवालों के अन्य पाठकों द्वारा बेहतर जवाब दिए जा सकने की संभावना ने मुझे एक निःशुल्क ऑनलाइन फ़ोरम बनाने की राह दिखाई। यहाँ स्वास्थ्य क्रांतिकारी अपने विचारों का आदान-प्रदान कर सकते थे और एक-दूसरे से मिल सकते थे। स्वास्थ्य क्रांति पर ताज़ा ख़बर के साथ रहने के लिए www.thewellnesscommunity.net पर विज़िट करें।

एक उद्यमी होने के नाते मैं भी स्वास्थ्य उद्योग में अपने हिस्से का दावा करता हूँ। मेरे आजीवन मित्र और साझेदार एंथनी मेयेर के साथ, मैंने उपभोक्ताओं की मदद को समर्पित वेलनेस फ़ायनेंस एल.एल.सी. नामक एक ऑनलाइन बैंक और स्वास्थ्य फ़ाइनेंस कराने वाला बीमा व्यापार स्थापित किया। मेरे अतीत के अधिकांश व्यवसायों की तरह मैंने इस संभावना को पहले एक असंतुष्ट उपभोक्ता की तरह पाया - मेरी पत्नी स्वास्थ्य आधारित बीमा और हमारे ख़ुद के परिवार के लिए चिकित्सा बचत खाते पर अच्छा सौदा नहीं ढूँढ़ पाई थी।

पहले पहल ऑटोमोबाइल डीलर लक्ज़री गाड़ियाँ सिर्फ़ अमीर लोगों को ही बेचते थे। इसलिए उन्हें उपभोक्ता को गाड़ी ख़रीदने पर फ़ाइनेंस की मदद देने की ज़रूरत नहीं पड़ती थी। लेकिन जब से हेनरी फ़ोर्ड के मॉडल टी ने ऑटोमोबाइल को आम बाज़ार का उत्पाद बना दिया, कार डीलरशिप में ऑटोमोटिव फ़ाइनेंस के बारे में भी उतनी ही जानकारी की ज़रूरत पड़ी, जितनी बेचे गए वाहन के बारे में रखी जाती थी। ठीक यही बात आज स्वास्थ्य उद्योग में हो रही है, क्योंकि स्वास्थ्य उत्पाद अधिक पहुँच के भीतर होते जा रहे हैं और स्वास्थ्य प्रदाता अपने ग्राहकों के स्वास्थ्य को वित्तिय देने की ताक में हैं।

मुझे जितने भी ई-मेल प्राप्त होते हैं, उनमें से सर्वाधिक प्रोत्साहित करने वाले उन लोगों के होते हैं, जिन्होंने यह पुस्तक पढ़कर अपना आहार और स्वास्थ्य व्यवहार बदल दिया। ऐसे ही एक व्यक्ति ने लिखा कि पुस्तक पढ़ने से पहले उसने अपने पूरे जीवन के लिए मोटापे और बुरे स्वास्थ्य को नियति मान लिया था। हालाँकि उन्होंने मेरी पुस्तक नई व्यापारिक संभावनाओं को जानने के बारे में पढ़ने के लिए ली थी,

लेकिन बीमारी और स्वास्थ्य उद्योग के संपूर्ण विवरण को पढ़ वे अपना आहार, अपनी सेहत और जल्द ही अपना जीवन और उन लोगों का जीवन जिन्हें वे प्यार करते हैं बदलने के लिए प्रेरित हो गए।

क्रांति को सलाम!
पॉल ज़ेन पिल्ज़र

आभार

83 वर्ष की आयु में मृत्यु से ठीक पहले रिचर्ड निक्सन से उनके जीवन के सबसे महत्वपूर्ण अनुभव के बारे में पूछा गया। उन्होंने जवाब दिया, "बेबे मुझसे साढ़े अठारह मिनटों के बारे में कभी मत पूछना।" निक्सन वॉटरगेट टेप रिकॉर्डिंग्स के उन लुप्त मिनटों के बारे में कह रहे थे जिसने अंतत: उन्हें इस्तीफ़ा देने पर मजबूर कर दिया था। सच्चाई यह थी कि उनके सबसे अच्छे मित्र बेबे रेबोज़ो ने उस काल के सबसे महत्वपूर्ण अनुत्तरित सवाल के बारे में उनसे फिर कभी कुछ नहीं पूछा।

दो दशकों में अपनी पिछली पुस्तकों में व्यक्त किए गए आभार की तरफ़ मुड़कर जब मैं नज़र डालता हूँ, तो मैं अपने जीवन के कुछ सबसे महत्वपूर्ण अनुभवों को देखता हूँ - उन दोस्तों के नाम जिन्होंने अच्छे समय और बुरे समय में मुझे सहारा दिया। इनमें से कुछ हैं ऐड एम्स, माइकल अश्किन, नॉर्मन और कैरॉल बेल, रीड बिलब्रे, जैरी कॉफ़ी, जूली और रैंडी फ़ील्ड्स, डेबोरा और मिच गेलॉर्ड, जॉन ग्रिलोस, कैनी ग्रिसवोल्ड, रिचर्ड और किम्बर्ले जैफ़, स्टीफ़न जारचो, जॉन और मेग हॉग, डॉन और जेन हेल्ड, एन माथेर, एंथोनी मेयेर, डॉ. स्टैनले पर्ल, टोनी रोबिन्स, पाउला सेपुलवाडो और कैरोलिन ज़ेम्मल।

जॉन हाग ख़ासतौर से अलग खड़े होने वाले वे इंसान हैं, जिन्होंने सबसे पहले मुझे वह बात समझाई जो आज बहुत ज़रूरी मालूम पड़ती है। वह बात यह थी कि सबसे क़ीमती चीज़ जो हमारे पास है, वह है ऐसे लोग जिन्हें हम प्यार करते हैं।

नई पुस्तक की ख़ुशियों में एक होती है नए रिश्ते। इससे संबंधों को पोषण मिलता है और पुराने दोस्तों के साथ एक बार फिर काम करने का मौक़ा। यहाँ कुछ नाम दिए जा रहे हैं, जो इस प्रोजेक्ट पर काम करते समय ध्यान में आए।

कैरन रिश और रिचर्ड पोई, जिन्होंने मुझे मूल प्रस्ताव को विधिवत तैयार करने में मदद की। प्रतिष्ठित प्रोफ़ेसर माइकल बेहे (संयोग से अब वे उसी लेहाई यूनिवर्सिटी में पढ़ा रहे हैं, जहाँ मैं पढ़ता था), जिन्होंने मुझे जीव विज्ञान समझने में मदद की जो मुझे कॉलेज में ही पढ़ लेना चाहिए थी। कल्पनाकर्ता, स्टुअर्ट जॉनसन, जिन्होंने सबसे पहले इस शोध के संभावित लाभों को भाँपा।

सैकड़ों लोग ऐसे भी हैं, जिनसे मैंने सलाह ली। इनमें से कुछ हैं : डॉ. डेविड बर्गमैन, ब्रैंडन बेन्सन, रिचर्ड बिज़ारो, केन्डल चो, ब्लेयर फ़्यूलमर, रीटा और स्टैनली कॅप्लान, माइकल क्लिनमैन, डेविड कोरेन, केन मैब्रे, एलेक्स मस्टोलोनी, डॉ. मैरी पार्सन्स, जिम स्मिथ, ब्राइस विलियम्स, डॉन विल्सन, ग्रेग वुर्स्टर, कैरन विन, डेक्स्टर येगर, डोयल येगर, और स्टीव येगर।

मेरे शोधकर्ता जोए डि अलेसान्द्रो, जो कर्मचारी से अब मेरे मित्र बन गए और मेरे पूर्व शोधकर्ता ब्रैंडेन विलियम्स जिन्होंने बहुत से अध्यात्म संबंधी बीज रोपे, जो मेरे काम में अंकुरित होते दिखाई दिए।

मेरे साझीदार एंथोनी मेयर और मेरे सी.ई.ओ. रीड बिलबरी। सन् 1980 से दोनों ने मुझे अपनी उपलब्धियों की बदौलत मुझे चमकने का अवसर दिया है।

लॉस एंजिलिस की प्रशिक्षक लिज़ा गोल्डनथॉल, जो अपने प्रशिक्षुओं के बीच 'शिल्पकार' के नाम से भी जानी जाती हैं। उताह में रहने वाले मेरे प्रशिक्षक कैट जॉन्सन, जिन्होंने मुझे वहाँ से थामा, जहाँ मुझे लीज़ा ने छोड़ा।

मेरे माउंटेन बाइक साथी मेल लैविट, जो 65 साल की उम्र में स्वास्थ्य का प्रतीक हैं। मेल ऊँची चोटी पर चढ़ते समय मुझे बहुत नीचे ही छोड़ देते हैं, लेकिन वे मुझे मुझसे चिंता न करने को कहते हैं और बताते हैं कि जब वे मेरी उम्र के थे तब इतनी तेज़ बाइकिंग

नहीं कर पाते थे।

मेरे संपादक, ऐरी डेकिड्जिव, ऐसे पहले इंसान, जिन्होंने सबसे पहले जाना कि यह पुस्तक महज़ भोजन और स्वास्थ्य और देखभाल उद्योग का ख़ुलासा करने से भी कुछ ज़्यादा कर सकती है। मैं ख़ास तौर पर ऐरी का शुक्रगुज़ार हूँ जिन्होंने जिम में मेरे ट्रेनर लिज़ा और कैट की तरह, लगातार मेरे काम को मेरी कल्पना से भी उच्च स्तर पर ले जाने के लिए मुझे प्रोत्साहित किया।

मेरे पूर्व संपादक एलन मेयर (*अदर पीपल्स मनी*), जिम वेड *(अनलिमिटेड वेल्थ)* और बॉब असाहिना (*गॉड वॉन्ट्स यू टु बी रिच)* - सभी ने मुझे बहुत कुछ सिखाया।

मेरी साहित्य एजेंट - मिस ज़ेन मिलर, जिनके बारे में मैं बस वही कह सकता हूँ जो मैंने इतनी बार कहा है : कई लेखकों के लिए जेन "सपना साकार करने वाली" के रूप में जानी जाती हैं, जिनमें मैं भी शामिल हूँ। जेन पहली महिला थीं, जिन्हें यह मौक़ा मिला। अब, 20 साल से ज़्यादा साथ होने के बाद, जेन की वास्तविक भूमिका, बस मेरी विश्वसनीय एजेंट से ज़्यादा अभिन्न मित्र के रूप में है। मैं जेन के सहयोगी माइकल ब्रुस्सार्ड का भी शुक्रगुज़ार हूँ, ख़ासकर इसलिए क्योंकि उन्होंने मुझे ऐरी से मिलवाया।

20 सालों तक लगातार न्यूयॉर्क यूनिवर्सिटी में कॉलेज छात्रों को पढ़ाने के बाद अब मैं किशोरों को अपने स्थानीय समुदाय में संडे स्कूल में पढ़ाता हूँ। न्यूयॉर्क यूनिवर्सिटी की तरफ़ पलटकर देखने पर मैं उन हज़ारों छात्रों का एहसानमंद नज़र आता हूँ, जिन्होंने मुझे जीवन का मुख्य उद्देश्य यानी अध्यापन खोजने में मदद की। और मैं समान रूप से गहरी दोस्ती के लिए भी एहसानमंद हूँ, जो बेहतरीन सहकर्मियों जॉर्ज स्टोन और मैरिस सटन के साथ अध्यापन से विकसित हुई।

गॉड वॉन्ट्स यू टु बी रिच (साइमन एंड शुस्टर 1995/1997), मेरे सबसे महत्वपूर्ण मार्गदर्शक चार्ल्स जे पिल्ज़र को समर्पित है। उस समर्पण के बाद से मुझे अंकल चार्ली की शादी की पचासवीं सालगिरह का समारोह करने का सम्मान मिला, जहाँ असली रौनक

थी उनकी पत्नी जेराल्डिन। स्वास्थ्य और तंदुरुस्ती की आदर्श आंट गेरी ने इस कार्य में उतना ही योगदान दिया, जितना मेरे पिछले कामों में उनके पति ने दिया था।

और हमेशा की तरह मेरे भाई, स्टीफ़न और ली, और उनकी पत्नियाँ, डोना और मेरिन और मेरी पत्नी का भाई ब्राइन डैंग का भी मैं शुक्रगुज़ार हूँ। मेरे सास-ससुर लिंडा और कीय डैंग का भी, कीय का दवा निर्माण और उनका अंतर्राष्ट्रीय परिप्रेक्ष्य मेरे शोध के लिए बहुत बड़ी मदद साबित हुआ। और, सबसे महत्वपूर्ण, मेरी माँ मिरियम और मेरे पिता एलियास, जिनकी जितनी भी तारीफ़ की जाए, कम है।

लेकिन आगे बढ़ते हुए यह सब उस एहसान के सामने फीका पड़ जाता है, जो मैं अपनी पत्नी लीज़ा के लिए महसूस करता हूँ। लीज़ा बायोकेमिस्ट रह चुकी हैं और उन्होंने कई रातें जागकर मेरी पांडुलिपियों का संपादन किया है। हमारी बेटी मिरियम और हमारी दूसरी संतान, जो इस पुस्तक के प्रकाशित होने तक जन्म ले चुकी होगी, का भी आभार। आप तीनों को, जब मैं रुककर अपने अतीत में झाँकता हूँ, तो केवल जॉन लेनन के उन अमर शब्दों के बारे में ही सोच पाता हूँ, "मेरे जीवन में मैं तुम्हें और अधिक प्यार करूँ।"

लेखक के बारे में

पॉल ज़ेन पिल्ज़र विश्व-प्रसिद्ध अर्थशास्त्री, अरबपति सॉफ़्टवेअर उद्यमी, गुरु, अनुबंध प्रोफ़ेसर और तीन बेस्टसेलिंग पुस्तकों के लेखक हैं।

पिल्ज़र ने अपना कॉलेज तीन वर्षों में ख़त्म कर लिया था और 22 साल की उम्र में महज़ 15 महीनों के भीतर ही व्हॉर्टन से एम.बी.ए. की डिग्री हासिल कर ली थी। 24 साल की उम्र में उन्हें न्यूयॉर्क यूनिवर्सिटी में अनुबंध प्रोफ़ेसर नियुक्त किया गया, जहाँ उन्होंने लगातार 20 सालों तक पढ़ाया। 22 वर्ष की उम्र में सिटीबैंक के सबसे युवा अफ़सर और 25 वर्ष की उम्र में उसके सबसे युवा उपाध्यक्ष की तरह काम करते हुए, पिल्ज़र ने कई उद्यम शुरू किए। वे 26 साल की उम्र से पहले 10 लाख डॉलर और 30 वर्ष की उम्र से पहले 1 करोड़ डॉलर के मालिक बन चुके थे। पिछले 20 सालों में सॉफ़्टवेअर, शिक्षा और वित्तीय सेवाओं से जुड़ी पाँच कंपनियों को शुरू किया या उन्हें शेयर बाज़ार में सूचीबद्ध करवाया।

वे दो राष्ट्रपति-प्रशासन में वित्तीय सलाहकार के रूप में नियुक्त हो चुके हैं। वॉशिंगटन अफ़सरों द्वारा सुनने के लिए इच्छुक होने के सालों पहले ही उन्होंने निकट भविष्य में होने वाली 200 अरब डॉलर की बचत और क़र्ज़ विपत्ति के बारे में आगाह कर दिया था। यह कहानी बाद में उन्होंने *अदर पीपल्स मनी* (साइमन एंड शूस्टर, 1989) में बताई, जो द *न्यूयॉर्क टाइम्स* और द *इकोनॉमिस्ट* पत्रिकाओं

द्वारा सराही गई।

पिल्ज़र की *अनलिमिटेड वेल्थ* (क्राउन पब्लिशर्स, 1990) इस बात को विस्तार से समझाती है कि असीमित भौतिक संसाधनों की दुनिया में तेज़ी से उन्नति कर रही तकनीक के बीच हमें कैसे जीना चाहिए। *अनलिमिटेड वेल्थ* पढ़ने के बाद, वॉलमार्ट के संस्थापक सैम वॉल्टन ने कहा था कि वे "पिल्ज़र की व्यापार दक्षता" और उनकी "आम आदमी की भाषा में प्रस्तुत करने की क्षमता" से चकित हैं।

पिल्ज़र की *गॉड वॉन्ट्स यू टु बी रिच* (साइमन एंड शूस्टर, 1995/1997) में समझाया गया है कि किस तरह हमारे आर्थिक तंत्र की नींव यहूदी-ईसाई विरासत पर आधारित है। *न्यूयॉर्क टाइम्स* की बिज़नेस बेस्टसेलर को, द *वॉल स्ट्रीट जर्नल* के मुख्य पृष्ठ पर स्थान मिला और कई टेलीविज़न कार्यक्रमों *60 मिनट्स* से लेकर *फ़र्स्ट पर्सन विद मारिया शिवर* तक प्रस्तुत किया गया। इसका 18 भाषाओं में प्रकाशन हो चुका है।

और अब, *स्वास्थ्य क्रांति* (विली, 2002) में पिल्ज़र ने नए उभरते स्वास्थ्य उद्योग को पहचाना है और समझाया है कि जल्द ही 10 खरब डॉलर के उद्योग में तब्दील होने वाले इस उद्योग में स्वास्थ्य उद्यमी किस तरह अपनी क़िस्मत बना सकते हैं।

नेशनल पब्लिक रेडियो और सी.एन.एन. के पूर्व उद्घोषक *पिल्ज़र लैरी किंग लाइव* पर तीन बार प्रस्तुत हो चुके हैं! वे कई राष्ट्रीय पत्रिकाओं के मुखपृष्ठ पर भी छाए रहे हैं। वे हर साल लगभग 5 लाख लोगों से सीधे बातचीत करते हैं और उनके भाषणों के 1 करोड़ ऑडियो टेप्स बिक चुके हैं।

वे अपनी पत्नी और बच्चों के साथ उताह में रहते हैं। ये सभी स्नोबॉर्ड, माउंटेन बाइकिंग और शतरंज खेलने में माहिर हैं।

पॉल ज़ेन पिल्ज़र से संपर्क करने के लिए विज़िट करें : www.thewellnessrevolution.info.

पॉल ज़ेन पिल्ज़र विश्व-प्रसिद्ध अर्थशास्त्री, अरबपति सॉफ़्टवेअर उद्यमी, गुरु, कॉलेज प्रोफ़ेसर और *न्यूयॉर्क टाइम्स* बेस्टसेलर *गॉड वॉन्ट्स यू टु बी रिच* और *अनलिमिटेड वेल्थ* के लेखक हैं। 22 साल की उम्र में व्हॉर्टन से एम.बी.ए. करने के बाद, पिल्ज़र 30 वर्ष की आयु से पहले 1 करोड़ डॉलर के मालिक बन चुके थे। वे दो राष्ट्रपति प्रशासनों में वित्तीय सलाहकार के रूप में पदस्थ रह चुके हैं। वे एनपीआर और सीएनएन में उद्घोषक भी रहे हैं।

अधिक जानकारी या लेखक से संपर्क के लिए कृपया www.paulzanepilzer.com पर जाएँ।

स्वास्थ्य पर नवीनतम जानकारी के लिए www.thewellnessrevolution.info पर जाएँ।